Weltanschauliche Orientierungsversuche im Exil

New Orientations of World View in Exile

Amsterdamer Beiträge zur neueren Germanistik 76 2010

Herausgegeben von

William Collins Donahue
Norbert Otto Eke
Martha B. Helfer
Gerd Labroisse

Weltanschauliche Orientierungsversuche im Exil

New Orientations of World View in Exile

Herausgeber
Reinhard Andress

Mitherausgeber
Evelyn Meyer und Greg Divers

Amsterdam - New York, NY 2010

Die 1972 gegründete Reihe erscheint seit 1977 in zwangloser Folge in der
Form von Thema-Bänden mit jeweils verantwortlichem Herausgeber.

Reihen-Herausgeber:

Prof. William Collins Donahue
Chair & Director of Graduate Studies
Department of Germanic Languages & Literature
Duke University - 116D Old Chemistry - Box 90256
Durham, NC 27708, USA, E-Mail: wcd2@duke.edu

Prof. Dr. Norbert Otto Eke
Universität Paderborn
Fakultät für Kulturwissenschaften, Warburger Str. 100, D - 33098 Paderborn,
Deutschland, E-Mail: norbert.eke@upb.de

Prof. Dr. Martha B. Helfer
Rutgers University
172 College Avenue, New Brunswick, NJ 08901
Tel.: (732) 932-7201, Fax: (732) 932-1111, E-Mail: mhelfer@rci.rutgers.edu

Prof. Dr. Gerd Labroisse
Sylter Str. 13A, 14199 Berlin, Deutschland
Tel./Fax: (49)30 89724235 E-Mail: Labroisse@t-online.de

Cover image: Max Beckmann, *Globe and Shell*, 1927, drypoint, image: 5 5/8 x
4 in. (14.3 x 10.2 cm), sheet: 14 1/2 x 11 1/8 in. (36.8 x 28.3 cm), Saint Louis
Art Museum, Neumann/Frumkin Collection, 250:2002.
See p. 364 for extended credit line.

Works of visual artist connected by a CISAC-organisation,
copyright is settled by Pictoright in Amsterdam.
© c/o Pictoright Amsterdam 2010

All titles in the Amsterdamer Beiträge zur neueren Germanistik
(from 1999 onwards) are available online: See www.rodopi.nl
Electronic access is included in print subscriptions.
The paper on which this book is printed meets the requirements of "ISO
9706:1994, Information and documentation - Paper for documents -
Requirements for permanence".

ISBN: 978-90-420-3168-5
E-Book ISBN: 978-90-420-3169-2
©Editions Rodopi B.V., Amsterdam – New York, NY 2010
Printed in The Netherlands

Wulf Koepke
gewidmet

1928-2010

Inhaltsverzeichnis

Anschriften der AutorInnen ... 7

Einige wenige Worte vorweg ... 9

I. Exil im Mittelalter

Otto Eberhardt: Exil im Mittelalter. Einige Streiflichter ... 13

Ray Wakefield: Homeless Mystics: Exiled from God ... 37

Evelyn Meyer: Reading Parzival's Quest for the Grail as a Unique Exile Experience ... 45

II. Neuorientierung in Philosophie und Religion

Wulf Koepke: Der ungläubige Zivilist begegnet dem General der Kirche: Ludwig Marcuses Porträt des Ignatius von Loyola ... 63

Regina Weber: Der Philosophiehistoriker Raymond Klibansky und die "Internationalisierung" der Philosophie: das Nachleben der Antike in der "Philosophie des Dialogs" ... 79

Johannes F. Evelein: "Boundary-Fate" – The Theologian/Philosopher Paul Tillich, Exile, and the New Being ... 99

Jörg Thunecke: Konversion zum Christentum: Karl Jakob Hirschs Briefroman *Heimkehr zu Gott* (1946) ... 119

III. Neuorientierung beim Schreiben

Romana Trefil: Neuorientierung Lion Feuchtwangers im Exil ... 137

Gregory Divers: Felix Pollak and *Benefits of Doubt*: Finding One's Voice through the Exile Experience ... 157

Susanne Utsch: "An Stelle von Heimat / halte ich die Verwandlungen der Welt": Die Transformation von real-räumlicher zu weltanschaulicher Verortungssuche in der Lyrik von Nelly Sachs ... 167

IV. Neue politische und/oder kulturelle Orientierung in Südamerika

Helga Schreckenberger: Erwachsenwerden im Exil: die ungewöhnliche Bildung von Egon Schwarz ... 195

Marlen Eckl: "De Karpfen a Carpeaux": Otto Maria Carpeaux'
Weg vom bekennenden Österreicher zum überzeugten Brasilianer   209

Reinhard Andress: Der Fall des Kabarettisten, Schriftstellers,
Journalisten und Diplomaten Benjamin Weiser Varon: vom passiven
zum aktiven Zionisten im Exil   227

V. Neue politische und/oder kulturelle Orientierung in Frankreich, USA, Deutschland und China

Margot Taureck: Dem Schicksal ausgeliefert: Walter Hasenclevers
Exilwerke *Münchhausen, Irrtum und Leidenschaft* und *Die Rechtlosen*   241

Dieter W. Adolphs: Die amerikanische Exilrhetorik Thomas Manns
als Zeugnis einer weltanschaulichen Neuorientierung   265

Karl-H. Füssl: Fine-Tuning Utopia: American Social Sciences,
European Émigrés, and U.S. Policy towards Germany, 1942–1945   283

Susanne Wiedemann: Views from "the End of the World":
Reorientations in the Shanghai Exile Community   299

VI. Exil in St. Louis

Paula Hanssen: Exile and New Orientation in the Letters of
Bertolt Brecht's Collaborator Elisabeth Hauptmann: St. Louis,
New York and Los Angeles   321

Sydney Norton and Lynette Roth: Manifestations of Exile in the
Work of Max Beckmann   335

Guy Stern: Looking Back through Time: A Refugee Student's
Return to Saint Louis University after 65 Years   365

Anschriften der AutorInnen

Dr. Dieter W. Adolphs
Dept. of Humanities
Michigan Tech University
1400 Townsend Dr.
USA-Houghton, MI 49931
dadolph@mtu.edu

Dr. Reinhard Andress
Dept. of Modern & Classical Languages
Saint Louis University
221 North Grand Blvd.
USA-St. Louis, MO 63103-2007
andressp@slu.edu

Dr. Gregory Divers
Dept. of Modern & Classical Languages
Saint Louis University
221 North Grand Blvd.
USA-St. Louis, MO 63103-2007
diversgr@slu.edu

Dr. Otto Eberhardt
G. v. Hohenlohe Str. 2
D-97215 Uffenheim
eberhardt-uffenheim@gmx.de

Dr. Marlen Eckl
Am Rheingauer Weg 6
D-65719 Hofheim-Wallau
ecklmarlen@aol.com

Dr. Johannes F. Evelein
Dept. of Language & Culture Studies
Trinity College
300 Summit St.
USA-Hartford, CT 06106-3100
johannes.evelein@trincoll.edu

Dr. Karl-H. Füssl
Rauenthalerstr. 23
D-14197 Berlin
karl.fuessl@tu-berlin.de

Dr. Paula Hanssen
International Languages & Cultures
Webster University
470 East Lockwood
USA-St. Louis, MO 63119-3194
hanssen@webster.edu

Dr. Evelyn Meyer
Dept. of Modern & Classical Languages
Saint Louis University
221 North Grand Blvd.
USA-St. Louis, MO 63103-2007
emeyer16@slu.edu

Dr. Sydney Norton
Pulitzer Foundation for the Arts
3716 Washington Boulevard
St. Louis, MO 63108
snorton@pulitzerarts.org

Dr. Lynette Roth
Busch-Reisinger Museum
Harvard Art Museums
32 Quincy Street
Cambridge, MA 02138

Dr. Helga Schreckenberger
Dept. of German & Russian
University of Vermont
Waterman Bldg. Rm. 418-A
USA-Burlington, VT 05405
helga.schreckenberger@uvm.edu

Dr. Guy Stern
6197 Forest Grove
USA-West Bloomfield, MI 48322
ad5422@gmail.com

Dr. Margot Taureck
91 rue de la Santé
F-75013 Paris
mtaureck@noos.fr

Dr. Jörg Thunecke
Marsiliusstr. 20
D-50937 Köln
sherwoodpress@t-online.de

Mag. Romana Trefil
Hütteldorfterstr. 130a/1-8
A-1140 Wien
romana.trefil@gmail.com

Dr. Susanne Utsch
Mittenwalder Str. 11
D-10961 Berlin
susutsch@web.de

Dr. Ray Wakefield
Dept. of German, Scandinavian & Dutch
University of Minnesota
205 Folwell Hall
USA-Minneapolis, MN 55455
wakef001@umn.edu

Dr. Regina Weber
Oesterfelderstr. 34
D-70563 Stuttgart
regina.weber@arcor.de

Dr. Susanne Wiedemann
Dept. of American Studies
Saint Louis University
3800 Lindell Blvd.
St. Louis, MO 63108
swiedema@slu.edu

Einige wenige Worte vorweg

Die Radikalität der Exilerfahrung führte viele ausgewanderte Intellektuelle, Schriftsteller- und andere KünstlerInnen dazu, ihre Weltanschauung zu hinterfragen und z.T. oder gar vollständig zu revidieren. Der Prozess der Neuorientierung wirkte sich in mannigfaltiger Hinsicht aus, z.b. philosophisch, psychologisch, sozial, politisch oder religiös, und zeigte sich in epistolarischen, essayistischen, erzählerischen, lyrischen, dramatischen und anderen künstlerischen Formen. Um diesen Strängen der Exilerfahrung nachzugehen, tagte die *North American Society for Exile Studies (NASES)* am 10. und 11. Oktober 2008 an der Saint Louis University in Saint Louis, Missouri (USA) zum Thema "Weltanschauliche Orientierungsversuche im Exil / New Orientations of World View in Exile". Der vorliegende Band vereinigt die überarbeiteten und erweiterten Versionen der damals gehaltenen Vorträge.

Obwohl Exil als Folge des Nationalsozialismus im Vordergrund dieses Bandes steht, was bei den *NASES*-Konferenzen vorwiegend der Fall ist, wurde eine Vortragsrunde zum Exil im Mittelalter in die Tagung eingebaut, um den üblichen zeitlichen Rahmen ein wenig aufzubrechen. Darüber hinaus gab es Vorträge speziell zum Exil in St. Louis, um dem Tagungsort gewissermaßen ehrenvoll gerecht zu werden. Ich meine, die Aufsätze zeigen insgesamt auf, wie ergiebig das Thema der Neuorientierung für die Exilforschung ist und sicher noch sein kann.

An dieser Stelle möchte ich dem *College of Arts und Sciences*, dessen damaligem Dekan Donald Brennan und dem *Department of Modern and Classical Languages* an der Saint Louis University für die großzügige finanzielle Unterstützung der Tagung danken. Ebenfalls spreche ich der *NASES* und deren Präsidentin Helga Schreckenberger einen Dank für einen finanziellen Beitrag aus. Evelyn Meyer und Gregory Divers, meine unmittelbaren Kollegen in der Germanistik an der Saint Louis University, waren mir eine große editorische Hilfe als MitherausgeberInnen dieses Bandes, ebenfalls Sandra Hawrylchak, die bei der Durchsicht des Manuskripts noch vieles verbesserte. Esther Roth von Rodopi betreute das Projekt auf vorbildliche Weise. Gerd Labroisse, Norbert Otto Eke, Martha Helfer und William Donahue danke ich als HerausgeberInnen der Rodopi-Reihe "Amsterdamer Beiträge zur neueren Germanistik", in der dieser Band erscheint. *And last but not least* möchte ich vor allem den Kollegen sehr herzlich danken, die den z.T. weiten Weg nach St. Louis auf sich genommen und deren facettenreiche Beiträge diesen Band erst möglich gemacht haben.

Ich schließe mit der traurigen Nachricht, dass Wulf Koepke, einer der Beitragenden zu diesem Band, am 14. Mai 2010 verstorben ist. Im Jahre 1928 in Lübeck geboren und 1955 an der Universität Freiburg promoviert, war er ein äußerst vielseitiger Germanist, dessen Lehrtätigkeit ihn nach Singapur ans Goethe-Institut und in die USA führte, wo er zuletzt einen Lehrstuhl an der Texas A & M University innehatte. Er veröffentlichte auf vielen Gebieten der Germanistik (z.B. zu Johann Gottfried Herder, Jean Paul und Max Frisch), doch zählte die Exilliteratur zu seinen Forschungsschwerpunkten. Er machte sich vor allem um Lion Feuchtwanger und Alfred Döblin verdient. Darüber hinaus war er Mitbegründer der *NASES* und des Jahrbuchs *Exilforschung*, zu deren Redaktion er Jahre lang gehörte. Für die Exilforschung ist sein Tod ein großer Verlust. Dieser Band ist ihm gewidmet.

Reinhard Andress
Saint Louis University, St. Louis, Missouri (USA)
Juni 2010

I. Exil im Mittelalter

Otto Eberhardt

Exil im Mittelalter. Einige Streiflichter

According to the religiously determined views of the Middle Ages, man has essentially lived in exile since the expulsion of Adam and Eve from Paradise. However, man has experienced exile in specific, concrete ways, be that as a part of political reality or as a repeated motif in literature. This article provides a selection of examples thereof that come from a variety of periods and contexts. Compared to exile in modern times, two aspects stand out: a journey into the homelessness of exile could be chosen freely and without external pressures, e.g., as a means of asceticism, and the experience of exile did not normally lead to a new orientation of world view. Man's religious orientation – as is more appropriate in the context of the Middle Ages – may have even been heightened during exile.

"An den Wasserflüssen Babels saßen wir und weinten, wenn wir an Zion gedachten". So beginnt in der Übersetzung Luthers der bekannte Psalm 137, in dem die Israeliten über ihr Exil in Babylon mit seiner Trennung von dem für sie lebenswichtigen Tempel in Jerusalem trauerten. Der griechische Geschichtsschreiber Thukydides konnte seine Forschungen über den peloponnesischen Krieg nach eigenem Zeugnis während seines 20jährigen Exils fern von Athen einigermaßen neutral betreiben.[1] Umgekehrt beklagte der römische Dichter Ovid, dass er im Exil in der fremden Stadt Tomis am Schwarzen Meer nicht mehr so dichten könne wie früher in Rom.[2] Die Beispiele lassen sich über die Epochen und Kulturen hinweg bis in unsere Zeit fortsetzen.[3] Intensiv diskutiert und erforscht wurden bisher vor allem die schlimmen Exil-Schicksale im 20. Jahrhundert. Das internationale Jahrbuch *Exilforschung* widmet sich im Einzelnen ausschließlich diesem Problemkomplex. Und auch das gegenwärtige Symposium hat hier seinen Schwerpunkt. Im Mittelalter gab es das Exil natürlich ebenfalls, und es wurde zum

---

[1] Dazu Holger Sonnabend: *Thukydides*. Hildesheim: Olms 2004. S. 13ff.
[2] Belege und Erläuterungen dazu in: P. Ovidius Naso: *Tristia*. Hg., übersetzt und erklärt von Georg Luck. Bd. II: Kommentar. Heidelberg: Winter 1977. S. 4ff.
[3] Das setzt auch programmatisch voraus Theo Stammen: Exil und Emigration – Versuch einer Theoretisierung. In: *Exilforschung. Ein internationales Jahrbuch* 5 (1987). S. 11–27. Ders.: Exil und Emigration als universalhistorisches Problem. In: *Zeitschrift für Ideengeschichte* 2/1 (2008). S. 53–68. Ein Einwand dagegen unten in Anm. 42.

Teil in durchaus eigener, epochentypischer Weise wahrgenommen. Dazu nun einige Streiflichter.[4]

I. Die einschlägigen Termini

Die lateinischen Wörter *ex(s)ilium* und *ex(s)ulatio* bezeichneten in Antike und Mittelalter im wesentlichen das gleiche wie unser heutiges Fremdwort "Exil": zunächst den "Aufenthalt außerhalb des Vaterlandes", sowohl unfreiwillig wie freiwillig; dann die wichtigste Begründung für die Unfreiwilligkeit, die Verbannung. Der Betroffene, der *ex(s)ul*, war – ob von außen dazu gezwungen oder aus eigenem Entschluss – in jedem Fall heimatlos.[5] Beachtung verdient dabei die Worterklärung, die schon die Antike kannte und die dann im weit verbreiteten kleinen 'Lexikon' des frühen Mittelalters, den *Etymologien* Isidors von Sevilla, wiederkehrt. Sie ist nach neueren Erkenntnissen eigentlich falsch, lässt aber den Gefühlswert mit anklingen, der zu einem Exil gehören konnte. Denn danach waren in dem Wort die Wörter *ex* = aus/heraus und *solum* = Boden kombiniert; das Exil war somit ein Ort außerhalb des Heimatbodens.[6]

---

[4] Bei dem knappen Überblick, den der Beitrag geben will, sind keine Detailanalysen möglich. Hierzu seien vier Titel genannt, auf die im Folgenden bei Gelegenheit verwiesen wird: Randolph Starn: *Contrary Commonwealth. The Theme of Exile in Medieval and Renaissance Italy*. Berkeley: Univ. of California Press 1982. Walter Kofler: *Der Held im Heidenkrieg und Exil. Zwei Beiträge zur deutschen Spielmanns- und Heldendichtung*. Göppingen: Kümmerle 1996. Andreas Bihrer et al. (Hgg.): *Exil, Fremdheit und Ausgrenzung in Mittelalter und früher Neuzeit*. Würzburg: Ergon 2000. Laura Napran / Elisabeth van Houts (Hgg.): *Exile in the Middle Ages*. Selected Proceedings from the International Medieval Congress, University of Leeds, 8–11 July 2002. Turnhout: Brepols 2004.
[5] Karl Ernst Georges: *Ausführliches lateinisch-deutsches Handwörterbuch*. [...] 11. Aufl. = ND der 8. verbesserten [...] Aufl. von Heinrich Georges. Hannover: Hahn 1962. Bd. 1. Sp. 2611f. (Zitat) und 2623. *Mittellateinisches Wörterbuch bis zum ausgehenden 13. Jahrhundert*. Hg. von der Bayer. Ak. der Wiss. München: Beck 1959ff. Bd. 3 (2007). Sp. 1599f. und 1766f. Ausführlich zum Begriff in Antike und Mittelalter Thomas Ehlen: Bilder des Exils – das Exil als Bild. Ästhetik und Bewältigung in lyrischen Texten. In: Bihrer (wie Anm. 4). S. 151–232. Hier: S. 154ff. Zum Wort im heutigen Sprachgebrauch im Deutschen s. Duden: *Das große Wörterbuch der deutschen Sprache in sechs Bänden*. Hg. und bearb. [...] von Günther Drosdowski. Mannheim: Bibliogr. Institut 1976ff. Bd. 2. S. 769f. und 779.
[6] Isidor: *Etymologien* V 27, 28. In: *Isidori Hispalensis Episcopi Etymologiarum sive Origines Libri XX*. Rec. W. M. Lindsay. Oxford: Clarendon 1911. Bd. 1. Moderne Erklärungen: Alois Walde: *Lateinisches etymologisches Wörterbuch*. 4. Aufl. Bd. 1. Heidelberg: Winter 1965. S. 432. Alfred Ernout / Antoine Meillet: *Dictionnaire étymologique de la langue latine. Histoire des mots*. 4. Aufl. Paris: Klincksieck 1959. S. 207.

Im Übrigen konnte im Mittelalter *ex(s)ilium/ex(s)ulatio* in verengter Sicht auch einfach "Gefängnisstrafe" oder "Gefangenschaft" bedeuten.[7]

Das entsprechende Wort *ellende* im Mittelhochdeutschen impliziert von vornherein – und erst recht für unsere Ohren – die entscheidende Bewertung mit. Hier weist die Etymologie wirklich auf den Ort außerhalb der Heimat. Denn *ellende* kommt vom althochdeutschen *alilanti/elilenti*, meint somit zunächst wörtlich "anderes Land", dann die "Fremde" und das "Leben in der Fremde" sowie in der "Verbannung", schließlich aber auch die Not und Trübsal, die sich damit verbinden kann, also das "Elend" im Sinne der im Neuhochdeutschen allein erhalten gebliebenen Bedeutung. Ein *ellender* ist demnach sowohl ein Mensch in der Fremde wie ein Mensch in Not und Trübsal. Anders gesagt: Das Leben in der Fremde beinhaltete schon sofort Not und Trübsal.[8] Im schönen alten Volkslied, spätestens aus dem 15. Jahrhundert, "Insbruck, ich muss dich lassen" greifen die beiden Bedeutungen, Ort in der Fremde und Trübsal, ineinander:

> Insbruck, ich muss dich lassen,
> ich far dahin mein strassen
> in frembde land dahin.
> Mein frewd ist mir genommen,
> die ich nit weiß bekommen,
> wo ich in elend bin.[9]

Man könnte die Aussage der Schlussverse auch so fassen: "Ich muss ins Exil und damit ins Unglück".

Ein ganz anderes Wort gibt daneben Auskunft über eine spezifische Situation des Exils – und hier mögen einem zum Vergleich die Exilarmeen in der Neuzeit einfallen: In althochdeutschen und in älteren mittelhochdeutschen Texten war *reccheo/recke* ein Ausdruck für den Landflüchtigen oder Vertriebenen, und zwar insbesondere den vertriebenen Helden oder Krieger. Später, so etwa in den Heldenepen *Nibelungenlied* und *Kudrun*, meinte *recke* dann nur noch den Helden und Krieger allgemein.[10]

---

[7] J. E. Niermeyer et al.: *Mediae Latinitatis Lexicon Minus*. 2. Aufl. Leiden-Darmstadt: Brill / Wiss. Buchgesellschaft 2002. Bd. 1. S. 518. *Mittellatein. Wörterbuch* (wie Anm. 5). Sp. 1767.

[8] Vgl. Jacob und Wilhelm Grimm: *Deutsches Wörterbuch*. Leipzig 1854ff. ND München: Deutscher Taschenbuch-Verlag 1991. Bd. 3. Sp. 406ff. Matthias Lexer: *Mittelhochdeutsches Handwörterbuch*. Leipzig 1872ff. ND Stuttgart: Hirzel 1992. Bd. 1. Sp. 539f. Friedrich Kluge: *Etymologisches Wörterbuch der deutschen Sprache*. 20. Aufl. bearb. von Walther Mitzka. Berlin: de Gruyter 1967. S. 163.

[9] Text und Datierung nach Franz M. Böhme: *Altdeutsches Liederbuch. Volkslieder der Deutschen nach Wort und Weise aus dem 12. bis zum 17. Jahrhundert*. Leipzig 1877. ND Hildesheim: Olms 1966. Nr. 254. S. 332f. Die neueren Wiedergaben schreiben "Innsbruck" und "im Elend".

[10] Gerhard Köbler: *Wörterbuch des althochdeutschen Sprachschatzes*. Paderborn: Schöningh 1993. S. 883. Grimm (wie Anm. 8). Bd. 14. Sp. 443f. Lexer (wie Anm. 8). Bd. 2. Sp. 362. Kluge (wie Anm. 8). S. 589.

II. Vorgaben in der Heilsgeschichte

Für den gläubigen mittelalterlichen Menschen gehörte das unfreiwillige Exil von Anfang an zum menschlichen Leben. Denn Gott hatte Adam und Eva aus ihrer ursprünglichen Heimat, dem Paradies, in die ihnen fremde, raue Welt vertrieben. Setzte man danach das Paradies mit dem Himmel als Ort des Lebens bei Gott gleich,[11] ergab sich, was etwa der große in Paris lehrende Theologe Hugo von St. Viktor (1097–1141) im Anschluss an die Kirchenväter resümierte: "Omnis mundus exsilium est iis quibus coelum patria esse debuisset" (Die ganze Welt ist ein Exil für die, denen der Himmel das Vaterland sein müsste).[12] Entsprechend bittet ein mittelalterliches volkstümliches Lied den Heiligen Geist um Gnade am Ende dieses irdischen Exils für die Heimkehr ins himmlische Reich. Der Prediger Berthold von Regensburg (gest. 1272) empfiehlt es in einer Predigt über die bösen Nachstellungen und Fallen der Teufel als Gebetslied in der Stunde des Todes, und Luther übernimmt es als erste Strophe in einen Pfingstchoral. Es lautet:

> Nû biten wir den heiligen geist
> umb den rehten glouben aller meist,
> daz er uns behüete an unserm ende,
> sô wir heim suln varn ûz disem ellende
> kyrieleis.[13]

Noch auf dem Boden dieser Tradition steht die Tragödie *Adamus Exul*, die der später so erfolgreiche niederländische Rechtsgelehrte Hugo Grotius als junger Mann von 18 Jahren im Jahre 1601 veröffentlichte. Danach erscheinen *patria*/ Vaterland und *exilium* überhaupt als *die* beiden alternativ möglichen Orte des

---

[11] Im berühmten Pauluswort in Phil. 3: 20 erhält dieser Ort sogar eine zugleich politische Bedeutung. Paulus nennt ihn "políteuma"; die Zürcher Bibel übersetzt treffend "das Reich, in dem wir Bürger sind".
[12] *Homilia in Ecclesiasten XV.* In: Jacques-Paul Migne (Hg.): *Patrologiae cursus completus. Series Latina.* Paris 1844ff. ND Turnhout o. J. (im Folgenden zit.: Migne PL). 175. Sp. 221 C. Hier wie bei den übrigen Quellenzeugnissen stammt die Übersetzung, falls nicht anders angegeben, vom Verfasser. Dabei wird im Sinne des Beitrags lateinisch "exilium" durchweg mit "Exil" wiedergegeben. Weitere Beispiele im *Mittellatein. Wörterbuch* (wie Anm. 5). Sp. 1599. Vgl. auch Hans-Hennig Kortüm: *Advena sum apud te et peregrinus.* Fremdheit als Strukturelement mittelalterlicher *conditio humana.* In: Bihrer (wie Anm. 4). S. 115–135. Hier: S. 122f. Ehlen (wie Anm. 5). S. 160f.
[13] Berthold von Regensburg: *Vollständige Ausgabe seiner Predigten* mit Anmerkungen von Franz Pfeiffer. Mit einem Vorwort von Kurt Ruh. Bd. 1. Berlin: de Gruyter 1965. S. 43. Heutiger Wortlaut des Luther-Liedes etwa in: *Evangelisches Gesangbuch.* Ausgabe für die Evangelisch-Lutherischen Kirchen in Bayern und Thüringen. München-Weimar o. J. Nr. 124.

Daseins. Das Werk beginnt mit der Klage des Satans, dass er auf Befehl Gottes aus dem himmlischen Vaterland vertrieben sei ("exul patriae") und jetzt in der traurigen Höhle des Tartarus leben müsse. Wie der Chor dann erklärt, könnte demnach eigentlich der Mensch mit seinen Nachkommen den durch dieses "exilium" frei gewordenen Platz im Himmel wieder auffüllen.[14] Doch – so zeigt die weitere Handlung – durch seinen Sündenfall verdirbt sich Adam diese Chance und muss selber das Paradies verlassen und ins Exil gehen.

Daneben wies die biblische Tradition noch auf eine andere Art von Exil, die nun sofort für das Leben in der irdischen Welt galt. Hier verließ der Mensch seine Heimat zwar gemäß einem göttlichen Auftrag. Aber er folgte diesem Auftrag in gläubigem Vertrauen und somit freiwillig. Das erste, grundlegende Beispiel bot die Geschichte Abrahams. Es heißt dazu in Gen. 12 (V. 1 und 4) im Text der Vulgata: "Dixit autem Dominus ad Abram [= Abraham]: Egredere de terra tua, et de cognatione tua, et de domo patris tui, et veni in terram quam monstrabo tibi. [...] Egressus est itaque Abram sicut praeceperat ei Dominus [...]" (Luther-Bibel: Und der Herr sprach zu Abram: gehe aus deinem Vaterlande und von deiner Freundschaft [genauer wäre: Verwandtschaft] und aus deines Vaters Hause in ein Land, das ich dir zeigen will. [...] Da zog Abram aus, wie der Herr zu ihm gesagt hatte [...]). Im Neuen Testament fand dies eine Fortsetzung. Wenn Jesus zu seiner Nachfolge einlud, forderte er die totale Heimatlosigkeit, nämlich das freie Herumziehen ohne festen Wohnort nach der Trennung von allen Verwandten und von allem bisherigen Besitz.[15] Im Blick auf Gott konnte dies eine Umkehrung der Richtung bedeuten, die die Exilierung aus dem Paradies gebracht hatte: Nachdem Adam und Eva aus dem Paradies in die irdische Welt vertrieben worden waren, weil sie sich durch ihre Sünde von Gott entfernt hatten, konnte andersherum das Leben in der konkreten Heimatlosigkeit in dieser Welt als ein Streben nach besonderer Gottnähe, ja schon als Ausdruck dieser Gottnähe verstanden werden.[16]

III. Beispiele für das Exil im Mittelalter

Vielfältig waren im Mittelalter in der Realität wie in der Dichtung die speziellen Erscheinungsformen des Exils und seiner Bewältigung. Bei meinem Überblick unterscheide ich nach den beiden Hauptmöglichkeiten: 1. des unfreiwilligen und 2. des freiwilligen Exils; und ich betrachte dazu jeweils zunächst a) Beispiele aus der realen Geschichte, dann b) Beispiele aus der Verarbeitung in der Dichtung.

---

[14] Hugo Grotius: *De Dichtwerken*. Hg. von B. L. Meulenbroek. Bd. I. 1. A.: *Sacra in quibus Adamus exul*. Assen: van Gorcum 1970. S. 35 und 57.
[15] Zeugnisse etwa Matth. 19: 29, Mark. 10: 29.30; Matth. 8: 20 und Luk 9: 58.
[16] So zu Abraham auch schon in der Bibel Hebr. 11: 8–10.

1. Das unfreiwillige Exil

a) Reale Geschichte

Die Verbannung oder die notwendige Flucht ins Exil erfolgte auch im Mittelalter aus den noch heute üblichen Gründen: bei politischen Auseinandersetzungen und Kämpfen um die Macht und bei politisch-religiösen – heute würde man sagen, ideologischen – Auseinandersetzungen um bestimmte Werte und Ziele. Ich bedenke dazu fünf verschiedene Beispiele.

Reine Machtinteressen leiteten Karl d. Gr. nach seinem Sieg über den Langobardenkönig Desiderius im Jahre 774, diesen zusammen mit seiner Gemahlin und einer Tochter ins nördliche Frankenreich bringen zu lassen. Denn dort, in strenger Klosterhaft (vielleicht in Corbie), konnte Desiderius ihm nicht mehr gefährlich werden. Dabei war Karl vorher sogar eine Zeitlang mit einer anderen Tochter des Desiderius verheiratet gewesen, hatte sie aber bald verstoßen. Einhard, der Biograph Karls, schreibt dazu: "[…] fuit […] rex Desiderius perpetuo exilio deportatus" ([…] der König Desiderius wurde für immer durchs Exil verbannt).[17] Und so ist nach den Worten Engelbert Mühlbachers "die gefangene langobardische Königsfamilie [...] in der Verbannung verkommen".[18]

Sehr viel besser hatte es da der mächtige Welfenherzog Heinrich d. Löwe, als er nach seiner endgültigen Niederlage im Kampf gegen Kaiser Friedrich I. und die mit diesem verbundenen Reichsfürsten im Jahre 1182 nach England ins Exil gehen musste.[19] Er verlor zwar den größeren Teil seiner Herrschaftsgebiete im deutschen Reich. Aber wenn der englische Chronist dieses "exilium" mit den gleichen Worten beschreibt wie die Bibel den Auszug Abrahams (s. oben vor Anm. 15) – nach seiner Darstellung musste Heinrich ebenfalls "a terra sua et cognatione sua egredi" (herausgehen aus seinem Vaterlande und von seiner Verwandtschaft)[20]–, ist der Vergleich ungenau. Heinrich konnte,

---

[17] Einhard: *Vita Karoli Magni* c. 6. In: *Quellen zur karolingischen Reichsgeschichte*. Bd. 1. Neubearb. von Reinhold Rau. Darmstadt: Wiss. Buchgesellschaft 1966. S. 172f. Vgl. auch ebd. c. 11. S. 178f. Dazu mit weiteren Quellenzeugnissen Sigurd Abel: *Jahrbücher des Fränkischen Reiches unter Karl dem Großen*. Bd. 1. 2. Aufl. bearb. von Bernhard Simson. Berlin 1888. ND ebd.: Duncker & Humblot 1969. S. 194f.

[18] Engelbert Mühlbacher: *Deutsche Geschichte unter den Karolingern*. Stuttgart 1896. ND mit Nachwort von Harold Steinacker. Darmstadt: Wiss. Buchgesellschaft 1959. S. 101f.

[19] Mit dem Wort "exilium": Deutsche Quelle: sog. *Annales Palidenses*. In: *Monumenta Germaniae historica. Scriptores*. Hg. von Georg Heinrich Pertz et al. Hannover 1826ff. ND Stuttgart-New York: A. Hiersemann und Kraus Reprints 1963 (im Folgenden zit.: *MGh. SS*). 16. S. 96: 9. Englische Quelle: *Gesta regis Henrici secundi Benedicti Abbatis*. In: *Rerum Britannicarum medii aevi scriptores*. Rolls series. London 1858ff. ND 1965 (im Folgenden zitiert: Rolls series). 49/1. S. 288.

[20] *Gesta Regis Henrici*, ebd.

wie der Chronist hinzufügt, neben seiner engeren Familie auch seine Gefolgsleute mitnehmen, und er begab sich an einen nahe stehenden Königshof: zu seinem Schwiegervater, Heinrich II. von England. Dort konnte er wohl in der Hauptsache seinen herrschaftlichen Lebensstil beibehalten. Zudem durfte er nach drei Jahren wieder nach Deutschland zurückkehren.[21]

Um politisch-religiöse Ziele ging es bei zwei herausragenden Kirchenmännern von besonderem Sendungsbewusstsein und besonderer Prinzipientreue. Papst Gregor VII., der leidenschaftliche Verfechter der Rechte der römischen Kirche im Streit mit dem deutschen König und Kaiser Heinrich IV., musste sich 1084 aus Rom nach Salerno zurückziehen, wo er 1085 starb. Seine ihm von mehreren Quellen einhellig zugeschriebenen berühmten letzten Worte erwiesen sich als so zeitübergreifend aktuell, dass der belgische Historiker Henri Pirenne, der selber während des ersten Weltkriegs nach Deutschland deportiert worden war, sie als Worte rühmen konnte, "qui ont depuis lors réconforté tant d'exilés" (die seitdem so viele Menschen im Exil gestärkt haben).[22] Sie lauteten: "[…] dilexi iustitiam et odio habui [oder: odivi] iniquitatem, idcirco [oder: propterea] morior in exilio" ([…] ich habe die Gerechtigkeit geliebt und das Unrecht gehasst, deshalb sterbe ich im Exil).[23] Dabei dürfte nach der gründlichen Interpretation von Paul Egon Hübinger das Wort vom Exil nicht als Klage gemeint gewesen sein, sondern die Genugtuung darüber ausdrücken, dass nun wie beim Martyrium die letzte Phase des irdischen Leidens vor dem wunderbaren Übergang ins himmlische Vaterland erreicht war.[24] Bemerkenswert erscheint hier auch die von Gregors Biographen Paul von Bernried dazu überlieferte angebliche Antwort eines der anwesenden Bischöfe. Sie nimmt den alten Gedanken vom gesamten irdischen Leben des Menschen als Exil auf, um den geistlichen Herrschaftsanspruch des Papstes zu bekräftigen. Der Bischof soll gesagt haben: "Non

---

[21] Dazu eingehend Austin Lane Poole: Die Welfen in der Verbannung. In: *Deutsches Archiv für Geschichte des Mittelalters* 2 (1938). S. 129–148. Zum Lebensstil etwa S. 136f.
[22] Zit. nach Paul Egon Hübinger: *Die letzten Worte Papst Gregors VII*. Opladen: Westdeutscher Verlag 1973. S. 10. Anm. 7.
[23] Quellen: *Vita Anselmi* c. 38. In: *MGh. SS* (wie Anm 19). 12. S. 24 und 13f. *Codex Udalrici* Nr. 71. In: *Bibliotheca Rerum Germanicarum*. Hg. von Philipp Jaffé. Bd. 5. Berlin: Weidmann 1869. S. 144. Paul von Bernried: *Vita Gregorii papae VII*. In: *Pontificum Romanorum [...] Vitae*. Hg. von Johann Matthias Watterich. Bd. 1. Leipzig 1862. ND Aalen: Scientia 1966. S. 540. Otto von Freising: *Chronica sive historia de duabus civitatibus* VI/36. Übersetzt [oben mit verwertet] von Adolf Schmidt. Hg. von Walther Lammers. Darmstadt: Wiss. Buchgesellschaft 1961. S. 492f. Zur Glaubwürdigkeit G. B. Borino: Note Gregoriane. In: *Studi Gregoriani* 5 (1956). S. 391–416. Hier: S. 403f. Vgl. auch Hübinger (wie Anm. 22). S. 62ff.
[24] Hübinger (wie Anm. 22). Insbesondere S. 60ff. Treffend verweist er dazu S. 21 auf die biblischen Vorbilder für den ersten Satz in Psalm 44 (45): 8 und Hebr. 1: 9.

potes, Domine, mori in exilio, qui in vice Christi et Apostolorum eius divinitus accepisti gentes haereditatem et possessionem terminos terrae" (Du kannst, o Herr, gar nicht im Exil sterben, der du doch als Stellvertreter Christi und seiner Apostel von Gott die Völker als Erbe und die Grenzen der Erde als Besitz empfangen hast).[25] Das heißt soviel wie: Für Christus und seine wahren Stellvertreter und Nachfolger ist die Welt ohnehin ein einheitliches Vaterland; in seinem Reich kann es kein Exil geben. Oder noch pointierter und moderner gesprochen: In einem Welt-Friedensreich sind Exilierung und Exil ohnehin ausgeschlossen.[26]

Über das Exil, das Thomas Becket, der Erzbischof von Canterbury, in seinem erbitterten Streit mit König Heinrich II. von England auf sich nahm, sind wir durch eine umfangreiche Überlieferung genauer unterrichtet. Nachdem Thomas anfangs eng mit dem König zusammengearbeitet hatte, suchte er später energisch die Freiheit der Kirche im reformerischen Sinne gegen dessen Rechtsansprüche zu verteidigen. Da er sich schließlich bedroht fühlte und auswärtige Unterstützung suchte, floh er auf das Festland und zog über Flandern nach Frankreich, wo er 6 Jahre, von 1164–1170, blieb. Manche Beschwernisse musste er dabei ertragen, so neben materieller Not demütigende Bitten um Schutz und um Anerkennung seiner Anliegen und seiner Rechte bei den zuständigen Behörden: beim Grafen von Flandern (Philipp), beim König von Frankreich (Ludwig VII.) und vor allem bei Papst Alexander III., der sich damals – selber aus Rom vertrieben – in Frankreich aufhielt. Hören wir, was Thomas im Jahr 1167 darüber an den Papst schrieb:

[…] attendat sanctitas vestra si iste debet fructus laboris et operis ac exsilii nostri, ut judicemur nudi, miseri, privati omnibus bonis, ac subeamus causarum [oder nach Erwägung des Editors: curarum] angustias, eo quod ausi sumus nos opponere ferocissimo oppressori ecclesiae in defensionem libertatis ipsius, qui expectabamus indies de desolatione nostra solatium […].[27]

([...] so möge Eure Heiligkeit einmal überdenken, ob das die Frucht unserer Anstrengung und Mühe und unseres Exils sein soll, dass man uns für nackt und arm und aller unserer Güter beraubt halten muss und dass wir Sorgen und Bedrängnisse auf uns nehmen müssen, weil wir es gewagt haben, uns dem brutalen Unterdrücker der Kirche zur Verteidigung ihrer Freiheit zu widersetzen, wobei wir von Tag zu Tag Hilfe in unserer Verlassenheit erwarteten […].)

---

[25] Paul von Bernried (wie Anm. 23). S. 540. Dazu auch Hübinger (wie Anm. 22). S. 21ff.
[26] Eine analoge innerweltliche Perspektive bringt Starn (wie Anm. 4) S. 84f. im Bezug auf Dantes Exil (hierzu im Folgenden) ein: Als römischer Bürger und damit Bürger der Welt war Dante über sein lokalbedingtes Exil erhaben.
[27] Thomas: *Epistola* Nr. 331. In: Rolls series (wie Anm. 19). 67/6. S. 255. Details der Ereignisse bei Richard Winston: *Thomas Becket*. London: Constable 1967. S. 197ff. und bei Hanna Vollrath: *Thomas Becket. Höfling und Heiliger*. Göttingen: Muster-Schmidt 2004. S. 98ff.

Bei einem berühmten späteren Beispiel waren wieder genuin politische Faktoren maßgebend: bei Dantes im Jahre 1302 erfolgter Verbannung aus seiner Heimatstadt Florenz. Im Zusammenhang mit den dortigen inneren Machtkämpfen, bei denen auch Papst Bonifaz VIII. entschieden mitmischte, wurde er zunächst für zwei Jahre, dann auf Lebenszeit verbannt, und so führte er ein unstetes Wanderleben, bei dem er mehrfach Stadt und Herrscherhof in Italien wechselte.[28] In seiner *Göttlichen Komödie* hat er sich wiederholt dazu geäußert, am ausführlichsten in den Prophezeiungen für seine eigene Zukunft durch seinen Ahnherrn Cacciaguida im Paradies. Zwei Aspekte erscheinen hier für unseren Zusammenhang besonders bemerkenswert. Zum einen kommt die mit dem Exil verbundene existentielle Not anrührend zur Sprache, wenn der Dichter hören muss:

> Tu lascerai ogni cosa diletta
> Più caramente; e questo è quello strale
> Che l'arco dello esilio pria saetta.
> Tu proverai sì come sa di sale
> Lo pane altrui, e come è duro calle
> Lo scendere e il salir per l'altrui scale.[29]

(Du wirst alles, was dir am liebsten war, verlassen; und dies wird der Pfeil sein, den der Bogen des Exils als erstes losschießt. Du wirst erfahren, wie das Brot der Fremde salzig schmeckt und wie hart der Weg ist, wenn man auf fremden Treppenstufen hinab- und hinaufsteigt.)

Zum andern wird gerade dieses Leben im Exil als eine Voraussetzung hingestellt für die Vollendung des Werkes des Dichters, eine Vollendung, in der auch die bösen persönlichen Erfahrungen in angemessener Schärfe eingebracht sind und die letztlich dauerhaften Ruhm verspricht.[30]

b) Verarbeitung in der Dichtung

Das Exil war im Mittelalter offenbar so verbreitet, dass es innerhalb der germanisch-deutschen Erzähl- und Dichtungstradition zu einem beliebten Motiv werden konnte.[31]

---

[28] Ausführlich zum juristischen Verfahren Starn (wie Anm. 4). S. 60ff.
[29] Dante: *Paradiso* XVII 55ff. Text und Übersetzung (die oben mit verwertet wurde) in: Dante Alighieri: *Die Göttliche Komödie*. Italienisch und Deutsch. Übersetzt von Hermann Gmelin. Text-Bd. 3. Stuttgart: Klett 1951. S. 202f. Anschließend ist die Rede vom Leiden unter der Gesellschaft der anderen Verbannten. Das betrifft jedoch Dantes ganz persönliche Situation, lässt sich in dieser Weise kaum verallgemeinern.
[30] Ebd. V. S. 107ff., bes. 127ff. und 206ff. Zur entsprechenden "Sendungsidee Dantes" s. Gmelin im Kommentar-Bd. 3. Stuttgart 1957. S. 329ff.
[31] Eine Fülle von Beispielen (einschließlich des lateinischen *Ruodlieb*) zitiert und erörtert Kofler (wie Anm. 4). Sein Hauptinteresse bei der relativ schnellen Durchsicht gilt der jeweils dargestellten rechtlichen, sozialen und militärischen Situation der Betroffenen.

Im Sagenkreis um Dietrich von Bern ist es überhaupt ein leitendes Thema: Dietrich flieht vor seinen Feinden ins Exil. Es muss hier nicht im Einzelnen verfolgt werden, in welchem Maße dabei die real zugrunde liegenden historischen Zusammenhänge aus der Zeit der Völkerwanderung um den Ostgotenkönig Theoderich verschoben und verändert wurden.[32] Sicher fand die Verknüpfung des Motivs mit Theoderich/Dietrich auch deshalb besonderes Interesse und besondere Anteilnahme, weil daraus zu ersehen war, dass selbst ein so großer Held auf Grund der Machtgier und Bosheit seiner Rivalen das Exil zu erdulden hatte. Bereits im althochdeutschen *Hildebrandslied* weiß Hadubrand zu berichten, dass sein Vater Hildebrand gemeinsam mit seinem Herrn Theoderich und dessen Leuten vor dem Hass Odoakars – eigentlich eine Umkehrung der Realitäten – nach Osten geflohen sein soll (V. 18f.).[33] Und im *Nibelungenlied* wird dann als schon bekannt vorausgesetzt, dass Dietrich von Bern sich als Fremder am Hof des Hunnenkönigs Etzel aufhält, wobei hier noch zu vermerken ist, dass er dort eine bevorzugte Stellung einnimmt und sowohl das Vertrauen Etzels und Kriemhilds wie der Burgunden genießt. Genauer erzählt wird in der erhaltenen Dichtung von seiner Flucht ins Exil in dem wohl um die Mitte des 13. Jahrhunderts entstandenen so genannten Epos *Dietrichs Flucht*. Nach wechselvollen Kämpfen mit dem König Ermrich (= Ermanarich) bittet er als schuldlos "ellender" (Stichwort V. 4989, 4996, 5000, 5032 usw.), der viel zu leiden hatte, Helche, die damalige Gemahlin Etzels, sich bei diesem für ihn einzusetzen, damit er ihn gnädig bei sich aufnehme.[34]

Im frühhöfischen Epos *König Rother* wird dazu auch spezieller beschrieben, wie solche Exulanten angemessen zu behandeln waren. Rother kümmert sich bei seinem ersten Aufenthalt in Konstantinopel um eine ganze Anzahl von "ellenden", Vertriebenen oder Flüchtlingen, indem er sie bei sich aufnimmt und großzügig versorgt. Dabei betrifft diese Versorgung bezeichnenderweise nicht nur den nötigsten Lebensunterhalt, sondern – im Sinne der Solidargemeinschaft des Adels – vor allem auch die standesgemäße Ausstattung. Die Ritter unter den Vertriebenen erhalten, was sie für ihren

---

[32] Dazu zusammenfassend Joachim Heinzle: Dietrich von Bern. In: Volker Mertens / Ulrich Müller (Hgg.): *Epische Stoffe des Mittelalters*. Stuttgart: Kröner 1984. S. 141–155. Hier: S. 142f.
[33] Text des Liedes etwa in: *Althochdeutsche poetische Texte*. Althochdeutsch / Neuhochdeutsch. Ausgewählt, übersetzt und kommentiert von Karl A. Wipf. Stuttgart: Reclam 1992. S. 150ff.
[34] Belege nach: *Dietrichs Flucht*. Textgeschichtliche Ausgabe. Hg. von Elisabeth Lienert / Gertrud Beck. Tübingen: Niemeyer 2003.

Status brauchen: Pferde, Rüstungen und prächtige Gewänder (V. 1295ff. und 1393ff.).[35] Entsprechend kämpfen später auch die auf diese Weise Gewonnenen beim Endkampf Rothers gegen die Griechen und die hinzugekommenen Heiden erfolgreich auf seiner Seite mit, – ich erinnere hier noch einmal an die Exilarmeen in der neueren Zeit.

Bei dem wohl bald danach abgefassten Epos *Herzog Ernst* gibt es konkrete Bezugspunkte in den zugrunde liegenden historischen Ereignissen. Bekanntlich sind für den geschilderten Kampf des jungen Herzogs Ernst gegen seinen Stiefvater Kaiser Otto zwei reale Vorbilder in der vorhergehenden deutschen Geschichte anzunehmen: der Aufstand des jungen Herzogs Liudolf von Schwaben gegen seinen Vater König Otto I. und der Aufstand des jungen Herzogs Ernst II. von Schwaben gegen seinen Stiefvater König Konrad II. Dabei wurde Ernst nach Aussage Wipos, des Biographen Konrads, auf Befehl des Königs ins Exil nach Sachsen verbannt und zu strenger Festungshaft auf die Burg Giebichenstein gebracht.[36] Im Epos vom Herzog Ernst ist jedoch nicht nur die Vorgeschichte anders; der Herzog ist zu Unrecht bei seinem Stiefvater Kaiser Otto verleumdet worden und wird deshalb von diesem bekämpft. Auch das Exil sieht anders aus. Der Herzog gerät nach der Niederlage nicht in Haft, sondern verlässt mit seinen Getreuen sein deutsches Vaterland. Sie sehen sich als unschuldig "vertriben" an und werden als solche "ellende" genannt (V. 1738, 1751, 2051; 3995, 5473).[37] Dabei bewerten sie ihre Situation nicht nur negativ. Sie wollen sie von Anfang an im bestmöglichen Sinne nutzen, indem sie als Kreuzfahrer ins Heilige Land ziehen (V. 1810ff.). Es wird eine oft gefährliche, aber auch sehr lehrreiche Abenteuerfahrt daraus, von der Ernst nach der Begnadigung durch den Kaiser glücklich wieder in die Heimat zurückkehren kann.

Eine andere, eigene Verarbeitung des Motivs bietet der große *Tristan*-Roman Gottfrieds von Straßburg. Hier ist es nicht so sehr der Ritter und Krieger, sondern der hochbegabte Künstler und Individualist, der sein Leben immer wieder in der Fremde verbringen muss und keinen sicheren Platz in

---

[35] Belege nach: *König Rother. Mittelhochdeutscher Text und neuhochdeutsche Übersetzung von Peter K. Stein. Hg. von Ingrid Bennewitz. Stuttgart: Reclam 2000.
[36] Vgl. Wipo: *Gesta Chuonradi II. Imperatoris* c. 2. In: *Quellen des 9. und 11. Jahrhunderts zur Geschichte der Hamburgischen Kirche und des Reiches*. Neu übertragen / bearb. von Werner Trillmich / Rudolf Buchner. Darmstadt: Wiss. Buchgesellschaft 1961. S. 576f.: "quem caesar in Saxoniam exulari fecit [usw.]" (den der Kaiser ins Exil nach Sachsen zu verbannen befahl [usw.]). Auch Hermann von Reichenau spricht in seiner Chronik vom "exilium" Ernsts. Ebd. S. 664f.
[37] Belege nach: *Herzog Ernst. Ein mittelalterliches Abenteuerbuch*. In der mittelhochdeutschen Fassung B, nach der Ausgabe von Karl Bartsch, [...] hg., übersetzt [...] von Bernhard Sowinski. Stuttgart: Reclam 1970.

der Gesellschaft finden kann. Tristan wird bereits in die Ungeborgenheit und ins Leid hineingeboren; sein Vater ist schon tot, und die Mutter stirbt bei der Geburt. Zwar findet er liebevolle Pflegeeltern, doch wird er als Jugendlicher aus seinem Heimatland Parmenien entführt, und als ihn die Entführer an der Küste Cornwalls aussetzen, ist er nach den Worten des Dichters bereits radikal "Tristan der ellende" (V. 2483 und 2843).[38] Immerhin nimmt ihn Marke, Cornwalls König und sein Onkel, überaus freundlich auf und bestimmt ihn zunächst sogar an Sohnes statt zum Nachfolger. Doch als er nach einem nötigen Aufenthalt in seinem Reich Parmenien wieder zu Marke zurückkehrt, ist er nach den Worten des Dichters wiederum "der lantlôse Tristan" (V. 5868). Später muss er wegen seines Liebesverhältnisses mit Markes Ehefrau Isolde zusammen mit dieser "hof unde lant" bei Marke verlassen (V. 16604). Am Ort ihres Exils, der wunderbaren Liebesgrotte, finden die beiden zwar die schönste Erfüllung ihrer Liebe und hohes Glück. Aber es bleibt dort eben doch ein grundlegender Mangel, wie er mutatis mutandis noch in der Moderne das Exil kennzeichnen kann: Es fehlt die "êre" (V. 16877 und 17698), die für den Menschen der höfischen Welt so lebenswichtige Anerkennung in der Gesellschaft. Die beiden können etwas davon wiedergewinnen, als Marke, noch einmal getäuscht, sie an seinen Hof zurückholen lässt. Zuletzt aber muss Tristan, der nicht von seiner Liebe lassen kann, erneut schleunigst fliehen. So fühlt er sich in Arundel wieder "vremede und eine" (in der Fremde und allein) (V. 19495).

Dass das Motiv sich in der Erzähltradition schon wie ein Versatzstück zu einem beliebig einsetzbaren Handlungselement und wirkungsvollen Mittel des Erzählens verselbständigen konnte, mögen schließlich die Beispiele zeigen, bei denen die Exil-Situation nur vorgetäuscht wird, als Trick der Betreffenden, um freundlich aufgenommen zu werden. Im *König Rother* gelangt Rother im Zuge seiner Brautwerbung in Konstantinopel nur dadurch friedlich an den Hof des bösen Kaisers Konstantin, dass er sich unter dem Namen Dietrich – das Publikum mochte sich hier an Dietrich von Bern erinnern – als ein von Rother Geächteter und Vertriebener ausgibt (V. 820ff., 924f. usw.), der nun "in recken wis" (V. 589 und 720) bzw. als "ellender" (etwa V. 973 und 1967) unterwegs ist. Denn auch Konstantin muss sich an das göttliche Gebot halten, die "ellenden" aufzunehmen (V. 973ff.).[39]

---

[38] Belege hier und im Folgenden nach: Gottfried von Straßburg: *Tristan*. Nach dem Text von Friedrich Ranke neu hg., ins Neuhochdeutsche übersetzt [...] von Rüdiger Krohn. 2. Aufl. Stuttgart: Reclam 1981.
[39] Im zweiten Handlungsteil nennt Rother sich als verkleideter Pilger "ellender man" (*König Rother* [wie Anm. 35]. V. 3706). Dabei versteht der Dichter auch allgemein das Leben der Christen auf der Erde als Exil. Sie erscheinen bei Gelegenheit als die "ellenden" oder die "reckin" (V. 3488 und 3948).

Ähnlich gelangen im Heldenepos *Kudrun* bei der Brautwerbung des Königs Hetel dessen drei Abgesandte als "ellende geste" an den Hof des grimmigen Königs Hagen, indem sie behaupten, von ihrem Herrn geächtet und vertrieben worden zu sein (259: 1-3; vgl. auch 311: 3; 349: 2; 399: 3).[40] Beide Male sind dafür bereits ältere Vorlagen zu vermuten: fassbar für den *König Rother* in der Geschichte vom König Osantrix in der *Thidrek-Saga*, für die *Kudrun* im *Dukus Horant*.[41]

2. Das freiwillige Exil

Wir sprechen nicht nur bei einer regulären Verbannung von einem Exil, sondern ebenso, wenn die betreffende Person von sich aus emigriert ist, um einer drohenden Gefahr zu entgehen. Es gab im Mittelalter jedoch auch eine Form von Exil ohne diese Art von äußerem Druck, bei der der Weg in die Heimatlosigkeit von vornherein freiwillig unternommen wurde.[42]

a) Reale Geschichte

Für die reale Geschichte hebe ich zwei Gruppen hervor.

Die erste Gruppe begegnet insbesondere im frühen Mittelalter. Von der alten Kirche bis zum frühen Mittelalter waren für eine Reihe von Mönchen die Wanderungen Abrahams und Jesu und seiner Jünger richtungsweisende Vorbilder. Man suchte die Seligkeit im himmlischen Reich vor allem dadurch zu gewinnen, dass man nach diesen Vorbildern die bisherige Lebenswelt verließ. Das heißt, man realisierte und demonstrierte die Nichtigkeit der irdischen Welt, indem man dort bewusst ein extremes Exil-Leben führte. Hans von Campenhausen nannte dies in seinem grundlegenden Beitrag über die betreffende Bewegung im altkirchlichen und frühmittelalterlichen Mönchtum "asketische Heimatlosigkeit".[43] Arnold Angenendt fügte für die irischen Mönche weitere Beobachtungen hinzu und unterstrich, dass sie mit dem Verlassen der Heimat freiwillig auf sich nahmen, was im Strafrecht

---

[40] Text nach: *Kudrun*. Nach der Ausgabe von Karl Bartsch, hg. von Karl Stackmann. Tübingen: Niemeyer 2000.
[41] Osantrix: *Die Geschichte Thidreks von Bern* übertragen von Fine Erichsen. Jena: Diederichs 1942. S. 103. Zum *Dukus Horant* s. Manfred Caliebe: 'Dukus Horant'. In: *Die deutsche Literatur des Mittelalters. Verfasserlexikon*. 2. Aufl. Hg. von Kurt Ruh et al. Berlin: de Gruyter 1978ff. Bd. 2 (1980). Sp. 239–243. Hier: Sp. 241.
[42] Diese Möglichkeit wurde in den in Anm. 3 genannten Beiträgen von Stammen auch im Bezug auf die selbst gewählte "Emigration" nicht bedacht: S. 14 (1987) und S. 56 (2008).
[43] Hans Freiherr von Campenhausen: Die asketische Heimatlosigkeit im altkirchlichen und frühmittelalterlichen Mönchtum. In: Ders.: *Tradition und Leben. Kräfte der Kirchengeschichte. Aufsätze und Vorträge*. Tübingen: Mohr 1960. S. 290–317. Zum frühen Mittelalter S. 302ff.

und in der geistlichen Praxis im alten Irland als Strafe oder Buße verhängt wurde.[44]

Die in diesem Sinne allein oder nur in kleiner Schar herumwandernden Mönche[45] erfüllten im frühmittelalterlichen Abendland eine wichtige Rolle bei der Christianisierung. So kamen irische und englische Mönche dabei auch auf das Festland, und in den noch heidnischen Gebieten ergab sich mehrfach zunächst eher als ein 'Nebenprodukt' ihrer Wanderungen und Klostergründungen die Missionierung.[46] In der Folgezeit verschoben sich jedoch die Gewichte. Das Verlassen der Heimat und die Pilgerschaft um Gottes oder Christi willen war zwar immer noch ein wesentlicher Impuls, das leitende Ziel aber wurde zunehmend die Mission und die Organisation der neu gegründe-

---

[44] Arnold Angenendt: Die irische Peregrinatio und ihre Auswirkungen auf dem Kontinent vor dem Jahre 800. In: *Die Iren und Europa im früheren Mittelalter*. Hg. von Heinz Löwe. Stuttgart: Klett-Cotta 1982. Teilbd. 1. S. 52–79. Hier: S. 54ff. Beispiele zum Bußgedanken auch schon bei von Campenhausen (wie Anm. 43). S. 304. Weitere instruktive Beiträge mit zahlreichen Quellenbelegen (auch zum Folgenden): Jean Leclercq: Mönchtum und Peregrinatio im Frühmittelalter. In: *Römische Quartalschrift für christliche Altertumskunde und Kirchengeschichte* 55 (1960). S. 212–225 mit der Erklärung zum asketischen *peregrinus*: "Er ist ein freiwillig Verbannter" (S. 215); Arnold Angenendt: *Monachi Peregrini. Studien zu Pirmin und den monastischen Vorstellungen des frühen Mittelalters*. München: Fink 1972. S. 124ff. mit Belegen zu den Begriffen *peregrinus / peregrinatio*. Zu diesen Begriffen vgl. ferner Manuela Brito-Martins: The Concept of *peregrinatio* in Saint Augustine and its Influences. In: Napran / van Houts (wie Anm. 4). S. 83–94 mit der Grundthese: "The term *peregrinatio* is closely associated with the idea of exile, that is, *homo peregrinus*" (S. 94). Zu vermerken ist dabei, dass man in der religiösen Praxis und Diskussion das Vorbild Abrahams, die bisherige Welt zu verlassen, noch in zwei anderen Möglichkeiten realisiert sah: äußerlich im Rückzug in die Einsiedelei oder ins Kloster, so etwa noch Petrus Damianus in *De communi vita canonicorum* III 3 (Migne PL [wie Anm. 12]. 145. Sp. 508 C); rein spirituell im Ablegen aller weltlichen Begierden, Sünden und Laster, so etwa Smaragd von St. Mihiel im *Diadema monachorum* c. 98 (Migne PL [wie Anm. 12]. 102. Sp. 687 B/C); beides verbunden bereits in Cassians *Collationes* III, 6 über die drei Arten der *abrenuntiatio* (Entsagen der Welt) (*Corpus Scriptorum Ecclesiasticorum Latinorum* 13. 2. Aufl. Hg. von Michael Petschenig / Gottfried Kreuz. Wien: Verlag der Österr. Ak. der Wiss. 2004. S. 73f.).

[45] Zur Einsamkeit bei diesen Wanderzügen Leclercq (wie Anm. 44). S. 219f. Die Iren bildeten dabei vielfach "Gruppen von in der Regel zwölf Mann, die Christus und seinen elf Jüngern entsprechen". So von Campenhausen (wie Anm. 43). S. 306.

[46] Dazu zusammenfassend von Campenhausen (wie Anm. 43). S. 308ff. Vgl. auch Leclercq (wie Anm. 44). S. 221f. Mit differenzierenden Beobachtungen zur Art der *peregrinatio* und Mission Lutz von Padberg: *Mission und Christianisierung. Formen und Folgen bei Angelsachsen und Franken im 7. und 8. Jahrhundert*. Stuttgart: Steiner 1995. S. 61ff.

ten Gemeinden. So heißt es in der wohl in den 50er Jahren des 9. Jahrhunderts im Kloster Werden abgefassten zweiten Lebensbeschreibung des Heiligen Liudger, des ersten Bischofs von Münster (gest. 809):

> Venerunt et prius de terra Anglorum plures homines Dei spontanea pro Dei amore peregrinatione delectati, qui exeuntes de terra et cognatione sua nostras patrias agnitione Christi inluminare lobaraverunt. Ex quibus fuit eximius doctor Willibrordus et socii eius, nec non et Wynfrid cognomine Bonifacius.[47]

(Vorher [vor der Zeit Liudgers] kamen aus England mehrere Gottesmänner, die sich an der aus Liebe zu Gott freiwillig gewählten Wanderung in die Fremde erbauten und die dazu ihr Vaterland und ihre Verwandtschaft verließen [der Anklang an Abrahams Auszug ist offenkundig; s. oben vor Anm. 15]; sie bemühten sich darum, unsere Länder mit der Erkenntnis von Christus zu erleuchten. Zu ihnen gehörten der hervorragende Lehrer Willibrord und seine Gefährten sowie Winfried, genannt Bonifatius.)

Auch danach gab es weiterhin noch die asketische Heimatlosigkeit als erstes Ziel. So berichtet die Lebensbeschreibung des Bischofs Meinwerk von Paderborn (gest. 1036) von dem frommen Heimerad aus Schwaben, dass er "voluntaria paupertate pro Christo exul et peregrinus" (in freiwilliger Armut für Christus als Landfremder und Pilger) aus Schwaben nach Paderborn kam.[48] In der Gesamtentwicklung aber blieb die genannte Gewichtung bestimmend. Für die Männer der religiösen Bewegung um den deutschen König und Kaiser Otto III. zum Beispiel, die um 1000 die Mission der Slawen im Osten betrieben, erschien die Wanderung in die fremden Länder mehr als äußere Notwendigkeit für die Missionsarbeit, und sie versuchten, dort in den Missionsgebieten wiederum Klöster oder Einsiedeleien zu gründen. Gewiss fassten sie auch schon das Verlassen der Heimat als harte Askese auf, aber vollendet werden sollte sie nach Möglichkeit an diesen festen Orten.[49] Tatsächlich forderte ja die maßgebende Mönchsregel, die Regel Benedikts, die "stabilitas" und damit auch die "stabilitas loci", das zuverlässige Verbleiben an

---

[47] *Vita secunda sancti Liudgeri.* In: *Die Geschichtsquellen des Bisthums Münster.* Hg. von Wilhelm Diekamp. Bd. 4. Münster: Theissing 1881. S. 54f. Zu Autor und Entstehungszeit ebd. S. XXXIXf.
[48] *Vita Meinwerci* c. 12. Monumenta Germaniae historica. Scriptores rerum germanicarum in usum scholarum. 59. Hg. von Franz Tenckhoff. Hannover: Hahn 1921. S. 21. Vorher hatte Ekbert in seiner *Vita Heimerads* für dessen Entschluss, die Heimat zu verlassen, in c. 2 und 4 genau die beiden maßgebenden biblischen Vorbilder genannt: den Auszug Abrahams und das Gebot Jesu zu seiner Nachfolge (vgl. oben bei Anm. 15). In: *MGh. SS* (wie Anm. 19). 10. S. 599, 34f. und S. 599, 55ff.
[49] So in: Brun von Querfurt: *Vitae quinque fratrum* c. 2 und 13: entsprechende Impulse durch Otto, Klostergründung, später Klage, dass man bei allen Mühsalen im fremden Land so wenig erreiche. In: *MGh. SS* (wie Anm. 19). 15/2. S. 719, 17ff. und S. 730, 11ff.

einem Ort.[50] Und sie verurteilte scharf die "gyrovagi" (die herumvagabundierenden Mönche), warf ihnen vor, mit ihrem lockeren Herumschweifen kein wahrhaft frommes, weltabgewandtes Leben führen zu können.[51] Dass neben dem allen die fromme Wanderschaft, die *peregrinatio*, auch ein Pilgerzug zu zentralen heiligen Orten wie Rom und Jerusalem sein konnte, sei nur allgemein festgestellt.

Bei einer anderen Gruppe war das Verlassen der Heimat und das Wandern in die Fremde von vornherein nicht Selbstzweck wie bei den asketischen Exulanten, sondern die notwendige Bedingung für ein freiwillig gewähltes reales Ziel: bei den Studenten. Ihr Universitätsort war zumeist von ihrem Heimatort entfernt, sie mussten also für ihr Studium die Heimatlosigkeit mit all ihren Mühsalen auf sich nehmen. Ein zuverlässiges und repräsentatives Zeugnis, das präzise ihre Situation kennzeichnet, bietet dazu das so genannte "Privilegium scholasticum", das der deutsche Kaiser Friedrich I. wahrscheinlich 1155 den Professoren und Studenten von Bologna gewährte und das bald allgemeinere Geltung fand. Danach waren die Studenten "amore scientie facti exules" (aus Liebe zur Wissenschaft heimatlos/ Exulanten geworden) und ohne Besitz. Und sie waren natürlich verschiedenen Gefahren und Bedrückungen ausgesetzt, so dass der Kaiser sie nachdrücklich unter seinen Schutz stellte.[52]

b) Verarbeitung in der Dichtung

In der lateinischen Dichtung der Epoche kommt das Exil-Dasein der Studenten in verschiedenen Versionen zur Sprache.

Wohl eine konkrete Beschreibung bietet Balderich von Bourgeuil (1046–1130) in seinem Gedicht an einen jungen Studenten aus der Normandie, der ihn anscheinend bei der Durchreise aufgesucht hatte. Er nennt dessen völlig heruntergekommenes Äußeres "exilii tristia signa" (die traurigen Zeichen des Exils). Aber er fügt auch gleich die passende Erklärung hinzu:

Factus es exul, inops, pauper, uagus et fugitiuus,
Vt tibi librorum sarcinulas rapias.

---

[50] Benediktsregel, Schluss von c. 4. In: *Sancti Benedicti Regula Monachorum*. Hg. von Philibert Schmitz. 2. Aufl. Maredsous 1955. S. 58. Ausdrücklich als *stabilitas loci* erklärt dies der bald nach 816 entstandene Regel-Kommentar Smaragds von St. Mihiel: *Smaragdi Abbatis Expositio in Regulam S. Benedicti*. Hg. von Alfred Spannagel / Pius Engelbert. Siegburg: Schmitt 1974. S. 147f.
[51] Benediktsregel, c. 1 (wie Anm. 50). S. 48.
[52] Text: *Monumenta Germaniae historica. Constitutiones*. 1. Hg. von Ludwig Weiland. Hannover 1893. S. 249, 18ff. Hier in der Ausgabe erscheint der Text noch als eines der Gesetze von Roncaglia von 1158. Eingehend zur Bestimmung, Datierung und Verbreitung Winfried Stelzer: Zum Scholarenprivileg Friedrich Barbarossas (Authentica "Habita"). In: *Deutsches Archiv zur Erforschung des Mittelalters* 34 (1978). S. 123-165. Insbesondere S. 123, 131ff. und 146ff.

> Ipse quidem libris incumbis sedulus atque
> Exul ut a patria persequeris studia.[53]

(Du wurdest ein Exulant, wurdest arm, bedürftig, unstet und flüchtig, um dich mit Büchern zu beladen. Du widmest dich fleißig den Büchern, um fern vom Vaterland den Studien nachzugehen.)

Und er verspricht ihm eine Unterstützung.

Ob es dazu auch authentische Äußerungen in der Dichtung der wandernden Studenten selbst gibt? Man denkt hier sofort an die berühmten *Carmina burana*. Doch hier sprachen bekanntlich nicht so sehr die wirklichen, ernsthaft ihr Studium betreibenden Studenten, sondern die so genannten Vaganten, gekippte Studenten, Mönche oder Geistliche, die ein ähnliches Leben führten wie andere Obdachlose und Außenseiter der Gesellschaft.[54] So verlieren hier auch die Wörter *exul* und *exilium* die bisher von mir bedachten spezifischen Bedeutungen. In einem der Lieder stellt sich der Sänger immerhin noch als "exul clericus" (heimatloser Geistlicher) vor, der sich den Wissenschaften widmen wolle. Aber das dient ihm nur dazu, seinem Betteln um eine milde Gabe Nachdruck zu verleihen.[55] In mehreren anderen Liedern erscheint das *exilium* gerade nicht als Zustand des freien Wanderns, sondern als dessen Gegenteil, in der simplen Bedeutung von Haft und Fesselung, die den Sänger von der Liebe abhalten bzw. ins Kloster bannen kann.[56]

Bei der volkssprachlichen Dichtung wage ich eine besondere Verknüpfung. In dreifacher Hinsicht lässt sich nämlich der Auszug der Ritter auf *âventiure* in der höfischen Epik mit der asketischen Heimatlosigkeit im früheren Mönchtum vergleichen: 1. bei den äußeren Bedingungen, 2. bei den erhofften Folgen für die Betreffenden selbst, 3. bei den Folgen für andere.

1. Ähnlich wie der mönchische Exulant bei seiner Wanderschaft verlässt auch der Ritter in der höfischen Epik bei seinem Auszug auf *âventiure* die bisherige heimatliche Geborgenheit und die Gemeinschaft mit anderen

---

[53] *Baldricus Burgulianus Carmina.* Hg. von Karlheinz Hilbert. Heidelberg: Winter 1979. Nr. 150. S. 201f.
[54] Dazu insgesamt Martin Bechthum: *Beweggründe und Bedeutung des Vagantentums in der lateinischen Kirche des Mittelalters.* Jena: Fischer 1941. Er unterscheidet dabei S. 15 das Leben der Vaganten betont von der asketischen Heimatlosigkeit der frühmittelalterlichen Mönche.
[55] *Carmina burana.* Hg. von Alfons Hilka / Otto Schumann. Bd. 1, 2. Heidelberg: Winter 1941. Nr. 129. S. 214.
[56] Ebd. Nr. 108 (Str. 3b); Nr. 111 (Str.1); Nr. 127 (Str. 13 und 15). Ehlen (wie Anm. 5) S. 165 spricht von teilweise "parodistischen Brechungen"; bei ihm in Anm. 47 die genannten Belege. Zu unterscheiden ist davon eine von Ehlen im selben Zusammenhang S. 164ff. bedachte andere Spielart: das *exilium* als von den Gelehrten bewusst gesuchte Möglichkeit für ihre persönlichen Studien.

und hat anfangs keinen bestimmten Zielpunkt. In den *Erec*-Romanen von Chrétien de Troyes und Hartmann von Aue lässt Erec bei seinem entscheidenden Aufbruch betont seine Ritter und Knappen zu Hause, nur seine Frau Enite muss ihn begleiten. Zu seinem anfänglichen Ziel sagt Chrétien: "ne set ou, mes en avanture", was Albert Gier mit den Worten übersetzt: "er wusste nicht wohin, ritt einfach aufs Geratewohl" (V. 2763).[57] Hartmann schreibt: Er ritt aus "nâch âventiure wâne" (V. 3111), also in ungewisser Hoffnung auf eine "âventiure".[58]

2. Der mönchische Exulant zieht aus, um sich geistlich zu vervollkommnen und sich den Himmel zu verdienen. Dem Ritter geht es bei seinem Auszug auf *âventiure* um seine besondere Bewährung bei entsprechenden Kämpfen. So möchte Erec, nachdem er seine Ritterpflichten vernachlässigt und seine "êre" verloren hatte (V. 2969ff.), durch den besagten Auszug die "êre" zurückgewinnen. Und der erste Ausritt Iweins in Hartmanns *Iwein*-Roman erfolgt ausdrücklich um der "êre" willen (V. 945ff.).[59] Mehrere bezeichnende Aussagen finden sich ferner im *Parzival* Wolframs von Eschenbach. Gahmuret, Parzivals Vater, erklärt zu seinem ersten Auszug von zu Hause: "Ich var durch mîne werdekeit/ nâch ritterschaft in vremdiu lant" (11: 6f.).[60] Frei übertragen, sagt er damit: "Ich ziehe aus ins Exil in fremde Lande, um durch ritterliche Taten meinen Wert und mein Ansehen zu begründen und zu steigern". Entsprechend verlässt Parzival sogar seine eben gewonnene und überaus geliebte Gattin Condwiramurs nicht nur, um nach seiner Mutter zu schauen, sondern "ouch durch âventiure zil", also auch um der "âventiure" willen; er hält dies offenbar zur Wahrung und Bestätigung seines Rittertums für nötig. Dabei gelten für ihn ebenfalls die genannten äußeren Bedingungen: Er macht sich ohne jedes Gefolge ganz allein auf den Weg; und sicher nicht nur aus Wehmut über den Abschied von Condwiramurs wählt er zunächst keine bestimmte Richtung, sondern überlässt es seinem Pferd, den Weg zu suchen (223: 15ff.; 224: 19ff.). Wie später mitgeteilt wird, durchzieht er so insgesamt zu Pferd wie zu Schiff viele Länder und Meere (434: 12f.). Auch übt er in der Minne Askese, obwohl so manche Frau zur Minne mit ihm bereit ist (802: 6ff.).

---

[57] Zitat nach: Chrétien de Troyes: *Erec et Enide. Erec und Enide*. Altfranzösisch / Deutsch. Übersetzt und hg. von Albert Gier. Stuttgart: Reclam 1987.
[58] Zitate hier und im Folgenden nach: Hartmann von Aue: *Erec*. Mittelhochdeutscher Text und Übertragung von Thomas Cramer. Frankfurt am Main: Fischer 1972.
[59] Zitate hier und im Folgenden nach: Hartmann von Aue: *Iwein*. Text der 7. Ausgabe von Benecke / Lachmann / Wolff. Übersetzung und Anmerkungen von Thomas Cramer. 3. Aufl. Berlin: de Gruyter 1981.
[60] Zitate hier und im Folgenden nach: Wolfram von Eschenbach: *Parzival*. Mittelhochdeutscher Text nach der Ausgabe von Karl Lachmann. Übersetzung und Nachwort von Wolfgang Spiewok. Stuttgart: Reclam 1981.

3. Die Wanderungen des mönchischen Exulanten können und sollen über sein persönliches Heil hinaus zunehmend auch anderen zum Heil dienen, indem er den christlichen Glauben verbreitet. Die *âventiure* des Ritters kann ihren besonderen Wert gerade auch dadurch erhalten, dass er dabei zugleich anderen Menschen beisteht. Deutlich zeigen dies die Aktionen von Chrétiens und Hartmanns Iwein nach dessen innerer Wandlung im zweiten Teil seiner Geschichte. Er leistet – auch wenn er weiter "nâch âventiure" (so Hartmann V. 3918) und meist ohne klares Ziel drauflosreitet – durch seinen tapferen Einsatz anderen, die in Not gekommen sind, die rettende Hilfe.

Natürlich fragt man sich, ob es bei diesen Gemeinsamkeiten einen direkten Zusammenhang gegeben haben kann, ob also die Erfahrungen mit den mönchischen Exulanten in irgendeiner Weise die Vorstellungen von der ritterlichen *âventiure* beeinflusst haben. Ich konnte keinen Beleg dafür finden. Zudem bleibt ein wesentlicher Unterschied bestehen. Ernst Trachsler hat ihn in seinem Buch über den "Weg im mittelhochdeutschen Artusroman" überzeugend herausgestellt: Dem mönchischen Exulanten ging es darum, die Welt zu verlassen; der höfische Ritter will sich bei seiner *âventiure* die Welt erschließen.[61] So reitet im *Parzival* Wolframs auch der ritterliche Heide (!) Feirefiz bei Gelegenheit alleine "nâch âventiure" richtungslos in den Wald (737, 7ff.). Die Gemeinsamkeiten sind also wohl eher durch die übergreifende gemeinsame Voraussetzung zu erklären: die Grundauffassung des mittelalterlichen Menschen von seinem Leben. Danach ist der Mensch immer auf dem Wege, und zwar in einer ihm zunächst fremden Welt. Nur die Art und Weise, sich damit auseinanderzusetzen, kann unterschiedlich sein: Er kann sich von dieser Welt abwenden oder versuchen, sich im Positiven mit ihr einzulassen.

Die tiefere Bewertung und Ausrichtung aber bleibt dieselbe. Auch für den bewusst der irdischen Welt zugewandten Ritter gilt wie für alle Menschen die himmlische Heimat als das letzte Ziel. Im Schlussteil von Hartmanns *Erec* heißt es: "in dem ellende/ hâte vrouwe Ênîte/ erliten übele zîte" (Frau Enite hatte in der Fremde schlimme Zeiten durchgemacht; V. 10107ff.). Es war also nicht nur die grobe Behandlung durch Erec, sondern zunächst einfach das Exulanten-Dasein in fremden Landen, das ihr viel Leid gebracht hatte. Die Freuden, die sie danach mit Erec erfährt, haben jedoch wiederum nur relativen Wert, gemessen an den Freuden im Himmel, die Gott den beiden nach ihrem Tode als "lôn" geschenkt hat (V. 10125ff.). Einen solchen "lôn" wünscht Hartmann abschließend auch sich und seinem gesamten Publikum.

---

[61] Vgl. Ernst Trachsler: *Der Weg im mittelhochdeutschen Artusroman*. Bonn: Bouvier 1979. S. 237ff., besonders 243ff.

Es ist der "lôn", der für das Leben "nâch disem ellende" verheißen ist (V. 10131ff.).[62] Jetzt meint *ellende* also allgemein das Leben auf Erden.

So tritt auch hier dieser Grundgedanke des Mittelalters hervor: Im Blick auf die himmlische Heimat erscheint das menschliche Leben auf Erden schon ohnehin allgemein als Exil. Beim speziellen, konkreten Exil aber erscheinen die möglichen Leiden dieses Lebens potenziert. In moderner Sicht könnte man auch sagen: Das Leben ist für den Menschen mühselig genug; im Exil wird es für ihn noch mühseliger.

Die Moderne hat hier allerdings im vergangenen Jahrhundert noch eine zusätzliche Steigerung gebracht: Selbst die vorgestellte Exilierung aus dem Paradies wurde ja mit einer Schuld, dem Sündenfall, begründet. Die Juden, die sich ins Exil retteten, um dem Tod zu entgehen, hatten keinerlei benennbare Schuld. Sie waren, wie sie waren.

IV. Neue weltanschauliche Orientierungsversuche im Exil?

Die Andersartigkeit des Denkens und der Lebenseinstellung im Mittelalter im Vergleich zu unserer Zeit wird bei der Leitfrage des gegenwärtigen Symposiums besonders deutlich sichtbar. Das Symposium will erkunden und beschreiben, ob und gegebenenfalls in welcher Weise das Exil die Betroffenen dazu bewegt hat, sich in ihrer Weltanschauung neu zu orientieren. "Weltanschauung" ist jedoch ein Begriff der Neuzeit. Er kann eine nach den gegebenen innerweltlichen Verhältnissen und Maßstäben letztlich subjektiv gewählte Sicht und "Anschauung" meinen. Man kann danach in der Tat die "Weltanschauung" wechseln oder zumindest innerhalb der bisherigen Weltanschauung seine Orientierung verschieben.[63] Für den mittelalterlichen Menschen aber war die Religion mit ihrem Glauben an übersubjektive Wahrheiten und dem ständigen Blick auf die göttlichen Instanzen die selbstverständliche, unbestreitbare Grundlage des Daseins und jedes Denkens und Handelns. Mag man also auch gegen einzelne Gebote der Religion verstoßen oder gar einzelne Glaubensinhalte in Frage gestellt haben, die Veränderung des Glaubens im Sinne einer neuen Orientierung war unvorstellbar. Wer trotzdem sich erkühnte, etwas in dieser Richtung zu wagen, schloss sich automatisch aus der bestehenden Gemeinschaft aus. Demgemäß führte auch die Herausforderung, mit den Mühsalen des Exils fertig zu werden, die Betroffenen nicht dazu, eine

---

[62] Dazu schon ebd. S. 272f.
[63] Genannt seien dazu nur die diesbezüglichen Artikel in den Lexika der beiden großen Konfessionen. Für die katholische Seite: *Lexikon für Theologie und Kirche*. Dritte, völlig neu bearb. Aufl. Hg. von Walter Kasper et al. Bd. 10. Freiburg: Herder 2001. Sp. 1068f. Für die protestantische Seite: *Religion in Geschichte und Gegenwart*. Vierte, völlig neu bearb. Aufl. Hg. von Hans Dieter Betz et al. Bd. 8. Tübingen: Mohr Siebeck 2005. Sp. 1401ff.

neue geistige Orientierung zu suchen. Vielmehr suchte man, wenn es nötig erschien, seinen Halt innerhalb der bestehenden Glaubensorientierung, ja, die Erfahrung des Exils konnte diese vielfach auch bestätigen und bekräftigen. An einigen der genannten Beispiele sei dies – soweit es die Quellen erlauben – verdeutlicht.

1. Das unfreiwillige Exil

   a) Reale Geschichte

Über das weitere Ergehen des von Karl d. Gr. 774 in die Klosterhaft im nördlichen Frankenreich geschickten Langobardenkönigs Desiderius (dazu oben bei Anm. 17) berichten die so genannten *Annales Sangallenses maiores*: "[…] et ibi Desiderius in vigiliis et orationibus, et ieiuniis, et multis bonis operibus permansit usque ad diem obitus sui" ([…] und dort verblieb Desiderius mit Wachen und Beten, mit Fasten und vielen guten Werken bis zum Tage seines Todes).[64] In Quellenzeugnissen von päpstlicher Seite war Desiderius vorher wegen seiner gegen Rom gerichteten Machtpolitik wiederholt als böse hingestellt worden.[65] Insofern könnte man sein hier beschriebenes frommes Leben vielleicht als Folge eines inneren Wandels interpretieren. Doch Desiderius war im Sinne der damaligen Maßstäbe und Möglichkeiten vorher auch Christ gewesen – und hatte sich bei seinen politischen Aktivitäten im Wesentlichen sicher nicht von seinem Besieger Karl unterschieden. Ganz abgesehen davon ist die Nachricht ohnehin mit Vorsicht aufzunehmen. Keine der anderen einschlägigen Quellen über das Ende des Desiderius bietet Vergleichbares. Dazu wurde der Text erst um die Mitte des 10. Jahrhunderts aufgezeichnet.[66] Der fromme Autor kann also um so eher seine Idealvorstellung eingebracht haben: Wer sein Leben im Kloster beschließt, sollte es nun einmal auf diese Weise tun.

Bei Papst Gregor VII. (dazu oben bei Anm. 22ff.) ist klar bezeugt, wie er sein Exil aufnahm. Demnach bestätigte ihn das Exil gerade in seinem bisherigen Kurs: dem Bemühen um "Gerechtigkeit" und dem Streben nach dem himmlischen Reich.

---

[64] *MGh. SS* (wie Anm. 19). 1. S. 75. Auch zit. bei Abel / Simson (wie Anm. 17). S. 194 in Anm 4.
[65] Zitate bei Abel / Simson (wie Anm. 17). S. 141 und 144.
[66] Zu beidem ebd. S. 194 in Anm. 4. Zur Datierung dann auch: Wilhelm Wattenbach / Robert Holtzmann: *Deutschlands Geschichtsquellen im Mittelalter. Die Zeit der Sachsen und Salier*. Erster Teil. Neu hg. von Franz-Josef Schmale. Darmstadt: Wiss. Buchgesellschaft 1967. S. 227. Auflistung der diversen Quellen mit manchen anderen Versionen ferner in: Johann Friedrich Böhmer: *Regesta Imperii I. Die Regesten des Kaiserreichs unter den Karolingern 751-918*. […] neubearb. von Engelbert Mühlbacher et al. 2. Aufl. Innsbruck 1908. ND Hildesheim: Olms 1966. Nr. 167a. S. 76f.

Thomas Becket führte in seinem Exil in Frankreich (dazu oben nach Anm. 26) eine Zeitlang bewusst ein hartes Büßerleben, indem er sich in das Zisterzienserkloster Pontigny zurückzog.[67] Dabei mag eine Rolle gespielt haben, dass ihn das Verhalten des Papstes enttäuscht hatte; er hatte auf dessen resolute Unterstützung gegen seinen Feind, Heinrich II. von England, gehofft und wurde stattdessen zu Frieden und Einvernehmen ermahnt. Aber er änderte deswegen seine grundsätzliche Orientierung natürlich nicht und hielt an seinem Sendungsbewusstsein beim Einsatz für die Interessen der Kirche fest. Seine ihm nahe stehenden Biographen – oder besser, Hagiographen – bieten dazu zeittypische Erklärungen, die den höheren Sinn und Wert seines Weges herausstellen. Sie setzen bei der Frage an, ob seine Flucht ins Exil überhaupt zu verantworten war; denn er verließ damit seinen ihm zukommenden Ort als Bischof und Hirte der Gemeinde.[68] Und sie finden triftige Gründe, um diese Flucht – noch abgesehen vom unmittelbaren Zweck der persönlichen Sicherheit – als einen wesentlichen geistlichen Gewinn für Thomas zu erweisen. Zum einen erinnern sie an Vergleichsbeispiele aus der allgemeinen Heilsgeschichte, von großen Gestalten des Alten Testaments bis zu Jesus und Paulus.[69] Zum anderen deuten sie die Nöte im Exil als nützliche Bestärkung der heiligmäßigen Ausrichtung. Herbert von Boseham zum Beispiel erörtert ausführlich, wie der durchlittene Wechsel vom Leben in Macht und Reichtum zu Machtlosigkeit und Bedürftigkeit Thomas Gott näher bringen konnte.[70] Wilhelm von Canterbury sieht in den Nöten des Exils ausdrücklich eine sinnvolle Vorbereitung auf das folgende Martyrium nach der Rückkehr nach England, wenn er – das allgemeine kirchenpolitische Ziel und den persönlichen Weg des Thomas resümierend – konstatiert: "Fugit Thomas ne libertas ecclesiae periclitaretur; fugit ut probatior et perfectior moreretur" (Thomas floh, damit die Freiheit der Kirche nicht in Gefahr kam; er floh, um in noch größerer Vortrefflichkeit und Vollkommenheit sterben zu können).[71]

---

[67] Ausgemalt bei Winston (wie Anm. 27). S. 215ff.
[68] Die Fragwürdigkeit der Flucht des Thomas (nach den Maßstäben Augustins) und ihre Rechtfertigung durch die Biographen diskutiert gründlich Michael Staunton: Exile in the *Lives* of Anselm and Thomas Becket. In: Napran / van Houts (wie Anm. 4). S. 159-180. Hier: S. 164ff. Er konstatiert dazu S. 168 sogar: "There is little evidence that Thomas faced physical danger in late 1164 [...]".
[69] So etwa: Wilhelm von Canterbury, c. 31; Herbert von Boseham, IV, c. 1; Anonymus II, c. 19. In: Rolls series (wie Anm. 19). 67/1. S. 40f; 67/3. S. 319ff; 67/4. S. 105f.
[70] Herbert von Boseham, IV, c. 3, ebd. 67/3. S. 325.
[71] Wilhelm von Canterbury, c. 31, ebd. 67/1. S. 41. Die Ausführungen bei Starn (wie Anm. 4) S. 101ff. über "The Art of Accepting Exile" (so in der Überschrift S. 96) erörtern Verhaltensweisen und Einstellungen der Exilierten im *politischen* Zusammenhang, vom Protest bis zur Anpassung.

b) Verarbeitung in der Dichtung

In der einfachen Gedankenwelt des frühhöfischen Epos *Herzog Ernst* (dazu oben bei Anm. 36f.) wäre für eine Änderung der vorausgesetzten Glaubensorientierung von vornherein kein Raum. Der Weg des Herzogs ins Exil beginnt mit einem frommen Impuls, da er dafür das Heilige Land als erstes Ziel wählt und mit seinen Getreuen einen Kreuzzug dorthin unternehmen will. Bei den folgenden vielfältigen Abenteuern hält er unbeirrt an diesem Ziel fest, bis er wirklich Jerusalem erreicht und dort gegen die Ungläubigen kämpfen kann.

Der *Tristan* Gottfrieds von Straßburg (dazu oben bei Anm. 38) zeigt hier dagegen wiederum seine Besonderheit. So problembewusst Gottfried bei Gelegenheit in theologischen Fragen erscheint – man denke etwa an seine Stellungnahme zum Gottesurteil bei Isolde (V. 15733ff.) –, spielen doch bei Tristans Leiden im immer wieder bedrängenden Exil-Dasein Fragen der religiösen Orientierung keine Rolle. So hat nach dem Genuss des Zaubertranks die Liebe zu Isolde für Tristan den absoluten Vorrang vor allen anderen Orientierungen. Im Exil in der Liebesgrotte gilt demnach für beide: "sine tâten niht wan allez daz,/ dâ sî das herze zuo getruoc" (Sie taten nur das, wozu ihr sie Herz trieb; V. 17240f.).[72]

2. Das freiwillige Exil

a) Reale Geschichte

Wenn bei der asketischen Heimatlosigkeit der Mönche des frühen Mittelalters (dazu oben nach Anm. 42) so etwas wie eine Nuancenverschiebung in der inneren Orientierung beteiligt war, dann gerade vor und nicht während des Exil-Daseins. Der Gläubige machte sich klar, dass er, um das ewige Heil zu erlangen, ein noch strengeres Leben zu führen und die Vorbilder Abrahams und Jesu noch konkreter nachzuahmen habe, und dafür wählte er dieses Leben. Oben (bei Anm. 47) wurden dazu zwei einfache Quellenzeugnisse zitiert: Man verließ die Heimat "aus Liebe zu Gott" bzw. "in freiwilliger Armut für Christus".

b) Literarische Verarbeitung

Versteht man das Unterwegssein der Ritter auf *âventiure*, wie es die höfische Epik schildert, ebenfalls als eine besondere Art des Exil-Daseins (dazu oben nach Anm. 56), so gilt hier das gleiche wie bei den mönchischen Exulanten. Wenn überhaupt, verschiebt sich die innere Orientierung am Anfang, *vor* dem Beginn der Unternehmung. Der betreffende Ritter will seinen Status und seine

---

[72] Übersetzung Krohn (wie Anm. 38). Vgl. zur theologischen bzw. religiösen Position von Gottfried zusammenfassend Tomas Tomasek: *Gottfried von Straßburg*. Stuttgart: Reclam 2007. S. 36ff. und 175.

Rolle noch besser erfüllen, indem er sich zur *âventiure* aufmacht. Deutlich zeigt sich dies bei Erec. Er ändert nach seinem "verligen", das ihn vom wahren Rittertum entfernt hat, zuerst sein Urteil über sich und sein gegenwärtiges Leben – ohne dass seine Überlegungen dazu explizit beschrieben werden müssten –, und danach zieht er los, um seine Ehre als Ritter wiederzugewinnen (V. 3050ff.).

Nun ändert in Wolframs *Parzival* der Held tatsächlich während seiner *âventiuren* seine religiöse Orientierung. Kurz zusammengefasst: Parzival stellt nach der Verfluchung durch Cundrie die Theodizee-Frage "wê waz ist got?" (332: 1). Später bekennt er Trevrizent offen, dass er Gott hasst, weil er sich von ihm in Stich gelassen fühlt. Als Trevrizent ihm klar macht, dass er zunächst selber mehrfach große Sünde auf sich geladen und die nötige "diemüet" vernachlässigt hat, zeigt er Reue, so dass Trevrizent ihm beim Abschied die Sündenlast abnimmt (Kernstellen 461: 9ff.; 472: 12ff.; 502: 23ff.). Man hat darüber diskutiert, ob seine innere Umkehr wirklich weit genug reichte, zumal er anschließend in gleicher Weise nach dem Gral sucht wie vorher.[73] Doch für unsere Frage kommt es ohnehin nicht darauf an. Denn das alles hat eigentlich nichts mit Parzivals Ort- und Heimatlosigkeit, seinem Exil-Dasein während seiner *âventiuren* zu tun. Er hatte von seinem ersten Aufbruch an selber mehrfach – wenn auch nicht aus bösem Willen, sondern eher aus Unachtsamkeit und Ahnungslosigkeit – menschlich versagt, bis dahin, dass er bei dem offenkundig leidenden Gralskönig Anfortas die entscheidende Mitleidsfrage unterließ. Daraus ergaben sich seine Nöte. Und nicht eine aktive Selbstbesinnung, sondern die gnädige Führung Gottes bringt ihn auf den ihm angemessenen Weg, damit er die für ihn vorgesehene Rolle im göttlichen Heilsplan erfüllen kann.

---

[73] Vgl. zum gesamten Problemkomplex die umsichtige Darstellung bei Joachim Bumke: *Wolfram von Eschenbach*. 8. völlig neu bearb. Aufl. Stuttgart: Metzler 2004. S. 90ff. und 126ff.

Ray Wakefield

Homeless Mystics: Exiled from God

In the thirteenth century, the Beguine mystics experienced exile both metaphysically and physically. In the following essay, this experience will be analyzed in Hadewijch von Antwerpen's life. In letters to her fellow Beguine nuns, she describes the pain and dangers of her physical exile. Her metaphysical exile is expressed in her poetry and visions, and forms the basis of her entire cosmology. For Hadewijch, we were all in primeval times, like Christ, in unity with God. That was in the primeval times of our idealistic self before we, like Christ, came into the world as human beings. The characteristics of human existence were not to be found in these primeval times. Our human existence does not begin until our exile, that is with the separation from the unity with God. Our earthly life thus entails a series of exile experiences. With our birth a second self comes into the world, a created self, which forces us to fashion our existence basically through exile experiences.

In the course of the thirteenth century, the Beguine mystics lived the exile experience both metaphysically and physically. Metaphysically, they developed the theme of *imago Dei* (in the image of Christ)[1] as a central tenet of their new love mysticism. Though this theme of the preexistence of the soul in God had a thousand-year history in mysticism and had reemerged in the twelfth-century writings of the French mystics, the Beguines' direct appeal to the precreational and eternal standing of the soul in the Godhead constituted a striking thirteenth-century innovation.[2] By positing a preexisting ideal self in union with the Godhead, they came to view earthly existence, the created self, as a finite period of exile from the ideal union.[3] The longing of the metaphysical exile for return to the ideal self and primordial equality with the Godhead was the foundation of the Beguines' mystical construct. Though written documentation is scanty, we do know that many Beguines left or were turned out of their Beguine communities and thus also experienced physical exile. Since the clearest expressions of physical and metaphysical exile are found in the works of Hadewijch of Antwerp, I will be drawing my examples from her oeuvre.

As is often typical of medieval writers, what we know about Hadewijch is taken from her own writing. The scholarship based on her works generally agrees on the following points: She was a woman of noble birth and keen

---
[1] All translations are my own, unless otherwise noted.
[2] See Bernard McGinn: *The Flowering of Mysticism*. New York: Crossroad Publishing 1998. Pp. 214–215.
[3] See Theodoor Weevers: *Poetry of the Netherlands in its European Context*. London: Athlone 1960. P. 29.

intellect. Her writings also indicate that she was very well educated and a gifted writer of both prose and poetry. She joined a community of lay women as a Beguine sister and was actively writing in the second third of the thirteenth century.[4] Hadewijch's oeuvre is extensive and is transmitted in multiple, early manuscripts: she composed 31 letters; 45 courtly poems (*Strophische Gedichten*); 14 visions; and 16 experimental poems (*Mengelgedichten*).

Until relatively recently, Hadewijch was not included in the Dutch literary canon. That has changed dramatically over the past half-century, and she now occupies a position of prominence in the Middle Dutch literary series. Her *Strofische Gedichten* are the finest courtly poems in the tradition, and literary histories now routinely assign a similarly exalted status to the prose writing in her visions.

It is in the letters that we find unambiguous references by Hadewijch to her experience as a physical exile. We will never know why she was banished from her Beguine community, but the torment of separation is captured in several of her letters.

> Brief XXV
> Doch weetse wale datse sake soude sijn miere recreacien in dit leuen des ellendes, ende ghinder in ghebrukenissen. Daer sal sijt doch wel sijn, al laet si mi dus dwasen.[5]
>
> (Letter 25
> She [Sara] is well aware, however, that she should be a comfort to me, both in this life of exile and in the other life in bliss. There she will indeed be my comfort, although she now leaves me in the lurch.) (CW 106)

It is characteristic of Hadewijch that she moves back and forth between her "life of exile" and her "other life in bliss". This back-and-forth movement is evident in another letter which touches briefly on her life as exile.

> Brief XXVI
> Merc ic, onsaleghe, diet met Minnen beghere van v allen, die mi soudet sijn recreacie in mijnre pinen ende solacie van miere droeuer ellenden Ende peys ende soetheit, Ende ic dole allene ende moet van hen bliuen dien ic ben bouen al dat ic ben, Ende dien ic alsoe gherne volcomene Minne ware. (DbH 210)
>
> (Letter 26
> But I, unhappy as I am, ask this, with love, from all of you – who should offer me comfort in my pains, solace in my sad exile, and peace and sweetness. I wander

---

[4] See Hadewijch of Antwerp: *The Complete Works*. Translated and introduced by Mother Columba Hart, O.S.B. New York: Paulist Press 1980. Pp. 1–7. Further references with "CW" and the page number in parenthesis.

[5] Paul Mommaers (Ed. & Transl.): *De brieven van Hadewijch*. Averbode: Kampden 1990. P. 204. Further references with "DbH" with the page number in parenthesis.

alone and must remain far from him to whom I belong above all that I am, and for whom I would so gladly be perfect love.) (CW 107)

In this letter, the doubling motif continues: she is exiled from her Beguine sisters in earthly space and time and also from her beloved in primordial space and time. Hadwijch laments her banishment from her sisters one last time in Letter 29.

> Brief XXIX
> Aye soete kint, uwe bedroeuen es mi leet, Ende uwe swaerheit ende uwe rouwe. Ende dies biddic ouer sere Ende mane ende rade Ende ghebiede alse moeder haren lieuen kinde Dat si mint ter hoechster eren Ende ter soetster werdicheit der Minnen, dat ghi alle vreemde rouwen van v doet, Ende dat ghi v om mi bedroeft, soe ghi minst moghet, Hoe soet met mi gaet, Eest in doelne achter lande, Eest in gheuancnessen : Want hoet sijn sal, het es der Minnen werc. (DbH 114)

> (Letter 29
> O sweet child, your sadness, dejection, and grief give me pain! And this I entreat you urgently, and exhort you, and counsel you, and command you as a mother commands her dear child, whom she loves for the supreme honor and sweetest dignity of Love, to cast away from you all alien grief, and to grieve for me as little as you can. What happens to me, whether I am wandering in the country or put in prison – however it turns out, it is the work of Love.) (CW 114)

There is little doubt in this letter that Hadewijch is living in pain and exile, and yet she reminds her younger Beguine sister that even this dire existence is the work of Love. In Hadewijch's treatment of her own very real, physical exile, there is always the suggestion that our earthly existence is in itself a kind of exile. It is time to investigate the cosmology of the thirteenth-century Beguine mystics and the concept of metaphysical exile.

I want to illustrate the motif of metaphysical exile with two examples. The first is an image Hadewijch constructs in her first vision. I select it in part because no one seems to understand it and also because the image seems to be documented nowhere else in the writings of Hadewijch's contemporaries or predecessors. By way of introduction, consider this summary by Veerle Fraeters of the typical stages in a Hadewijch vision.

1) The vision begins with a specific time and place.
2) She is drawn into her own mind.
3) She experiences the vision.
4) She has an ecstatic experience of unity.
5) She comes back into herself.[6]

---

[6] See Veerle Fraeters: Hadewijch. In: *Women Writing in Dutch*. Ed. Kristiaan Aercke. New York: Garland 1994. Pp. 15–60. Here: Pp. 23–24.

Hadewijch's Vision One begins in adherence to this schema.

1) It begins on a Sunday, the Octave of Pentecost.
2) She withdraws into her mind.
3) An angel guides her into her visionary experience through a meadow past five trees, each of different appearance and differing exegetical interpretation. A sixth tree appears (CW 263–266).

This sixth tree merits a more detailed analysis.

> Doen leidde hi mi voert in die middelt der wijtheit / daer wi in wandelden/ . Dat stont een boem / die hadde wortele op wert / ende den tsop neder wert / . die boem hadde vele telghere / . Die nederste telghere / die de tsop waren / , die yerste was gheloeue / ; die andere hope / daer die menschen bi beghinnen. Ende die inghel seide noch te mi / : O meestersse vanden beghinnen toten inde op climmende desen boem ter dieper / wortelen des onbegripelecs gods.[7]

> (Then the Angel led me farther, into the center of the space where we were walking. There stood a tree with its roots upward and its summit downward. This tree had many branches. Of the lowest branches, which formed the summit, the first is faith, and the second hope, by which persons begin. The Angel said to me again: "O mistress, you climb this tree from the beginning to the end, all the way to the profound roots of the incomprehensible God!") (CW 266)

Before we look more closely at this problematic image, we need to clarify key points in Hadewijch's cosmology, points which are articulated in a number of standard references and are not considered controversial.[8] Bernard McGinn sees this striking cosmology as influenced by twelfth-century French mystics and also as innovatively transformed by thirteenth-century Beguine mystics.

> When William [of St. Thierry] and other twelfth-century mystics called on the soul to recognize her dignity and honor as made in the *imago Dei*, however, they did not make *direct* appeal to her precreational and eternal status in the Word. This form of address, often cast in a highly personal tone [. . .], first appears in the thirteenth century with the three Beguine mystics under consideration here [Hadewijch of Antwerp, Mechthild of Magdeburg, and Marguerite Porete].[9]

Hadewijch believes that we have two selves: an Ideal Self which remains with God and a Created Self exiled from God on earth. The term *Imago Dei* refers to our existence in the image of Christ: both mortal and divine. We are to be like Christ in union with the Godhead before we experience linear time, and we are to emulate Christ in his mortal incarnation as we experience our

---

[7] Hadewijch: *Das Buch der Visionen*. Intro., text & transl. by Gerald Hofmann. Stuttgart: Friedrich Frommann 1998. P. 54.
[8] See Weevers: *Poetry of the Netherlands in its European Context* (n. 3). P. 29. See also McGinn: *The Flowering of Mysticism* (n. 2). Pp. 212–215.
[9] Ibid. P. 214.

earthly lives in linear time. As with Christ, the Ideal Self refers to our existence before time in union with the Godhead. The Created Self comes into being when we, as with Christ, are exiled from the Godhead in order to live a mortal life in linear time.

For Hadewijch, human constructs of time and space begin only with the Created Self, which marks the separation from our Ideal Self. This separation from her Ideal Self, in her cosmos, has transformed her into a metaphysical exile for the duration of her earthly existence and has also introduced all the categories of separation fundamental to human experience – self and other, up and down, light and dark, pain and joy, subject and object, male and female, sound and silence. The image of the upside-down tree needs to be read in this larger context. Thus, the process in her vision is the exile's journey home, the return of her Created Self to the primordial time and space of union with her Ideal Self in God. The upside-down tree, when read in this context, signals that she is approaching the point in her vision where *unia mystica* (the mystical union) is possible. This tree, like Hadewijch, is growing back to its primordial home. Its beginning is now its end, its root is its summit, its up is its down. The growing separation between root and summit is now reversed, and the very next station in Vision One brings Hadewijch before the eternal disk, the seat of God (CW 267).

My second illustration of metaphysical exile is Poem #15 in the corpus known as "The Poems in Couplets". The scholarly attempts with this poem make it amply clear that modern readers have struggled both with its content and its poetic experimentation. Some have not understood the gender ambiguity, the poetic "I" addressing words of love both to women and to men, and they conclude that Hadewijch is confused, that the flow of her emotions has clouded her thinking.[10] Others have puzzled over an ambiguity in the language itself – that many of the nouns in the climactic two stanzas can function grammatically both as subjects and as objects.[11] I find these "problems" confirming of a reading which describes the ecstasy of the metaphysical exile returning home, her journey to the Mystical Union, and her return to her primordial Ideal Self. Poem #15 is composed in fifteen quatrains. In the first thirteen quatrains, she sheds the encumbrances imposed on her Created Self, which has been exiled from union with the Godhead. As she journeys toward home, the distinction between male and female is extinguished. She enters a rage of love. Sight and taste torment her. As she continues her journey, her blood sucks goodness, withdrawing her further from her mortal self. Her rage

---

[10] See J. van Mierlo: *Een bloemlezing uit hare werken*. Amsterdam: Elsevier 1950. Pp. 15–42.
[11] See G. Kazemier: Hadewijch en de Minne in haar strofische gedichten. *Tijdschrift vor Nederlandse Taal en Letterkunde* 87 (1971). Pp. 241–259.

becomes primordial, and her suffering yields to a fine pain. Her return from exile to her reunion with God and her Ideal Self is achieved in the final two stanzas where even the linguistic distinction between subject and object is obscured.

In these last two quatrains, Hadewijch almost reduces the language to the repetition of a single syllable. That syllable in the penultimate quatrain is *lief*, a Middle Dutch word for love which has a more intimate connotation and is likely addressed here to Christ who has shared with Hadewijch the exile experience of the Created Self. In the final quatrain, the syllable is *min*, a more sublime word for love addressed here to the Godhead at the moment of reunion.[12]

Ay lief hebbic lief een lief	(Oh, lief, I lief a lief
Sidi lief mijn lief	Be lief, my lief,
Die lief gavet omme lief	Who gave lief for lief
Daer lief lief mede verhief	So that lief could lift up lief.
Ay minne ware ic minne	Oh, minne, would I were minne
Ende met minnen minne u minne	And with minnen minne you, minne.
Ay minne om minne gevet dat minne	Oh, minne, for minne's sake give that minne
Die minne al minne volkinne	Which minne knows to the fullest as minne.)[13]

I invite you to imagine the chanting repetition of these syllables conveying the meaning of two Middle Dutch words for love, and, if you can imagine it, to call these concluding fireworks what you will: the return home from a lifetime of exile; a verbal implosion toward the void of silence; a heart beating in anticipation of reunion with God; or perhaps footsteps into eternity. I invite you to add to the list. But please note that Hadewijch is not confused and has surely not lost her way. Somehow, against all odds, she manages to bring us home with her to that place where time stands still and only love abides.

The documentation for thirteenth-century Beguine mystics is scanty, limited almost entirely to their own writings. We must continue to be cautious in our interpretive work, must acknowledge what we can ascertain from these writings beyond a reasonable doubt, and must speculate responsibly within the constraints imposed by the transmission of these writings. There is little doubt that Beguine mystics in the thirteenth century took the ancient concept

---

[12] See Joris Reynaert: Hadewich: mystic poetry and courtly love. In: *Medieval Dutch Literature in its European Context*. Ed. Erik Kooper. Cambridge: Cambridge University Press 1994. Pp. 208–225.

[13] Hadewijchs verzameld werk: Handschrift Nr. 941. Centrale Bibliotheek, Rijksuniversiteit Gent. The key Middle Dutch words in the translation have been explained in the text and are not translated into modern English; it is hoped that this approach will avoid the very real potential for misunderstanding the original.

of the preexistence of the soul in God, a concept which had reemerged in twelfth-century French mysticism, and transformed it into a profound personal experience of metaphysical exile. We also know that Beguine communities in the thirteenth century had an ambiguous status in the eyes of the Church and that many Beguines were burned in public as heretics. Many other Beguines were exiled from their communities, and we can speculate plausible that these Beguines were exiled because their activities or writings might have drawn the unwanted attention of the inquisition. We must not rule out the possibility that the traumatic experience of physical exile had a major impact on the world view undergirding the description of tormented metaphysical exile expressed in the letters, poems, and visions of these mystics.

Evelyn Meyer

Reading Parzival's Quest for the Grail as a Unique Exile Experience[1]

Exile in the Middle Ages covers a broad range of experience. Not only did it include permanent and forced exile, but also temporary and voluntary ones, as well as combinations thereof, which is the case for Parzival. As he searches for the Grail, which itself fell into exile (lapsit exillis), *Parzival attempts to fight his way back to the Grail – in and by means of exile – by moving from pride, hatred of God and exclusion to confession of sin, penance and compassion, thereby justifying the call back to the Grail. The journey through various exile stages changes Parzival's worldview, even if the end result is to be more firmly (re)integrated into the predetermined framework of religious and societal thought of the Middle Ages. In order to understand Parzival's unique exile experience, I analyze the reasons for and reactions to Parzival's multiple exclusions from society and expulsion into exile, along with the description of the Grail as* lapsit/ lapis exillis.

The Latin term for exile *exulis / exilium* refers to a banished man forced to leave his home(land), as well as to a person who decides to leave his home in order to avoid punishment. Yet, as Christine Brooke-Rose also points out, "the Latin *exsilio* means 'to spring forth' and with Old French the verb *exilier* or *essilier* meant 'to ravage,' 'to devastate,' a shift in meaning still traceable in *exterminate*, literally 'to drive beyond boundaries'".[2] In Antiquity and during the Middle Ages, exile describes a great variety of processes through which someone is separated from or loses his or her home(land). Yet it also describes one's existence in foreign places, territories or lands. Thus exile, as generally described in texts from the Middle Ages, describes life in foreign places in a broad sense and stands in direct opposition to *patria*. Exile does not automatically need to be understood as a negative state, but rather as a neutral one.[3] The spectrum of medieval exile was "gesellschaftlich breiter als in den

---

[1] I would like to thank Ernst Ralph Hintz and Ray M. Wakefield who read and commented on an earlier version of this article. Their suggestions proved valuable. I would like to thank Annie Smart for her comments on the final version of this article.
[2] Christine Brooke-Rose: Exsul. In: *Exile and Creativity. Signposts, Travelers, Outsiders, Backward Glances*. Ed. by Susan Rubin Suleiman. Durham and London: Duke UP 1998. Pp. 9–24. Here P. 9; see also Thomas Ehlen: Bilder des Exils – Das Exil als Bild. Ästhetik und Bewältigung in lyrischen Texten. In: *Exil, Fremdheit und Ausgrenzung im Mittelalter und früher Neuzeit*. Ed. by Andreas Bihrer, Sven Limbeck and Paul Gerhard Schmidt. Würzburg: Ergon 2000. Pp. 151–232. Esp. P. 154.
[3] See Thomas Heye: Alte und neue Heimat. Die Exilliteratur des Osbert von Clare. In Bihrer (n. 2). Pp. 247–57. Here P. 248.

Katastrophen des 20. Jahrhunderts".[4] This spectrum contains an understanding of earthly life as exile from God; a young child sent away to be raised at a different court, who might never return to his/her family; the loss of home or country due to financial, religious, or political conflicts, or judicial mandates; or social isolation as punishment or as atonement for sins. Different factors governing exile experiences include, but are not limited to, distinctions between involuntary-forced vs. voluntary-self-chosen types of exile, temporary vs. permanent exile, as well as of the reasons for being exiled, such as political, punitive, social or religious ones which dominate in the Middle Ages.

Wolfram von Eschenbach's *Parzival*, a text written in the first quarter of the thirteenth century, is full of examples of exile experiences which both men and women live through. Primarily exile takes the shape of the temporary homelessness of knights seeking adventure or traveling on behalf of their lords (e.g. Gahmuret, Gawan, Parzival, and Feirefiz). Exile here is temporary, can be involuntary or voluntary, and usually has a political nature. However, there are also several examples of people withdrawing from society to live alone in the wilderness in order to atone for sins or to be true to their love, and thus avoid worldly temptations (e.g. Sigune and Trevrizent). In these instances, exile is voluntary, more or less permanent, and primarily taken upon oneself for social and religious reasons. In this article I will focus on Parzival's exile and present it as a unique combination of both voluntary and involuntary factors as he searches to return to the Grail. In addition, I examine the Grail itself as exemplifying an exile experience, an interpretation which scholars have not yet considered. Instead critics have emended the Latin phrase *lapsit exillis* in an effort to find its meaning. The intended word play of this phrase, as I will argue, neatly wraps up the complexity of Parzival's exile experience and both exiles, that of the Grail and of Parzival, are interlinked and weld the Grail and Parzival closely together. Finally, I will address how the experience of exile changes or impacts Parzival's worldview. While one may argue that the worldview of medieval people was predetermined by the Church and therefore left no or little room for change, as Otto Eberhardt argues in his contribution to this volume,[5] I believe that an individual could change his or her view of the world throughout his/her life, even under the umbrella of Church teachings which defined or at least influenced the social, political and religious order of medieval society.

Parzival's Exile Experiences

Parzival's exile is multi-layered and complex, combining the forced with the self-chosen, the political with the religious, the permanent with the possibly and hoped for temporary exile. Parzival's Arthurian heritage through his father

[4] Ehlen (n. 2). P. 159.
[5] See Otto Eberhardt: Exil im Mittelalter. Einige Streiflichter.

Gahmuret represents the secular, the political, the temporary and self-chosen aspects of his exile experience; his Grail heritage through his mother Herzeloyde represents the spiritual, the permanent and the forced aspects of his exile. Both sets intersect to make up a complex maze that is Parzival's life in general, and his exile experiences in particular. Parzival's life begins in exile with his mother Herzeloyde. After her husband Gahmuret's death in knightly combat, Herzeloyde decides to withdraw from her court and to live in a forest "zer waste in Soltâne" (in the wasteland Soltane; *Parz.* 117:9).[6] In Soltane, their lives are free of knights, royal responsibilities and courtly protocol, even though Herzeloyde is unwilling to entirely give up the comforts of court life, as she brings enough of her people with her to maintain a comfortable and respectable life appropriate to her station. Her decision is primarily based on her desire to shield her son from chivalry, so that she does not have to lose him, as she did her husband. Therefore, she attempts to prevent Parzival from coming into contact with chivalry by threatening to kill her people, should they mention or expose the young Parzival to knightly activity and/or his calling in life to become the ruler of his lands. Parzival is raised in simplicity and ignorance far away from "civilized culture". He is exiled from the learning, knightly training, and the noble life style due a royal son, especially a first-born son. As Joachim Bumke notes

> [n]icht nur die Annehmlichkeiten des Hoflebens und die Kenntnis ritterlicher Lebensform wurden Parzival vorenthalten; die weitere Jugendgeschichte zeigt, daß Parzival von seiner Mutter in totaler Unkenntnis aller Dinge gehalten wurde, daß er ohne jedes Wissen aufwuchs.[7]

Herzeloyde exiles Parzival both from his paternal and secular Arthurian heritage and life as a knight and ruler, and from his maternal and spiritual Grail heritage and calling to a higher purpose in the Grail realm. Despite her best efforts, Parzival's destiny cannot be tampered with. He meets some knights and attracted by their shiny armor, immediately sets out to become an Arthurian Knight. This is his life goal: to become an Arthurian knight, and to live his life seeking knightly adventure. Because of his lack of education – which results in many blunders and inappropriate courtly behavior, including his killing a relative, stealing his armor, the death of his mother, and the shaming of the innocent Jeschute – different people train and educate Parzival in a manner appropriate to a noble son. As a result of this education and his natural

---

[6] I quote the text according to its chapter and line numbers in keeping with this edition: Wolfram von Eschenbach: *Parzival*. According to the edition of Karl Lachmann, revised and commented upon by Eberhard Nellmann, translated by Dieter Kühn. 2 Vol. Deutscher Klassiker Verlag 2006. All translations are mine, unless otherwise noted.

[7] Joachim Bumke: *Die Blutstropfen im Schnee. Über Wahrnehmung und Erkenntnis im »Parzival« Wolframs von Eschenbach*. Tübingen: Max Niemeyer 2001. P. 77.

talent as a knight, he becomes the best and most accomplished knight in the Arthurian realm. He is connected to his paternal heritage, the Arthurian realm, and at this point is no longer exiled from it. His childish fascination with shiny armor set him on this path back to his *patria*. The young Parzival stumbles into the second area, the Grail world, from which Herzeloyde had exiled him; yet he is ill-equipped to become the Grail king, not only because he is quite young during his first visit to the Grail castle, but also on account of his incomplete education and lack of personal maturity. Parzival is much more fascinated with (and perhaps distracted by) the miracles the Grail performs and the spectacular ceremonies surrounding it, than he is with Anfortas's pain. He *does* take note of Anfortas's illness, but fails to inquire about it, not because he lacks compassion, but because Gurnemanz – one of his Arthurian relatives who primarily educates him in knightly matters and courtly manners – had chastised him about asking too many questions. Parzival is unprepared to ask the all-important question "hêrre, wie stêt iwer nôt?" (Lord, how are you faring in your plight?; *Parz.* 484:27) not because he is prideful and lacks compassion, but as Parzival himself tells us, because Gurnemanz told him "irn sult niht vil gevrâgen" (You should not ask too many questions; *Parz.* 171:17). Parzival still does not have the maturity to differentiate between what is said literally and what is meant by the education and advice given to him. As Michael Swisher notes, Parzival

> is totally incapable of it [i.e. asking the fateful question] because he is not ready. The question simply cannot be asked at this time. The Grail will not allow it to be asked by someone who has not been transformed inwardly and is hence spiritually unready for the tasks of the Grail kingship.[8]

Parzival is cursed out of the Grail castle by a page no less, who tells him that

ir sît ein gans.	(You are a goose. If only you had opened your
möht ir gerüeret hân den flans,	mouth [lit. beak] and asked your host! Much
und het den wirt gevrâget!	praise passed you by.)
vil prîss iuch hât beträget.	
(*Parz.* 247:27–30)	

He receives a similar, though more condemning message a little further down the slope from his cousin Sigune.

ôwê waz wolt ir zuo mir her?	(Alas, why do you want to be here with me? You
gunêrter lîp, verfluochet man!	dishonored person, cursed man! You have the tooth
ir truogt den eiterwolves zan,	of a poisoned wolf. Truly, gall sticks anew to you.
dâ diu galle in der triuwe	You should have had pity for your host, on whom
an iu bekleip sô niuwe.	God has performed miracles, and should have asked

---

[8] Michael Swisher: The Necessity of Sin and the Growth of the Inner Self: Parzival's Quest for the Grail. In: *Neophilologus* 83:2 (1999). Pp. 253–65. Here P. 258.

iuch solt iur wirt erbarmet hân, him about his affliction. You live, but you are
an dem got wunder hât getân,   dead to salvation.)
und het gevrâget sîner nôt.
ir lebt, unt sît an sælden tôt.
(*Parz.* 255:12–20)

Thus not asking the question is his downfall, and he is accused of dishonor and lack of compassion for the plight of others. However, most importantly, his maternal cousin Sigune – an anchoress living in exile near the Grail world mourning the death of her lover[9] – tells him that he cannot redeem himself, and that he must continue to live as if dead to the Grail community and ultimately also to God, as he cannot be saved. Thus he is condemned to a permanent exile from the Grail world. Parzival does not accept his expulsion from this spiritual realm as final, despite the fact that Sigune explicitly and his maternal uncle Trevrizent – another anchorite living near the Grail world atoning for the sins of his brother, the Grail King Anfortas[10] – implicitly tell him that resisting his fate is pointless, because he sinned against God by failing to show compassion towards Anfortas, thereby ruining his one and only chance to bring about good.[11] He cannot escape his fate of damnation and

---

[9] Swisher describes Sigune as a woman "who has sworn off active participation in the world, including all participation in the devotional life of the Church, and given herself over to a life of suffering, prayer and expiation as a result of deeds performed by others in the knightly world". Swisher (n. 8) P. 255.

[10] Swisher describes Trevrizent as having chosen the "life of asceticism as a means of atonement for the misdeeds of his brother and for the sense of complicit guilt". Swisher (n. 8) P. 263.

[11] Sigune: "du hâst doch vröuden vil verlorn, / sît du lieze dich betrâgen / umb daz werdeclîche vrâgen / unt dô der süeze Anfortas / dîn wirt unt dîn gelücke was. / dâ hete dir vrâgen wunsch bejagt: / nu muoz dîn freude sîn verzagt, / unt al dîn hôher muot erlemt. / dîn herze sorge hât gezemt, / diu dir vil wilde wære, / hetest gevrâget du der mære". (However, you already lost much joy, since you missed out on the opportunity to ask the honorable question, when the sweet Anfortas was your host and your good fortune. Back then, asking the question would have won you perfection/blessings. Now your joy must give up hope/be downcast and your high spirits weakened. Sorrow has tamed your heart which would have been alien/strange within you, if only you had asked about the tales [at the Grail]; *Parz.* 441: 20–30).

Trevrizent in Book 9 tells Parzival in great detail the history and nature of the Grail and describes Anfortas's suffering and the one way people can come to the Grail: "ir jeht, ir sent iuch umben grâl: / ir tumber man, daz muoz ich klagn. / jane mac den grâl niemen bejagn, / wan der ze himel ist sô bekant / daz er zem grâle sî benant". (You say, that you long for the Grail: you stupid man, that I must mourn. No one can reach the Grail, unless he is so well known in heaven, that he is named to the Grail; *Parz.* 468:10–14). When Parzival states that if God knows anything about fighting, then He must call him to the Grail, Trevrizent reminds him that pride is the downfall of many (see *Parz.* 472:1–17). Trevrizent is truly surprised in the end that Parzival was able to fight his way back to the Grail (see *Parz.* 798:1–5).

being exiled from the Grail and God because of actual sin (as opposed to original sin) for which the penalty is the torment of everlasting hell.[12] But Trevrizent tells him "nim buoz für missewende" (do penance for the misdeeds; *Parz.* 499:27) not in an effort or as a means to find his way back to the Grail, but instead "gein got mit triwen lebn" (to live in a manner agreeable to God / to live with sincerity towards God; *Parz.* 499:17) and "sorge et umb dîn end, / daz dir dîn arbeit hie erhol / daz dort diu sêle ruowe dol" (to prepare yourself for your end, so that your labor here [on earth] be your penance and that your soul can enjoy peace there [in the afterlife]; *Parz.* 499:28–30). The purpose of Parzival's redemption is not to alter his fate here on earth, but to work towards the "possibility of the return to paradise" in the afterlife.[13] Although his exile from the Grail is presented as permanent and forced upon him, Parzival wants to fight his way back to the Grail community to prove his knightly value, that he is worthy to be integrated into their community. But he cannot return to the Grail until it calls him back, which everyone, except Parzival, believes impossible. To them it is a forced, self-inflicted, permanent exile. Parzival hopes that it is a temporary one, despite the fact that it was forced upon him and only perhaps self-inflicted. Even though he is exiled from, and deemed unworthy of the Grail world, Parzival is welcomed with open arms into the Arthurian world, as the court finally has the opportunity to recognize him as a worthy Arthurian knight. Shortly after his first visit to the Grail castle, Parzival is accepted into the fellowship of the Arthurian Knights, because of his successes in knightly battles, such as his fights against Orilus, Segramors and Keye; and, more importantly, for his service to Cunneware de Lalant, who was unjustly chastised by Keye. Since Parzival has proven himself worthy in the secular, Arthurian realm, a community into which he is now fully integrated; one exile at least has come to an end.

However, Parzival's failure at the Grail castle immediately catches up with him. Cundrie was sent out from the Grail community and publicly curses him at Arthur's court, accusing him of lacking compassion and honor, faults which led to his failure and sinning at the Grail castle. She declares him unworthy of both spiritual and earthly knighthood, since Parzival suffers from an incurable sickness in his soul and character,[14] and has failed to live consistently according to chivalric virtues. Cundrie's intrusion into the Arthurian world

---

[12] Brian Murdoch: *Parzival* and the Theology of the Fallen Man. In: *A Companion to Wolfram's* Parzival. Ed. by Will Hasty. Columbia, SC: Camden House 1999. Pp. 143–158. See here P. 143. This book chapter provides a very interesting reading of several contemporary writings in medieval Christian theology and how they shaped Wolfram's depiction of sin and redemption, esp. in connection with Cyprian of Carthage's *De lapis*.
[13] Ibid. P. 145.
[14] See *Parz.* 316:13–15.

and her accusations are shocking, especially for Parzival, and he instantly flees the Arthurian realm, and indeed all society, in order to prove himself worthy after this assault on his honor and worth. This marks the beginning of his third exile and triggers strong emotional responses in Parzival. As Randolph Stern writes,

> [i]n one way or another all exiles must face the experience of repudiation, homelessness, and the encounter with an alien world. They may take grief head on, refuse consolation, make all trouble their own, and cry out against real or imagined injustices. They can try to cut their losses by rationalizing, depersonalizing, or, what often amounts to the same thing, mocking them.[15]

Parzival cries out against the injustice of this forced, permanent exile which is very real to him, and directs his anger towards God. While redeeming himself as a worthy Arthurian knight is part of his journey, this third exile is characterized by his anger towards God and his longing to return to the Grail. Rather than humbly accepting the verdict that his sins are irreparable, Parzival stubbornly protests that "ich wil deheiner freude jehn, / ine müeze alrêrst den grâl gesehen / diu wile sî kurz oder lanc" (I will not avow myself to any happiness again until I have first seen the Grail, no matter how long or short the time; *Parz.* 329: 25–27). He makes a conscious decision "in diesem Seelenzustand der Freudelosigkeit solange bewußt verharren zu wollen, bis er den Gral wiedergefunden habe".[16] When Gawan entrusts him to God's care as they part, Parzival repeats a question that he asked his mother as a child, though this time he asks it with great anger and desperation: "wê waz ist got?" (Woe, what is god? *Par.* 332:1) and adds

wær der gewaldec, sölhen spot	(If he [i.e. God] were powerful, he would not have
het er uns pêden niht gegebn,	shamed both of us in the way he just did, if God
kunde got mit kreften lebn.	[truly] were able to live with such power. I [i.e.
ich was im diens undertân,	Parzival] had chosen to serve him ever since
sît ich genâden mich versan.	becoming aware of [God's] mercy, but now I will
nu wil i'm dienst widersagn:	revoke my support of him. If God hates me for that,
hât er haz, den wil ich tragn.	I will bear it!)
(*Parz.* 332:2–8)	

He directs his anger towards God and protests loudly over the injustice of his exile. God failed to help him when his need was greatest! He decides to choose exile as a means to fight his way back to the Grail and to his true calling. Paradoxically, he chooses exile to overcome another exile. He gives up the

---

[15] Randolph Starn: *Contrary Commonwealth. The Theme of Exile in Medieval and Renaissance Italy*. Berkeley: Univ. of California 1982. P. 24.
[16] Christoph J. Steppich: Parzivals "Absage an die Freude" als Moment der Gralsuche. In: *Journal of English and Germanic Philology* 98.1 (1999). Pp. 40–77. Here P. 43.

comforts of his secular, Arthurian life and his marriage to Condwiramurs, and sets out in search of the Grail. If need be, Parzival is ready to force his way back to the Grail in order to redeem himself. As Bumke points out, Parzival's main concern in his life is to fight[17] and through rather selective hearing, Parzival takes away from Trevrizent's teachings about the Grail community and about God

> daß es beim Gral kampferprobte Ritter gibt, die von Gott dorthin berufen werden und die dort ihre Seeligkeit erkämpfen. Darin sieht er eine Chance für sich selbst. [...] Seine ritterliche Tüchtigkeit habe er oft genug bewährt. [...] Trevrizent hatte im Zusammenhang mit dem Gral von den Neutralen Engeln berichtet, die beiseite standen, 'als Luzifer und Trinitas den Kampf begannen' (*dô striten beguonden Lucifer unt Trinitas* 471,16-17). Dieser Bemerkung hatte Parzival entnommen, daß Gott auch ein Kämpfer ist. Daraus entstand die Gedankenreihe: Parzival ist ein großer Kämpfer. In Munsalvaesche werden Kämpfer gebraucht. Gott versteht etwas vom Kampf. Also muß Gott ihn dahin berufen.[18]

Throughout his adult life, Parzival never fully belongs to either the Arthurian world or the Grail world. He only connects briefly with these societies before disaster strikes once more, sending him fleeing into exile yet again. We must thus understand his life to be a set of successive exiles. Brief moments of connectedness to the Arthurian and Grail worlds interrupt long phases of isolation, which in the second half of the story is even further underscored by the fact that Parzival is absent, and Gawein's story takes center stage instead. Parzival only makes sporadic appearances throughout Gawein's story, briefly appearing in battles and fights, as if to remind us that he is still searching for the Grail, and hoping to overcome his exile. A striking brevity marks each of these appearances; it is as if Parzival is not permitted to rest on his knightly laurels, nor to remain in the company of other people. For the most part, he travels the world alone, in an effort to find his place and purpose in life. Unlike his childhood exile, his adulthood exile is a composite of three exile experiences which overlap and feed each other: Firstly, he leaves his wife Condwiramurs to search for his mother after years of absence and to seek knightly adventure. Secondly, he withdraws from society and travels alone because of his failure at the Grail castle. Parzival tries to return to the Grail by the only means he knows, namely by fighting his way back to the Grail as an accomplished and respected knight. And thirdly, he travels seeking knightly

---

[17] See Bumke: *Blutstropfen* (n. 7). Pp. 91–95, esp. P. 92 where Bumke cites Parzival's statement "'Ich habe nichts als Kampf gesucht' (*ichn suochte niht wan strîten* 461,8); und wieder: 'Ich habe gekämpft, wo immer ich Gelegenheit zum Kampf fand' (*ich streit ie swâ ich strîten vant* 472,5)".

[18] Ibid. P. 89; see *Parz.* 468:23–471:29 for Trevrizent's entire description of the Grail world.

battle, both to redeem himself at Arthur's court, and to prove himself worthy of their companionship after Cundrie's denunciation.

Parzival's exile from his wife was a voluntary one, and intended to be short and temporary, as he wanted to visit his mother, whom he dearly loved and had not seen for some time. His exile from the Grail world is a forced exile, for he was cast out of the Grail realm after failing to redeem Anfortas, his uncle, by asking him about his illness. According to his cousin Sigune and his uncle Trevrizent, this exile is permanent, as he can never return to the Grail. This second exile is primarily religious, as the Grail world is linked to Christianity and described as a mythical Christian world on earth. Yet in part it is also a self-chosen exile, since Parzival could have returned to his wife and their kingdom and lived out his life there, and since the Arthurian realm did not question his secular-chivalric successes, despite his failure at the Grail and Cundrie's attack on his honor. Choosing not to govern his own kingdom makes this self-chosen exile also a political one. Parzival's exile is thus extremely complex, for these different factors overlap and intersect, emphasizing Parzival's exclusion from both the Arthurian and Grail worlds, and keeping him in a no-man's land from which he makes brief excursions into either realm. For the most part, his adult life is couched in mystery and silence. He drops in and out of the story, as if to remind us on occasion that he is still there, searching for the Grail and its community. The Grail community, residing in a secret place, itself lives in exile, as only those whom God has called can join them.

Lapsit Exillis: Parzival and the Grail in Exile

There are many attributes that make up the qualities and mysteries of the Grail,[19] but one of the descriptors of the Grail provided by Wolfram deserves special attention in the context of exile. Unlike other vernacular versions, which identify the Grail as a cup, Wolfram's version describes the Grail as a stone. Furthermore, Trevrizent describes the Grail in Latin as "lapsit exillis" (*Parz.* 469:7). This phrase received a fair amount of scholarly attention, emendation and interpretation, and many meanings have been proposed for it, which Bumke aptly summarized as follows:

> Ein Problem für sich ist die Erklärung des Namens *lapsit exillîs*. Auf die Enträtselung dieser unverständlichen Wörter ist viel Scharfsinn verwandt worden, und noch heute werden sie als eine Herausforderung an die Philologie betrachtet. Der Eifer der Interpreten wurde in den meisten Fällen von der Überzeugung getragen, daß

---

[19] See e.g. William C. McDonald: Wolfram's Grail. In: *Arthuriana* 8:1 (1998). Pp. 22–34. Here P. 24; James F. Poag: *Wolfram von Eschenbach*. New York: Twayne 1972. Here Pp. 59–60; Arthur Groos: *Romancing the Grail. Genre, Science and Quest in Wolfram's* Parzival. Ithaca, NY: Cornell UP 1995. Esp. Pp. 119–126.

lapsit exillîs geradezu das Schlüsselwort zum Verständnis von Wolframs eigener Gralkonzeption ist und daß sich das Geheimnis des Gralsteins enträtzelt, wenn man nur den Namen richtig liest. Dabei ist man meistens davon ausgegangen, daß es sich um einen ursprünglich sinnvollen Text handelt, der von Wolfram entstellt oder verschlüsselt worden ist. Fast durchweg hat man an einen lateinischen Wortlaut gedacht, und der nächstliegende Anknüpfungspunkt war die Deutung von *lapsit* als *lapis* »Stein«. Auf dieser Basis wurden u. a. folgende Lesungen vorgeschlagen (ich gebe nur eine kleine Auswahl):

lapis erilis:	»der Stein des Herrn« (San-Marte)
lapis ex celis:	»der Stein aus dem Himmel« (Singer)
lapis electrix:	»der Bernstein« (Zacher)
lapis textilis:	»der Asbeststein« (Blöte)
lapis elixir:	»der Stein der Weisen« (Palgen)
lapis exilis:	»der kleine, unscheinbare Stein« (Ehrismann)
lapis exsulis:	»der Stein der Verbannten« (Waite)
lapis exilii:	»der Stein des Exils« (Kolb)
lapis exiliens:	»der auffahrende Stein« (Adolf)
lapis ex silice:	»der Stein aus Kiesel« (Tax)

Die phantasievollste Deutung stammt von Mergell: *lap(is) (lap)s(us) i(n) t(erram) ex illis (stellis)* »der aus jenen Sternen auf die Erde gefallene Stein«.[20]

Thus the most common emendation applied to this phrase is that of *lapsit* to *lapis* (stone) which allows for a linking of the Grail to Wolfram's description of the Grail as stone. Combined with further emendations of the spellings of the second word *ex(s)illis* to *ex celis* it becomes the stone from heaven, or to *elixir* the stone of the wise, or as *exilii* as the stone of exile or diaspora.[21] While the emendation of *lapsit* to *lapis* is a logical one, since the Grail is indeed referred to as a stone, keeping the form *lapsit* and taking it as a verb form of *lapsare* "to fall from, to spring forth" allows the Grail description to be read as "it fell from heaven, or from the wise, or it fell or sprang into exile". No emendation is necessary to give the phrase *lapsit exillis* a logical meaning: the Grail fell into exile when it was moved out of the heavenly realm during the battle between Lucifer and the Trinity, and was placed into the care of humans, namely the Grail family.[22] However, because of the proximity in sound, 'alternate' spellings and interpretations of the phrase are possible. None of the renderings of the phrase based on these emendations has won exclusive recognition, nor have scholars so far seriously considered any reading with the verb form *lapsit*. In William McDonald's assessment,

---

[20] Joachim Bumke: *Wolfram von Eschenbach*. 5th ed. Stuttgart: Metzler 1981. Pp. 83–4.
[21] For another listing of these emendations and translations, see the commentary on this line in Vol. 2 of Wolfram von Eschenbach *Parzival* (n. 6). P. 679.
[22] For a more detailed description of this, see *Parz.* 471:15–29.

"Whether the term is garbled Latin or not is merely one of the textual mysteries in *Parzival*".[23] In a similar manner, Sidney Johnson writes:

> As for the name *lapsit exillîs* itself, there have been many attempts at finding just the right combination of the letters to produce a desired meaning, some quite ingenious. We are not even sure that the particular spelling in the Lachmann text among the several manuscript variants is the one originally intended by Wolfram. Or is the *Latin* expression just a case of hocus-pocus on Wolfram's part, something that sounds like Latin to impress a gullible audience and to amuse the savants among his listeners?[24]

but there might be another way to interpret this "problem": namely, the multiplicity of meanings generated by the proximity of pronunciation may very well have been intentional, and that Wolfram playfully alluded to all of them in this single phrase. This is not unique to this phrase, as in many other places throughout the text, notably with names of people and locations, Wolfram is equally obscure, playful and multi-valent with his puns and comments, which critics have studied,[25] yet they have not or understudied word plays regarding the Grail. These multiple meanings of *lapsit exillis* can be brought to bear on Parzival's complex exile. The phrase *lapsit exillis* without any emendations makes sense as a descriptor for the Grail: it is, after all, placed onto earth into the care of humans and out of the direct care of angels, and thus exists in exile from the heavenly realm; the Grail is no longer part of paradise, though it maintains the same functions that paradise had for Adam and Eve before the fall, namely that of producer of food and drink and giver of life.[26] Its link to paradise is further emphasized by the following textual descriptors: the Grail is the "wunsch von pardîs" (the perfection of paradise; *Parz.* 235:21) and "erden wunsches überwal" (the overflow/surpassing of earthly desires; *Parz.* 235:24), thus suggesting the Grail's paradisiac perfection in the first reference, and the ideal of all human striving in the latter.[27] As Arthur Groos notes "[b]oth comments progress from an ideal of earthly perfection toward something beyond it, and in tracing a trajectory from paradise to heaven cover the entire course of salvation history".[28] It is the striking parallel between their

---

[23] McDonald (n. 19). P. 23.
[24] Sidney Johnson: Doing his own Thing: Wolfram's Grail. In: Hasty (n. 12). Pp. 77–95. Here Pp. 82–3.
[25] See e.g. Stephen Mark Carey: The Critics Remain Silent at the Banquet of Words: Marchand on the Names in Wolfram von Eschenbach's *Parzival*. In: *New Research in Medieval German Studies. Yearbook of the Society for Medieval German Studies* 1 (2009). Pp. 76–98.
[26] See Murdoch (n. 12). P. 150.
[27] See McDonald (n. 19). P. 26.
[28] Arthur Groos (n. 19). P. 120.

falling into exile, their expulsion from paradise and their link through Adam[29] that connects the Grail and Parzival.

Parzival leaps into exile throughout his life (i.e. *lapsit exillis*), most notably when he was cast out of the Grail castle and community after his first visit there. As the *lapis ex celis*, the stone from heaven, the Grail provides the link between the spiritual and physical worlds that Parzival needs to learn, in order to reconcile in himself his Arthurian and his Grail heritage. To achieve this, he needs wisdom. As the story shows, the expectations, demands and responsibilities placed on Parzival are frequently in conflict with each other, which is why he searches for the *lapis elixir*, the stone of the wise. The Grail world and the miracle feeding by the Grail were as close to paradise as Parzival has ever been. Therefore, he experiences being cast out from the Grail world as a *lapsit ex celis* in conjunction with the *lapsit exilii:* he leaps from heaven and falls into exile. It is perplexing that such a *lapis exilis*, such a small stone, could hold so much power over a man, but in its inconceivability and incomprehensibility the Grail becomes the object of an intense desire that is difficult to pinpoint, as Johnson has pointed out:

> Wolfram's grail certainly is a stone, probably not the insignificant little stone of the Alexander story, though it may share some of its qualities. Is it the "stone" or "rock" of the Old Testament that gave food and drink to the Israelites in the wilderness? Is it Christ, the "rejected stone that has become the cornerstone" of the New Testament? Or is it the symbol of humility that Parzival must learn in the course of his spiritual development? Probably all of these things to a certain extent, but not exclusively. That is what makes Wolfram's grail unique and attests to his artistic genius.[30]

Parzival's deep longing for a place to belong is summed up in his quest for the Grail and his desire to return to the Grail, whose miraculous powers he saw, and which he experienced as the center of a community to which he has been called and from which he was expelled. He could have given up and found a home with his wife or in the Arthurian world. But being called to the Grail is not something easily ignored. As Trevrizent tells Parzival, every mother considers herself happy, if her child is called to serve the Grail.[31] Parzival knows he is called and furthermore, that he is the only surviving heir of the Grail community. Therefore, he will fight for this goal all his life, no matter the

---

[29] The connection between Parzival and Adam, esp. around the issue of sinning against God, is made clear by the frequent references to Adam in Book 9 of *Parzival*, where Parzival spends two weeks with his hermit uncle Trevrizent and learns about his failings, accepts his sin and agrees to do penance for it. For a discussion of this connection, see also Murdoch (n. 12).
[30] Johnson (n. 24). P. 93.
[31] See *Parz.* 471:3–8.

cost, or however hopeless the quest may be. This journey of exile leads him to personal maturity. Parzival accepts his place in the Christian medieval world, as a person who humbly approaches God and others, until he miraculously is called back to the Grail, something which no one in the Grail community thought possible, as Trevrizent tells Parzival after he becomes Grail king:

mich müet et iwer arbeit:	(Indeed your hardship/plight troubles me. It has
ez was ie ungewonheit,	never at any time been possible that someone
daz den grâl ze keinen zîten	could win the Grail through fighting: that I
iemen möhte erstrîten:	wanted to spare you from. But now it turned out
ich het iuch gern dâ von genomn.	differently for you: your gain increased. Now
nu ist ez anders umb iuch komn:	turn your mind to humility.)
sich hât gehœhet iwer gewin.	
nu kêrt an diemuot iwern sin.	
(*Parz.* 798:23–30)	

Parzival accomplishes the impossible by allowing himself to be "transformed by the super natural power of grace",[32] by participating in this journey that leads him "[f]rom ignorance to doubt to belief to action"[33] in which he voluntarily admits his sins, and submits to God's unconditional leadership, a step which "proves to be the turning point in the young man's effort to find his way to the Grail castle, Munsalvaesche".[34] During his visit with Trevrizent described in Book 9, Parzival had declared himself a person who hates God: "ouch trage ich hazzes vil gein gote" (I also bear great hatred towards God; *Parz.* 461:9) and had accused God of being unwilling to help him.

des gihe ich dem ze schanden,	(of that I accuse him, who has access to all
der aller helfe hât gewalt,	forms of help, should his help even be strong
ist sîn helfe helfe balt,	help, that nonetheless he does not help me,
daz er mir denne hilfet nicht,	no matter how much people praise him for
sô vil man im der hilfe giht.	his help.)
(*Parz.* 461:22–26)	

By the end of the visit, Parzival accepts Trevrizent's advice to release his anger, trust God and do penance for his sins and failures. Swisher notes that

> Parzival is able to attain a state of Christian redemption precisely because he has sinned and thereby come to a recognition and a love of God. It is sin that qualifies Parzival for that which he is destined to have. Herein lies the paradox of his

---

[32] Swisher (n. 8). P. 258.
[33] Anne Huntley-Spear: The Symbolic Use of a Turtledove for the Holy Spirit in Wolfram's *Parzival*. In: *Arthurian Literature and Christianity. Notes from the Twentieth Century*. Ed. by Peter Meister. New York- London: Garland 1999. Pp. 107–125. Here P. 117.
[34] Ibid. P. 111.

attainment of the Grail kingship: he alone of all knights is the chosen one, the one predestined through his birthright to be master of Munsalvaesche, yet it is possible not to achieve his destiny. Just being next in line no longer suffices. He fails miserably when presented with the opportunity to walk away with the prize that apparently is rightfully his. Mysteriously, the only knight worthy of this greatest of all prizes is found to be unworthy. The Grail itself rejects the master it has chosen. But only through this failure is his later success made possible.[35]

It is the exile experiences through which Parzival becomes "træclîche wîs" (slowly wise; *Parz.* 4:18), a journey that leads him from his inability to combine "die Kampfesnot [des] Vatererbe[s] und die Liebes- und Mitleidsnot [des] Muttererbe[s]",[36] from early wanderings and errors to his later purposefulness and atonement. "His progress is slow, but its tempo results not from insufficient desire but from faulty direction. The turning point comes when the wanderer follows God's leading instead of his own desires. His reward for doing so is entry into and leadership of the Grail Kingdom".[37] Parzival's personal worldview is changed by his exile experiences. He changes from an uncomprehending, selfish child to a "slowly wise", compassionate adult. He moves from arrogance and hatred of God to the admission and acceptance of his sin, and he makes amends to all the people he wronged. He changes from a person who had only a faint, abstract knowledge of God to one who accepts God as the supreme ruler of the universe, by whose grace Parzival is called again to the Grail kingship. By means of this transformation, he is reconnected to the medieval Christian Church. Parzival's worldview begins to change during his two-week stay with his uncle,

> who finally absolves him from the sins of which—albeit unwittingly—he is guilty. The absolution is possible because, at this point, Parzival through his own spiritual suffering has reached the emotional maturity and moral integrity to accept his responsibility and to express remorse for his sins. In other words, he has begun the process of internalizing the religious and knightly values that hitherto he had respected in a superficial and purely mechanical manner. Like Orestes at Delphi, he has undergone the religious ritual of purification [...].[38]

Wolfram's *lapsit/lapis exillis* sums up the complexity of Parzival's exile by bringing together the aspects of forced and self-chosen exile, by combining political-secular and spiritual exile, by focusing on the permanent exile, and by surprising everyone in the end, in revealing the permanent exile to

---

[35] Swisher (n. 8). P. 253.
[36] Bumke: *Blutstropfen* (n. 7). P. 83.
[37] Huntley-Spear (n. 33). Pp. 115–6.
[38] Theodore Ziolkowski: Chapter 3: Parzival, or Silence at Munsalvaesche. In: *Hesitant Heroes. Private Inhibition, Cultural Crisis.* Ithaca, NY: Cornell UP 2004. Pp. 54–73. Here P. 64.

be temporary. The encounter with the *lapsit/lapis exillis* transforms Parzival, albeit slowly, as he journeys through these complex sets of exile experiences throughout his life. Through these experiences of exile, he arises like a phoenix from the ashes to a new life as the called and instated Grail king. Both his life story of multiple exiles and the very object he desires most demonstrate the uniqueness and complexity of Parzival's exile as he learns to connect his dual Grail and Arthurian, spiritual and secular heritages and as he accepts his place in the world according to God's plan.

II. Neuorientierung in Philosophie und Religion

Wulf Koepke

Der ungläubige Zivilist begegnet dem General der Kirche: Ludwig Marcuses Porträt des Ignatius von Loyola

Ludwig Marcuse's historical novel of 1935, Ignatius von Loyola. Soldat der Kirche *(Soldier of the Church. A Life of Ignatius Loyola), has largely been ignored. However, the novel is revealing for the political crisis of liberal exiles after 1933 and the quandaries facing the Stalinist regime in the Soviet Union. It is most surprising that Marcuse chose Loyola as his example for probing his own philosophical and ideological position, as Loyola seemed to be the opposite of what Marcuse stood for. But it is apparent that by immersing himself in Loyola's life and work, Marcuse discovered their positive aspects as a possible orientation for the future. The article focuses primarily on Marcuse's "Nachwort" where, in an imaginary dialogue with his readers, Marcuse examines Loyola's legacy and his own position at that time.*

1933 wurde das Fischerdorf Sanary-sur-mer an der französischen Mittelmeerküste westlich von Toulon eines der Zentren der deutschen Literatur. Außer den zahlreichen Besuchern, die im Sommer das Hôtel de la Tour und die Cafés bevölkerten, gab es exilierte Bewohner wie Lion Feuchtwanger, später kam Franz Werfel, und zu ihnen gehörte auch Ludwig Marcuse. In dieser zwanglosen Atmosphäre, weit entfernt von den grausamen Ereignissen der Gegenwart, "in dieser kleinen Bucht an einem der ausrangiertesten Gleise des Weltgeistes",[1] schrieb er eine Biographie oder vielmehr einen historischen Roman mit dem Titel *Ignatius von Loyola. Ein Soldat der Kirche*, erschienen 1935 bei Querido in Amsterdam.[2] Das Buch fügte sich in die damalige Welle der historischen Romane, Biographien und Dramen, und es hatte genügend Erfolg für eine Übersetzung ins Englische, von Christopher Lazare, die 1939 in London herauskam.[3] Allerdings war es eine erheblich gekürzte Fassung, auf das Faktische reduziert, der auch das Nachwort fehlte, das eigentlich erst den Aufschluss über den Sinn dieses Buches gibt. Sogar Loyolas Heiligsprechung wird nicht erwähnt. 1956, zum 400. Todestag von Loyola, brachte der Rowohlt-Verlag eine Taschenbuch-Ausgabe, ungekürzt, 245 Seiten umfassend.[4]

---

[1] Ludwig Marcuse: *Mein zwanzigstes Jahrhundert. Auf dem Weg zu einer Autobiographie*. München: Paul List 1960. S. 180.
[2] Es wird vielfach das Jahr 1937 als Erscheinungsjahr angegeben; nach der Angabe der Originalausgabe muss es 1935 heißen.
[3] Ludwig Marcuse: *Soldier of the Church. A Life of Ignatius Loyola*. Übersetzt v. Christopher Lazare. London: Methuen & Co. 1939.
[4] Ludwig Marcuse: *Ignatius von Loyola. Ein Soldat der Kirche*. Reinbek b. Hamburg: Rowohlt 1956 (rororo Nr. 185). Die folgenden Zitate nach dieser Ausgabe.

Marcuse selbst hat sich wenig zu diesem Buch geäußert. Auch in seiner Autobiographie *Mein zwanzigstes Jahrhundert* ist nur beiläufig davon die Rede.[5] Für die Kritik und Wissenschaft ist es eher in der Flut der gleichzeitig erschienenen historischen Romane untergegangen. Zwar war beim Erscheinen Heinrich Manns *Henri IV* (2 Bände, 1935 und 1938) das große Ereignis in dieser Gattung, doch auch Lion Feuchtwangers *Josephus* (Trilogie, erschienen 1932, 1935 und 1941), Bruno Franks *Cervantes* (1935), Stefan Zweigs Biographien, später Franz Werfels *Das Lied von Bernadette* (1942), nicht zu vergessen Thomas Manns mythischer Roman *Joseph und seine Brüder* (4 Bände, 1933 bis 1943) und sein historischer Roman *Lotte in Weimar* (1939), sogar Hermann Brochs *Der Tod des Vergil* (1945) haben ihre Stunde gehabt. Ludwig Marcuse teilt das Schicksal des "Nicht-Ankommens" mit seinem Freund Alfred Döblin, dessen umfängliche epische Erzählwerke *Amazonas* (1937 und 1938) und *November 1918* (4 Bände, 1939, 1948, 1949 und 1950) ebenfalls nie richtig "angekommen" sind. Auf Marcuse passt außerdem der Satz, seine Bücher seien "nicht akademisch, ohne populär zu sein".[6] Er war ein anspruchsvoller Autor, doch kein systematischer Philosoph, und andererseits lebendig und provokativ in seiner Darstellung, aber eben nicht "leicht" eingängig.

Der Mangel an echter Wirkung ist bei Marcuses *Loyola* eher überraschend. Das Buch ist gut erzählt, farbig, wie man zu sagen pflegt; es bietet einen Einblick in eine interessante historische Epoche und vor allem in eine faszinierende Persönlichkeit. Wenn der Leser erwartet, Anspielungen auf die Gegenwart zu finden, so wird er allerdings enttäuscht. Es wird eine Geschichte aus dem 16. Jahrhundert erzählt, und anders als bei Feuchtwanger oder Heinrich Mann werden dem Leser keine auffallenden Parallelen zu aktuellen Ereignissen oder Personen angeboten. Im Gegensatz zu Marcuses literarhistorischen Biographien über Heinrich Heine (*Heinrich Heine: Ein Leben zwischen gestern und morgen*, 1932), Ludwig Börne (*Revolutionär und Patriot: Das Leben Ludwig Börnes*, 1929) und Sigmund Freud (*Sigmund Freud. Sein Bild vom Menschen*, 1956) kann in dieser Biographie auch nicht von einer "getarnten Autobiographie"[7] die Rede sein. Denn es ist nicht einzusehen, was Ludwig Marcuse mit diesem baskisch-spanischen adligen

---

[5] Marcuse: *Mein zwanzigstes Jahrhundert* (wie Anm. 1). S. 215: "Damals schrieb ich an meinem 'Loyola'". Ein anderer Satz, der die Vertrautheit mit Loyola dokumentiert, lautet: "Niemand, seit den Tagen Adams, hat dieses Gehorsam so unumwunden beschrieben wie Loyola, in einem Brief an seinen portugiesischen Provinzial". Ebd. S. 192.
[6] Harold v. Hofe: Einleitung. In: Ludwig Marcuse: *Essays – Porträts – Polemiken*. Ausgewählt aus vier Jahrzehnten von Harold v. Hofe. Zürich: Diogenes 1979. S. 5-14. Hier: S. 7.
[7] Ebd. S. 11.

Ritter gemeinsam haben soll, der sein Leben mit fast unmenschlicher Disziplin und Zähigkeit einer Idee gewidmet hat und der Askese und Gehorsam als die wichtigsten Tugenden vorschrieb, während Marcuse der typische Individualist war, ein Bohemien und Anarchist, ein Skeptiker, für den der Einzelmensch den höchsten Wert darstellte und der zeitlebens gegen alle Dogmen, Programme, Parteien und Vorschriften misstrauisch blieb und polemisierte.

Es ist also zuerst die Frage zu stellen, wieso Marcuse ausgerechnet darauf verfallen ist, Ignatius von Loyola als ein bedenkenswertes Beispiel aus der Geschichte seinen Lesern vorzustellen. Bei allen anderen Werken Marcuses ist seine Motivation ohne weiteres einsichtig, auch bei seiner "Doppelbiographie", seinem anderen historischen Roman *Der Philosoph und der Diktator. Plato und Dionys* (1950). Die Parallelen zwischen der Diktatur in Syrakus, ihrer Entstehung und der Gegenwart sind evident, und das Problem des Philosophen, des "Betrachtenden", wie Feuchtwanger mit Goethe sagte, der sich in die Politik mischt, handelt und die Welt dadurch verändern will, der Idealist, der an einer brutalen Wirklichkeit scheitert – dieses Problem war für das deutschsprachige Exil denkbar aktuell, so auch die Frage, ob und wie weit das geschriebene Wort eine Wirkung auf das Denken und Handeln von Menschen ausüben kann.[8] Bei *Loyola* sind Parallelen allenfalls in der Frage der Disziplin und des Parteigehorsams zu finden, und dann in dem, was Marcuse in seinem "Nachwort" ausgeführt hat, das aber eher nachträgliche Reflexionen enthält als vorhergehende Überlegungen. Daher ist es sehr zu bedauern, dass Marcuse sich darüber ausgeschwiegen hat, was ihn dazu trieb, dieses Buch zu schreiben. Man ist versucht zu vermuten, dass Marcuse seine eigene Position und Lebensweise an ihrem Gegensatz "erproben" wollte. Auch Marcuse kam nach 1933 in eine Krise und musste sich vergewissern, wo er stand. Wenn es der Fall gewesen ist, dass Marcuse seinen eigenen Stand mit der "Sonde" Ignatius von Loyola erprobte, so war das Resultat anders als er erwartete: Wenn ihm Loyola geholfen hat, Klarheit über sich selbst zu gewinnen, so hat sich beim Schreiben auch seine Ansicht von Loyola gewandelt, und das zeigt sich im Nachwort. Marcuse ist mit festeren und streitbaren Grundsätzen aus dieser Auseinandersetzung hervorgegangen. Noch heute bedaure ich, Ludwig Marcuse nicht nach diesem Punkt gefragt zu haben, als ich Gelegenheit dazu hatte. Denn so gesprächig er war, er hat sich über den Ernst dieser Auseinandersetzung ausgeschwiegen.

Spanien stand allerdings sehr im Brennpunkt der Ereignisse. Der Spanische Bürgerkrieg wurde als die eigene Sache des Exils angesehen, denn dort sollte es sich entscheiden, ob der Vormarsch des Faschismus aufgehalten werden konnte oder nicht. Außerdem hatte Spanien genau wie Frankreich das

---

[8] Vgl. Marcuse: *Mein zwanzigstes Jahrhundert* (wie Anm. 1). S. 165: "Redete ich mir ein, daß meine Sätze trafen?". Dieser Satz bezieht sich auf die Situation um 1933.

Experiment einer Volksfrontregierung gewagt, in das viele Exilierte die Hoffnung auf ein neues politisches Modell setzten, auf alle Fälle bis zum Schock der Moskauer Prozesse. Neben Bruno Franks *Cervantes* sind die Bücher von Hermann Kesten zu nennen, der sich mit der Epoche von Ferdinand und Isabella befasste (*Ferdinand und Isabella*, 1935; *Der Mohr von Kastilien*, 1936; *König Philipp II.*, 1938) und der dann auch mit seinem Buch *Die Kinder von Gernika* (1937) die aktuellen Ereignisse mitreißend schilderte. Zum Image von Spanien gehörte unweigerlich die Eroberung Lateinamerikas im 16. Jahrhundert, die Alfred Döblin in *Amazonas* darstellte, mit einer einprägsamen Figur wie Las Casas, zugleich mit dem Experiment der Jesuitenrepublik in Paraguay. Spanien galt bei den Protestanten und Juden in Deutschland vor allem als Zentrum der Gegenreformation, der Inquisition, der Judenverfolgung, das Land, in dem der Staat der Kirche hörig war und wo es besonders schwer fiel, "Gedankenfreiheit" zu erringen, eine pluralistische Mentalität zu etablieren – und das auch im 20. Jahrhundert. Mit diesem Aspekt war natürlich der Name Loyola untrennbar verbunden. Spanien galt jedoch auch als "exotisch", durch die Erinnerung an die Araber im Süden des Landes, durch die Mittelmeerlandschaft und die faszinierende Malerei, z.B. die Gemälde von El Greco und Goya.

Es war nun in der aktuellen Situation nicht mehr so einfach, all das, wofür die Tradition der katholischen Kirche in Spanien stand, rundweg abzulehnen. Das Jahr 1933 bedeutete für Marcuse eine Krise insofern, als er einsehen musste, dass die chaotische deutsche Republik und ihr Individualismus keinen Schutz gegen eine fanatische Diktatur bieten konnte und dass alle Intellektuellen, auch er selbst, mit am Untergang dieser Republik schuld waren, da sie zu viel Kritik geübt und zu wenig zur Festigung des Systems beigetragen hatten. Jetzt bedrohte die Diktatur des Nationalsozialismus und seine Ideologie sogar Marcuses Asyl, vom nahen Spanien her, und die scheinbare Stärke und "Gesundheit" Deutschlands beeindruckte weite Kreise in Frankreich und England. Wie konnte man mit diesen finsteren Mächten fertig werden? Marcuse hatte nicht den Luxus der Mitglieder der KPD, die auf die Sowjetunion bauten und im festen Glauben an den Sieg der kommunistischen Weltrevolution beharrten. Er konnte sich nicht wie sein Nachbar Lion Feuchtwanger mit der Zuversicht beruhigen, dass die Sowjetunion, was immer ihre Fehler und Schwächen sein mochten, der Menschheit den nötigen Fortschritt bringen würde, der schließlich zur Herrschaft der Vernunft, der Toleranz und des Friedens führen musste. Überdies musste einem skeptischen Beobachter wie Marcuse klar sein, dass Großbritannien und Frankreich, die Bastionen der Demokratie, in einer wirtschaftlichen, moralischen, geistigen und politischen Krise steckten. Auf sie war nicht zu zählen, und das erklärt nicht zuletzt Feuchtwangers entschiedenes Eintreten für Stalin und die Sowjetunion in seinem oft und heftig angegriffenen Bericht *Moskau 1937* (1937). Marcuse, besonders nach seiner mit Feuchtwanger unternommenen Reise in die Sowjetunion, musste jedoch André Gide zustimmen, der die Sowjetunion unter Stalin auf dem falschen Wege sah und vor dessen Auswirkungen warnte. Das Buch über Loyola wurde allerdings vorher geschrieben; es bezeichnet noch nicht den Punkt, wo es für den Pessimisten Marcuse in Europa keine Lösung mehr zu geben schien. Stattdessen gibt Marcuse anhand des Exemplums Loyola eine Bilanz des europäischen Denkens und etwas wie eine Anweisung zum Widerstand, was allerdings erst im Nachwort so recht deutlich wird.

Während der Erzählung des Lebenslaufs von Loyola wird dem Leser schnell klar, dass hier keine Heiligenlegende vorgeführt wird.[9] Der Ritter aus dem spanischen Baskenland, der zu einer Epoche gehört, in der das Rittertum von den Söldnerheeren mit ihrer Infanterie abgelöst wurde, erscheint als ein Don Quijote, der durch die Lektüre von Romanen wie *Amadis de Gaula* (erster Druck 1508, viele Fortsetzungen) angefeuert, sich für seine Dame opfert und, nach schwerer Verwundung kriegsuntauglich, sich dem Dienst der "Dame" Kirche widmet, ein Dienst, den sie lange verweigert, der aber dann gewaltige Folgen haben wird. Ohne Zweifel ist die Beschreibung der Persönlichkeit mit den Augen von Sigmund Freud gezeichnet, und Marx hat gelehrt, wie der Umbruch der Gesellschaftsklassen zu verstehen ist. Aber die Herkunft aus dem verarmten baskischen Adel und der spanische Stolz und Eigensinn sind für Marcuse ebenso wichtige Faktoren. Über allem steht die Zielstrebigkeit, die Unbeirrbarkeit, die lange Geduld, die sich durch nichts vom Weg abbringen lässt, nicht von den Niederlagen und Fehlern, nicht vom anhaltenden Widerstand aller Instanzen der Kirche. Marcuse schildert das Zeitalter aus Loyolas Perspektive, und das bedeutet von unten her. Es wird nicht der Glanz der Renaissance ausgebreitet, sondern der Schmutz, die Dunkelheit, die Enge, der Gestank, die Krankheiten und Schmerzen, die Kleinlichkeit der Menschen, nicht ihre Größe. Jerusalem, Rom, Madrid, Paris erscheinen mit ihrem Dreck, ihrem Morast, ihrer Unwirtlichkeit und Unfreundlichkeit, Paläste und Schlösser kommen nicht in ihrer Großartigkeit vor, sondern als unbehagliche, wenn nicht gefährliche Behausungen. Die Menschen erscheinen eher mit ihren Schwierigkeiten, ihren Schwächen, Krankheiten, ihren Launen und

---

[9] Das wird sofort deutlich, wenn man Marcuses Buch mit Veröffentlichungen wie Hugo Rahners Loyola-Büchern vergleicht, auch wenn Rahner historisch-kritisch vorgeht. Bei Marcuse gibt es keine "Wunder", und bei den Exerzitien wird mehr über ihr Entstehen als ihren Inhalt und ihre Vorschriften gesagt, Dinge, die naturgemäß bei Rahner im Mittelpunkt der Darstellung stehen, wo die historischen Umstände und Zufälligkeiten als Nebensachen behandelt werden. Von Rahners zahlreichen Veröffentlichungen vgl. z.B. *Ignatius von Loyola und das geschichtliche Werden seiner Frömmigkeit* (1949), *Ignatius von Loyola: Seine geistliche Gestalt und sein Vermächtnis 1556-1956* (1956) sowie die Briefausgabe *Trost und Weisung. Geistliche Briefe* (1942).

Böswilligkeiten, als in ihrer Freundlichkeit und Hilfsbereitschaft. Alles in allem ist es eher ein Zeitalter des Zweifels, des Konflikts, der Seuchen und Kriege, der vergeblichen Suche, ja der Verzweiflung, als der Zuversicht und der Lebensfreude, wenn auch ein Zeitalter der Kraft, des unbändigen Willens zum Überleben. Politik und Kampf geschieht selten nach Plan, eher aus Vorurteilen, nach Launen und durch Zufall. Insgesamt erfahren wir ein Durcheinander, dem nur der unbeirrbare Wille und Weg von Loyola als Kontrapunkt entgegengesetzt wird. Und es ist ja gerade das, was dem Zeitalter fehlt, was Loyola dann in seinem Orden verwirklicht: Plan, Organisation, Askese, Gehorsam, Ordnung, Zielstrebigkeit.

Man kann in diesem Bild der Vergangenheit natürlich einen Spiegel der Gegenwart sehen, eine Ahnung der drohenden Gefahr, noch aus einer sicheren Entfernung betrachtet, doch sollte es nur wenige Jahre dauern, bis Marcuse aus dem französischen Häuschen verjagt wurde, wo er sich so daheim fühlte. Der Nachbar Feuchtwanger, der noch unbedingt den letzten Band seiner *Josephus*-Trilogie zu Ende schreiben wollte, wurde von den Ereignissen überrollt, musste eine Zeit im französischen Internierungslager und eine abenteuerliche Flucht auf sich nehmen, ehe er wie Marcuse das rettende Amerika und das neue Asyl in Los Angeles erreichte.

Marcuses Absicht konnte es aber keineswegs sein, nur eine Geschichte aus der Vergangenheit zu erzählen. Um das unmissverständlich zu unterstreichen, fügte er dem Roman ein Nachwort mit dem Titel "Nachwort an den gläubigen und ungläubigen Leser". Das Nachwort hat ein eigenes Motto, von dem gleich die Rede sein wird. Es gibt auch ein Motto für das gesamte Werk und dann eines für jedes der zwei Bücher, in die es eingeteilt ist. Der erste Teil, oder das erste Buch, das bis zur Gründung des Ordens reicht, steht unter dem Motto von Loyolas Ausspruch: "Wer will, dem ist nichts schwer" (5). Der zweite Teil, von etwa gleicher Länge, der die Umstände der Ordensgründung und seine Ausbreitung und Wirkung beschreibt, bis zu Loyolas Tod, folgt Loyolas Diktum: "Ite, omnia incendite et inflammate!" ("Kommt und setzt alles in Flammen!") (123). Das ist beides unmittelbar einsichtig. Zum längeren Nachdenken regt jedoch das Motto des ganzen Buches an: "Ehedem war ich der Meinung, es würde wohlgetan sein, die weltliche Gewalt ganz von der geistlichen zu trennen. Jetzt aber habe ich gelernt, daß die Tugend ohne Macht lächerlich ist" (3). Es ist ein Ausspruch, der einem Redner des Basler Konzils zugeschrieben wird, und er wirft die Frage auf, wie weit ein säkulärer Staat ohne den Einfluss einer Religion oder einer religiösen Institution "Tugend" bewahren kann, d.h. ob eine Republik, die jedenfalls nach Montesquieus Urteil auf *virtus*, auf Tugend, gegründet sein muss, um zu bestehen, als staatliche Institution die Stütze der Religion und einer Kirche nötig hat. Dass beides nicht ohne weiteres zu verneinen ist und in diesem Buch verneint wird, gibt einen Eindruck von den Zweifeln, in die das Scheitern der deutschen Republik den Skeptiker Marcuse gestürzt hatte und die durch die Schwäche der Demokratien und die Schwierigkeiten der spanischen Volksfront noch verstärkt wurden. Das Bündnis der katholischen Kirche in Spanien mit Franco und seinen Faschisten konnte Marcuse allerdings nur abschrecken.[10]

Ebenso nachdenkenswert und provozierend ist der Ausspruch von Pierre Le Fèvre als Motto des Nachworts: "Hungere und dürste nach der Gerechtigkeit" (234). Gerechtigkeit ist eine der notwendigsten Stützen jedes Staates, besonders jeder Republik, als Gegengewicht zum Machtstreben der Interessengruppen und als Ausgleich für die Stärke und Schwäche der Gesellschaftsglieder. Das hatte sich ganz besonders im jüdischen Denken verankert. Wie aber kann sich Gerechtigkeit, oder Vernunft, oder Freiheit, gegen die Übergriffe der herrschenden Macht zur Wehr setzen und das Gleichgewicht in der Gesellschaft bewahren? Diese Fragen sind unabweisbar, wenn es um die Beurteilung der Botschaft Loyolas und seinen Orden geht.

Marcuse versteht sein Nachwort als einen Dialog mit dem Leser, an den er während des Schreibens ständig gedacht haben will. Er sagt das folgendermaßen: "Der Autor hat sehr viel und sehr heftig mit seinen künftigen Lesern diskutieren müssen. Sie haben ihm, während er das Leben des Ignatius von Loyola darstellte, hart zugesetzt. Diese stummen Debatten sind in das Buch nicht aufgenommen worden, um nicht vom Porträtierten ab- und zum Porträtisten hinzulenken. Nun aber ist es höchste Zeit, sie nicht länger zu verschweigen" (234). Mit anderen Worten: Marcuse, dessen Schriften nicht nur sehr persönlich gehalten sind, was ihn in den Augen mancher Philosophen als Philosophen disqualifiziert, sondern ständig einen Dialog mit Lesern und Partnern anstreben, hat sich in seiner Darstellung zurückgehalten, offenbar mit Mühe, um eine sachliche und sachlich überzeugende Darstellung vorzulegen, aus der der Leser seine eigenen Schlüsse ziehen soll. Das allerdings will Marcuse nun doch nicht so ganz wagen. Also lädt er den Leser zur Schlussdebatte ein.

Zuerst spricht er den gläubigen Leser an. Der "strenggläubige katholische Christ" (234) muss dieses Buch als einen Schock und einen Angriff auf seinen Glauben empfinden, denn er hat eine Heiligenlegende erwartet. Aber gibt es

---

[10] Zur Beschäftigung mit dem Problemkreis Staat-Partei-Ideologie-Kirche-Religion passt auch, dass Marcuse, wie er in *Mein zwanzigstes Jahrhundert* mit einiger Schärfe beschreibt, bei seiner Reise durch die Sowjetunion im Jahre 1937 immer danach fragte, ob eine freie Religionsausübung erlaubt sei, und dadurch seine russischen Gastgeber und Führer sehr in Verlegenheit setzte. Abgesehen davon lernte Marcuse bei dieser Reise das Massendasein der Menschen und eine Massenmentalität kennen, auf die er anspielt, wenn er in *Mein zwanzigstes Jahrhundert* (wie Anm. 1) schreibt, S. 236: "Ich verstehe, was ich in jenen Monaten zwischen Leningrad und Baku gehört habe, besser, seitdem ich den Zwillings-Bruder Amerika ein wenig kenne".

diesen Christen noch? Sind die Menschen, die sich Christen nennen, wirklich "gläubig"? Was ist ihre Antwort, wenn man sie fragt:

> [...] glaubst du auch, daß Gott in sieben Tagen die Welt erschaffen hat – und zwar so, wie es in der Bibel aufgezeichnet ist? Glaubst du auch, daß Gott das erste Menschenpaar aus dem Garten Eden vertrieben hat – und zwar so, wie es das heilige Buch schildert? Glaubst auch, daß der Sohn über unsere Erde gewandert ist – und zwar so, wie die Evangelien es berichten? Falls du dies nicht glaubst, bist du nicht der Christ, mit dem ich hier rede: der Loyola-Christ; der strenge Katholik von 1935, dem ein halbes europäisches Jahrtausend keinen Gedanken und keinen Willen hervorgebracht hat, kräftig genug, um den christlichen Himmel zu sprengen. (234)

Das ist nun eine echte Provokation. Man braucht nur an Brechts *Galilei* (mehrere Fassungen, 1938 bis 1945) zu denken, um zu verstehen, welche Fronten hier aufgebaut werden. Doch liebt Marcuse die starken Gegensätze und das Dilemma des Skeptizismus. So zählt er alle Argumente des gläubigen Christen auf, die sich gegen seine Darstellung richten, zum Beispiel: "[...] wozu unternimmst du es, soziologisch zu erhellen, weshalb Loyola diesen und nicht einen anderen Weg ging – statt schlicht das bevorzugte Gottesgeschöpf zu sehen, das mit Erleuchtung und himmlischer Protektion gesegnet worden ist?" (234). Und: "[...] wozu suchst du, dem beschränkten Menschenverstand zuliebe, die Anfechtungen eines Heiligen in deinem kleinen, engen Erfahrungsbezirk anzusiedeln, obwohl sie doch auf einer überirdischen Ebene Ereignis wurden: auf dem Boden des Duells zwischen Gott und Luzifer" (234). Darauf antwortet Marcuse, er habe eine "Psychologie der Bekehrungen" gegeben statt einer Beschreibung "des schlichten Wunders, das in ihnen sichtbar geworden ist" (235). Ja, er sei schamlos genug gewesen, aus "der Gesellschaft Jesu eine Weltfirma zu machen" (235). Doch dann kommt der nächste Vorwurf vom gläubigen Leser: "[...] wozu schreibst du ein Loyola-Buch, wenn du alles Erbauliche hartnäckig ausläßt!" (235). Das ist in der Tat eine gute Frage. "Verliert Loyolas Leben nicht jeden Schimmer, [...] wenn man ihn nur als irgendeinen Mann hier unten zeigt? Und nicht als einen Auserwählten, dem sich der Himmel geöffnet hat?" (235). Von Marcuse aus gesehen, muss er sagen: "Der Loyola des gläubigen Lesers war nicht nur Visionär, auch Magier" (236). Das bezieht sich auf die Wunderheilungen und Bekehrungen, doch gerade das will Marcuse in Frage stellen:

> Im Leben des überlieferten Loyola herrschen andere Gesetze als im Dasein des Mannes, der hier beschrieben worden ist. Hier gelten nur Verknüpfungen von Verletzung und Überkompensation, von einer sterbenden Klasse und ihrem Angehörigen, der sie mit den Mitteln der Erben zu retten sucht. Dort aber, im Leben des Visionärs und Magiers, regiert die Vorsehung, die ihren liebsten Sohn Ignatius fest an die Hand genommen hat. (236–237)

Freud und Marx haben dem Biographen die Feder geführt, nicht eine himmlische Eingebung: "In meinem Buch ist also der Schutzengel nicht mitgezeichnet worden; nicht einmal, um ein Phantom zu verspotten" (237). Marcuse hält weder etwas vom Verstandeshochmut noch von falscher Demut: "Der Autor haßt den nebulosen Respekt der Plebejer, die vorsichtshalber durch jede Kirche auf Zehenspitzen schleichen, nicht weniger als den inferioren Verstandeshochmut" (238). Die Heiligenlegende kann nach vier hundert Jahren nicht einfach mehr hingenommen werden: "Die vorliegende Darstellung nähert Ignatius, ohne ihm seinen historischen Raum zu nehmen, um vier Jahrhunderte unserer Zeit. Indem sie ihn in den Straßenanzug dieser Tage steckt? Indem sie ihm unsere Fragen stellt! Indem sie ihn nach unserer Kenntnis vom Menschen begreift!" (238). Und fragt Marcuse nach den Folgen: *"Dies Buch stellt also den Loyola nicht im Lichte des Glaubens dar, den er bekannte, sondern im Lichte des Unglaubens, den er stiftete"* (238, kursiv im Original).

Das ist hart. Und Marcuse überbietet diesen Satz mit einer weiteren Provokation: "Der christlich-gläubige Leser, der Anstoß an diesem Heiligenbild nimmt, begeht eine Blasphemie – nach dem Glauben des Autors, der ein Unglaube ist; und der denselben Respekt verlangt, welchen der Christ in Anspruch nimmt" (238). Denn der Unglaube ist nur ein anderer Glaube. Oder mit Marcuse zu sprechen: "Dieser Unglaube verehrt einen Gott, der sich niemandem offenbart" (238). Der Unglaube entsteht aus der Bescheidenheit des Menschen, der sich nicht vermisst, Gott, Gottes Sohn und den Heiligen Geist zu erkennen – aber auch nicht "ein dialektisches Weltgesetz" (239). Alle Versuche dieser Erkenntnis, auch der letzte von Hegel, seien gescheitert. Dabei haben die Menschen drei "unentwurzelbare Wünsche", die sie weder aufgeben noch befriedigen können: "[...] den Wunsch nach einer absoluten Erkenntnis des Alls; den Wunsch nach einem vollkommenen Glück; und den Wunsch nach einem harmonischen Zusammenleben der Menschen in paradiesischer Anarchie" (239). Da diese Wünsche ebenso lebensnotwendig wie unerfüllbar sind, "muß die Konstitution des Menschen als tragisch bezeichnet werden" (239). Loyola hat das gewusst: "Und Loyola ist ein Vater der tragischen Einsicht; er rechnet schon nicht mehr mit der Hilfe von oben" (239).

Das 19. Jahrhundert, so Marcuse, hat den Himmel verloren; es "trennt uns von Loyola unüberbrückbarer als das achtzehnte mit seinem Vernunfthimmel; denn alle Himmel ähneln einander" (239). Was aber bleibt oder bleiben sollte, ist "der durch keinen tragischen Unglauben geschwächte Wille zum Aufbau der Humanitas; der Wille zum göttlichen Menschen" (239). Aus der Liebe zu Gott soll die Menschenliebe werden, und in diesem Sinne gehört Loyola, "stürmischer Aktivist" (239), zur Zukunft. Nach dem tragischen 19. Jahrhundert "ist es schwer, ein erbauliches Loyolabuch zu schreiben" (239). Loyola, das ist Marcuses Erkenntnis, wollte nichts Gott überlassen, vielmehr meinte er, "daß es Gott versuchen hieße, wenn man die von ihm zur Verfügung gestellten Mittel verschmähen wollte, um auf ein Wunder zu warten"

(240). Das ist, sagt Marcuse, "christlicher Atheismus" (240). Loyola "revolutionierte das Christentum weniger laut und gründlicher als Luther" (240). Das ist wieder eine Provokation, auch wenn Marcuse danach erklärt: "Dies ist keine 'interessante' Deutung. Seine Gottlosigkeit, noch eingehüllt in die Phantasie eines christlichen Mystikers, war das große Erlebnis der Nächsten um ihn" (240). Und das bedeutet: "Er ist heutiger als Luther, Calvin und der Bischof Cornelius Hansen" (240). Daraus zieht Marcuse den ersten Schluss, weshalb er das Buch geschrieben hat: "Daher ist es das eine Motiv dieses Buches gewesen: *in diesen Jahren, da das Christentum umstrittener ist als zu irgendeiner Zeit seit jenen Tagen, da die Philologen es anzunagen begannen, den Mann vorzuführen, der die Religion des Trostes zu einer Religion der Welteroberung machte – ad majorem dei gloriam*" (240, kursiv im Original). Loyola, das wird damit gemeint, "ist der Totengräber jener konservierenden Erlösungsreligion geworden, für die der Messias bereits erschienen ist" (241). Doch Loyola, der gewaltige Organisator und Menschenführer, ist mit seinem Projekt gescheitert, "der große realistische Politiker war an der Wurzel ein ahnungsloser Idealist" (241).

Wenn auch der gläubige Leser mit diesem Schock entlassen wird, so geht Marcuse mit dem ungläubigen Leser auch nicht sehr sanft um. Er unterstellt ihm, dass er unzufrieden ist, "weil dem enteigneten Heiligen noch zuviel Heiligkeit gelassen wird" (241). Zur Verteidigung kommt der Autor auf das zweite Hauptmotiv seines Buches zu sprechen: "*Es darf der Loyola, es darf das Christentum nicht denen überlassen werden, die es in Verruf gebracht haben; und nicht von denen 'überwunden' werden, die seiner nicht würdig sind*" (241, kursiv im Original). Das klingt so merkwürdig, wie das ganze Unternehmen Marcuses; das Erbe Loyolas muss bewahrt werden, in würdigen Händen, auch wenn es Nichtchristen und Loyolas Gegner sind. Es gibt offenbar würdige und unwürdige Aufklärer.

Der ungläubige Leser ist nicht wirklich ungläubig, er glaubt nur etwas anderes. Zum Beispiel glaubt er, und das taten 1935 viele Menschen, dass die "Rasse" das Schicksal des Menschen bestimmt; also erklärt er Loyolas Schicksal aus seiner baskischen Rasse. Andere glaubten an einen "Nationalcharakter", in diesem Fall den spanischen Nationalcharakter mit Eigenschaften wie Stolz, Hartnäckigkeit oder Idealismus: "Der andere fand den Schlüssel zu seinem spezifischen Christentum im spanischen Nationalcharakter. Der dritte suchte die Wurzel der Visionen und der Gesetzgebung Loyolas in seiner sexuellen Enthaltsamkeit" (242). Offenbar ist der spanische "Nationalcharakter", der auch den Basken Loyola geprägt hat, nicht so sehr durch Biologie als durch Geschichte und Klima geprägt. Dazu kommt die Erklärung aus Loyolas Klassenzugehörigkeit. Das alles sagt vielleicht mehr über den Erklärer als über den Gegenstand. Doch dem Autor ist klar geworden, dass alle diese Ansätze nicht genügen:

Ignatius funktionierte auch als feudalistischer Reaktionär, ohne Zweifel. Doch seine Wirkung ist nicht nur in dieser Funktion gewesen. Loyola stabilisierte ganz gewiß die Reiche, in denen die Menschen nach ihrer zufälligen Macht geordnet lebten. Aber er wollte ein universales Reich gründen, in dem die Menschen nach ihrem Wert rangierten. Man kommt nun nicht zur Einsicht in die Quelle von vielem Guten und vielem Bösen, die Loyola heißt, wenn man nicht ihre zwei Ursprünge erkennt: den überzeitlichen Plan und die zeitliche Verballhornung. (242)

Die Menschen, die sich über Loyola streiten, sprechen nicht die gleiche Sprache: "[...] die einen verteidigen den Kämpfer für eine gute Idee (der er war); die andern bekämpfen den großen Helfer einer schlechten Wirklichkeit (der er auch war)" (242).

Marcuse will herausstellen, "was das Christentum vielleicht nur selten gewesen ist, aber auch sein kann" (242). Das Besondere und Eigentliche an Loyola enthüllt sich nicht mit Hilfe von Marx und Freud: "Loyola war mehr als eine Illustration für die Anstrengung einer sterbenden Klasse, sich am Leben zu erhalten; auch dieses Mehr ist aufschlußreich und betrifft uns" (243). Hier kommt dann die direkte Anwendung auf die Gegenwart:

Er war ein Mensch, der nicht geborgen war. Er war ein Mensch, der, dank einer ungewöhnlichen Energie, diese Geborgenheit erzwang. [...] Er war, weiter, ein Mensch, der seine Geborgenheit nicht in einer Theorie, einer Phantasie, sondern in der Organisierung einer Utopie fand. Und diese Utopie war wiederum mehr als die Ideenspiegelung einer vergänglichen Gruppenformation; denn es hat sich zwischen Plato und Marx kaum sehr verändert. Es war bei Loyola die Idee von einer brüderlichen Menschengemeinschaft, gegliedert nach dem Wertgehalt des einzelnen. [...] Das Ideal des Ignatius war schon damals alt und gut. Auch die enorme Aktivität, die der Idealist entfaltete, war gut; er hat die Energien, welche die christliche Askese freigesetzt hat, für ein gutes irdisches Ziel mobilisiert. Doch sein Weg war schlecht, weil seine Einsicht mangelhaft war. Der Heilige im Dienste des Heillosen – diese uralte tragische Verkettung, die nicht ewig zu sein braucht, hat im Leben Loyolas seine reinste Ausformung. Wir aber haben nicht nur den schlechten Weg abzulehnen, sondern auch, vorurteilslos, das gute Ziel zu bejahen. Und zwar nicht nur um der historischen Gerechtigkeit willen – sie liegt unserem Herzen nicht am nächsten. Sondern vor allem um einer zukünftigen Gerechtigkeit willen; und auch im Interesse einer künftigen Taktik. Man soll die große Gemeinde Loyolas auf besseren Wegen – zum guten Ziel ihres Heiligen führen. (243)

Bei diesen Argumenten von 1935 kann man nicht umhin, den Namen Loyola durch den Namen "Marx" zu ersetzen, den Heiligen (in der Ansicht seiner Anhänger) im Dienste des Heillosen, wie es für Marcuse aussieht, und die Versuche, die gute Idee des Sozialismus vor der Verballhornung zu retten. Aber Marcuse richtet sich auch an die Anderen, an die müden Skeptiker der Demokratien, ja, vielleicht sogar an Faschisten. Denn, wenn er sagt, dass das utopische Reich der Menschen eigentlich immer dasselbe geblieben ist, sie haben es nur auf verschiedenen Wegen zu erreichen versucht, so stellt er alle Kriege und Streitigkeiten in Frage. Doch versucht er auch die gemeinsame

Humanität zu treffen, und er beharrt dabei, dass die Wege der Ausschließung und Verfolgung falsche Wege sind. Was Loyola betrifft, so geht es ihm darum, sein Bild neu zu gestalten: "Man soll Loyola nicht denen überlassen, denen er bisher am meisten genützt hat" (243). Loyola wollte eine radikale Veränderung, "der gottergebene Fürstendiener war ein großer Revolutionär. Der kannte nur eine Erlösung: Rücksichtslosigkeit für das ferne irdische Ziel der brüderlich geeinten Menschheit" (243-244). Für Loyola genügte nicht die Idee, sie musste verwirklicht werden; es genüge nicht, dass etwas an sich gut und schön sei, es müsse gut sein unter den gegebenen Umständen und in seinen Folgen: "Denn die beste Idee ist nichts wert, wenn sie ihren Trägern nicht unentbehrlicher wird als Auge und Ohr: Quellpunkt ihres Lebens" (244).

Marcuse hat einen Loyola gefunden, der kein Heiliger ist, den man anbeten kann, aber der ein Gesellschaftsmodell entwickelt hat, dem er, der Individualist, zustimmen kann. Er findet bei Loyola die "natürliche Rangordnung" (244) der Menschen, ausgedrückt in dem Höher und Niedriger; er findet, überraschenderweise, die Moral der Askese, "die immer und überall Fundament jeder großen Leistung gewesen ist" (244), und prophezeit: "Loyolas vielgelästerte Forderung der (unheiligen, also zweckmäßigen) Askese, des absoluten Gehorsams und des Willendrills hat nicht nur eine schlechte Vergangenheit hinter sich, sondern noch eine gute Zukunft vor sich" (244). Man muss Loyolas Exerzitien ernst und ehrlich nehmen und nicht mit Heuchelei konfrontieren. Marcuses Bild von Loyola ist ebenso radikal wie Loyola selbst; es ist die Umwertung der Werte: "Nachdem Loyola das Christentum vom Erlöser erlöst hat, sollten wir es noch von dem spanischen Hidalgo erlösen – nicht mit dem spanischen Hidalgo begraben, auf daß es ewig den herumgeisternden Hidalgos ausgeliefert bleibt. Es kommt alles darauf an, wer sich in Zukunft des Christentums und seines Loyola bemächtigt" (244). Was sich Marcuse wünscht, was er fordert, ist, dass Loyola, statt wie bisher "auf seiten eines Clans" (245) gestellt zu werden, "in Zukunft auf seiten derer stehen sollte, die unter einem götterlosen Himmel eine götterlose civitas dei wollen" (245). Das ist Marcuses anarchistische, seine utopistische Vision der Brüderlichkeit der Menschen, die gerade damals, als er das schrieb, in Loyolas Heimatland verwirklicht werden sollte, doch in einem blutigen Bürgerkrieg unterging.

Das Paradox des Satzes sticht in die Augen: unter einem götterlosen Himmel eine götterlose *civitas dei* zu wollen. Das entfernt sich jedenfalls sehr vom historischen Loyola.[11] Aber, wie Marcuse sagt: "[…] wir können also,

---

[11] Marcuse suchte in der Geschichte und Philosophie nicht Erkenntnis um ihrer selbst willen, sondern anwendbare Orientierung. Aufschlussreich ist dieser Satz über Schopenhauer: "Er dachte […] nicht in der Richtung auf Wissenschaft, sondern auf Heilung und Heil". Das passt für Marcuse selbst, jedenfalls den Marcuse von 1935. Ludwig Marcuse: Das Gespräch ohne Schopenhauer. In: Marcuse: *Essays – Porträts – Polemiken* (wie Anm. 6). S. 15–28. Hier: S. 16.

bei der Durchgrabung dieses Lebens, Funde machen, die erst ihre Umschicht von Fäulnis verlieren, die erst ihren Glanz erhalten, wenn man sie aus ihrem historischen Rahmen löst" (244). Marcuse will nicht nur, was Feuchtwanger gern zitierte, den Funken aus der Geschichte holen statt der Asche, er will als Archäologe aus der Geschichte Kostbarkeiten herausgraben und ihnen einen überzeitlichen Glanz geben. Er findet hier, ausgerechnet beim Organisator der Gegenreformation, die Samen der Zukunft, im absoluten Gehorsam steckt die Quelle der Freiheit. Das Erbe Loyolas war bis jetzt in den falschen Händen, man muss es ihnen entreißen. Wie oben schon ausgeführt, können wir nicht umhin, gerade wenn wir an das Jahr 1935 denken, den Namen "Marx" einzusetzen, der zwar kaum genannt, aber die ganze Zeit mitgedacht wird. Die Diktatur Stalins entfaltete sich, und bald sollten die Moskauer Prozesse enthüllen, wie brutal und falsch die Hände waren, die das Erbe von Marx verwalteten.[12]

Es bleibt das Paradox, dass Marcuse, der ständig vor den Gefahren des Absolutismus jeder Art, zumal einem ideologischen, warnte, bei Loyola den Keim einer besseren Zukunft finden will. Es erinnert an seine Doppelbiographie *Der Philosoph und der Diktator*, wo er am Schluss feststellt, das Schlimme unseres Zeitalters sei nicht, dass wir die bessere Welt nicht erreichen, sondern, dass wir nicht einmal versuchen, sie zu erreichen.[13] Auch dies ist ein Paradox, wenn man bedenkt, wie ironisch Marcuse Platons wiederholte Versuche, seine Vorstellung vor einem idealen Staat zu verwirklichen, darstellt und kommentiert, zumal die Gefahren des "totalen Staats", die sich aus Platons Vorstellungen ergeben.

So stellt er als Provokation in der Figur des Loyola ein extremes Musterbeispiel des Kampfes der Menschheit um Brüderlichkeit und Gerechtigkeit dar, wobei, laut Marcuse, ein Heiliger der Kirche das Christentum von Christus erlöst, es vom Jenseits zum Diesseits bringt, und das durch eine Organisation, die die Gesellschaft von Jesus heißt. Im Leben und der Wirkung von Loyola sieht Marcuse ein Paradox, ein bedeutendes Beispiel der *conditio humana*, der tragischen Verfassung der Menschheit.

Was Marcuse bei Loyola sieht, ist, dass er als derjenige, der die rechtgläubige Kirche gegen den Ansturm der Protestanten, der Muslims, der Juden und vor allem der Ungläubigen verteidigen und bewahren will, konservativ wie er ist, die Kirche von Grund auf verändern muss, ein Revolutionär wird, der aus der jenseitigen Kirche eine diesseitige macht, mit einem universalistischen Anspruch, der, indem er ihren Glauben universal macht, sie zu einer Menschenreligion verwandelt. Loyolas Weg war allerdings ein begrenzt

---

[12] Dazu passt Marcuses Frage: "Wie schafft man Führer, die keine Gangster sind?", wie man sie in einem Aufsatz findet: Nietzsche in Amerika. Ebd. S. 91–103. Hier: S. 103.
[13] Dazu gehört Marcuses kurzer Essay: Vom Wesen der Utopie. Die Sehnsucht nach einer besseren Gesellschaft. Ebd. S. 299–309.

parteilicher, und so könnte es sein, dass das Reich der einen Menschheit nur aus der extremen Parteilichkeit entstehen kann. Umgekehrt zeigen jedoch die bisherigen politischen Revolutionen, dass aus dem Pathos der Brüderschaft der Menschheit ein borniter Nationalismus hervorgeht, und aus dem Kampf um die Freiheit eine harte Diktatur. Im Angesicht der Diktatur Stalins, vom Faschismus gar nicht zu reden, ist alles neu zu überdenken, was bisher über Freiheit, Fortschritt und Aufklärung gedacht worden ist.

Über Marcuses "Nachwort" sollte man jedoch nicht die Geschichte selbst vergessen, den Lebenslauf des Heiligen ohne Heiligenschein. Die Herausforderung dieser Geschichte ist einerseits das Motto "Wer will, dem ist nichts schwer", die ungeheure Zielstrebigkeit, die diesen Menschen über alle scheinbar unüberwindlichen Schwierigkeiten hinweg bringt, und zweitens das Phänomen des revolutionären Ordens, der die Welt in Brand setzt, indem er sich scheinbar ihren Machtverhältnissen und Sitten anpasst. Aber drittens ist das Bild vom blinden Treiben der Menschen, vom Chaos und Grausamkeiten, das Marcuse zeichnet, eine denkbar pessimistische Ansicht der Menschheitsgeschichte, die nur ihr Gegengewicht in dem findet, was die Menschen selbst tun. Das Gute, was Marcuse aus dem Christentum für die Gegenwart und Zukunft retten will, ist nicht ein Dogma und ein jenseitiger Glaube, sondern die Vision der Menschheit als Bruderschaft, als *civitas dei*, unter einem "götterlosen Himmel", in der Selbstverantwortung der Menschen, und zwar jedes Einzelnen. Marcuse konnte das nicht als "Programm" formulieren, aber es war eine Gegenposition gegenüber dem Marxismus, und es war der Versuch, das Individuelle und das Allgemeine zu verbinden, ohne die Freiheit des Einzelmenschen aufgeben: Freiheit – Gleichheit – Brüderlichkeit.

Das Buch *Ignatius von Loyola* war für Marcuse ein Denkprozess, eine Auseinandersetzung mit der Frage, ob und wie Freiheit und Brüderlichkeit unter den Menschen entstehen könnte. Ludwig Marcuse gehört, wie zum Beispiel auch Alfred Döblin (oder Heinrich von Kleist), zu den Menschen, die keine fertigen Gedanken zu Papier bringen, sondern die während des Redens oder Schreibens klären und entwickeln. Das Nachwort ist die Reflexion über den eingeschlagenen Weg, von dem der Autor anfänglich nicht wissen konnte, wohin er führen würde. Er führte zu der Zukunftsvision einer *civitas dei*, die jedoch eine völlig diesseitige sein muss, ohne Götter im Himmel und ohne Götter oder einen Gott auf Erden, etwas, was Menschen für Menschen schaffen, indem sie eingedenk ihrer Unvollkommenheit, Fehlbarkeit und der tragischen Unmöglichkeit ihrer innersten Wünsche sich mit Nachsicht und Güte zusammenfinden, um das Glück zu suchen, das den Menschen erreichbar ist. So unwahrscheinlich es ist, dass dieses Paradies erreicht werden könnte, man darf nicht aufhören es zu suchen. Marcuse ist ein Philosoph, der keine

Philosophie, kein System zu bieten hat, sondern immer nur die Einladung mit ihm zu philosophieren.[14] Dass er keine endgültigen Resultate bietet, sondern nur die Nötigung zum Weiterdenken, kann der Hauptgrund sein, warum sein so provokatives Porträt des Ignatius von Loyola nicht mehr Freunde und Gegner gefunden hat, sondern eher im Abseits der Geschichte geblieben ist.

---

[14] Vielleicht ist das echte Weisheit. "Gibt es noch Lehrer der Weisheit?" fragt Marcuse im Essay dieses Titels und meint, der Typ des Weisen sei "in unseren Breiten" nicht mehr existent. Spinoza sei den griechischen Weisen noch am nächsten gewesen. Ludwig Marcuse: Gibt es noch Lehrer der Weisheit. In: Ludwig Marcuse: *Essays – Porträts – Polemiken* (wie Anm. 6). S. 385–395. Hier: S. 385 u. 387.

Regina Weber

Der Philosophiehistoriker Raymond Klibansky und die "Internationalisierung" der Philosophie: das Nachleben der Antike in der "Philosophie des Dialogs"

Klibansky counts among the German-Jewish intellectuals who in the 1920's attempted to document the traces of Antiquity in the culture and philosophy of the Renaissance. After sketching Klibansky's biography leading up to exile, the following essay focuses on his intellectual reorientation in exile. Although he lived and taught in Canada starting in 1946, he remained active in Europe at the Warburg Institute in London and the Institut International de Philosophie in Paris. Deeply affected by the experience of National Socialism, he strived during the Cold War to promote international understanding on the basis of a "Philosophy of Dialogue" marked by tolerance.

Die Fragestellung des NASES-Symposiums nach der Zäsur – nach der weltanschaulichen Neuorientierung infolge der Radikalität der Exilerfahrung – möchte ich hier am Beispiel des 1933 aus Deutschland emigrierten, international angesehenen Philosophie- und Ideenhistorikers Raymond Klibansky zu beantworten suchen. In Deutschland allerdings ist Klibansky nur wenig bekannt, woran auch späte Ehrungen in den achtziger Jahren, vor allem von Seiten der Universität Heidelberg, die ihn einst vertrieben hatte, nicht viel geändert haben. Kunsthistoriker kennen seine gemeinsam mit Erwin Panofsky und Fritz Saxl verfasste berühmte ideengeschichtliche Studie *Saturn und Melancholie* (1990, zuerst 1964 in den USA erschienen), die ihn in den Umkreis der Kulturwissenschaftlichen Bibliothek Aby Warburgs in Hamburg rückt. Dagegen ist der schon um 1930 zu internationalem Ansehen gelangte Cusanus- und Meister Eckhart-Forscher, Begründer und Editor der Cusanus- und Meister Eckhart-Ausgaben der Heidelberger Akademie der Wissenschaften, heute so gut wie vergessen. In einer Rezension vom August 2007 in der *FAZ* zum Abschluss der neuen Meister Eckhart-Ausgabe mit Rückblick auf die lange Editionsgeschichte wird Klibansky nicht einmal mehr erwähnt.[1]

Nun aber ist der Nachlass des am 5. August 2005, kurz vor seinem hundertsten Geburtstag verstorbenen Klibansky 2007 über seine Witwe Ethel Groffier, eine belgische Rechtshistorikerin, von Montreal nach Marbach ins Deutsche Literaturarchiv gelangt. Klibansky ist also ein wenig nach Deutschland "heimgekehrt", und es lohnt sich, ihn neu zu entdecken, insbesondere den Klibansky der Nachkriegsjahre, wobei gerade der Nachlass über seine weltanschauliche

---

[1] Kurt Flasch: Fabeln aus der Teufelssaat. Geniale Denker: Ein Durchbruch in der Meister-Eckhart-Forschung. In: *FAZ* 6.8.2007. S. 35.

Neuorientierung im Exil – seine neu gesetzten Schwerpunkte als Philosoph zur Zeit des Kalten Krieges – mit reichem Material Auskunft gibt.

Zunächst aber möchte ich einen kurzen Abriss seiner Biographie und wissenschaftlichen Laufbahn geben. Klibansky hat in hohem Alter bereits selbst sein Leben erzählt in dem sehr lesenswerten und informativen Buch *Erinnerung an ein Jahrhundert. Gespräche mit George Leroux* (2001), das hier neben dem Marbacher Nachlass als Quelle meines Berichts dient.

Raymond Klibansky wurde am 15. Oktober 1905 in Paris als Sohn des deutsch-jüdischen Weinhändlers Hermann Klibansky und seiner Ehefrau Rose Scheidt geboren. Die streng orthodoxe Familie war väterlicherseits schon im 19. Jahrhundert aus Litauen nach Deutschland eingewandert und hatte sich in Frankfurt a.M. niedergelassen, wohin auch Raymond mit seinen Eltern 1914 bei Ausbruch des Ersten Weltkriegs zurückkehrte. Zweisprachig aufgewachsen, besuchte er in Frankfurt zunächst ein israelitisches Knabenpensionat, das der Bruder seines Vaters, Pinkus Klibansky, leitete, um seine Deutschkenntnisse zu vervollkommnen. Anschließend ging er auf das Frankfurter Goethe-Gymnasium, wo er vor allem in den klassischen Sprachen, Geschichte und in deutscher Literatur eine hervorragende Basis für seine spätere wissenschaftliche Laufbahn erwarb. Klibansky erinnert sich, dass er viele jüdische Mitschüler hatte, er aber der einzige war, der samstags nicht schrieb (also die Sabbath-Gesetze noch streng befolgte).

Vom Frankfurter Goethe-Gymnasium wechselte Klibansky 1920, mit fünfzehn Jahren, auf eigenen Wunsch auf die Odenwaldschule, die von dem evangelischen Theologen und Reformpädagogen Paul Geheeb 1910 in Heppenheim an der Bergstraße gegründet worden war. Die Odenwaldschule wurde für Klibansky zur pädagogischen Provinz schlechthin, der er eine humanistische Erziehung nach klassischem deutschen Bildungsideal verdankte. Plato, Herder, Goethe und Schiller, Lessing und Humboldt waren die Hausgötter (nach ihnen waren auch die Häuser der Zöglinge benannt). Nicht mehr Lesungen aus dem Alten Testament, sondern Zitate aus antiken Texten oder Goetheverse leiteten die Mahlzeiten ein. Der Pindar'sche Satz: "Werde, der Du bist" – die möglichst umfassende Entfaltung der individuellen Anlagen – verband sich hier mit demokratisch geprägten Gemeinschaftsstrukturen. Freilich war die Odenwaldschule für viele junge deutsche Juden, so auch für Klibansky, auch eine Schule der Assimilation, die keinen Raum mehr ließ für die Praxis des gesetzestreuen Judentums.[2] Der junge Klibansky

---

[2] Der Philosoph Ernst Cassirer etwa sollte im Exil "bitter beklagen, dass die Odenwaldschule ihren jüdischen Schülern keinerlei Wissen über ihre Religion und ihre gefährdete Stellung in einer nichtjüdischen Mehrheitsgesellschaft vermittelt habe". Zit. n. Thomas Meyer: *Ernst Cassirer. Hamburger Köpfe*. Hg. ZEIT-Stiftung Ebelin u. Gerd Bucerius. Hamburg: Ellert & Richter 2006. S. 20.

schloss hier jedenfalls Freundschaften fürs Leben. Sowohl die engen Kontakte während seines Studiums in Heidelberg mit Marianne Weber, der Witwe Max Webers, deren Neffen die Odenwaldschule besucht hatten, wie auch mit der Familie des Philosophen Ernst Cassirer in Hamburg wurzeln hier.

Als Klibansky 1922, mit siebzehn Jahren, als Student nach Heidelberg kam, begann er mit dem Studium der klassischen Sprachen, der Philosophie (bei Heinrich Rickert und Karl Jaspers) und der Archäologie. Er wollte, wie er in den *Gesprächen mit George Leroux* erklärte, den Menschen begreifen ("das Problem des Menschen [...], was der Mensch sei"[3]) und dabei mit dem klassischen Zeitalter der Antike beginnen. Dazu gehörte für ihn nicht nur das Studium der alten Sprachen und Texte, sondern auch der Kunstzeugnisse jener Zeit. Er studierte bei dem Archäologen Ludwig Curtius, der den viel versprechenden Jungen von der "Paradiesschule", wie er die Odenwaldschule nannte, gleich in sein Seminar einlud, das auch von solchen Koryphäen wie Karl Jaspers besucht wurde. Klibansky profilierte sich sogleich mit einem Referat über das Kunstverständnis des antiken Reiseschriftstellers Pausanias: "Es ging um die diffizile Interpretation eines griechischen Textes von Pausanias über Kunstwerke, die er auf seinen Reisen gesehen hatte".[4] Jaspers vermittelte ihm auch ein Stipendium für ein Semester in Kiel, wo er den Soziologen Ferdinand Tönnies hörte und ihm assistieren durfte. Wieder zurückgekehrt nach Heidelberg, ging er zum Sommersemester 1926, inzwischen einundzwanzig Jahre alt, nach Hamburg, wo er im Hause Ernst Cassirers wohnte und, wie er berichtet, mit Cassirer häufig Schach spielte.[5]

Das Semester in Hamburg bot die entscheidende Weichenstellung für Klibanskys weitere wissenschaftliche Orientierung. Über Cassirer lernte er auch Aby Warburg persönlich kennen. Dieser war 1924, nach einem Aufenthalt in der berühmten Klinik des Psychiaters Ludwig Binswanger in Kreuzlingen, nach Hamburg zurückgekehrt, wo er die von ihm gegründete Kulturwissenschaftliche Bibliothek Warburg (K.B.W.) noch fünf Jahre bis zu seinem Tod 1929 leitete. Aby Warburg hatte enge Beziehungen zu der erst 1919 gegründeten Hamburger Universität und den dort lehrenden Professoren, insbesondere zu Ernst Cassirer und dem Kunsthistoriker Erwin Panofsky. Der junge Klibansky stieß dort auf einen Kreis deutsch-jüdischer Gelehrter, zu denen auch Warburgs engere Mitarbeiter Fritz Saxl und Gertrud Bing gehörten. Zur jüngeren Generation der Schüler zählte auch Lotte Labowsky, Philosophin aus einem wohlhabenden, jüdischen Hamburger Elternhaus, mit der Klibansky seit dem gemeinsamen Studium in Heidelberg eine enge

---

[3] Raymond Klibansky: *Erinnerung an ein Jahrhundert. Gespräche mit George Leroux*. Aus dem Franz. von Petra Willim. Frankfurt a.M.: Insel 2001. S. 29.
[4] Ebd. S. 31.
[5] Vgl. Ebd. S. 43.

Freundschaft verband, die auch über gemeinsame Arbeitsprojekte bis zu Labowskys Tod 1991 in Oxford andauerte.

Warburg holte Klibansky als Volontär in die berühmte K.B.W., wo er für die Ordnungsbereiche Alte Sprachen, Philosophie und Enzyklopädie zuständig war. Ab 1926 werden seine Aktivitäten in Warburgs Tagebuch häufig vermerkt. Bereits zu jener Zeit begann auch die Zusammenarbeit mit Saxl und Panofsky, die 1923 gemeinsam die Studie *Dürers Melencholia I.* zum Kupferstich mit demselben Titel von 1514 publiziert hatten. Gemeinsam mit Klibansky planten sie nun eine erweiterte Fassung der Studie. Während Panofsky sich auf die Dürer-Zeit konzentriert hatte, sollte Klibansky den Melancholiebegriff in seiner Entwicklung seit der Antike darstellen.

Auch an einem anderen Gemeinschaftswerk der Warburgianer beteiligte sich Klibansky schon als Student. Es handelt sich um das 1926 von Cassirer verfasste und Warburg zum 60. Geburtstag gewidmete Buch *Individuum und Kosmos in der Philosophie der Renaissance* (1927), das sich der Philosophie des Kardinals und Renaissancegelehrten Nikolaus von Kues (Nikolaus Cusanus, 15. Jh.) widmete, der an der Schwelle zur Moderne entscheidende Anstöße in den Wissenschaften gab. Mit diesem Buch antwortete Cassirer gleichsam auf Warburgs kultur- und kunsthistorische Forschungen zum Nachleben der Antike in der italienischen Renaissance, ein Gebiet, das zum Programm der Warburgianer gehörte. Klibansky lieferte einen Beitrag zu *Individuum und Kosmos*, der im Anhang des Buches veröffentlicht wurde, nämlich eine Edition eines lateinischen Textes von Carolus Bovillus, "Liber de Sapiente". Ernst Cassirer dankte ihm dafür mit einem anerkennenden Brief:

> Ich muss Ihnen bei dieser Gelegenheit doch einmal aussprechen, wie dankbar ich Ihnen für die ganz außerordentliche Sorgfalt bin, die Sie an das Buch gewandt haben. Für Sie bedeutet ja diese ganze Arbeit [...] nicht mehr als ein erster Ansatz und Auftakt. Mir selbst aber werden Sie erlauben, sie noch in einem anderen "symbolischen" Sinn zu nehmen und sie aus diesem Sinne heraus als ein Versprechen und als ein schönes Wahrzeichen und Vorzeichen für Ihre künftige wissenschaftliche Gesamtleistung zu begrüßen.[6]

Zurückgekehrt nach Heidelberg, wurde Klibansky sogleich von dem mit Cassirer befreundeten, in Heidelberg lehrenden Philosophen Ernst Hoffmann in das Projekt einer Cusanus-Edition unter den Auspizien der Heidelberger Akademie der Wissenschaften einbezogen. Für Ernst Hoffmann, seinen Doktorvater, wurde Klibansky als wissenschaftlicher Mitarbeiter an

---

[6] Brief von Cassirer an Klibansky vom 16.7.1927. Klibansky-Nachlass im Deutsches Literatur Archiv Marbach. Weitere Quellen aus diesem Nachlass werden im Text in Klammern mit der Kürzel "DLA" in Klammern angegeben.

der historisch-kritischen Ausgabe der lateinischen Schriften des Cusanus bald unentbehrlich. Seine Recherchen im Rahmen des Projekts erforderten nicht zuletzt häufige Bibliotheksreisen, nicht nur ins Cusanusstift nach Bernkastel-Kues, wo sich ein Teil der Bibliothek des Kardinals befand, sondern auch nach Rom in die *Biblioteca Vaticana* und zu weiteren Klosterbibliotheken im In- und Ausland. Klibansky ging es bei seinen Cusanus-Forschungen darum, die große Denkbewegung nachzuvollziehen, die von der Antike, von Plato, dem Neuplatonismus bis hin zu Hegel führte. Cusanus und Meister Eckhart waren Stationen auf diesem Weg und die Quellen der hegelianischen Strömung innerhalb der deutschen Philosophie.

1928/1929 erschienen die ersten *Cusanus-Texte*, herausgegeben von Klibansky und Hoffmann, in den Sitzungsberichten der Heidelberger Akademie der Wissenschaften. Auch mit der Publikation von spektakulären Funden, die er in den Bibliotheken machte, erregte Klibansky bald Aufsehen über Deutschland hinaus, so 1929 mit der Studie *Ein Proklos-Fund und seine Bedeutung*, die noch heute als ein Meilenstein philosophiegeschichtlicher Forschung gewürdigt wird.[7] In einer lateinischen Übersetzung des Proklos-Kommentars zu Platos *Parmenides* hatte Klibansky den bis dahin fehlenden Schluss der griechischen Schrift entdeckt. Mit dieser Studie promovierte er 1929 bei Ernst Hoffmann, wozu ihm Fritz Saxl aus Hamburg mit der Bemerkung gratulierte: "Sehr herzlichen Glückwunsch zu dem Unsinn von Prüfung! Alle Leute, inklusive Cassirer, finden hier den Proklos ausgezeichnet und erstaunlich reif!" (31.5.1929, DLA). Klibanskys Habilitationsschrift galt dann "Bernhard und Thierry von Chartres" und ihrer Rolle im Strom der platonischen Überlieferung des Mittelalters.[8] Seine Privatdozentur feierte er im Dezember 1932 im Hause Marianne Webers mit dem Indologen Heinrich Zimmer und dem Historiker Golo Mann.

Am nächsten aber stand ihm Ende der zwanziger, Anfang der dreißiger Jahre in Heidelberg der Germanist Friedrich Gundolf, ebenfalls jüdischer Abstammung, der schon im Juli 1931 gestorben war. "Gundolf war mein bester Freund", erinnert sich Klibansky: "Seinen Tod empfand ich als Tragödie. Er bezeichnete das Ende meiner Heidelberger Zeit. Ich war

---

[7] Kurt Flasch schreibt: "Dieser Fund gibt uns ein Bindeglied in die Hand, das die spätantike Philosophie mit Cusanus und mit der Dialektik Hegels verbindet". In: Kurt Flasch: Der Hüter des Erbes. Zum 90. Geburtstag von Raymond Klibansky. In: *FAZ* 14.10.1995. S. 31.
[8] Im Gutachten Ernst Hoffmanns vom 16.11.1931 wird Klibanskys Habilitationsschrift als "philosophiegeschichtliche Leistung ersten Ranges" gewürdigt, die "unsere Vorstellungen von dem Maße der Kenntnis griechischer Philosopheme im XII. und XIII. Jahrhundert [...] gründlichst korrigiert". (Personalakte Klibanskys im Universitätsarchiv Heidelberg).

siebenundzwanzig Jahre alt und hatte das Gefühl, dass eine Epoche zu Ende geht. Zu Recht".[9] Klibansky hatte den fünfundzwanzig Jahre älteren Gundolf erst 1928 näher kennen gelernt, nach dessen Zerwürfnis mit Stefan George, und auch zu Gundolfs Frau Elisabeth Salomon unterhielt er eine freundschaftliche Beziehung. Auf gemeinsame geistige Interessen verweist nicht zuletzt die umfangreiche Cäsar-Sammlung Gundolfs. Er hatte ein Buch geschrieben über *Cäsar. Geschichte seines Ruhmes* (1924), das gleichsam exemplarisch einen Gegenstand des "Nachlebens der Antike" erschloss. Durch die Vermittlung Klibanskys gingen Teile der Bibliothek Friedrich Gundolfs mit der Bibliothek Warburg ins englische Exil.[10]

Klibanskys Privatdozentur währte kaum ein Jahr, als er infolge des nationalsozialistischen Gesetzes zur Wiederherstellung des Berufsbeamtentums vom 7. April 1933 aus dem deutschen Staatsdienst entlassen wurde. Er weilte gerade zu Cusanus-Forschungen in Rom, als ihn der berüchtigte Fragebogen erreichte, den er unausgefüllt zurücksandte, zusammen mit einem handschriftlichen Brief, in dem er sich über die angebliche Wissenschaftlichkeit der Ermittlung der rassischen Abstammung mokierte und sich zugleich selbstbewusst zu seiner jüdischen Identität bekannte:

> Mit den Forderungen wissenschaftlichen Denkens, dem Ausdruck zu geben ich als Dozent der Universität Heidelberg verpflichtet bin, scheint es mir nicht vereinbar, die Frage nach der Abstammung auf Grund der Kenntnis der Konfession von nur zwei Generationen klären zu wollen. Ich muß deshalb auf die Feststellung Wert legen, dass meine <u>sämtlichen</u> Vorfahren väterlicherseits und mütterlicherseits, so weit sie sich zurückverfolgen lassen, die jüdische Religion bekannten.[11]

Die Entlassung Klibanskys betraf zunächst nur seinen Lehrauftrag an der Universität, während seine Aktivitäten an der Heidelberger Akademie der Wissenschaften – die Arbeit an der Cusanus-Edition, zu der 1932 noch die Leitung der Meister Eckhart-Edition hinzugekommen war – noch nicht betroffen waren, da die Akademie institutionell von der Universität getrennt und unabhängig blieb. Klibansky erklärte sich gegenüber der Akademie mit dem Status eines freien Mitarbeiters einverstanden, denn Ernst Hoffmann wollte ihn als Hauptmitarbeiter an der Cusanus-Edition nicht verlieren. Ihm wurde jedoch sehr bald die Weiterarbeit unmöglich gemacht, denn nach seiner Rückkehr aus Rom begann für ihn das Spießrutenlaufen in Heidelberg. Der nationalsozia-

---

[9] Klibansky: *Erinnerung an ein Jahrhundert* (wie Anm. 3). S. 64.
[10] Vgl. hierzu: Michael Thimann: Es gibt viele Buchseiten diesseits des Rubikons. Wiederentdeckung der verschollenen Bibliothek: Vor den Nazis gerettet, vor der Zerstreuung bewahrt – die Caesar-Sammlung Friedrich Gundolfs. In: *Süddeutsche Zeitung* 11./12.8.2001. S. 14.
[11] Der Abstammungsfragebogen wie auch der zitierte Brief Klibanskys vom 29.4.1933 befinden sich in Klibanskys Personalakte im Universitätsarchiv Heidelberg.

listische Studentenbund sorgte mit Petitionen bei der Regierung in Karlsruhe dafür, dass er sein Arbeitszimmer – das sog. Cusanus-Zimmer – nicht mehr betreten durfte. Letzte Versuche Hoffmanns, bei der Karlsruher Behörde zu intervenieren, blieben erfolglos und offenbaren zugleich die Demütigungen, denen Klibansky ausgesetzt war, so in einem Brief vom 16. Mai 1933: "Die Tätigkeit des Herrn Dr. K. spielt sich in einem Raume des Seminariengebäudes ab, der von den für die Studenten bestimmten Räumen des Philosophischen Seminars streng getrennt und gesondert zugänglich ist. Seine Tätigkeit bringt ihn auch nicht in Berührung mit Studenten, da keine studentischen Hilfskräfte beschäftigt werden, die er anzuleiten hätte". Ohne Klibansky jedoch sei die Cusanusausgabe auf Jahre in Frage gestellt, denn "ein Handschriftenkenner vom Range Klibanskys [dürfte] kaum zu finden sein".[12]

Klibansky hatte sich aber ohnehin bereits entschieden, Deutschland so schnell wie möglich zu verlassen. Gleich nach dem Judenboykott am 1. April 1933, der auch seine Familie bedrohte, brachte er seine Mutter und die jüngere Schwester Sonja außer Landes, suchte die Hamburger Warburg Bibliothek auf und überzeugte Fritz Saxl davon, die K.W.B. möglichst geschlossen ins Ausland zu verlegen. Saxl erinnert sich an Klibanskys Besuch:

> Voller Entsetzen über das, was er sich an der Universität Heidelberg abspielen sah, deren Lehrkörper er angehörte, war ihm der Gedanke gekommen, ein Forschungszentrum außerhalb von Deutschland aufzubauen, in das die alte deutsche humanistische Tradition hinübergerettet werden sollte. Wir beschlossen, gemeinsam zu handeln.[13]

Ende August 1933 verließ Klibansky Heidelberg, unter Zurücklassung seines gesamten wissenschaftlichen Apparats an seinem Arbeitsplatz. Später erzählte er gern, wie er die deutschen Grenzbeamten überlistet hatte. Er forderte bei der Deutschen Botschaft in Paris einen Diplomatenpass an, wegen der Bücher, die er bei seinen Bibliotheksrecherchen im Ausland mit sich führen müsse, und erhielt diesen auch: "An der holländischen Grenze tat ich sehr von oben herab. Als die Nazis den Vermerk 'diplomatisches Gepäck' sahen, fragten sie mich, ob alles in Ordnung sei. Unbehindert passierte ich die Grenze, mit einigen meiner seltenen Bücher, darunter Gundolfs Geschenke".[14] Fortan war das Cusanus-Zimmer verwaist, wie der im Sommer 1933 noch in Heidelberg weilende Heinrich Zimmer in einem Gruß an Klibansky nach England bestätigte:

---

[12] Die zitierte Korrespondenz von Ernst Hoffmann und anderen Vertretern der Heidelberger Akademie der Wissenschaften mit dem Ministerium in Karlsruhe befindet sich in der Personalakte Klibanskys im Universitätsarchiv Heidelberg.
[13] Fritz Saxl: Die Geschichte der Bibliothek Aby Warburgs (1896–1944). In: Aby Warburg: *Ausgewählte Schriften und Würdigungen*. Hg. von Dieter Wuttke. Baden-Baden: Valentin Körner 1979. S. 335–346. Hier: S. 345.
[14] Raymond Klibansky: *Erinnerung an ein Jahrhundert* (wie Anm. 3). S. 102.

"Gestern führte mich mein Weg ins Seminarienhaus und ich stieg noch einmal die Treppe hinauf zum Cusanus-Zimmer, aber es klang hohl und leer, war wie ein hortus conclusus, ein fons sigillatus" (o.D., DLA).

Tatsächlich aber konnte Klibansky die Arbeit an der Cusanus- wie auch der Meister Eckhart-Edition von England aus noch eine Zeitlang fortsetzen, da beide Ausgaben bei einem mutigen deutschen Verleger, beim Leipziger Verlag Felix Meiner, herauskamen. Erst 1935/1936 nach Erlass der Nürnberger Gesetze – bis dahin waren die ersten Bände bereits erschienen – musste Meiner die Zusammenarbeit mit Klibansky abbrechen, da er mit Konzentrationslager bedroht wurde.[15] Insbesondere die Geschichte der Meister Eckhart-Ausgabe ist ein Roman für sich. Nur soviel dazu: Die von einer nationalsozialistischen Meister Eckhart-Forschung 1933 eingefädelte Konkurrenzausgabe der Werke des Mystikers, unter der Leitung des protestantischen Berliner Theologen Erich Seeberg und der Deutschen Forschungsgemeinschaft, verlegt beim Stuttgarter Kohlhammer-Verlag, konnte Klibanskys Editionsprojekt gar nicht so einfach stoppen, wie man sich das wünschte, denn Klibansky hatte, nach der Trennung von der Heidelberger Akademie der Wissenschaften, sein Meister Eckhart-Editionsprojekt mit dem römischen Dominikanerorden verbunden, der auch Eckhart-Forschung betrieb. So gab es einen jahrelangen Streit um die beiden Meister Eckhart-Ausgaben, der auch in der Presse viel Widerhall fand. In der Hauptsache wurde Klibansky von der Nazipresse als *jüdischer* Wissenschaftler angegriffen, der den so *deutschen* Meister Eckhart, in Alfred Rosenbergs *Mythus des 20. Jahrhunderts* (1930) als Vorfahr der nationalsozialistischen Ideologie gefeiert, nicht wirklich verstehen könne, nur *deutschen* Forschern sei das möglich. Diese Argumentation wurde damals häufig gebraucht, um Juden aus dem deutschen Kulturschaffen hinauszudrängen.[16]

Bis zum Kriegsausbruch konnte Klibansky, beschäftigt an englischen Universitäten wie auch am nach London verlegten *Warburg Institute*, seine Arbeit an mehrbändigen Editionsprojekten fortsetzen, wobei sich seit 1937, nach

---

[15] In einem Interview 1989 erklärte Klibansky: "Notre éditeur allemand, M. Meiner, a été très courageux, mais on l'a menacé du camp de concentration s'il continuait. Dès lors, notre édition était vouée à l'échec" (Unser deutscher Herausgeber, M. Meiner, war sehr mutig, doch man bedrohte ihn mit dem Konzentrationslager, sollte er weiter machen. Von da an war unsere Edition zum Scheitern verurteilt). Aus: Raymond Klibansky, philosophe et historien. Entretien avec Yves Hersant et Alain de Libera. In: *Préfaces. Les idées et les sciences dans la bibliographie de la France* 13 (Mai/Juni). S. 132–142. Hier: S. 140. Sämtliche Übersetzungen wurden von der Autorin dieses Beitrags vorgenommen.
[16] Vgl. hierzu Regina Weber: Raymond Klibansky (1905–2005), ein Beitrag, der in *Deutschsprachige Exilliteratur seit 1933* (Hg. von John M. Spalek et al.) beim Münchener Saur Verlag erscheinen soll.

dem Abbruch der Cusanus- und Meister Eckhart-Editionen, der Schwerpunkt auf ein neues Unternehmen verlagerte: Klibansky hatte beschlossen, das platonische Schrifttum des arabischen wie des lateinischen Mittelalters in einer Reihe mit dem Titel *Corpus Platonicum Medii Aevi* gesammelt zu edieren. In der 1939 erschienenen Programmschrift "The Continuity of the Platonic Tradition during the Middle-Ages" entwarf er den Plan des groß angelegten Editionsunternehmens, das die Vielfalt antiker, arabischer und jüdischer Traditionen sichtbar machen und die Verbindungslinien zur Antike wie auch zur Neuzeit aufzeigen sollte. Mit Lotte Labowski als seiner Mitarbeiterin und unter den Auspizien des *Warburg Institute*, finanziell unterstützt von der *British Academy*, konnte noch 1940 der erste Band dieser Reihe, *Plato Latinus I. Meno*, erscheinen.

In den Kriegsjahren 1941 bis 1945 war Klibansky, seit 1938 englischer Staatsbürger, in London als *Chief Intelligence Officer* für den Britischen Geheimdienst tätig und hatte die Aufgabe, in den deutschen und italienischen Medien die feindliche Propaganda und die Stimmung in der Bevölkerung zu beobachten. Doch schon früher, 1933 gleich nach seiner Ankunft in England, lässt sich von Klibanksys Neuorientierung im Exil sprechen, denn der Kampf gegen den Nationalsozialismus gewann alsbald Priorität gegenüber der wissenschaftlichen Arbeit, wie er rückblickend in einem Interview erklärte: "Meine Mission – die viel wichtiger war, als englischer Dozent zu werden – war es, zu warnen, denn ich wusste seit 1933, dass der Krieg kommen würde".[17] Seine Tätigkeit beim *Political Intelligence Department* während des Krieges bot ihm dann "exakte Parallelen" zur Aufgabe des Historikers: "Aufgrund der Interpretation von Dokumenten im weitesten Sinn" suchte man auch hier historische Ereignisse zu deuten. Als Dokumente galten jetzt Propaganda, Zeitungsmeldungen, Aussagen von Diplomaten und Kriegsgefangenen.[18]

Der Kampf gegen den Faschismus auf Seiten der westlichen Siegermächte sollte aber auch nach der Rückkehr ins Universitätsleben seine geisteswissenschaftlichen Aktivitäten bestimmen. Zwar lebte und lehrte Klibansky seit 1946 in Montreal an der McGill University (seit 1954 als kanadischer Staatsbürger), doch war er in den langen Nachkriegsjahren zugleich stets in Europa präsent, insbesondere in Frankreich und England, wo er nach wie vor mit dem *Warburg Institute* durch vielfältige Arbeitsprojekte eng verbunden war und 1946 bis 1947 als *Director of Studies* amtierte. Sein strategischer Ausgangspunkt für den Kampf für die westlichen Werte von Demokratie, Freiheit und Menschenrechten aber wurde das *Institut International de*

---

[17] Interview mit Monika Gomille vom 17. Mai 1994. Manuskript in Klibansky-Nachlass (DLA). S. 10.
[18] Ebd. S. 13.

Philosophie in Paris, in dem er ein halbes Jahrhundert lang – von 1953 bis zu seinem Tod 2005 – eine führende Stellung einnahm.

Das Institut in Paris mit seinem internationalen akademischen Netzwerk bot Klibansky das ideale Forum für eine "Philosophie des Dialogs", zu der er sich wiederholt bekannte[19] und die er nun, zur Zeit des Kalten Krieges, vor allem in den Dienst der internationalen Verständigung stellte. Klibanskys letzte Publikation, veröffentlicht in Frankreich 2005 im Jahr seines Todes, war der Geschichte des Pariser Instituts gewidmet und erschien unter dem Titel *Idées sans frontières* – Ideen, Geist ohne Grenzen. Er selbst aber hatte den Titel "Une république de philosophes" vorgeschlagen,[20] da er das Institut in der Tradition der platonischen Akademie der Antike, der Florentiner Akademie der Renaissance sah. Er verstand es als Gelehrtenrepublik im besten Sinne. Diese Idee eines geistigen Gemeinwesens deckt sich zudem mit dem von Klibansky favorisierten Lebensmodell; sie spiegelt sich gleichsam in seiner Biographie in einer Reihe von Stationen, die eine geistige Kontinuität markieren. Von der Odenwaldschule, von der er stets als "seiner" Schule sprach, lassen sich die Spuren zum Warburg Institute verfolgen, das er als eine Heimstatt der freien Forschung aus dem nationalsozialistischen Deutschland nach England hinüberzuretten suchte. Im englischen Exil 1933 war es der *Academic Assistance Council*, die von Lord William Beveridge, dem *Master* des *University College* in Oxford gegründete Hilfsorganisation für aus Deutschland geflohene Gelehrte, die auch Klibansky erste Aufnahme und ein akademisches Netzwerk bot. Seine führende Rolle am *Institut International de Philosophie* in Paris sollte es ihm dann seinerseits ermöglichen, in der Zeit des Kalten Krieges zur Anlaufstelle für verfolgte Philosophen aus Osteuropa zu werden, sei es, dass er sie zu Mitgliedern des Instituts machte oder dessen Publikationsreihen für sie öffnete.

Seit 1953 war Klibansky Mitglied des schon 1937, anlässlich des internationalen Descartes-Kongresses in Paris gegründeten philosophischen Instituts, das aber in der frühen Nachkriegszeit, nicht zuletzt durch Klibanskys

---

[19] Vgl. Raymond Klibansky: *Idées sans frontières. Histoire et structures de l'institut international de philosophie*. Unter Mitarbeit von d'Ethel Groffier. Paris: Les Belles Lettres 2005. S.62. Dort schrieb er: "Il y a aussi ceux, nombreux, dont les activités tendent vers le dialogue et je me place résolument dans cette catégorie" (Es gibt außerdem jene zahlreichen [philosophischen Gelehrten], deren Aktivitäten zum philosophischen Dialog tendieren, und ich zähle mich entschieden zu jener Kategorie).

[20] Ein vierseitiger, undatierter maschinell schriftlicher Entwurf dieses Buches enthält die Überschrift "Titre proposé: Une république de philosophes: L'Institut International de Philosophie" (DLA).

Engagement, eine Neuorientierung erfuhr.[21] Er übernahm die Leitung der bibliographischen Kommission des Instituts, das bibliographische Zentren in mehr als fünfzig Ländern zur Erfassung philosophischer Publikationen unterhalten sollte, und führte auch die Publikationsreihen des Instituts weiter: die *Chroniques*, die die zeitgenössische philosophische Produktion in Überblicken nach Ländern und Schulen vorstellten. Damit war zum einen eine aufwendige Korrespondenz verbunden. "I am delighted that, after the extensive correspondence which I had on this subject, the Indian Center has now been constituted", lässt Klibansky im Mai 1955 den Sekretär des Pariser Instituts, H. Duméry, wissen (DLA). Zum anderen bedeuteten diese Aktivitäten für den Philosophiehistoriker und Spezialisten mittelalterlicher und frühneuzeitlicher Philosophie eine entschiedene Hinwendung zur zeitgenössischen philosophischen Szene, zur Auseinandersetzung mit den philosophischen Strömungen des 20. Jahrhunderts. In einem undatierten Schreiben zu den *Chroniques* erklärt er: "The Chroniques are considered to be the only publication of its kind which aims at a comprehensive view of the philosophical production of the whole world, and which tries to do justice to all philosophical schools and national traditions" (DLA). In einer Rezension in der Zeitschrift *Universitas* werden die *Chroniques* als "ein beispiellos umfassender Überblick über die gegenwärtige Philosophie" gerühmt.[22]

Das vom französischen Staat und der UNESCO finanziell unterstützte Institut diente im Zeichen der westlichen Bündnispolitik nicht zuletzt der Stabilisierung der westlichen Wertegemeinschaft. Klibansky erhielt mehrfach NATO-Fellowships, die ihm über Gastprofessuren in Europa – z.B. 1957 in Löwen (Belgien), 1961 in Rom – auch längere Aufenthalte am Institut in Paris ermöglichten. Dabei war das Verhältnis zu Deutschland in den fünfziger Jahren durchaus noch problematisch und stand im Zeichen der Entnazifizierungs- und Demokratisierungsmaßnahmen der westlichen Siegermächte. Auch Klibanskys Haltung gegenüber den deutschen Philosophen war deutlich von den *Reeducation*-Maßnahmen bestimmt, die der Umerziehung der Deutschen nach westlichem Vorbild galten. Für die Zuwahl deutscher Mitglieder war für Klibansky das Verhalten

---

[21] Nach dem Zweiten Weltkrieg erhielt das Institut einen neuen Namen. Der ursprüngliche Name *Institut international de collaboration philosophique* war nach der französischen Erfahrung der Kollaboration mit den Nationalsozialisten belastet. Der schwedische Philosoph und Mitbegründer des Instituts Ake Petzäll nimmt 1955 dazu Stellung: "En 1939, la famille philosophique fut dispersée aux quatre vents. La guerre nous a pris beaucoup – même le goût de nous servir du mot, en soi pourtant si beau, de 'collaboration'" (1939 wurde die Philosophen-Familie in alle vier Winde zerstreut. Der Krieg hat uns viel genommen – sogar die Lust, uns des an sich so schönen Wortes 'Kollaboration' zu bedienen). Klibansky: *Idées sans frontières* (wie Anm. 19). S. 240.
[22] Otto Spear: Rez. v. Raymond Klibansky: *Contemporary Philosophy* Vol. III (1969). In: *Universitas. Zeitschrift für Wissenschaft, Kunst und Literatur* 10 (1970). S. 1102.

der Philosophen im Dritten Reich ausschlaggebend. "Germany, here one must be particularly careful", so warnte er am 25. Juni 1953 in einem Rundschreiben des Instituts: "I should be opposed to Gadamer, whose work does not justify his candidature; nor has he done much for international cooperation. He is a follower of Heidegger. If he were elected, his master would have to be elected, too" (DLA). Das Versagen der deutschen Philosophen unter der Hitler-Diktatur, wie Klibansky es an der Universität Heidelberg miterlebt hatte, blieb für ihn immer unentschuldbar; er verstand es als Verrat an der Philosophie selbst. Unter den deutschen Philosophen der älteren Generation, so Klibansky im selben Rundschreiben, sei der einzige Philosoph, der nicht mit den Nazis paktiert habe, Theodor Litt gewesen, jetzt in Bonn: "His work is of good quality and he should be the first German to be chosen. I think this honour is due to him" (DLA). Litt wurde 1953 Mitglied des Instituts, Hans-Georg Gadamer erst 1966.

Dass der deutsche Anteil an der Arbeit des Instituts eher gering war, lag jedoch auch am Zwang zur Fremdsprachigkeit. Deutsch als internationale Wissenschaftssprache war nach dem Zweiten Weltkrieg nicht gefragt;[23] alle Beiträge mussten zuvor ins Englische oder Französische übersetzt werden. Der Marburger Philosoph Julius Ebbinghaus, allerdings schon seit 1937 Mitglied des Instituts, meldete sich am 29. Mai 1967 bei Klibansky mit folgender Entschuldigung vom Kongress in Liège (Lüttich) ab:

> Dass aber die Tage unserer Institutssitzungen alles andere als Erholungstage sind, wissen Sie selber. Anhören von Referaten, Teilnehmen an Diskussionen, Kommissionssitzungen, assemblé générale usw., alles unter dem dauernden Zwang des Hörens und Gebrauchens fremder Sprachen und des Ausschlusses der eigenen, – das bündelt sich zu einer ganz schönen Beanspruchung zusammen, und ich hoffe von Herzen, dass wenn Sie und die anderen Freunde dies alles überlegen, Sie selber sagen werden, lassen wir diesmal "dem Alten" seine Ruhe. (DLA)

Auch die erste von Klibansky edierte Reihe der *Chroniques* – die 1959 erschienenen vier Bände mit philosophischen Überblicksdarstellungen zur zeitgenössischen Philosophie – stand noch im Zeichen der fehlenden Gleichberechtigung Deutschlands, wobei es zu einer kritischen Besprechung aus der Feder des deutschen Philosophen Helmut Kuhn kam. Von internationaler Ausgewogenheit könne keine Rede sein, schrieb er. Zwei Großproduzenten würden in Erscheinung treten: Frankreich und die englischsprachigen Länder. Von 77 Berichten seien nur zwei von Deutschen verfasst und auch, wo über Entwicklungen in Deutschland etwas zu sagen wäre, sei der Bericht darüber

---

[23] Auf die Ablehnung des Deutschen gleich nach Kriegsende weist Klibansky auch im Rahmen der komplizierten Publikationsgeschichte von *Saturn und Melancholie* hin: "Wir hatten nur noch ein Exemplar der Druckfahnen. Aber das in Deutsch erscheinen zu lassen? Niemand würde es lesen – daran denkt man gar nicht; man muß es ins Englische übersetzen". Interview mit M. Gomille (wie Anm. 17). S.12.

Nicht-Deutschen anvertraut worden. Kuhn meint, in diesem Unternehmen "den leisen Hauch der abziehenden Pastoralisierungspolitik" zu spüren. Der Westen "in seinem Abwehrkampf gegen den Osten" sei in Gefahr, "sich dem Gegner durch Politisierung seiner Kulturbemühungen anzugleichen".[24] Zehn Jahre später, 1969 bei Erscheinen der nächsten Reihe der *Chroniques*, vermeldet derselbe Rezensent eine leichte Kurskorrektur: "Es erscheinen, eine Neuigkeit, deutsche Beiträge, die Länder östlich des Eisernen Vorhangs sind zahlreicher vertreten".[25]

Tatsächlich aber rückt für Klibansky sehr bald das auf Internationalität zielende Programm des Instituts in den Vordergrund, das sich, wie er schon am 28. April 1954 in einem Brief an Jean-D'Ormesson, den Sekretär des *Conseil International de la Philosophie et des Sciences Humaines* erklärt, nicht auf Westeuropa beschränken könne: "Since it claims to be international, it must not be confined to the 'Big Three' Western powers, with a sprinkling of Germans and Italians" (DLA). Dass Klibansky in der Nachkriegszeit einen wesentlichen Beitrag zur Internationalisierung der Philosophie leistete – was schon die weltweite Ausrichtung der philosophischen Publikationsreihen zeigte – betont auch der Ernst Cassirer-Biograph Thomas Meyer. Anders als Cassirer habe Klibansky niemals systematisch gearbeitet, sondern seine wissenschaftlichen Verdienste "durch Editionen und mit der 'Internationalisierung' der Philosophie erworben".[26] Die philosophischen Überblicke der *Chroniques* erfassten, jenseits der Grenzen der westlichen Welt, auch die philosophische Produktion in fernen Ländern – so Bd. IV *La philosophie contemporaine* (1959) mit dem Inhalt "La philosophie en Europe orientale, en Asie et en Amérique latine". In Indien, Japan, Mexiko und Afrika fanden auch die philosophischen Weltkongresse statt.

Neben der Weiterführung der *Chroniques* initiierte Klibansky ab 1957 auch selbst eine Publikationsreihe unter dem Namen *Philosophy and World Community*, die seinen Einsatz für die internationale Verständigung deutlich macht. Wichtige philosophische Texte aus aller Welt – von den in Stein gehauenen *Edicts of Asoka* (1959) aus dem dritten vorchristlichen Jahrhundert bis zu Cusanus' Schrift *De pace fidei* (1956) und John Lockes *Epistola de Tolerantia* (1968) – sollten in mehrsprachigen, preisgünstigen Ausgaben möglichst vielen Studierenden aller Länder zugänglich sein und weltweit den

---

[24] Helmut Kuhn: Rez. v. Raymond Klibansky: *La philosophie au milieu du vingtième siècle. Chroniques*, Vol. I-IV. In: *Philosophische Rundschau. Eine Vierteljahresschrift für philosophische Kritik* 8 H. 2/3 (1960). S. 216–217.
[25] Helmut Kuhn: Rez. v. Raymond Klibansky: *La philosophie contemporaine. Chroniques.* Vol. I-II. In: *Philosophische Rundschau. Eine Vierteljahresschrift für philosophische Kritik* 16 H. 3/4 (1969). S. 311.
[26] Meyer: Ernst Cassirer (wie Anm. 2). S. 125.

Geist der Toleranz befördern. In einem Brief vom 6. Oktober 1954 schreibt Klibansky an den indischen Vizepräsidenten und Philosophen Sarwapalli Radhakrishnan:

> As a result of my analysis of the situation in the universities and schools of various countries of Europe and America, I proposed that we should select those texts among the writings of the nations of the world, in which the idea of toleration has found its clearest expression. With the help of UNESCO, these texts are to be made widely accessible in translations. We are addressing ourselves to the philosophers of each country, asking them to name those texts in their own tradition which embody this idea. (DLA)

Mit dieser Publikationsreihe verfolgte Klibansky insbesondere das Ziel, der Dominanz *einer* exklusiven nationalen Tradition zu entgehen, "[...] d'éviter le danger des excès d'une tradition nationale exclusive surtout dans le domaine de la philosophie politique" ([...] der Gefahr des Übermaßes einer exklusiven nationalen Tradition zu entgehen, vor allem auf dem Gebiet der politischen Philosophie)[27] – eine Lehre, die er den Totalitarismen des 20. Jahrhunderts (und auch der Dominanz einer "allein selig machenden" christlichen Kirche) entgegenzustellen suchte.

Insbesondere die Cusanus-Schrift *De pace fidei* (Über den Frieden unter den Religionen), die der Kardinal 1453 unter dem Eindruck des Falls von Konstantinopel und der Bedrohung der westlichen Christenheit durch den Islam verfasste, nimmt mit der Maxime *Una veritas in variis signis varie resplendet* (Eine Wahrheit, die in verschiedenen Gestalten verschieden in Erscheinung tritt)[28] – mit der Botschaft religiöser Toleranz also – für den deutsch-jüdischen Philosophen, den von den Nationalsozialisten ins Exil getriebenen Raymond Klibansky, zeitlebens eine zentrale Stelle in seinem philosophischen Denken ein. Am 5. Februar 1934 teilte er Ernst Hoffmann aus dem englischen Exil beglückt seine Entdeckung mit, dass der deutsche Aufklärer Gotthold Ephraim Lessing dieses Werk des Cusanus kannte und übersetzen lassen wollte:

> Seit gestern habe ich die Dokumente, die die – ideengeschichtlich ja klar zu Tage liegende – Verbindung Lessings und seines Kreises mit Cusanus im Einzelnen philologisch exakt beweisen. Es zeigt sich z.B., dass Nathan und De pace fidei nicht nur so zusammen hängen wie Anfang und Ende einer ununterbrochenen geistigen Filiation, nicht nur wie zwei Werke, die durch das Medium eines Dritten (Bodin) in

---

[27] Klibansky: *Idées sans frontières* (wie Anm. 19). S. 49.
[28] Zur Maxime des Cusanus bekannte sich Klibansky schon 1936 im Vorwort zu der von ihm edierten Ernst Cassirer-Festschrift: *Philosophy and history. Essays in honour of Ernst Cassirer*. Oxford: Clarendon 1936. S. VII-VIII. Hier: S. VII: "The maxim proclaimed by Nicholas of Cusa in his struggle against the fanatical imposition of uniformity: *Una veritas in variis signis varie resplendet*".

Verbindung stehen: ganz unvermittelt ist das eine Werk Pate des anderen. – Lessing als Anreger einer Cusanus-<u>Übersetzung</u>, – dies Faktum hat etwas derart Beglückendes und Bestätigendes, dass ich kaum begreife, wieso diese Zusammenhänge mir jetzt erst deutlich geworden sind. (DLA)

Lessings dramatisches Gedicht *Nathan der Weise* (1779) verkündet ja eben diese Botschaft der religiösen Toleranz. Die von Klibansky erstmals 1956 in England publizierte Edition von *De pace fidei* wurde dann 1959 auch in Bd. VII *Opera Omnia* der nach dem Krieg weitergeführten Cusanus-Ausgabe der Heidelberger Akademie der Wissenschaften übernommen. Klibanskys Verdienst um diese Schrift würdigte noch 1998 der Philosophiehistoriker Kurt Flasch in seiner Nikolaus von Kues-Monographie: "Ihre Stellung in der Vorgeschichte der Toleranzidee und ihre Nachwirkung ist insbesondere durch Raymond Klibansky erforscht und dargestellt worden".[29]

Die Schriftenreihe *Philosophy and World Community* stimmte nicht zuletzt mit dem kulturpolitischen Programm der UNESCO in den Nachkriegsjahren überein, wie die mit Klibansky seit den Heidelberger Studienzeiten befreundete Philosophin Jeanne Hersch, damals *Directeur Division de Philosophie*, ihn am 20. März 1968 wissen ließ: "Je connais et j'apprécie grandement les publications faites dans le cadre de ce projet, et il s'agit évidemment d'activités qui se rattachent au programme et aux fins essentielles de l'UNESCO" (DLA) (Ich kenne und schätze die Publikationen, die im Rahmen dieses Projekts gemacht wurden, sehr, und es handelt sich hier deutlich um Aktivitäten, die dem Programm und den Hauptzielen der UNESCO verpflichtet sind). Klibanskys handschriftlich verfasster deutscher Einführungstext "Zur Schriftenreihe" (1957), der sich in seinem Nachlass befindet, macht sein politisches Engagement gegen religiösen Fanatismus, für einen Dialog der Religionen und Weltanschauungen auf Augenhöhe deutlich:

> Jede echte Gemeinschaft, sei es von Individuen, sei es von Völkern, setzt die Bereitschaft voraus, die Meinung des Andern zu achten, und den Willen, sie zu verstehen. Im Schrifttum verschiedener Nationen des Ostens und Westens hat diese Erkenntnis im Kampf gegen Unduldsamkeit und Vorurteil Ausdruck gefunden. Doch sind von den Werken [...] manche der bedeutendsten außerhalb des Ursprungslandes kaum bekannt. Die unter den Auspizien des Institut International de Philosophie erscheinende Schriftenreihe "La Philosophie et la Communauté Mondiale" soll diese Werke zugleich in der Sprache des Originals und in Übersetzung zugänglich machen. Indem sie das Verstehen fördert, will sie der Verständigung einen festen Grund schaffen. (DLA)

---

[29] Kurt Flasch: *Nikolaus von Kues. Geschichte einer Entwicklung. Vorlesungen zur Einführung in seine Philosophie.* Frankfurt a.M.: Klostermann 1998. S.374. Flasch bezieht sich insbesondere auf Klibanskys Einleitung zu *De pace fidei* in der Ausgabe von 1959.

Einem anderen jahrelang betriebenen wissenschaftlichen Projekt des Pariser Instituts unter der Leitung Klibanskys war weniger Erfolg beschieden. Schon im Januar 1950 hatte Klibansky beim amerikanischen Philosophenkongress in Mexico City den Projektentwurf eines politischen Wörterbuchs – eines *International Dictionary of the Basic Terms of Philosophy and Political Thought* – vorgestellt, das in den fünf westlichen Hauptsprachen wichtige Begriffe der westlichen Zivilisation wie "Freiheit", "Recht" und "Demokratie" in ihrem jeweiligen nationalen und historischen Kontext erläutern sollte. In einem Nachlasstext mit dem Titel des Wörterbuchprojekts erklärte er:

> The project has been discussed with philosophers and political scientists in Canada and the United States as well as in various European countries [...]. The project demands the help of an international organization such as UNESCO whose very function it is to serve the cause of international understanding. (DLA)

Das von der UNESCO mitgetragene Großprojekt, das diesen Grundwortschatz politischer Begriffe durchaus im Blick auf die ideologischen Debatten des Kalten Krieges erfassen sollte ("[...] on the basic concepts of the ideological controversies [...]"[30]), musste allerdings 1957 wegen fehlender finanzieller Mittel und auch wegen des Mangels an Mitarbeitern abgebrochen werden.[31]

Im Zeichen einer Philosophie des Dialogs standen aber insbesondere die philosophischen Weltkongresse des Instituts – *les "entretiens"* –, die nicht zuletzt das Auf und Ab des Kalten Krieges wiedergeben. 1957, nach dem Ende der Stalin-Ära während der Tauwetterperiode in Polen, fand der Kongress in Warschau statt und verlief, zum Erstaunen aller in Ost und West, durchaus harmonisch, wie auch die Kommentare in den kanadischen Zeitungen bezeugen. Der *Montréal Star* berichtete im Juli 1957: "While there had been ideological differences between East and West, there had been no unpleasant upsets. No man called another knave or fool, Klibansky explained".[32]

Anfang September 1968, kurz nach dem Einmarsch der Sowjetischen Truppen in Prag und dem Ende des Prager Frühlings, tagte der Philosophenkongress unter der Präsidentschaft Klibanskys in Wien. Polnische, tschechische und russische Philosophen lieferten sich hier Wortschlachten über den Marxismus-Leninismus und seine historisch-reale Umsetzung bzw. über das Auseinanderdriften von Theorie und Praxis. Diesmal kam es, mit dem demonstrativen Auszug der russischen Delegation aus dem Konferenzgebäude, zum Eklat, wie die *Wiener Zeitung* berichtete. Es gebe, nach dem

---

[30] Zit. aus einem Brief der UNESCO an Klibansky vom 22. Dez. 1950 (DLA).
[31] Der Marbacher Nachlass enthält ein umfangreiches Konvolut zum Projekt des "Dictionnaire International".
[32] Vgl. hierzu die Kopie des Artikels im Klibansky-Nachlass (DLA).

Ende der Stalin-Ära, nicht mehr "den" Marxismus, sondern nur noch "Marxismen", so bilanzierte Klibansky die Diskussion.[33] Im Namen des Instituts richtete er einen Appell an die Öffentlichkeit, in dem er betonte, "dass die Freiheit des Denkens und der Rede die unabdingbare Voraussetzung der Selbstbesinnung des Menschen ist, die in der Philosophie ihren begrifflichen Ausdruck findet", und rief zur Hilfe verfolgter Wissenschaftler aus dem Ostblock auf (DLA).[34] André Mercier und den Klagen eines Schweizer Hilfskomitees über den spärlichen Erfolg der Bemühungen begegnete er gelassen in einem Brief vom 30. Dezember 1968: "I am sorry to hear that your initiative [...] has not yet had the result which you expected. Yes, I know how difficult it is to give effective help to the many Czech and Polish scholars and students who urgently require it. But we are in duty bound to do our utmost" (DLA). Schon einmal, dreißig Jahre zuvor unter der Hitler-Diktatur, hatte Klibansky im Oktober 1938, kurz nach dem Münchner Abkommen, eine Solidaritätserklärung an die bedrängte Prager Professorenschaft gesandt, eine lateinisch verfasste Kundgebung, die von zahlreichen Gelehrten der Universität Oxford unterschrieben worden war[35] und sich unschwer als Gegenstück zur nationalsozialistischen "Erklärung von 300 deutschen Universitäts- und Hochschullehrern"[36] zur Begrüßung Adolf Hitlers lesen lässt.

Als das Pariser Institut zur Zeit des Kalten Krieges seine Publikationsreihen auch für verfolgte Wissenschaftler des Ostblocks öffnete, sollte damit nicht

---

[33] Unter der Überschrift "Bisher größter Philosophenkongreß beendet. 3000 Teilnehmer aus 65 Ländern – Ereignisse in der CSSR blieben nicht ohne Auswirkungen" berichtete die *Wiener Zeitung* vom 10.9.1968 Folgendes: "Prof. Klibansky hatte festgestellt, daß es heute überhaupt keinen einheitlichen Marxismus, sondern nur mehr verschiedene marxistische Interpretationen gebe. Vor unseren Augen haben wir gesehen, wie eine vom Marxismus beherrschte Macht sich anmaßte, ihre Interpretation mit Gewalt in einem anderen marxistischen Land durchzusetzen, sagte er. Wie lasse sich eine solche Gewaltanwendung rechtfertigen?". Vgl. hierzu die Kopie des Artikels im Klibansky-Nachlass (DLA).
[34] Klibanskys Appell befindet sich in deutscher und englischer Fassung im Nachlass (DLA). An Jeanne Hersch schreibt Klibansky am 29.9.1968: "Quant à l'article du reporter du Sunday Times, il montre que la résolution de l'I.I.P. a été remarquée même par les anglais" (DLA) (Was den Artikel des Reporters in der *Sunday Times* betrifft, so zeigt er, dass selbst die Engländer von der Resolution des I.I.P. Kenntnis genommen haben).
[35] Die Kopie im Nachlass enthält den Vermerk Klibanskys: "It was signed by a great number of senior members of Oxford University and sent to Karlova Universita (Charles University) in Prague, mid-October 1938" (DLA).
[36] Eine Kopie der "Erklärung" befindet sich im Nachlass mit dem Vermerk: "(From: Völkischer Beobachter, 4 March 1933)" (DLA).

zuletzt der Dialog mit den marxistischen Philosophen befördert werden.[37] So bat Klibansky am 14. März 1974 den tschechischen Philosophen und Edmund Husserl-Schüler Jan Patocka, der in der Tschechoslowakei Schreibverbot hatte, um einen Beitrag über Amos Comenius für die Reihe *Philosophy and World Community*: "Nous espérons, que vous avez toutes les conditions requises pour avancer vos travaux. [...] Aucun savant de nos jours n'a la même compétence que vous pour éditer et interpréter Comenius" (DLA) (Wir hoffen, dass Sie die nötigen Bedingungen haben, Ihre Arbeit fortsetzen zu können. [...] Kein Wissenschaftler unserer Tage verfügt über Ihre Kompetenz, den Comenius zu edieren und zu interpretieren). Stets blieb es für ihn schmerzlich, dass dem an der *Charta 77* beteiligten, nach Polizeiverhören im März 1977 verstorbenen tschechischen Philosophen keine rettende Hilfe hatte zuteil werden können.

Erfolgreich dagegen verlief die Hilfsaktion für den polnischen Philosophen Leszek Kolakowski, Vertreter eines marxistischen "Revisionismus", dem wegen seiner Unterstützung und Teilnahme an den Studentendemonstrationen im März 1968 der Warschauer Lehrstuhl entzogen worden war. Als er im Dezember 1968 nach neun Monaten unter strenger Polizeiaufsicht Polen verlassen konnte, führte ihn sein Weg zuerst nach Montreal, an die McGill University, wo Klibansky ihn willkommen hieß.[38] (Man ist ein wenig an Alexander Solschenizyns viel beachtete Ankunft im Westen 1973 erinnert, an seine Begrüßung durch Heinrich Böll in Deutschland.) Schon 1965 hatte Klibansky Kolakowski auf eine Gastprofessur nach Montreal einladen wollen, was jedoch an den damals noch unzureichenden Englischkenntnissen Kolakowskis scheiterte. In Klibanskys in seinem Nachlass enthaltenen Empfehlungsschreiben an die McGill University vom Juni 1965 heißt es:

> In criticizing the official communist interpretations of Marxism and in developing his own ideas, Kolakowski has shown singular courage. Repeatedly reprimanded by his government, he has not retracted any of his stated convictions. [...] Dr. Kolakowski would, better than anyone else, be able to shed light on some of the most interesting and important interpretations of Marx's thought and the development of Marxist doctrine. (DLA)

Mit der Empfehlung des Marxismusexperten kam Klibansky nicht nur dem Programm westlicher Bündnispolitik nach, die Marxismus-Leninismus-Forschung

---

[37] Raymond Klibansky: *Idées sans frontières* (wie Anm. 19). S. 79: "Toujours dans le but de favoriser le dialogue, nos pages avaient été ouvertes largement aux philosophes d'obédience marxiste ou qui représentent des pays marxistes" (Stets mit der Absicht, den [philosophischen] Dialog zu befördern, hielten wir unsere Publikationsreihen weit geöffnet für Philosophen marxistischer Provenienz oder Repräsentanten kommunistischer Länder).
[38] Zu Kolakowskis Ankunft im Westen vgl. Regina Weber: Marxismen, nicht mehr Marxismus. In: *FAZ* 3.9.2008. S. N3.

auch an westlichen Universitäten zu betreiben, sondern es entsprach auch seiner platonisch inspirierten "Philosophie des Dialogs", im von Vernunft geleiteten philosophischen Diskurs Divergenzen und Widersprüche aufzuzeigen und derart den Weg für neue Erkenntnisse und vielleicht auch Gemeinsamkeiten zu ebnen. So übernimmt Klibansky, der in jungen Jahren ganz der philosophischen Forschung lebte, in den Nachkriegsjahrzehnten mehr und mehr die Rolle eines Wissenschaftsorganisators, Kommunikators und Vermittlers. In einem Nachruf auf Klibansky in der kanadischen Zeitschrift *Le Devoir* vom 9. August 2005 heißt es: "The idea of tolerance finally constitutes the keystone of the existence and of the work of Raymond Klibansky, a man of studies as well as a man of action, philosopher opposing the distortion of things, of words and of beings".[39]

Dass bei Klibansky in seltener Weise philosophisches Bekenntnis und menschliches Verhalten im Einklang miteinander standen – auch seine körperliche Erscheinung, sein Auftreten harmonierte offenbar mit dem platonischen Ideal des schönen Menschenbildes[40] –, das bezeugt nicht zuletzt ein bewegender Dankbrief von Leszek Kolakowski, den dieser am 14. September 1969 von Berkeley aus an Klibansky sandte:

> Soyer sûr, cher Monsieur, que je n'oublierai jamais tout ce que vous avez fait pour moi, toute l'amitié et bienveillance que vous m'avez montré à Montréal, lorsque je me sentais perdu et intimidé. C'est vous, finalement, qui m'avez tendu la main et m'avez aidé à sortir (provisoirement, j'espère) de Pologne, dans une situation assez pitoyable. [...] Il m'est difficile de vous dire les mots qui peuvent paraître des banalités, j'aimerais pourtant que vous sachiez à quel point nous avons, moi et ma femme, éprouvé et apprecié votre bonté, votre intérêt amical, votre promptitude à nous aider toujours, parmi tant d'occupations, par vos conseils et votre bienveillance. (DLA)

> (Seien Sie versichert, cher Monsieur, dass ich alles, was Sie für mich getan haben – Ihre Freundschaft, Ihr Wohlwollen, das Sie mir in Montréal entgegenbrachten, als ich mich ganz verloren und eingeschüchtert fühlte – niemals vergessen werde. Sie waren es, der mir in meiner unglücklichen Lage die Hand entgegenstreckte und mir half, Polen zu verlassen (vorläufig, wie ich hoffe). [...] Es fällt mir schwer, die passenden Worte zu finden, die wohl banal klingen mögen. Dennoch möchte ich, dass Sie wissen, wie sehr meine Frau und ich Ihre Güte, Ihr freundschaftliches Interesse, Ihr immer währendes Bemühen, uns trotz all Ihrer vielen Aufgaben mit Rat und Wohlwollen zur Seite zu stehen, empfunden und geschätzt haben.)

---

[39] Vgl. hierzu die Kopie des Artikels im Klibansky-Nachlass (DLA).
[40] Kurt Flasch etwa schildert seine erste Begegnung mit Raymond Klibansky 1964 beim Cusanus-Kongress in Bernkastel-Kues: "Ich fand keinen, der aussah wie der erwartete ältere Spezialist. Zwar saß in der ersten Reihe ein Herr in soigniertem blauen Anzug; dunkles Haar, sportive Haltung. In eleganter Distanz warf er mal ein Wort in Französisch zur Rechten, einen Satz in Englisch zur Linken. Nein, das war kein Professor. Das musste ein Diplomat sein. [...] Es war Raymond Klibansky". Kurt Flasch: Laudatio auf den Preisträger Raymond Klibansky. In: *Verleihung des Lessingpreises 1993 an Raymond Klibansky. Reden anlässlich der Preisübergabe*. Hamburg: Freie und Hansestadt Hamburg 1994. S. 12–22. Hier: S. 13.

Klibansky hat sich im Exil nicht neu erfunden. Er blieb seiner frühen Prägung durch die Odenwaldschule und die Kulturwissenschaftliche Bibliothek Warburg treu. In der platonischen Tradition fand er sein Bild vom Menschen als eines mit Vernunft begabten, moralisch verantwortlichen Wesens – in dieser Tradition ergänzten sich für ihn ästhetische Wahrnehmung, wissenschaftliches Denken und religiöses Bewusstsein, eine Zusammenschau, die sich im interdisziplinären Programm der Kulturwissenschaftlichen Bibliothek Warburg spiegelte.

Auch war Klibansky für das Exil vielleicht besser gerüstet als andere deutsch-jüdische Emigranten. Seine vielfältigen Sprachkenntnisse, die Reisen und Aufenthalte in europäischen Bibliotheken, seine Beherrschung des mittelalterlichen und frühneuzeitlichen Lateins machten ihn früh zum Europäer. Den geistigen Verlust, den Deutschland mit der erzwungenen Abwanderung von Gelehrten seines Schlages erfuhr, machte der Heidelberger Philosoph Ernst Hoffmann in seinem Gutachten vom 7. Juli 1933 deutlich, das Klibansky den Weg ins Exil ebnen sollte. Dort heißt es am Schluss:

> Die Organisation des Cusanus-Unternehmens und die kollegiale Zusammenarbeit vieler Gelehrter aus verschiedenen Lagern und verschiedenen Konfessionen stellte an den noch jungen Dr. Klib. auch menschlich besondere Anforderungen. Auch hier hat er sich stets durch vornehmes Verhalten, kameradschaftliche Liberalität und sicheres Auftreten bewährt. Durch Dr. Klibanskys Ausscheiden wird unserer Universität ein empfindlicher Verlust erwachsen, unserer Akademie, wenn auch sie ihn als Mitarbeiter verlieren sollte, ein unersetzlicher. (DLA)

Wenn Klibansky sich im Exil auch nicht neu erfand, so unterlag doch seine Weltanschauung einer Neuorientierung, die den historischen Ereignissen des 20. Jahrhunderts Rechnung trug. Sie war seine Antwort auf die totalitären Diktaturen in Europa und den Zivilisationsbruch des Holocausts. Neuorientierung bedeutete für ihn zu leben, was er lehrte. Seine Rolle am *Institut International de Philosophie* in Paris in den Nachkriegsjahren forderte ihn dazu heraus.

Johannes F. Evelein

"Boundary-Fate" – The Theologian/Philosopher Paul Tillich, Exile, and the New Being[1]

The German theologian, philosopher, and culture critic Paul Tillich (1886 Starzeddel – 1965 Chicago) has long been considered one of the most consistent thinkers of the 20th century. As such, his work has been deemed largely unmoved by the experience of exile from Nazi Germany that proved to be life-altering to many of his peers. The aim of this essay is to show that Tillich was, in fact, deeply moved and influenced by exile. Evidence is found in his early exile letters, diaries, speeches, travel reports, as well as several of his major works written in the United States, in particular The Shaking of the Foundations, The New Being, *and* The Courage to Be. *The essay shows how, time and again, Tillich employs exilic images and Biblical protagonists with whom he feels a close existential kinship. Exile, both political and spiritual, becomes a mainstay of his theology as a powerful symbol of panhuman alienation, a concrete manifestation of the "End", but also as a liminal position from which a renewed attentiveness to Being itself can be attained.*

Preamble: Biblical Exile

Robert Carroll, in his insightful study on diasporic discourses in Biblical prophetic literature, asserts something that, at first sight, appears to be commonplace:

> The Hebrew Bible is the book of exile. It is constituted in and by narratives and discourses of expulsion, deportation and exile. From Genesis to Chronicles [Hebrew Bible grand narrative], that is, from the stories of the expulsion of Adam and Eve from the Garden of Eden to the moment when exiled Israel prepared to expel itself from Babylon to return to Jerusalem to rebuild the Temple, individuals, families, folk and the people of Judah (Jews) existed in situations of varying degrees of deportation awaiting possible return.[2]

Although the exilic impetus of the Hebrew bible may seem beyond dispute in current theological discourse, 20th-century scholars of considerable reputation

---

[1] I confess that I wrote this essay with some trepidation: Though I have studied Paul Tillich for a number of years, my training is in literary criticism and Exile Studies, not in systematic theology. It is my hope, however, that my "outsider's reading" may lend a fresh perspective and contribute to a discussion about Tillich's work and the importance of exile as a lived reality.
[2] Robert P. Carroll. Deportation and Diasporic Discourses in the Prophetic Literature. In: *Exile. Old Testament, Jewish, and Christian Conceptions*. Ed. by James M. Scott. Leiden: Brill 1997. Pp. 63–88. Here: P. 64.

have felt compelled to call the significance of exile into question. Take, for instance, Charles Cutler Torrey, who argued that exile "was in reality a small and relatively insignificant affair" which was made, "partly through mistake and partly by the compulsion of a theory, to play a very important part in the history of the Old Testament".[3] Decades later, in a similarly critical vein, John Bright contended that, "although we should not belittle the hardships and the humiliation that these exiles endured, their lot does not seem to have been unduly severe".[4] The disagreement between the two theological camps is not over the narratological importance of exile but over the actual, historical experience of Jewish life under Babylonian and Assyrian exile. While Torrey, Bright and others may not dispute the myth-building power of exile, they question the extent to which the narrative of the Pentateuch represents Judah's lived experience of exile. If the Jews under Persian rule were indeed largely left to their own devices, hardly suppressed, a people among peoples, then such "exile" needs to be given its proper weight in any serious Biblical exegesis.

Recent theological studies, however, show a significant shift from exilic skepticism toward a renewed emphasis on the importance of the Jews' sustained experience of exile, life in diaspora, and the never-ending sense of alienation it fueled. Carroll is an important proponent of such a reading, as he argues that the act of expulsion is replete with violence and separation that never fades:

> Violent images of invasion, devastation, slaughter and deportation are highly characteristic of the discourses to be found in the prophetic literature of the Hebrew Bible. Hurled into existence in foreign lands, the dispersed people found in diaspora permanent alienation and, in ways quite difficult to discern, a hurling into existence of the people in the sense of coming to articulate and construct identity and story as given in and through the experience of diaspora.[5]

Biblical narrative, then, is anchored in and defined by experiential exile as it conjures landscapes and protagonists, and as it shapes Jewish identity over generations of contributions to the grand narrative. According to such a reading, all Biblical characters "testify to a subtext of deported existence":

> Abraham and his family chose to leave their own land by the divine command to wander the land of Canaan; Jacob fled from his own territory to escape the consequences of his own connivances and contrivances against his brother Esau; Joseph

---

[3] Charles Cutler Torrey: The Exile and the Restoration. In: *Ezra Studies*. Chicago: University of Chicago 1910 (reprint New York: Ktav 1970). Pp. 285–287. Here: P. 285.
[4] John Blight: *History of Israel*. Philadelphia: Westminster 1981. P. 345.
[5] Carroll: Deportation and Diasporic Discourses (n. 2). P. 65.

was deported from his land by means of his brothers' jealous subterfuge, his father Jacob had to leave his own land to go down to Egypt in search of food (and his son) and there died, an exile from home; Moses fled into the desert after his murder of an Egyptian; and out of Egypt there emerged the people under Moses which journeyed through the wilderness to the land of Canaan. [...] The Bible is the great metanarrative of deportation, exile, and potential return. While the term exile may have a nice sound to it, the much harsher word deportation better embodies the experience of diaspora and reflects the utter miseries of existence as declared in the Bible about life outside the "homeland" for the first diaspora generations.[6]

Carroll's line-up of Biblical protagonists whose fate is consistently and undeniably bound up with exile is impressive, though his notion of exile as "sounding nice" is problematic at best. To be sure, "exile" is frequently applied in a rather cavalier fashion, which may render an exile just about anyone who feels at odds with or detached from society. And it is true that the term has at times been given an elevated, almost noble status to describe the solitary suffering of great men whose greatness is only enhanced by their exilic fate. Exile in the truest sense of the word, however, spells great personal tragedy, a profound sense of loss, and woundedness seemingly beyond remedy. Aside from that, whereas Carroll's term "deportation" may capture "exile as act", it does not adequately describe "exile as a state of being". Thus there is room and need for exile as a critical category.

A recent study by Daniel Smith-Christopher opens up a new perspective on Biblical exile, and the narratives it has yielded, by comparing notes with the young field of refugee studies. In doing so, Smith-Christopher wants to give voice to Judah in exile as a "traumatized community" attempting to reclaim a sense of self, to recover meaning within the perceived meaninglessness of banishment, and to create its own culture. Seen through this lens, the Jewish exiles in the "books of Ezekiel and Lamentations are clearly communities that are struggling with crises, personal and social, that include dealing with suddenly mobile identities and transnational culture and theology".[7] Smith-Christopher calls for a careful analysis of the suffering expressed in Biblical books such as Ezekiel, beyond what he describes as "stereotypical language" of the Bible that easily freezes into code or phraseology, which may hide rather than highlight the human dimension beneath it. Biblical texts have to be "recovered" to appreciate, once again, the deep impact of expulsion and to regain a sense of "measure of the psychological and spiritual crisis of the exile".[8]

---

[6] Ibid. P. 64.
[7] Daniel L. Smith-Christopher: *A Biblical Theology of Exile*. Minneapolis: Fortress Press 2002. P. 76.
[8] Ibid. P. 104.

I. Tillich and Exilic Scriptures

Before Paul Tillich was forced into exile, following his dismissal from the University of Frankfurt as one of the most ardent critics of National Socialism, "exile" had not entered his theological or philosophical vocabulary. Of course he was an astute reader of the Hebrew scriptures, as his many pre-exilic writings reveal, but for Tillich the human dimension of exile had yet to become a reality: life-altering, traumatic, abysmal; a personal, existential crisis. His expulsion was as such a phenomenological leap that prompted him, quite abruptly, to relate to an experience that until then was not just abstract but absent. Suddenly, an orderly existence with clearly identifiable markers of meaning had become frighteningly disorderly. It is no surprise that Tillich turned to the scriptures he, the scholar, had inhabited for so long, attempting to make sense of his new fate. And it was exile that made him identify with Abraham, to whose fate he felt connected and whose mission became intertwined with his own aims: "The Lord said to Abraham, 'Leave your own country, your kinsmen, and your father's house, and go to a country that I will show you. I will make you into a great nation, I will bless you and make your name so great that it shall be used in blessings'".[9]

Tillich's association with Abraham places his emigration within God's divine plan and gives it teleological significance: his rupture is God's command, the country where he is to find asylum is the place where God wants him to be, and despite all the uncertainty that surrounds his future, it will yield greatness. Moreover, God commands him to break with any allegiances he may have and to transcend boundaries, whether they be geographical, spiritual, or philosophical.

Tillich's own exile, and the need to imbue his emigration with meaning, sensitized him to the importance of Abraham's fate, which he elevated to the status of a divine imperative of separation applicable to all people. God's blessing manifests itself paradoxically in separation, and Abraham is but one of many exiles whose exile is God's command. In a 1936 speech before the *American Committee for German Christian Refugees*, Tillich underscores the necessity of separation from one's homeland, while his reference to the Hebrew prophets as "emigrants", a term that did not come in vogue until the 19th century, shows a decidedly modern reading of their exilic fate:

> Gott trennt die Menschen voneinander, wenn er sie erwählt. Er sondert das Volk Israel von den anderen Völkern ab und schickt es in die Verbannung nach Ägypten, nach Babylon, in die hellenistische Welt, ins römische Reich und dann in die westliche Welt und ihre Völker. Er trennt die Propheten in Israel vom Volk Israel und macht sie zu Emigranten, die verfolgt und sogar in ihrem eigenen Land getötet werden. Er trennt die Jünger Christi von Vater, Mutter und Brüdern und

[9] Genesis 12: 1–2.

macht sie mit Christus zusammen heimatlos; und als sie später Apostel werden, sind sie heimatlos in der ganzen Welt. [...] Er trennt die Vorkämpfer für Menschenrechte und soziale Gerechtigkeit von dem gesicherten Leben der Gesellschaft und macht sie zu Verfolgten und Ausgestoßenen. Er trennt jeden einzelnen Christen, den er beruft, von seiner Familie und seinem Stamm und untersagt ihm, Familie und Stamm gehorsam zu leisten. Er trennt ihn von seinem Volk und seinem Staat und macht ihn zum Bürger einer anderen Welt.[10]

Tillich's reading of Biblical narratives betrays his consistent attempt to draw analogies between then and now, as he calls attention to the disciples' severed family ties and their acute feelings of homelessness that are so similar to the sense of uprootedness his German émigré audience in New York must have felt. He stresses a human connectedness that transcends time as it is ultimately informed by God's universal command. Emigration, then, regardless of time or circumstances, is given meaning by elevating it to a divine imperative, or, in Tillich's terminology, "a religious category": "Jede neue Emigration, gleichgültig, was auch der Grund dafür sein mag, ist eine neue Bekräftigung von Gottes ausschließlichem und absolutem Anspruch" (CuE 188). And just as Abraham had to leave Ur to remove himself from growing tribal influences bent on corrupting the true, monotheistic faith, Tillich sees modern emigration, too, as an act of resistance to withstand the lure of nationalism, the greatest temptation of modern times:

> Die Emigration kann zu einem Symbol werden – einem Symbol für Menschlichkeit, die über völkischen und rassischen Trennungen steht; die Emigration kann zu einem Zeichen für die christlichen Kirchen werden, der beinahe unwiderstehlichen Versuchung des heutigen Nationalismus zu widerstehen. Die Antwort auf diese Versuchung muß geistige Absonderung und, wenn nötig, Emigration sein, ja sogar, wenn es gefordert wird, Märtyrertum von einzelnen und Kirchen. (CuE 190)

Emigration as a divine calling sounds decidedly lofty when many of the German emigrés Tillich addressed in his speech were desperately trying to stay afloat, focused more on next month's rent and a warm meal than on their spiritual well-being. Tillich understands this, since exile has become, for him too, an existential condition that is very much anchored in the day-to-day struggle for survival in an alien environment. From the outset, Tillich feels compelled to work on behalf of the European exile community, to whose material needs he tries to attend by founding and presiding over *Self-Help for*

---

[10] Paul Tillich: Christentum und Emigration. Rede vor dem American Committee for German Christian Refugees in New York am 6. 10. 1936. In: *Gesammelte Werke*. Vol. 13: *Impressionen und Reflexionen. Ein Lebensbild in Aufsätzen, Reden und Stellungnahmen*. Ed. by Renate Albrecht. Stuttgart: Evangelisches Verlagswerk 1972. Pp. 187–191. Here: P. 187. Further references with "CuE" and the page number in parentheses.

Emigrés from Central Europe. That sense of realism and the sheer concreteness of his committee work make him appreciative of the duality of exile, the bravery of resistance and banality of the next electrical bill. Yet, as he points out on numerous occasions, both sides are intertwined as the right path into the future is through the darkness of exile. In one of his most powerful sermons, *We Live in Two Orders*, he evokes the image of Isaiah, "that unknown prophet of the Babylonian exile",[11] who speaks as powerfully to his own exiled community 2,500 years ago as he does to today's exiles. How do we, Tillich asks, relate to that "annoying optimist" whose words seem so disconnected from the toils of exilic life? "They shall mount up with wings as eagles; They shall run and not be weary; And they shall walk and not faint" (SF 16). Tillich's response doesn't shy away from depicting the horrors of today's world:

> Let us imagine that these words are being spoken to the exiles of our time, to those in prisons and concentration camps, separated from their husbands and wives, their children or parents, to those toiling in despair in foreign countries, to those in the hell of modern warfare. [...] Perhaps we should become bitter and full of hatred toward him. That would be our natural response to someone who desires to comfort us in a situation in which we do not see any possible comfort and desperately disbelieve any possible hope. But the situation of the exiles in Babylon, sitting by the rivers and weeping, was one of just such hopelessness. [...] And his words should be significant for us, the exiles of today. (SF 16)

Once again, Tillich connects physical exile with existential, spiritual exile which is the condition of man per se,

> the human situation, which no man and no period can escape. The human situation is one of finiteness – all flesh is grass and the grass withereth. It is one of sin – we receive double for all our sins. It is one of vanity and pride – we are brought to nothing and fall utterly. But in spite of his realistic knowledge of human nature and destiny the prophet gave comfort and consolation and hope to the exiled nation, the exiles of all nations, to man who, as man, is exiled in this world. (SF 17)

Tillich, through his own exile increasingly attentive to the deep meaning of Isaiah's words, identifies with the prophet of exile *par excellence* to the extent that his conjectures about the reception of Isaiah's words in today's world are no longer so speculative: they are the responses he himself imagines receiving. As he refers to Isaiah, identifies with Abraham, and repeatedly evokes the powerful voice of Jeremiah, Tillich assumes the role of the next spiritual guide of the exiled through their hardship of separation, both physical and spiritual.

---

[11] Paul Tillich: *The Shaking of the Foundations*. New York: Charles Scribner's Sons 1948. Pp. 12–23. Here: P. 16. Further references with "SF" and the page number in parentheses.

II. The Weight of Exile

It seems quite logical, then, maybe even banal, to infer that Tillich's exile – the separation from his community, his sense of purpose, even the need to learn a new language from scratch – was bound to have an impact on his thinking. Yet in much of the scholarship on Tillich, surprisingly little attention is paid to what was in fact a significant paradigm shift brought about by his exile. To be fair, Erdmann Sturm calls attention to the considerable challenge of exile, though he does so largely within the context of Tillich's shift "von der klassisch-humanistischen Bildung und dem deutschen Idealismus geformtes Denken in die überwiegend praktische Ausrichtung amerikanischer Theologie",[12] which he describes as a "corrective" rather than a re-orientation. Likewise, Tillich's biographers Wilhelm and Marion Pauck provide a careful description of his years in American exile, but already the title of the chapter on his first years in the United States, *Beneficial Catastrophe*, is too glib to allow for a real discussion of an emotionally and professionally trying period in Tillich's life. What's more, the Paucks appear to be measuring Tillich's philosophical development in the United States solely against his consumption of American theology, in particular within the context of the *Theological Discussion Group* Tillich joined in New York City as early as 1934:

> In spite of Tillich's eagerness to learn what American theologians were thinking, and his faithful attendance in this group, his own mind, already fixed by the time he came to this country, was not greatly transformed or altered by what he learned. He was not really interested in reading American theological works, except for those written by friends or thinkers in his own field, and neither Pauck, Van Dusen, or others were able to persuade him to familiarize himself with the main trends of American thought or with individual modern thinkers such as Whitehead or Hocking or Dewey.[13]

Yet one wonders if the existential cataclysm of exile might not have had a far greater influence on Tillich than his admittedly scant reading of American works of theology. As he becomes familiar with the American ways, having left behind the terrors of National Socialism but also the rigid structures of German academe and top-down attitudes of German citizens toward authority, he begins to discern patterns of behavior that to him are welcome signs of the very openness toward Being that he longed for. Years later, his observations

---

[12] Erdmann Sturm: Paul Tillich. In: *Deutschsprachige Exilliteratur seit 1933*. Vol. 3. Part 4. Ed. by John Spalek, Konrad Feilchenfeldt and Sandra Hawrylchak. München: Saur 2003. Pp. 195–224. Here: P. 195.
[13] Wilhelm and Marion Pauck: *Paul Tillich. His Life and Thought*. New York: Harper and Row 1976. P. 189.

would enter the book that made him a kind of theological celebrity figure in the United States, *The Courage to Be*:

> There is something astonishing in the American courage for an observer who comes from Europe: although mostly symbolized in the early pioneers it is present today in the large majority of people. A person may have experienced a tragedy, a destructive fate, the breakdown of convictions, even guilt and momentary despair: he feels neither destroyed nor meaningless nor condemned nor without hope. [...] The typical American, after he has lost the foundations of his existence, works for new foundations. This is true of the individual and it is true of the nation as a whole.[14]

Clearly, it was the sudden contrast between Germany and the United States that made Tillich attentive to this new paradigm of courage that became such an important pillar of his later theological and philosophical work. *The Courage to Be* in particular, but certainly also *Love, Power, and Justice* and *Theology of Culture*, show that Tillich's thought was very much informed by reading the American culture around him and by placing himself empathetically within that culture. As Jerald C. Brauer asserts, Tillich's theology can't be dissociated from his own struggles, as it was

> a piece with his life and grew out of it. That was one point of overwhelming appeal to modern men. He agonized over his tensions and problems as a modern man, thus he caught the imagination of modern men. He stood in the middle of the modern predicament and shared its frustrations, fears, and creativity. Tillich's theology was not an abstract creation forged out of the interplay of logic and concepts. It found its point of departure in his own existence – his own being.[15]

Given this strong tie between lived experience and philosophy, it is hard to find validity in Pauck's assertion of Tillich's constancy of thought regardless of the tectonic shifts of exile.

Yet Renate Albrecht, too, in her otherwise important and comprehensive compilation of Tillich's *Impressionen und Reflexionen*, creates the impression that Tillich's emigration was but a cross-Atlantic boat journey between "Die deutschen Universitätsjahre 1919–1933" and "Die Amerikanische Zeit nach der Emigration 1933–1939".[16] The volume's binary structure "before" and "after" allows the presence of exile to escape attention. At best, it reduces it to an "act" rather than grant it the temporal duration of a "state". The traumatic act of expulsion, however, is rarely left behind, but rather it affects one's entire being no matter how successful the assimilation or

---

[14] Paul Tillich. *The Courage to Be*. New Haven-London: Yale University Press 1980. Pp. 108–109.
[15] Jerald C. Brauer: Introduction. In: Paul Tillich: *My Travel Diary: 1936. Between Two Worlds*. New York: Harper and Row 1970. Pp. 9–26. Here: P. 11.
[16] Tillich: *Gesammelte Werke*. Vol. 13 (n. 10). P. 185.

acculturation process may be. This is particularly true in the case of Tillich who, philosophically and theologically, was firmly anchored in the German tradition, and whose socialist convictions were strengthened by a sense of theological-political activist mission in the Weimar Republic. Therefore in exile he operated within a narrowly delineated political and philosophical environment largely limited to the German-speaking world, leaving him at first disconnected from political life in the United States. Karin Schäfer-Kretzler is right to point out that

> als Tillich im Herbst 1933 in die USA emigriert, verliert er – wie so viele gleichen Schicksals – nicht nur die bekannte Szenerie seines Wirkens, sondern seinen eigenen geschichtlichen Ort; und dieser Verlust ist besonders schmerzlich und einschneidend da, wo er einen Mann [Tillich] trifft, der all seine Arbeit auf die politische Umkehr seines Volkes konzentriert hat.[17]

Tillich's exile removes him from his political battlefield, dissociates philosophical theory from political practice, and threatens to reduce his ideas to a vacuous existence. His exile is not so much a separation from his homeland, painful as it was, but a disconnect from a purposefulness that lends his theory validity. In his early *Rundbriefe*, open letters to friends and family in Germany with updates on his work and experiences in the United States, Tillich is consistently positive and gives the impression of a smooth transition hampered only by his deficient English language skills. But a 1934 letter to his close friend Lily Pincus offers a considerably darker view of Tillich's first exile years, in which exile is depicted as comparable to the abyss he experienced in World War I:

> Und ich habe Stärkung nötig. Es ist der zweite Tod, den ich hier erlebe; der erste begann in der Champagne-Schlacht 1915. Der erste war unvorstellbarer und drohender, dieser zweite ist feiner und bitterer. Das Äußere ist mehr Anlaß als Ursache; denn äußerlich ist alles in Ordnung; guter Kolleganfang, feine Studenten, wachsende Beherrschung der Sprache, eine Fülle feiner Menschen, große Aufgaben, erträgliche Wirtschaftslage; aber das alles ändert nicht die Tatsache des Stehens im Tode, in der Notwendigkeit, die Vergangenheit durchzuleben und durchzuleiden und die völlige Unfähigkeit, für mich selbst einen neuen Sinn zu finden. Doch das ist unser aller Schicksal, die wir abgeschnitten sind und zwischen "nicht mehr" und "noch nicht" stehen.[18]

---

[17] Karen Schäfer-Kretzler: Einleitung. In: Paul Tillich: *An meine deutschen Freunde. Die politischen Reden Paul Tillichs während des Zweiten Weltkriegs über die "Stimme Amerikas". Ergänzungs- und Nachlassbände zu den Gesammelten Werken von Paul Tillich*. Vol. 3. Stuttgart: Evangelisches Verlagswerk 1973. Pp. 11–18. Here: P. 11.
[18] Paul Tillich: *Ein Lebensbild in Dokumenten. Briefe, Tagebuch-Auszüge, Berichte. Ergänzungs- und Nachlassbände zu den Gesammelten werken von Paul Tillich*. Vol. 5. Stuttgart: Evangelisches Verlagswerk 1980. P. 219.

Tillich shares the pains of separation and search for meaning with numerous other politically engaged exiles for whom emigration continued to be associated with inaction and failure. For Dietrich Bonhoeffer, for instance, safety in exile doesn't outweigh the sense of responsibility he feels toward Germany, even though he, like Tillich, was offered the opportunity to lecture at Union Theological Seminary in New York City and throughout the United States. Bonhoeffer returns to Germany, which, as he explains to Reinhold Niebuhr in a farewell letter, is a necessity:

> I have made a mistake in coming to America. I must live through this difficult period of our national history with the Christian people of Germany. I will have no right to participate in the reconstruction of Christian life in Germany after the war if I do not share the trials of this time with my people. [...] Christians in Germany will face the terrible alternative of either willing the defeat of their nation in order that Christian civilization may survive, or willing the victory of their nation and thereby destroying our civilization. I know which of these alternatives I must choose; but I cannot make that choice in security.[19]

Exile remains a choice, even if the choice is between freedom or imprisonment, life or death. To choose exile, no matter how noble one's reasons may be, precludes engagement, severely compromises one's moral commitment, and reduces even the most ardent critic of injustice to being a bystander, a witness who sees but doesn't act and hence, for Bonhoeffer, is morally barred from any future involvement in the very cause that led to his exile. For Tillich, too, returning to Germany remains a possibility, though he has no illusions about his ability to work or speak and questions the validity of the sacrifice of freedom to which his return would inevitably lead: "Und die Frage des freiwilligen Märtyrertums, sein Sinn oder seine Sinnlosigkeit, ist weder innerlich noch äußerlich so weit geklärt, daß ich darüber eine Entscheidung treffen könnte".[20]

And yet Tillich does make a decision. He chooses safety and the ability to work over the uncertainty and, quite possibly, peril that would await him in Germany. His decision to stay, mindful of Bonhoeffer's courageous determination to return and share in Germany's suffering and moral cause, presents a dilemma that all exiles sooner or later have to work through. Though Tillich associates himself with Abraham, for whom leaving his native land was an *Auswandererbefehl* hardly subject to choice, he also feels affinity with the Biblical Prodigal Son, whose decision to leave his paternal home proves to be detrimental and renders him alone, painfully aware of his transgression – the

---

[19] Dietrich Bonhoeffer's 1939 letter to Reinhold Niebuhr. In: *A Testament to Freedom. The Essential Writings of Dietrich Bonhoeffer*. Ed. by Geffrey B. Kelly and F. Burton Nelson. San Francisco: Harper 1995. Pp. 35–36. Here: P. 35.
[20] Tillich: *Ein Lebensbild in Dokumenten* (n. 18). P. 221.

transgression of willful exile – and compels him to return to his father's embrace. In an aphorism, part of a diary he kept while lecturing in Chicago in 1935, Tillich places himself between the two Biblical paradigms:

> Wie ist es mit dem Ausziehen aus des Vaters Haus? Abraham zog aus und der verlorene Sohn zog aus. In meinem Ausziehen zogen beide aus. Abraham ging vorwärts und sah das Land, das seinen Enkeln und den Gläubigen seines Glaubens in Zukunft bestimmt war. Er kehrte nicht zurück. Der verlorene Sohn kehrte zurück und rettete seine Seele und blieb ohne Zukunft.[21]

Is the Prodigal Son's return really possible for someone bent on building the future? Tillich's aphorism makes it quite clear that, no matter how tempting it may be to return home, the right choice remains to go forward and follow in Abraham's footsteps.

Even though Tillich finds justification for – and draws comfort from – his "Abrahamic" exile, it is clear that his decision to stay is not without feeling guilty of the "transgression of exile". To describe it, he resorts to the word "sin," even though it harks back to a former time and antiquated terminology from which modern theologians such as Tillich tried to dissociate themselves early on. And yet within the context of exile, Tillich feels compelled to invoke the power of that ancient, and misused, word:

> The exile, following the destruction of Jerusalem, was, as all the prophets said, the punishment of the people for their sins. We do not like words such as "sin" and "punishment". They seem to us old-fashioned, barbaric, and invalid in the light of modern psychology. But whenever I have met exiles of high moral standards and insight, I have discovered that they feel responsible for what has happened within their own countries. And very often I have met citizens of democratic countries, citizens of this country, who have expressed a feeling of guilt for the situation of the world today. They were right, and the exiles were right: they are responsible, as are you and I. (SF 19)

The sin to which Tillich refers, and the feelings of responsibility it evokes, differs radically from any narrowly defined act deemed immoral; in the Tillichean sense, it captures man's tragic fate of separation from that which lends true meaning to his being. Terminologically, then, exile and sin largely overlap, as both connote alienation as an existential condition that needs to be overcome in order to re-establish a connectedness with the world.

Though politically motivated, physical exile remains for Tillich a separate category, it is clearly but one manifestation of a panhuman alienation that can only be healed through spiritual restoration. While exile is woven into the very fabric of being human, inextricably connected to man's post-lapsarian existence, Tillich obviously struggled with the specificity of his exile from

---

[21] Ibid. P. 235.

Germany that had severed him from the political project that had given his theological project its concrete meaning. His political exile was and remained a source of guilt, which he shared on several occasions, in particular during his radio broadcasts to Germany on "Voice of America" between 1942–1944:

> Selbst die sind nicht unschuldig, die mit Ablehnung und Entsetzen sahen, was kam, und doch nicht rechtzeitig alles einsetzten, um sein Kommen zu verhindern. Wir, die wir zu dieser Gruppe gehören, und die wir vielleicht leiden, weil wir zu ihr gehören, sollen uns nicht von Schuld freisprechen. Ja sogar die wenigen, die den Kampf entschlossen und bis zum bitteren Ende führten, nehmen teil an der allgemeinen Schuld: Sie führten den Kampf, aber sie führten ihn nicht mit der geistigen Kraft und Tiefe und mit der menschlichen Größe, die allein die furchtbaren Gegenmächte hätten überwinden können. So sind sie alle schuldig, die in jenen entscheidenden Jahren das Schicksal hätten wenden können und nicht gewendet haben.[22]

Yet Tillich casts his terminological net wide, so wide that his notion of guilt applies to virtually everyone, turning it, here, too, into a concept of existential estrangement that renders all of humanity exilic.

Political exile, though undeniably a source of guilt, may offer at least some power to redeem oneself in the face of injustice. It is a moral statement of dissociation from evil, potentially strong enough to balance the guilt accrued by one's departure:

> Kein feines Gewissen, kein tiefer Mensch wird sich ganz freisprechen von der Verantwortung für das, was ihm an Unrecht geschieht. Aber nachdem er das getan hat, nachdem er sich und alle Verfolgten mit ihm unter die gemeinsame Schuld gestellt hat, wird er den Verfolgern gegenüber seine Unschuld bezeugen, und nun mit klarem, gutem Gewissen. Gegenüber denen, die uns vertrieben, beraubt, verletzt oder getötet haben, sind wir unschuldig.[23]

The tension of exile that Tillich felt so acutely, between guilt and innocence, inaction and engagement, defeat and victory isn't resolved other than in the awareness that exile is charged with a promise of transforming life. Returning to Tillich's *We live in Two Orders*, exile must be endured, lived through, to unleash its redemptive and transformational energy and to become attentive to "another order, an order in which the weakest is the strongest, the most humiliated, the most victorious" (SF 23). Exile provides the key to understanding the paradox inherent to victorious suffering that inhabits both the logic of Isaiah's words of hope in the face of exilic grief and the central teaching of Christianity:

> The historical order is not separated from the eternal order. [...] The suffering servant of God and the enemies because of whom he suffers, the Man on the Cross

---

[22] Tillich: *An meine deutschen Freunde* (n. 17). P. 46.
[23] Ibid. P. 47.

and those who fainted under the Cross, the exiled and persecuted in all periods of history, have all transformed history. The strong in history fall; the strength of each of us is taken from us. But those who seem weak in history finally shape history, because they are bound to the eternal order. We are not a lost generation because we are a suffering, destroyed generation. Each of us belongs to the eternal order, and the prophet speaks to all of us: Comfort ye, comfort ye, people! (SF 23)

III. Boundaries

Much attention has been given to Tillich's frequent metaphorical use of the "boundary" to describe the philosophical and theological "in-betweenness" so characteristic of his position as a scholar and activist: never quite at home in any theory, ideology, political system, or country, yet able to use his liminal perspective as a vantage point to acquire knowledge, to engage in dialogue, and to be on the threshold of the profane and the sacred. Though Tillich makes reference to the boundary as the "best place to acquire knowledge" as early as 1929 in his study *Religiöse Verwirklichung*,[24] it isn't until his emigration to the United States that the metaphor begins to occupy the central role that prompts him to entitle his first autobiographical sketch *On the Boundary*, published in 1936 as part of his first publication in English, *The Interpretation of History*. His hindsight vision allows him to discern twelve liminal categories that together show the *Werdegang* of a deeply involved and socially committed thinker capable of negotiating oppositional spheres of influence while remaining autonomous in his pursuit of "exposing the true condition of man" (OtB 88). Tillich is indebted to Marx for his insights on class and materialism but remains critical of Marx's understanding of alienation. He is deeply moved by Kierkegaard's interpretation of human despair, yet his own ideas retain an essentialist element that puts him at odds with existentialist philosophy. And while Tillich is profoundly influenced by Freud, in particular his method of working through neurotic anxiety, Tillich rejects Freud's belief that neuroses can be fully cured. He stresses the ontological nature of man's anxiety that must be accepted courageously as part of our human condition.

The experience of exile makes him acutely aware of his liminal position, as his philosophical in-betweenness is suddenly compounded, and greatly amplified, by his existential thrownness or, in Tillich's words, "my boundary-fate, which has cast me on the soil of a new continent" (OtB 98). Exile provides a new interpretive frame to Tillich's contemplations on his life, which he now perceives to be very much the life of an emigrant: "In every sense of the

---

[24] Paul Tillich: *On the Boundary. An Autobiographical Sketch*. New York: Charles Scribner's Sons 1966. P. 13. Further references with "OtB" and the page number in parentheses.

word, I have always stood between native and alien land. I have never decided exclusively for the alien, and I have experienced both types of 'emigration'. I began to be an 'emigrant' personally and spiritually long before I actually left my homeland" (OtB 93). Here, too, Tillich makes reference to his kinship with Abraham who, following God's dictate, must leave his home since true, universal faith knows no boundaries and can never be confined to a specific space or time. In Tillich's interpretation, God makes Abraham the instrument by which to demolish religious nationalism, "the nationalism of the Jews, which he opposes constantly, and that of the pagans, which is repudiated in the command to Abraham" (OtB 91–92). For Abraham to do so requires great courage, as he is asked to uproot himself, to part from the world he knows to leap into the unknown with, as the only certainty, God's promise that to do so is right. Political and spiritual emigration alike are informed by the same call for transcendence: "parting from accepted lines of belief and thought; pushing beyond the limits of the obvious; radical questioning that opens up the new and uncharted. In Nietzsche's words, it means moving into 'the land of our children' and out of 'the land of our fathers and mothers.' The alien land lies in the future, the country 'beyond the present'" (OtB 92). Tillich understands political exile, and his own banishment, as part of the all-encompassing metaphysical experience of alienation made tangible by the hands-on strangeness of one's new surroundings. The tension resulting from the distances between home and alien land, and between reality and ideal, propels man not to remain static but to strive toward the transcendent reality of the Kingdom of God: "In that highest possibility, the boundary between native and alien land ceases to exist" (OtB 96).

Tillich, from the early days of his exile, considers political emigration to be part of a larger spiritual boundary crossing, the act of which calls attention to the very existence of such a boundary. After all, how does one gain critical awareness of something that is deemed inseparable from oneself? A year after the publication of his autobiography, in a speech given before the Graduate Faculty of the New School for Social Research – comprised mostly of exiled scholars from Nazi Germany – Tillich considers the significance of transcending boundaries for the development both of individuals and cultures at large:

> Die Trennung vom Selbst führt uns in die Fremde. Von der Fremde aber werden wir wieder auf unser Selbst zurückgewiesen. Nur durch die Augen von anderen können wir sehen, was wir eigentlich sind. Ohne Trennung vom Selbst gibt es keine Selbsterkenntnis, keine schöpferische Selbstobjektivität und auch keine Kultur, da sich jede Kultur als eine besondere Form der Selbstobjektivität deuten läßt.[25]

---

[25] Paul Tillich: Geist und Wanderung. Rede vor der Graduate Faculty der New School for Social Research in New York am 6. 10.1936. In: Tillich: *Gesammelte Werke* (n. 10). Pp. 191–200. Here: P. 193.

Distance, then, brings the epistemological lens into focus as it allows for contrastive analysis and an engagement with otherness. Such an engagement is the reward of exile: the ability, through the pain of separation and loss, to gain a broader perspective on the world one has left behind:

> Darf ich hier vielleicht auch die Erfahrung vieler meiner Freunde und meine eigenen anführen? Die uns aufgezwungene Auswanderung und unser Leben in Amerika – in diesem Lande der Einwanderer – ließ uns nach und nach eine Art von nationalem Provinzialismus ablegen und verwandelte für uns den abstrakten Begriff Europa in eine lebendige Wirklichkeit.[26]

Tillich shows his affinity with existentialism, as it is *in extremis*, through the radical experience of exilic loss, that the exile becomes attentive to his world. Exile becomes a powerful experience of what Nathan Scott calls "to be shipwrecked"[27] that allows us to appreciate our human frailty and unsheltered exposure to the dangers that threaten our very being, an experience without which, however, we remain unchallenged, stunted, leaving the world in which we live unexplored and unreal.

IV. Exile and New Being

Tillich is quick to apply his observation of European exiles, whose "aufgezwungene Auswanderung" gradually breaks down their intellectual provincialism, to his own early years in the United States. His hindsight view from the vantage point of exile in the cosmopolitan hustle and bustle of New York reveals the image of an entirely German scholar, rooted in but also encapsulated by the German intellectual tradition whose supremacy he, until forced to leave, did not question.

> When, soon after the victory of the Nazis in Germany [...] I decided to accept an invitation from Union Theological Seminary in New York, I wrote to a friend who had already left Germany: "There is everywhere in the world sky, air, and ocean." This was my consolation in one of the most tragic moments of my life. I did not write: "I can continue everywhere my theological and philosophical work", because unconsciously I doubted whether one could do this anywhere except in Germany.[28]

To him, exile spelled the end of his productive life as a scholar, cut off from the reinforcing energy of German cultural and intellectual life. Yet the rise of National Socialism had already begun to cast doubt on the edifying quality of German culture, though Tillich, looking back, frequently described himself as politically indifferent and unable to see the very concrete manifestations of

---

[26] Ibid.
[27] Nathan A. Scott: *Mirrors of Man in Existentialism*. New York: Collins 1978. P. 22.
[28] Paul Tillich: *Theology of Culture*. New York: Oxford University Press 1959. P. 159.

an emerging tyrannical regime until exile became necessary: "If Hitler is the outcome of what we believed to be the true philosophy and the only theology, both must be false. With this rather desperate conclusion we left Germany. Our eyes were opened, but they still were dull, unable to see the reality. So we came to this country".[29]

While many exiles were unable to negotiate their new environment as they remained preoccupied with their past lives, Tillich is eager to examine the continent that has taken him in. His early *Rundbriefe* and detailed travel diaries, describing his *Entdeckungsreisen* through the Western States or the South, bear testimony to his cultural perceptiveness and show a growing affinity with the people he meets, in particular the black population, systematically disenfranchised yet also self-empowered through the establishment of black colleges that he visits:

> Wir besichtigen ein wunderschönes Negercollege. Es ist gegründet und erhalten von der methodistischen Kirche. Der Präsident ist ein Weißer, die Professoren teils Weiße, teils Neger. [...] Noch vor wenigen Jahren waren Professoren und Studenten des Colleges von rabiaten und ressentimentgeladenen Kleinbürgern des Südens täglich bedroht und mußten zum Schutze Waffen mit sich führen. Jetzt hat sich die Idee, daß auch der Neger zur höheren Bildung berufen ist, mit Hilfe der christlichen Kirchen weitgehend durchgesetzt. Doch sind die Gegensätze immer noch äußerst scharf.[30]

Repeatedly, he refers to systemic political and social problems with an eye to potential solutions to which churches, but also theology as an academic discipline, may be able to contribute. Increasingly, Tillich's abstract theoretical work opens up toward practical applicability, and his detached bird's eye view of man's existence that characterized his early writings, including his 1925 *The Religious Situation*, broadens into a perspective that conjoins theory and praxis.

David Hopper points out that, while Tillich remains focused on transhistorical problems and doesn't revise his basic ontology, he "shifts his emphasis from the macrocosm (in this case the spiritual-historical situation of society at large) to the microcosm (the individual)".[31] His attention is drawn more and more to the fate of individuals adrift in a world whose meaning has been radically called into question. Exile indubitably makes him attentive to the search for new meaning, as it is very much his own search. Moreover, in the United States he encounters a practical inquisitiveness entirely foreign to him as it was to most German academics:

---

[29] Ibid. P. 164.
[30] Tillich: *Ein Lebensbild in Dokumenten* (n. 18). P. 245.
[31] David Hopper: *A Theological Portrait*. Philadelphia and New York: Lippincott 1968. P. 100.

> The independence of theory from any kind of practical application, as we were used to it in Germany, became questionable under the pragmatic-experiential approach of American theology. It was a partly disturbing, partly exciting experience when, after having read a most theoretical paper to an educated group, one was asked: What shall we do? This does not only mean: What is the practical consequence of the thing? It also means: What is the validity of the theory in the light of the pragmatic test?[32]

Tillich shows a flexibility of mind and receptiveness of new impulses that is remarkable for an established scholar who had come to the United States at the age of forty-seven. His increasing emphasis on the practical validity of philosophical and theological theory, combined with a growing concern for the existential situation of the individual, inform his major works written in the United States, in particular *The New Being* and *The Courage to Be*, the latter of which is, tellingly, more often found in American bookstores in the "Self-Help Section" than under "Theology".

In *The New Being*, a series of twenty-three sermons delivered in the early 1950s – some twenty years after Tillich's exile from Germany – both political and spiritual exile remain at the heart of his teaching. Time and again, Tillich describes man on the threshold between the Old and the New, increasingly mindful that the Old has been "corrupted, distorted, split and almost destroyed",[33] yet without a clear sense of what the New should be. Moreover, we feel rejected by existence itself, though we may use different words to describe what has rejected us: "God" or "nature", or "destiny" or "social conditions" (NB 20). What drives us in our rejectedness is the urge to again feel reconnected, overcoming the split within ourselves but also strengthening the ties to an existence deemed meaningless, arbitrary and exceedingly painful. Man is alienated from his center of purpose but is fueled by a longing to overcome his separation. Tillich repeatedly resorts to concrete examples to describe man's alienation in a modern world of war and terror the likes of which man had never seen. As such, reconciliation assumes a very human, down-to-earth quality as individuals try to become at peace with their surroundings, which to Tillich is an act of creation of that which is the future, hope, the New Being:

> Where one is grasped by a human face as human, although one has to overcome personal distaste, or racial strangeness, or national conflicts, or the differences of sex, of age, of beauty, of strength, or knowledge, and all the other innumerable causes of separation – *there* New Creation happens! Mankind lives because this happens again and again. (NB 23)

---

[32] Tillich: *Theology of Culture* (n. 28). P. 164.
[33] Paul Tillich: *The New Being*. New York: Charles Scribner's Sons 1955. P. 20. Further references with "NB" and the page number in parenthesis.

Just as Tillich, in his 1934 letter to Lily Pincus, was struggling to find meaning in his new exilic existence, his "second death" as he describes it, in *The New Being* he evokes once more images of exile as one of the most powerful conveyances of separation, alienation and indeed of the immediacy of death. In our century of world wars and mass migrations,

> multitudes as numerous as whole nations still wander over the face of the earth or perish when artificial walls put an end to their wanderings. All those who are called refugees or immigrants belong to this wandering; in them is embodied a part of these tremendous events in which Death has again grasped the reins which we believed it had relinquished forever. Such people carry in their souls, and often in their bodies, the traces of death, and they will never completely lose them. (NB 171)

Tillich calls attention to the continued presence of the exiles, no matter how far removed from the political circumstances that led to their banishment, and reveals through them the perpetual presence of death – the awareness of our finite existence – but also our ultimate passing from one realm of existence to another, a reminder of the eternal interplay of end and beginning. Our fate as human beings, Tillich reminds us, is exemplified by the exiles among us:

> You who have never taken part yourselves in this great migration must receive these others as symbols of a death which is a component element of life. Receive them as people who, by their destiny, shall remind us of the presence of the End in every moment of life and history. Receive them as symbols of the finiteness and transitoriness of every human concern, of every human life, and of every created being. (NB 171–172)

Exile, then, becomes a powerful image of man's passage through life, death, and importantly, resurrection through a forceful affirmation of our new existence, the exile's embrace of his new world. As in *The Shaking of the Foundations*, Tillich again addresses directly the exiles who, with him, have found a new beginning in the United States. He urges them to preserve the memory of their exile which, in its essence, is the remembrance of man's finiteness:

> We have become a generation of the End and those of us who have been refugees and exiles should not forget this when we have found a new beginning here or in another land. The End is nothing external. It is not exhausted by the loss of that which we can never regain: our childhood homes, the people with whom we grew up, the country, the things, the language which formed us, the goods, both spiritual and material, which we inherited or earned, the friends who were torn away from us by sudden death. The End is more than all this; it is in us, it has become our very being. We are a generation of the End and we should know that we are. Perhaps there are some who think that what has happened to them and to the whole world should now be forgotten. Is it not more dignified, truer and stronger to say "yes" to that which is our destiny, to refuse to cover the signs of the End in our lives and in our souls, to let the voice of Death be heard? (NB 172)

Exile as a lived reality manifests the End which holds the potential for a new beginning, a reconciliation with being itself that can occur only in the shared existence with others. As such, the insular, solitary experience of exile, symbolic of man's existential position in life, needs to give way to openness toward others and genuine participation in life. Separation is overcome by love, the eternal source, "the infinite which is given to the finite" (NB 173). For Tillich, no one exemplifies such capability of self-sacrificing love better than the "Heimatloser" *par excellence*, Jesus the Christ. Tillich's ontology, his understanding of being as it is perpetually exposed to the threat of non-being, becomes increasingly rooted in the lives of individuals – exiled but capable of reconnecting through renewed participation and genuine concern – from which he deduces a universal applicability throughout history. Man's existence, shaped by the dialectic of exile and reconciliation, is life under the cross.

Two years before his death, in a speech given in Frankfurt as the recipient of the *Friedenspreis des Deutschen Buchhandels*, Tillich returns to the metaphor of the boundary that so powerfully captured the liminal position of the exile in his 1936 autobiography: "Wen das Schicksal an die Grenze seines Seins geführt, ihn seiner selbst bewußtgemacht hat, der steht vor der Entscheidung, auf das, was er ist, zurückzufallen oder sich selbst zu überschreiten".[34] Transcending exile's *Grenzsituation*, faced with the decision either to regress into oneself – seen in so many of his contemporary exiles – or to grow beyond the bounds of one's former self, Tillich has accomplished both: to experience the darkness of his "second death", exile as the end, and to reemerge from it strengthened in his commitment to life lived fully, responsibly, and courageously.

---

[34] Paul Tillich: Rede bei der Verleihung des Friedenspreises des Deutschen Buchhandels in Frankfurt am 23.9.1962. In: *Gesammelte Werke* (n. 10). Pp. 419–429. Here: P. 420.

Jörg Thunecke

Konversion zum Christentum:
Karl Jakob Hirschs Briefroman *Heimkehr zu Gott* (1946)

German-born Karl Jakob Hirsch (1892–1952) was a Jewish painter, stage designer, musician, and above all a writer who gained fame through his novel Kaiserwetter *(1931). He emigrated in 1934 via Switzerland and France to New York, where he became a music and film critic for the* Neue Volkszeitung. *Immediately after the end of World War II, Hirsch returned as a US officer to Germany for a period of two years, and in 1946, on vacation in France, he wrote the epistolary novel* Heimkehr zu Gott, *a revised version of which was published posthumously under the title* Quintessenz meines Lebens *(1990).* Heimkehr zu Gott *is a semi-fictitious account of Hirsch's conversion to Christianity, following a profound spiritual experience in 1943, brought about by a brush with death and viewing/reading Franz Werfel's* The Song of Bernadette.

Karl Jakob Hirsch wurde laut eigenem Lebenslauf 1892 in Hannover in einem jüdischen Bürgerhaus geboren: "Mein Vater war Arzt", schreibt der Autor einleitend in *Heimkehr zu Gott*. Es heißt dann weiter:

> Die jüdische Frömmigkeit war Sinn und Inhalt der täglichen Bemühungen. Der Großvater meines Vaters, mein Urgroßvater, war der große Rabbiner Samson Raphael Hirsch, der Begründer der jüdischen Neu-Orthodoxie in der zweiten Hälfte des 19. Jahrhunderts. Er bekämpfte die liberale Reformbewegung [...].[1]

Hirsch studierte an Universitäten und Akademien in München, Berlin und Paris Kunstgeschichte und Malerei. Vor, während und nach dem Ersten Weltkrieg war er als Maler im niedersächsischen Worpswede tätig (während dieses Zeitabschnitts erschien z.B. eine 57-seitige Broschüre *Revolutionäre Kunst* mit Gedichten und Radierungen in der Serie "Der rote Hahn").[2] Von 1919 bis 1925 war er dann Ausstattungschef der Berliner Volksbühne, und von 1925 bis 1933 arbeitete er als Journalist für verschiedene Ullstein-Zeitungen, so die *Vossische Zeitung* sowie die *B.Z. am Mittag*. 1931 wurde er mit der Publikation von *Kaiserwetter* über Nacht berühmt;[3] der Roman wurde allerdings im Mai 1933

---
[1] Karl Jakob Hirsch: *Heimkehr zu Gott. Briefe an meinen Sohn*. München: Kurt Desch 1946. Neuausgabe mit einem Nachwort von Walter Huder (Wuppertal: R. Brockhaus 1967, Neuauflage 1990). Seitenzahlen von Zitaten aus der Ausgabe von 1946 folgen diesen jeweils in Klammern mit der Kürzel "HzG".
[2] Karl Jakob Hahn: *Revolutionäre Kunst*. Berlin-Wilmersdorf: Verlag der Aktion 1919.
[3] Karl Jakob Hirsch: *Kaiserwetter*. Berlin: S. Fischer 1931. Neuausgabe unter dem Titel *Damals in Deutschland*. Berlin-Ost: Verlag der Nation 1953.

von den Nazis verboten und verbrannt. Vor der Emigration in die Schweiz, wo er u.a. am *Luzerner Tageblatt* tätig war, veröffentlichte er 1933 unter dem Pseudonym Karl Böttner noch den Roman *Felix und Felicia*.[4] Er verließ dann allerdings 1937 Europa und lebte anschließend in New York,[5] wo er Mitarbeiter des Redaktionsstabs der *Neuen Volkszeitung* (Herausgeber Gerhard Seger) wurde und hauptsächlich Film- und Theaterkritiken schrieb, dort aber auch eine wöchentliche Kolumne des Titels "Es geht uns an" verfasste und einige Romane in Fortsetzungen veröffentlichte, so u.a. *Heute und Morgen*[6] sowie *Bronx-Serenade* (später umbenannt in *Manhattan-Serenade*).[7] In der Nachkriegszeit erschienen – außer *Heimkehr zu Gott* (1946) – einige weitere Romane aus dem Nachlass des relativ jung verstorbenen Autors, so etwa *Hochzeitsmarsch in Moll* (1986),[8] *Der alte Doktor* (1994)[9] und *'Einer muss es ja tun'* (2003),[10] sowie eine Autobiographie – teils eine überarbeitung und Fortsetzung von *Heimkehr zu Gott* –, die 1990 unter dem Titel *Quintessenz meines Lebens* veröffentlicht wurde.[11] Hirsch kehrte bald nach Kriegsende im August 1945 als US-Offizier nach Deutschland zurück und verbrachte zwei Jahre im Raum München; anschließend ging er kurzfristig in die USA zurück, um 1948 endgültig nach München umzusiedeln.[12] Er verstarb dort allerdings bereits 1952.

*

[4] Karl Böttner (d.i. Karl Jakob Hirsch): *Felix und Felicia. Eine Sommergeschichte*. Berlin: S. Fischer 1933. Der Roman wurde einige Jahre später in den USA erneut auf Deutsch veröffentlicht (New York: Farrar & Rinehart 1938) mit einer biographischen Notiz von A.J.F. Zieglschmid. In einer handschriftlichen Widmung des Autors (Luzern, Januar 1937) heißt es u.a.: "Europa verdüstert sich; sorgen wir dafür, daß es nicht in Finsternis untergeht".
[5] Laut Helmut F. Pfanner (*Karl Jakob Hirsch. Schriftsteller, Künstler und Exilant. Eine Biographie mit Werkgeschichte*. Würzburg: Königshausen & Neumann 2009. S. 64–65) traf Hirsch am 19. Mai 1937 auf der S.S. Washington, von Le Havre aus kommend, in New York ein.
[6] In Nachschlagewerken oft irrtümlich als *Gestern und Morgen* angeführt (s. dazu das "Nachwort" von Helmut F. Pfanner zu *Manhattan-Serenade*. Bern: Peter Lang 2001. S. 147–159. Hier: S. 149).
[7] Ebd.
[8] Karl Jakob Hirsch: *Hochzeitsmarsch in Moll*. Bad Homburg: Oberon Verlag 1986. Der Roman entstand 1933 u. wurde zuerst veröffentlicht in: *Israelitisches Familienblatt* (Berlin), Beilage Jüdische Bibliothek: Unterhaltung und Wissen 38, 5 (30.1.1936) – 25 (8.6.1936).
[9] Karl Jakob Hirsch: *Der alte Doktor. Eine Worpsweder Ärztin und ihre Zeit*. Bremen: Verlag H. M. Hauschild 1994.
[10] Karl Jakob Hirsch: *'Einer muss es ja tun'*. Weimar: VDG 2003.
[11] Karl Jakob Hirsch: *Quintessenz meines Lebens*. Mainz: v. Hase & Koehler Verlag 1990 ("Vorwort" von Helmut F. Pfanner. S. 7–32). Seitenzahlen von Zitaten folgen diesen jeweils in Klammern mit der Kürzel "Q".
[12] Laut Pfanner (wie Anm. 5) S. 97 verließ Hirsch die USA endgültig am 18. August 1948.

Bei *Heimkehr zu Gott* handelt es sich um einen Roman in Briefform, wobei allerdings gleich eingangs einschränkend angemerkt werden muss – wie Hirsch selbst in *Quintessenz* ausdrücklich betonte –, dass es sich hierbei gleichsam nur um "eine Stilübung in deutscher Sprache [handelte], denn die Form der *Briefe an meinen Sohn* ist ja nur fiktiv" (HzG 310). Anfangs – im Gegensatz zu *Quintessenz* – war Hirsch scheinbar davon ausgegangen, in diesen Blättern lediglich sein Leben zu schildern:

> Damals [in *Heimkehr zu Gott*] wollte ich in 'Briefen an meinen Sohn' das Leben erzählen, das glückhafte und schwere Leben eines Menschen, der zwei Kriege und mehrere Revolutionen mitgemacht hatte. Aber heute versuche ich es, und ich hoffe, daß es mir einigermaßen gelingen wird, diese Gestalt 'KJH' als einen Typus zu sehen, vielleicht sogar als einen Repräsentanten einer Schicht von Menschen, die das Höchste wollten, aber das Wichtigste vergaßen. (Q 52–53)

Später wird darauf zurückzukommen sein.

Entstanden ist das Buch – laut Hirschs eigenen Angaben vom 7. Dezember 1945 im zweiten Teil von *Quintessenz* – während eines mehrmonatigen Aufenthalts in Südfrankreich: "Meine Tage an der Riviera sind traumhaft und unwirklich. Fasse die Idee [...] mein Buch *Heimkehr zu Gott* zu schreiben [...]" (Q 270). Allerdings handelte es sich dabei zu dem Zeitpunkt lediglich um eine grobe Skizzierung seiner damaligen Gedankengänge, die sich dann aber ab Januar 1946 – als Diktat – relativ schnell zur Buchform ausweiteten. "Meine Arbeit geht eigentlich schnell vor sich. Alexandra tippt sauber und gut [...]" berichtet Hirsch an einer Stelle in *Quintessenz* (Q 278–79), so dass er der sterbenden Gulo (seiner ersten Frau) das Manuskript bereits Ende Juli 1946, anlässlich eines Besuches in Worpswede, zeigen konnte und das Büchlein selber Anfang Oktober 1946 im Verlag Kurt Desch (München) veröffentlicht wurde. "Habe heute ein wirkliches Erlebnis", schreibt Hirsch in *Quintessenz*: "Meine *Heimkehr zu Gott* ist erschienen" (Q 307).

*

Heimkehr zu Gott spiegelt Karl Jakob Hirschs religiösen Selbstfindungsprozess und somit seine Neuorientierung im Exil wider angesichts der Tatsache, dass ihm bereits als Jugendlicher der väterliche Glaube abhanden gekommen war. "Ein jüdischer Junge war verpflichtet, die Religionsschule zu besuchen", schreibt er eingangs von *Heimkehr zu Gott*, um dann fortzufahren:

> Dieser Gebetsmühlenbetrieb zermahlte alle ursprüngliche Freude und alle Ehrfurcht vor Gott, er schuf Automaten, keine gotterfüllten Menschen. Alle Ehrfurcht, die ich vor Gott hatte, verwandelte sich in Entsetzen. Der Gottesdienst wurde zur sinnlosen Qual. [...] In meinem Elternhaus wurden die Gesetze treu befolgt. Aber in der Religionsschule wurde eine Karikatur geschaffen, die auch den überzeugtesten und frommsten Juden zum Atheisten machen konnte. Ich begann unter meinem

Judentum zu leiden. Ich wollte Jude sein, fromm und gottesfürchtig, aber man zeigte mir nicht den Weg. (HzG 16)[13]

Allerdings waren derartige Klagen in Hirschs Werk nichts gänzlich Neues, denn bereits 1933 hatte Walter Heller, der wahrscheinlich autobiographische Protagonist in *Hochzeitsmarsch in Moll*, zu verstehen gegeben: "Ich habe Gott sei Dank vergessen, dass ich Jude bin; mich fragt niemand danach. Mein Judentum war mir nur ein lästiges Gepäckstück auf dem Wege nach Europa ..."[14] Und Fräulein Rosanski gegenüber meinte Heller:

> Ich weiß, wo ich *nicht* mehr hingehöre, [...] zu den Gewohnheits-Juden, zu den Angst-Juden, die zweimal im Jahre, an den hohen Feiertagen, von der Frage gequält werden, ob vielleicht nicht doch 'etwas dran sei', an dieser jüdischen Lehre, an den Synagogenbesuchen, am Tefillin-Legen und all den anderen Zeremonien, deren Sinn man nur dunkel versteht und die man als aufgeklärter Mensch des zwanzigsten Jahrhunderts nur aus Pietät irgendwelchen greisen Eltern oder 'der Kinder wegen' übt. Ich habe genug![15]

Zudem teilte er seiner Freundin Marya mit, dass er sich als Jude fühlen, ja, sogar wieder fromm sein könne, "wenn nicht auf der gesamten Orthodoxie der Moder von Jahrhunderten läge [...]".[16]

Hirsch bediente sich bei seiner langjährigen Suche nach einem Ausweg aus dieser "Notlage" eines doppelten Ansatzes; für ihn persönlich spielte die "Judenfrage" zwar eine entscheidende Rolle, aber es ging ihm in seinem Buch – wofür er die Briefform, ein "traditionelle[s] Verfahren moralischer

---

[13] Vgl. dazu auch eine ähnliche Passage bei Alfred Döblin in *Schicksalsreise. Bericht und Bekenntnis*. Frankfurt a.M.: Verlag Josef Knecht / Carolusdruckerei 1949. S. 157.
[14] Hirsch: *Hochzeitsmarsch in Moll* (wie Anm. 8). S. 34.
[15] Ebd. S. 39–40.
[16] Ebd. S. 75. Allerdings beschließt Heller dann am Romanende doch, zum Judentum zurückzukehren: "Walter fühlte dunkel, daß es ein Judentum gab, das noch nicht vermodert war [...]" (ebd. S. 166). In einem Gespräch mit Kapitän Pieter Seghers in Worpswede meinte er: "Ich habe alles Unbequeme über Bord geworfen und alles Bequeme behalten, ich vergaß mein Judentum, als ich noch ein Kind war, und bis heute dachte ich nicht mehr daran" (ebd. S. 176). Auf den Einwand des Kapitäns: "Man kann nicht zurück, Walter", entgegnet er: "Ich will heraus aus dem Gefängnis, in dem ich lebe; dazu muß ich zurückgehen, zu meiner Religion, zu meinem Volk [...]" (ebd. S. 177). Mit anderen Worten, bereits zu diesem frühen Zeitpunkt klingt das Thema "Heimkehr zu Gott" an (wenn auch nicht zu einem Christlichen!), und bereits zwei Jahre zuvor hatte Hirsch dem Advokaten Samuel de Vries, einem Renegaten, folgende Worte in den Mund gelegt: "Denn es gibt keine Umkehr zu Gott, sondern nur einen Kampf um Gott ... [...]" Hirsch, *Kaiserwetter* (wie Anm. 3). S. 322.

Exemplifizierung des eigenen Lebens",[17] wählte – "nicht um [s]eine Person allein, sondern um den Rest der Judenheit" (HzG 177). Oder, wie er es gegen Ende von *Heimkehr zu Gott* gezielter ausdrückte: "'Mein Weg als Jude', so müsste dieses Buch heißen, aber es scheint mir, als ob es besser und richtiger heißen würde: 'Der Weg des Juden'" (HZG 190).

Beschäftigen wir uns daher zunächst mit Hirschs persönlicher Einstellung zur so genannten "Judenfrage". Wie oben bereits ausgeführt, war dem Autor bereits in jungen Jahren "[d]as orthodoxe, west-jüdische Synagogen-Judentum [...] fremd geworden, fremd in der Sprache und in der Leerheit der Formeln" (HzG 51), die für ihn keinen Sinn mehr beinhalteten. Mit dem Judentum verband ihn "nur die Erinnerung an [s]eine orthodoxe Erziehung": "Eine jüdische Gegenwart gab es für mich nicht" (HzG 78). Und das trotz ehrlicher Bemühungen, die jedoch alle darauf hinausliefen, dass er "in diesen [orthodoxen] Verboten und Gesetzen nichts Zwingendes und gar Erlösendes erblicken [konnte]" (HzG 119). Selbst wiederholte Streitgespräche mit einem bayrischen Katholiken im Exil führten zu keinem nachhaltigen Ergebnis. "Es war bezeichnend für meinen damaligen Zustand", betonte Hirsch, dass "die Vergangenheit nur noch Gesprächsstoff [war], die Zukunft eine sehr ungewisse Hoffnung, die Gegenwart interessiert[e] gar nicht" (HzG 129). Und sogar ein Gelöbnis, wieder ein frommer Jude zu werden, sollte er in New York einen Staatsjob als übersetzer ergattern, verlief im Sande (s. HzG 158–59).

Erst eine Reihe kritischer Ereignisse im Jahre 1944 führte dann zu einer Wende. Da wäre zunächst die Bekanntschaft mit dem protestantischen Pastor Forell zu nennen, die 1945 zur Taufe führte. Hinzu kam das beeindruckende Erlebnis der Verfilmung von Franz Werfels Roman *The Song of Bernadette* (s. HZG 158–59)[18]; Hirsch berichtet davon ausführlicher in *Quintessenz*:

> Ein umwälzendes Erlebnis war für mich die Bekanntschaft mit dem Film *Song of Bernadette*. Dieser nach Franz Werfels Roman gedrehte Film zeigte mir in der Darstellung der jungen Jennifer Jones die Gestalt eines ekstatischen Mädchens von Lourdes, das beinahe spielerisch eine Quelle entdeckt hatte und der die Gestalt der Jungfrau Maria erschienen war. Ich habe diesen Film öfters angesehen,[19] auch das Buch, das nun auf englisch erschien,[20] wiederholt gelesen. (Q 231)

[17] Helmut Peitsch: Karl Jakob Hirsch: *Kaiserwetter* und *Heimkehr zu Gott*. In: *Jüdische Intelligenz in Deutschland*. Hg. Jost Hermand u. Gerd Mattenklott. Hamburg: Argument 1988. S. 96–116. Hier: S. 101.

[18] Frank Werfel: *Das Lied von Bernadette*. Stockholm: Bermann Fischer 1941. Der Hollywood-Film *The Song of Bernadette*, mit Jennifer Jones in der Hauptrolle, der vier Oscars und drei Golden Globe Awards erhielt, wurde zuerst Weihnachten 1943 in den USA gezeigt.

[19] Vgl. dazu Joes Gassners Rezension des Films in der Glosse "Es geht uns an" der *Neuen Volkszeitung* (New York) 13, 8 (19. Februar 1944). S. 6.

[20] Frank Werfel: *The Song of Bernadette*. New York: The Viking Press 1943 (zuerst erschienen in London: Hamish Hamilton 1942).

Letztendlich jedoch war es eine Erkrankung, die Hirsch mit dem Tode ringen ließ, welche die eigentliche Wende einleitete. Während dieses Todeskampfes (in einem Krankenhaus in Brooklyn) erlebte der Autor nämlich eines Nachts eine Art von Erleuchtung: Er sah plötzlich ein Licht, "das von keiner irdischen Quelle gespeist wurde" (HzG 162), und er hatte das Gefühl, "von der Sphäre des Todes in die des Lebens [zu gleiten], aber es war kein Zurück, sondern ein *Vorwärts* [Hervorh. JT]" (HzG 163). In den Stunden und Tagen, die diesem Erlebnis folgten, wurde ihm sodann immer klarer, dass er ein Geschöpf Gottes sei (s. HzG 163). Es war angesichts dieser Einsicht, dass der Autor eine *Heimkehr zu Gott* als Motto vorangestellte Passage aus dem Johannes-Evangelium zitierte, wo es im 3. Kapitel (1–5) u. a. heißt:

> Es war aber ein Mensch unter den Pharisäern, mit dem Namen Nikodemus, ein Oberster unter den Juden. Der kam zu Jesus bei der Nacht, und sprach zu ihm: Meister, wir wissen, daß Du bist ein Lehrer von Gott kommen; denn niemand kann die Zeichen tun, die Du tuest, es sei denn Gott ist mit ihm. Jesus antwortete und sprach zu ihm: Wahrlich, wahrlich, ich sage dir: *Es sei denn, daß jemand von neuem geboren werde, kann er das Reich Gottes nicht sehen.* Nikodemus spricht zu ihm: Wie kann ein Mensch geboren werden, wenn er alt ist? Kann er auch wiederum in seiner Mutter Leib gehen und geboren werden? Jesus antwortete: Wahrlich, wahrlich, ich sage dir: Es sei denn, daß jemand geboren werde aus Wasser und Geist, so kann er nicht in das Reich Gottes kommen.[21]

Hirsch zitierte die im Roman kursiv wiedergegebene Passage und fügte dem anschließend noch hinzu, dass er das Gefühl gehabt habe, von Christus, dem Gott der Liebe, erlöst worden zu sein, wohingegen Jehova ihn getötet hätte (s. HZG 164), und dass ihm aus diesem Grunde "das Judentum in seiner religiösen Gestaltung nicht [genüge]" (HzG 164). "[...] ich brauchte Verzeihung und Liebe", betonte er, "denn ich war schuldig gewesen, so tief schuldig wie ein Mensch nur sein kann [...]" (HzG 163) und begriff plötzlich, "daß alle Schmerzen und Leiden, alle Erniedrigungen, alle Not, die ich erlitten hatte, einen Sinn hatten" (HzG 167).

Hirsch fand somit in jener Nacht des Todeskampfes einen Weg vorwärts, erlebte eine Art von Wiederauferstehung. "Ich hatte den Weg gefunden, der zurück zu Gott führte", berichtete er in der Rückschau, "oder besser gesagt, *vorwärts* zu Gott [Hervorh. JT]" (HzG 186). Folglich lässt er sich dann bald danach – am Karfreitag des Jahres 1945[22] – von Pastor Forell taufen und meinte anschließend, er sei niemals ein besserer Jude gewesen als zu dem Anlass (s. HZG 187); denn er habe feststellen können, dass das Religiöse in ihm nur verschüttet gewesen sei, aber noch vorhanden war (s. HzG 189).

---

[21] "Johannes-Evangelium" in: *Die Bibel oder die ganze heilige Schrift* [nach der übersetzung von Martin Luther]. Berlin: keine Verlagsangabe 1911. S. 100–111.
[22] D.h. am 30. März 1945.

Hirsch hat sich nachträglich – und sogar vertiefend – auch in *Quintessenz* mit diesem Erlebnis auseinandergesetzt, da ihn kein geringerer als Alfred Döblin, in einem Brief vom 15. März 1947 (nach dessen Lektüre von *Heimkehr zu Gott*), dazu aufgefordert hatte: "Dieses Büchlein erzählt zu viel von Ihren autobiographischen äußeren Dingen und zu wenig von der inneren Entwicklung", schrieb Döblin Hirsch:

> Worauf es ankommt, wäre natürlich nicht dies[e] im Grunde recht typischen äußeren Vorgänge, sondern, was Sie speziell und auf Ihre Weise erlebt haben und erfahren haben und ihre inneren Formulierung. Ferner natürlich gedanklich die Auseinandersetzung mit dem Christentum. Ich vermute, Sie werden nach einiger Zeit das Buch noch einmal schreiben und zwar nicht von Ihrem Leben anfangen, also von Ihrer Geburt, Kindheit etc., sprechen nicht von Ihrer Schule, sondern von den zentralen Dingen, die Ihnen in einem entscheidenden Jahr zusetzten und Sie beunruhigten. Dies ist der Ausgangspunkt und von da aus geht der Weg weiter zu der Darstellung.[23]

Laut Pfanner war dieses "kritische [...] aber letztendlich doch positiv aufmunternde [...] Urteil [...] von seinem Schicksalsgenossen Alfred Döblin, der früher schon ebenfalls im Exil vom Judentum zum Christentum (in diesem Falle zum Katholizismus) konvertiert war" Hauptanstoß, dass Hirsch

> [...] kurz nach der Veröffentlichung seiner autobiographischen 'Briefe an [seinen] Sohn' sich daran machte, eine neue Autobiographie zu verfassen. Die Verwirklichung seines Planes stellt das Buch *Quintessenz meines Lebens* dar, das der Autor während seiner letzten Lebensjahre in München schrieb und das sich ein halbes Jahrhundert im Nachlass des Autors befand, bevor es zu seiner Veröffentlichung kam.[24]

Pfanner kommentiert die einschneidende Bedeutung von Döblins Brief fernerhin folgendermaßen:

> Bald nach Empfang dieses Schreibens begann Hirsch mit einer erneuten Niederschrift seiner Lebensgeschichte. Wie schon im Titel *Quintessenz meines Lebens* angekündigt, strebte er offensichtlich danach, Döblins Rat zu befolgen. Das

---

[23] Alfred Döblins Brief an Joe Gassner [d.i. Karl Jakob Hirsch] vom 15. März 1947. Abgedr. in Alfred Döblin: *Briefe* Bd. 2. Zürich: Walter 2001. S. 247–248. Vgl. dazu auch Alfred Döblins Rezension von *Heimkehr zu Gott* in der von ihm herausgegebenen Nachkriegszeitschrift *Das goldene Tor* (3, 3 [1948]), wo es heißt: "Sein Wesentliches ist die Auseinandersetzung mit der Problematik des Judentums. Hirsch theoretisiert nicht, er stellt eigenes Erleben dar, äußeres und inneres. Ehrlich zeigt Hirsch seinen Weg als Deutscher, Jude und Europäer, einen Weg, der ihn über ästhetische Egozentrik, humanitäre Politik und atheistischen Rationalismus zum Erlebnis christlicher Religiosität führt. Das gläubige Ja zu Christus, dessen Verkörperung aus jüdischem Wesen sinnvoll begriffen wird, erscheint als Lösung erlittener Fragen von gestern und heute. Ein Buch, das ergreift" (301).
[24] Pfanner (wie Anm. 5). S. 87.

Resultat war eine Neufassung seiner Lebensgeschichte im Gegensatz zu einer bloßen Neubearbeitung seines früheren Textes.[25]

In *Quintessenz* reflektiert Hirsch seinen damaligen Bruch mit der Vergangenheit:

> Aber ich sah es damals noch nicht ganz so, wie ich es heute sehe, nämlich daß mein Schritt zum Christentum nichts weiter war als die Wiederholung meines Bekenntnisses von 1918 zum konsequenten Sozialismus. Mir erscheint es heute klar und deutlich, daß ich die Gestalt des Erlösers richtig begriffen habe. Daß ich mich damit im Gegensatz zum Hergebrachten stellte, wurde mir erst im Laufe der Zeit klar. Daß Religiösität gleichbedeutend mit Reaktion oder mit einer rückwärts gewandten Haltung sein sollte, erschien mir unsinnig zu sein. Damals begriff ich es kaum, aber innerlich wußte ich es sicherlich. Die Bergpredigt Christi verkündete ja nichts weiter als den Kampf gegen das Herkömmliche und im tieferen Sinne Asoziale. [...] Ich habe damals, als ich mich taufen ließ, geglaubt, daß es für einen jeden Christen selbstverständlich wäre, zu begreifen, daß Jesus von Nazareth nicht nur ein Revolutionär gegen die Tradition des Konservativ-Jüdischen ist, sondern die Verkündigung des neuen und tätigen Lebens, nicht der Abwendung vom Leid der Menschen, nicht die Flucht in den Tod, wie es in den Kirchen gelehrt wird, sondern das heroische Leben für den "Nachbarn". Daß Christus sterben mußte, ist so selbstverständlich für einen jeden, der das Neue Testament richtig begriffen hat. Er war sein Gott, wie es alle jüdischen Propheten gewesen waren. (Q 241-42)

Man fühlt sich bei der Lektüre dieser Passage lebhaft an Alfred Döblins Bekenntnis erinnert, wie es dieser ungefähr um die gleiche Zeit, d.h. 1945, in *Schicksalsreise* wiedergegeben hat. Dort heißt es z.B. an einer Stelle im ersten Buch:

> Wenn ich im Neuen Testament lese und seine [Jesu] Reden und Handlungen verfolge, so gibt es nichts darin, was mich nicht erhebt und mir große Freude macht. Wahrer und lebensvoller als ein gewöhnlicher Mensch ist er, ein Menschenwunder, wirklich, ein vollkommenes Wesen, dessen Auftreten und Erscheinen alle Menschenalter beglücken muß. Die Erinnerung an solch Wesen wird überliefert. Noch in der Erinnerung labt man sich an ihm.[26]

Zusammenfassend gelangte Hirsch der Autor daher zu der Schlussfolgerung:

> Es war das große Judenerlebnis, das über mich gekommen war, denn niemals fühlte ich das Auserwähltsein stärker als in jener Nacht, in der ich vom Tode zum Leben auferstand. [...] Ich erlebte die Notwendigkeit der Erlösung, die ein jeder Jude anstrebt. [...] Ein Volk kann nicht vom Schöpfer dazu bestimmt sein, als Opfer durch Jahrtausende zu existieren. (HzG 190–91)

Im gleichen Atemzug betonte Hirsch jedoch, dass sein persönliches Erlebnis weiter reichende Konsequenzen haben müsse, was darin Ausdruck fand,

---

[25] Ebd. S. 11.
[26] Döblin: *Schicksalsreise* (wie Anm. 13). S. 129.

dass er als alternativen Titel zu *Heimkehr zu Gott*, wie oben schon erwähnt, zwar "Mein Weg als Jude" vorschlug, gleichzeitig aber meinte, ein noch besserer Titel wäre "Der Weg des Juden". Mit dieser Verallgemeinerung schlug der Autor quasi eine Brücke zu einem wesentlich komplexeren Problem – wie eingangs bereits angedeutet –, nämlich der Thematisierung der "Judenfrage" generell und nicht nur in einem vereinzelten Fall.[27] Schütz hat hierauf bereits im Zusammenhang mit *Hochzeitsmarsch in Moll* hingewiesen, als er schrieb: "Hirsch hat das individuelle Problem seines Helden [Walter Heller], den Verlust der religiösen Heimat, mit dem allgemein-jüdischen, dem Verlust der politischen Heimat, verknüpft".[28]

Für Hirsch bedeutete die "Judenfrage" nämlich während der 30er und 40er Jahre – abgesehen von seinen höchst persönlichen Glaubensfragen – einen "Zwiespalt zwischen Heimatbewußtsein in Deutschland und jüdischem Nationalbewußtsein [...]"; denn für ihn wurde die "Zugehörigkeit [der Juden] zum deutschen Volk, mit dem sie mehr als hundert Jahre lang verbunden waren, [...] immer fraglicher. Es blieb ihnen keine Wahl, als sich auf das zu besinnen, was das Ursprüngliche in ihnen war" (HzG 88–89). In diesem Sinne war er der Meinung, nach der Flucht aus Europa in die USA hätte der typische "deutsch-jüdische Emigrant mehr deutsche Eigenschaften in sich, als er wahrhaben wollte, und der amerikanische Jude, der meist von Ostjuden abstammte, war viel jüdischer in Sprache und Aussehen, als der deutsche Jude" (HzG 107–08). Er fährt dann fort:

> Da hilft keine Sentimentalität, man muß den Tatsachen ins Auge blicken: der amerikanische Jude, soweit er nicht völlig amerikanisiert ist, spricht Jiddisch, er versteht es nur schwer, daß der aus Deutschland geflohene Jude als seine Muttersprache die deutsche bezeichnet und von der jiddischen Sprache auch nichts versteht. Niemals habe ich es besser begriffen als in der Emigration: der Jude ist seiner Umwelt angepaßt, er ist deutsch, französisch oder englisch. Er ist eigentlich nur bekenntnismäßig jüdisch. Da aber die jüdische Religiosität in den europäischen Ländern bis auf einen geringen Prozentsatz geschwunden war, so mußte der deutsch-jüdische Emigrant, um überhaupt irgend etwas von seinem Judentum zu begreifen, National- oder Rassen-Jude werden. Ich begriff damals, was ich heute weiß: die Juden flüchteten aus Europa nicht, um Gott zu finden. Sie kamen nach Amerika und bemühten sich, auf schnellstem Wege sich zu amerikanisieren, nicht um sich als jüdische Nation zusammenzuschließen. Sie waren außerhalb der amerikanisch-jüdischen Gemeinschaft, es war sprachlich wie glaubensmäßig bedingt. Sie konnten nicht in die amerikanische Gesellschaft eindringen, weil diese Juden gegenüber ablehnender war, als das je in Europa der Fall gewesen war. Es gab gewiß keinen antijüdischen Staat, aber die Trennung zwischen Juden und Nichtjuden war gesellschaftlich unüberbrückbar. (HzG 108)

[27] Auch dieser Komplex wurde dann in *Quintessenz* erneut aufgegriffen und vertieft (s. u.).
[28] Hans J. Schütz: "Nachwort" zu *Hochzeitsmarsch in Moll* (wie Anm. 8). S. 181–191. Hier: S. 183.

Folglich herrschte bei diesen jüdischen Emigranten aus Europa "das Gefühl der Furcht und der Flucht [vor], Furcht vor dem Gestern, dem man entronnen war, Flucht in ein Morgen, von dem man nur ahnen konnte. Es fehlte das Heute" (HzG 106–07).

Für Hirsch gab es somit zwei deutlich von einander unterschiedene Gruppen jüdischer Einwanderer, für die sich die so genannte "Judenfrage" sehr unterschiedlich stellte. Für ihn war "[i]n der jüdischen Bevölkerung Amerikas [...] das Bekenntnis zur Religion keineswegs eine äußere Angelegenheit"; denn "[d]iese meist aus Polen und Rußland stammenden Juden kamen mittellos in den neuen Erdteil, aber sie hatten das Glaubensbekenntnis ihrer Väter als unverlierbares Gut mitgenommen" (HzG 154). Als nun jedoch die Emigration ab 1933 Amerika erreichte,

> [...] kamen zum erstenmal jüdische Einwanderer ins Land, deren Zusammenhang mit der Religion sehr gering war. [...] Ihre Beziehungen zum Judentum waren durch den grausamen Antisemitismus in Europa ins Rassisch-Nationale gedrängt. Sie hielten die jüdischen Gebräuche lediglich als nationale Erinnerungen und Gedenktage aufrecht. (HzG 154)

Mit anderen Worten: Diesen europäischen Intellektuellen war Religion auf dem Wege nach Amerika kein gewichtiges Gepäck (s. HzG 154)!

Aufgrund dieser Unterscheidung zwischen tief-religiösen Juden aus Osteuropa und meist irreligiösen Juden aus Westeuropa in der amerikanischen Emigration wurde Hirsch die Notlage der zweiten jüdischen Einwanderungsgruppe bewusst, der aus Deutschland vertriebenen Juden, die nicht nur in den USA, sondern heimatlos über die ganze Welt verstreut waren:

> Ich sah sie alle in meiner Pension klar vor Augen. Dort war der frühere Arzt, der ehemalige Rechtsanwalt, der einstige große Kaufmann [...]. Ihnen und ihren Frauen war es niemals in den Sinn gekommen, daß ihre Austreibung eine Strafe war. Sie selbst hatten nie etwas verschuldet, aber es mußte eine Schuld da sein, für die sie büßen mußten. Diese emigrierten Menschen waren voller Haß und Rache gegen ihr ehemaliges Heimatland. Sie hofften auf die endgültige Vernichtung des Gegners, aber sie hatten nichts Positives in sich aufgenommen. Das Negative ihrer Existenz war ihnen nicht einmal bewußt. (HzG 168–69)

Nach der Bestandsaufnahme dieser Situation, welche er in New York vorgefunden hatte, wo sich ein Großteil der deutschsprachigen jüdischen Emigranten niedergelassen hatte, konstatiert Hirsch – wie bereits eingangs erwähnt –, warum die "Judenfrage" generell in seinem Buch eine so entscheidende Rolle spielt, und nicht allein für ihn persönlich. So war für Hirsch "[d]er Zionismus kein Weg, sondern ein Ausweg, der nichts mit der innerlichen Ratlosigkeit des Judentums zu tun hat" (HzG 177). Die "Judenfrage" war "das, was der einzelne Jude als seine Frage begreift" (HzG 177). Seiner Meinung nach gab es "nur ein geistiges [Judentum], das ist das Glaubensjudentum, das die

Jahrhunderte überstanden hat" (HzG 178). Die Situation änderte sich jedoch, als "die Mehrzahl der Juden vom Glaubenjudentum zu einem politischen überwechseln [wollte]" (HzG 178). Dann galt es nämlich – laut Hirsch – diesen zuzurufen: "Dieser Weg führt nicht zur Erlösung" (HzG 178). Die Erlösung des einzelnen Juden sei nämlich von den Ketten einer Jahrtausend alten Geschichte geprägt, "die schmerzhafter denn je jede freie Entwicklung hemmt" (HzG 178). Der Jude sei zwar auserwählt, die Lehre zu empfangen, "aber er hat sich selbst gebunden, indem er jede Entwicklung ablehnte" (HzG 178). Folglich war "der überlebende Teil des Judentums heute in der ganzen Welt der wirklich Besiegte und Geschlagene" (HzG 178). Mit anderen Worten: Laut Hirsch war "[d]as Judesein ein Glaubensbekenntnis, bis eine jüdische Rasse erfunden wurde, bei der der Glaube nichts bedeutete" (HzG 178).

Das Resultat war, dass es für diese Rasse-Juden, denen der Glauben ihrer Väter seit langem abhanden gekommen war, zwar eine Vergangenheit und eine Zukunft gäbe, aber keine Gegenwart; denn nur die allerwenigsten dachten an eine eventuelle Heimkehr in die alte Heimat nach Kriegsende (s. HzG 180). Daher Hirschs Forderung zu einem religiösen Bekenntnis, wie es ihm selber widerfahren sei; die Befreiung kann laut Hirsch "nicht von außen kommen, keine politische Macht der Erde ist in der Lage, den jüdischen Menschen vom Fluch zu befreien" (HzG 191). Der "Weg des Juden" müsse vielmehr notgedrungen in der christlichen Erlösung münden: "Der Jude ging achtlos an der Gestalt des Erlösers vorbei"; denn das Testament Moses gibt nur Gesetz und nicht Erlösung: "Dieser fluchbeladene Weg des Juden vom Kreuz in Golgatha bis zur Gaskammer in Auschwitz muß" – so Hirschs abschließende Forderung – "beendet werden" (HzG 191). Das mag vielen gläubigen Juden zwar frevelhaft erscheinen,[29] und der Autor ist sich dessen sehr wohl bewusst, aber seiner Meinung nach führe der Weg der "Erlösung" der Juden einzig und allein über das Christentum (s. HzG 191).

Bei einer derartigen Stellungnahme fühlt man sich noch einmal an ähnliche Ansichten Döblins in *Schicksalsreise* erinnert,[30] wo es an einer Stelle im zweiten Buch heißt: "Ich traf [auf dem Wege ins Exil] lauter Einzelne, lauter Privatleute":

> Manche waren erbittert, Frauen standen die Tränen in den Augen, wenn sie erzählten, wie man sie gedemütigt hatte. Aber das war alles, darüber ging es nicht

---

[29] Walter Mehring schrieb dazu in einem Leserbrief "Wieder Einer" an den *Aufbau* (New York) 13 (28. März 1947). S. 6: "Bedenklich hingegen wird es, wenn der frisch Getaufte [...] seine Wandlung als theologisch-antisemitischen Sonntags-Schulaufsatz publiziert. [...] Viele seiner Sätze scheinen den Deutschen aus der Parzival-Streicher-Seele gesprochen zu sein".
[30] Vgl. dazu Robert E. Sackett: Döblin's Destiny: The Author of *Schicksalsreise* as Christian, Jew and German. In: *Neophilologus* 86, 4 (Oktober 2002). S. 587–608.

hinaus. Womit sie sich befaßten? Mit Geschäftssachen. Sie machten sich Sorgen, wie sie in New York Geld verdienen könnten. Sie zuckten die Achseln: Man ist Jude, die Menschen tun mit einem, was sie wollen. Sie waren gut angezogen. Zu Tisch, besonders zum Diner, erschienen die Damen elegant gekleidet. [...] Und da passierte das Gespenstige, daß mittags und abends das Auswandererschiff sich in ein Hotelschiff verwandelte. Prächtig geputzt zeigten sich die Herrschaften, die Verjagten. Gingen in die Bar und tanzten zur Jazzmusik. (Das Leben geht weiter, sagte man. Nein, die Trägheit geht weiter. Sie nahmen nichts in ihr Bewußtsein auf, sie entschlossen sich in keiner Weise. Sie waren und blieben einfache Bürger, Kaufleute, Angestellte und merkten nicht, daß man auf diese Weise nicht existiert. In New York nach der Ankunft zerstreuten sie sich in alle Winde. Keine Stimme rief sie, keiner erweckte sie.)[31]

Hirsch hat das Thema "Judenfrage" – wie er selber betonte – in der überarbeitung von *Heimkehr zu Gott* nur noch relativ kurz abgehandelt: "Es ist in diesem Buch", schrieb er Anfang der 50er Jahre in *Quintessenz*, "nur sehr wenig die Rede von meinem 'Judentum' " (Q 152). Zudem unterscheiden sich die Ausführungen in *Quintessenz* nur punktuell von denen in *Heimkehr zu Gott*. Er hebt einführend hervor, dass es seiner Ansicht nach falsch sei, zu glauben, "daß die jüdischen Emigranten [aus Deutschland] damals schon ihr Judentum für sehr wichtig hielten" (Q 199–200); denn "[a]lle diese bürgerlichen Emigranten aus Deutschland waren ja in ihrer Heimat in sehr verschämter Weise Juden gewesen. Die Assimilierung zum Deutschtum war unaufhaltsam, so daß zum Beispiel in den letzten Jahren vor 1933 die Hälfte aller jüdischen Ehen Mischehen waren" (Q 201). Dann allerdings geht Hirsch – wie bereits in *Heimkehr zu Gott* – erneut ausführlich auf die Situation der deutsch-jüdischen Emigration in den USA – und insbesondere in New York – ein, indem er einmal mehr den Gegensatz deutlich herausarbeitet:

Das ist etwas, was in Amerika unausdenkbar ist. Die Juden fühlen sich als Juden; daß sie Amerikaner sind, ist für sie selbstverständlich. In Deutschland aber war unsinnigerweise ein Unterschied zwischen den Begriffen 'Deutschtum' und 'Judentum'. Die bürgerlichen Juden waren so erpicht darauf, als deutsche Staatsbürger anerkannt zu werden, daß sie ihr Judentum völlig vernachlässigten. Nicht nur in religiöser Hinsicht, in jeder. Es war ein beinahe tragisches Schauspiel, als diese deutschen Juden nun nach USA kamen, wenn sie Glaubensgenossen trafen, die sich ganz selbstverständlich 'Juden' nannten. So war es bei den bürgerlichen Emigranten, während die politischen Flüchtlinge überhaupt kein Gewicht darauf legten, Juden oder Christen zu sein. (Q 201)

Laut Hirsch war "[d]er aus dem Westen stammende deutsche Jude [...] eine Zwittererscheinung, die sich gar nicht einordnen ließ. [...] Die Stellung der jüdischen Emigranten in USA war eigentlich von Beginn an entschieden: Sie konnten sich nur an das Amerikanische assimilieren. Vom wirklich Jüdischen

---

[31] Döblin: *Schicksalsreise* (wie Anm. 13). S. 347.

trennte sie eben alles" (Q 202). Folge dieser Situation war, dass sich die aus dem Reich emigrierten bürgerlichen, jüdischen Emigranten im Deutsch-Jüdischen Club zusammenschlossen:

> Dort waren sie zu Hause, sie hatten 'Landsmannschaften', die der 'Verein der Berliner', der 'Frankfurter' oder der 'Hamburger' genannt wurden. Wenn sie auch einen Haß gegen ihre frühere Heimat empfanden, so mußten sie sich doch zusammenschließen, das Natürliche war eben, sich mit Freunden aus derselben Stadt zu treffen. [...] Doch zwischen den Deutschen und den deutschen Juden bestehen sowenig Zusammenhänge wie zwischen den jiddischen Amerikanern und den jüdischen Emigranten. (Q 202–03)

Abschließend betont Hirsch sodann, dass er auf die Lage der deutschen Juden in den USA im Rahmen der überarbeitung von *Heimkehr zu Gott* nur kurz habe eingehen können, dass sie es jedoch wert sei, einmal genauer erörtert zu werden. So wüsste man z.B. bis dato nicht, wie sehr die aus Deutschland Vertriebenen in den USA von den jiddisch sprechenden Ostjuden unterstützt worden seien:

> Aber es gab eine Grenze. Sie bestand darin, daß die Lebensgewohnheiten, die Ansichten, eben alles, was die Westjuden an sich hatten, den amerikanischen Juden fremd bleiben mußte. So war der jüdische Emigrant (und er ist in der Mehrzahl) sehr isoliert in USA. Es gab keine Assimilierung mehr, denn der christliche Amerikaner hat allem Jüdischen gegenüber einen gesellschaftlichen Antisemitismus, wie es ihn in Deutschland nie gegeben hat. Die aus dem Osten stammenden haben sich damit abgefunden, aber die europäischen, die deutschen Juden waren und sind immer noch erstaunt über den Umfang der Ablehnung, die in gesellschaftlicher Hinsicht in USA den Juden gegenüber angewendet wird. (Q 205)

*

Quintessenz – obwohl es dem Thema der so genannten "Judenfrage" relativ wenig Neues hinzufügte – geht laut Pfanners Einschätzung "über den ebenfalls autobiographischen Bericht der *Heimkehr zu Gott* am weitesten in den Teilen hinaus, in denen Hirsch seine Erfahrungen im besetzten Deutschland der ersten Nachkriegsjahre [von August 1945 bis August 1947] mitteilt".[32] Wesentlich ist an dieser Tatsache, dass der Leser in diesem Zusatz Einzelheiten über die Entstehungsgeschichte von *Heimkehr zu Gott* erfährt; denn – wie Pfanner bereits Anfang der 90er Jahre ausführte – handelte es sich hierbei um "[e]inen besonders interessanten Fall der religiösen Erneuerung im Exil [...]":

> Typisch für den Weg vieler Exilanten ist Hirsch von einem ganz im deutschen Bürgertum assimilierten liberalen Judentum über die existentielle Krise im Exil zur religiösen Besinnung gekommen. Er gehört auch jener kleinen Gruppe von Exilanten an, deren religiöse Selbstbesinnung eine Konversion miteinschloß, wobei

---

[32] Pfanner: "Vorwort" zu *Quintessenz* (wie Anm. 11). S. 29.

Hirsch seinen übertritt zum Christentum nicht als eine religiöse Grenzüberschreitung, sondern als die konsequente Fortsetzung und Ergänzung seiner jüdischen Herkunft verstand.[33]

Allerdings haben das längst nicht alle so gesehen, insbesondere die meisten jüdischen Zeitgenossen; Walter Mehring wurde ja bereits oben zitiert. Manfred George – der Herausgeber des New Yorker *Aufbau* – nannte zwar im März 1947 in einer Rezension *Heimkehr zu Gott* einen "Bekenntnisbericht", um dann jedoch einschränkend – wie auch bereits der Titel "Wieder einer" andeutet – hinzuzufügen:

> Es ist nicht das einer Seele, die an dem Gott, dem sie gedient hat, verzweifelt und die einen neuen gefunden hat, sondern es ist die Flucht eines Menschen vor seiner von keiner göttlichen Beziehung erfüllten Einsamkeit. Zugleich ist es ein sehr trauriges Bild eines deutsch-jüdischen Intellektuellen, der sich weder in Deutschland noch in Amerika zurechtgefunden hat, dem alles unter den Händen zerrinnt und der das Wenige, was er hat, allmählich Stück um Stück verliert. Dies ist kein Vorwurf und keine Wertung. Das Buch ist ehrlich, ehrlich in seiner Verwirrung und ehrlich in seiner Lösung. [...] Und so soll man nicht mit schnappendem Eifer nach dem Autor dieses Buches jagen und ihm Abtrünnigkeit oder sonst etwas Böses vorwerfen. Gewiss, das Judentum hat sicherlich nichts an diesem Mann [...] verloren, denn dieser hat ihm nie angehört. Dies ist der tiefe Irrtum Hirschs, obwohl er für ihn selbst zur Zeit unwesentlich ist: hier liegt keine Heimkehr und keine Bekehrung vor.[34]

Es handelte sich hierbei jedoch zweifelsohne um ein Missverständnis; denn Hirsch hatte selber wiederholt betont: "Man geht zu Gott nur *vorwärts*, niemals zurück [Hervorh. JT]" (Q 301–02).[35] Indem man sich aber weigerte, "[d]en Titel dieses autobiographischen Bekenntnisbuches [...] nicht als den Ausdruck einer religiösen Eingrenzung, sondern als die Endstation eines Weges

---

[33] Helmut F. Pfanner: Die ethnisch-religiöse Selbsterfahrung des Exilschriftstellers Karl Jakob Hirsch. In: *Wenn wir von gestern reden, sprechen wir über heute und morgen. Festschrift für Marta Mierendorff zum 80. Geburtstag*. Hg. von Helmut G. Asper. Berlin: edition sigma 1991. S. 81–91. Hier: S. 84. Vgl dazu auch den Abdruck des Beitrags in: *Begegnung mit dem 'Fremden'. Grenzen – Traditionen – Vergleiche*. Bd. 8: *Emigranten- und Immigrantenliteratur*. Hg. von Eijiro Iwasaki und Yoshinori Shichiji. München: iudicium verlag 1991 (Akten des VIII. Internationalen Germanisten-Kongresses in Tokyo 1990). S. 198–206.
[34] m.g. (= Manfred George): Wieder einer. In: *Aufbau* (New York) 13, 11 (14. März 1947). S. 5.
[35] Ähnliche Anklänge finden sich auch in *Heimkehr zu Gott*, wo der Autor z.B. in der Sylvesternacht 1943/44 von einem Bekannten aufgefordert wurde: "'Warum gehst du nicht vorwärts?'" (HzG 151). An einer anderen Stelle heißt es: "[...] so war ich einen kleinen Schritt vorwärtsgegangen; ja, vorwärtsgehen heißt heimkehren zu Gott" (HzG 167).

[zu verstehen], der bereits bei seiner Geburt im Elternhaus begonnen hatte",[36] versperrte man sich jüdischerseits lange Zeit den Zugang zu diesem Werk. Für Hirsch bedeutete nämlich – wie Pfanner richtig herausgestellt hat – "das Ziel seiner Konversion die Erfüllung und Ergänzung der in seinem Judentum enthaltenen religiösen Veranlagung".[37]

Neu war das alles sowieso nicht; denn bereits Jahrzehnte zuvor hatte Karl Jakob Hirsch im Nachwort seines expressionistisch geprägten und anfangs erwähnten Bändchen *Revolutionäre Kunst* diesem Gefühl Ausdruck verliehen: "Gott ist angebrochen und Mensch sein Herz".[38] Besser hätte er seine späteren religiösen Vorstellungen nicht auf den Punkt bringen können!

Religiöse Neuorientierung im Exil während der 40er Jahre war bei Emigranten aller Schattierungen (jedoch besonders bei solchen jüdischer Abstammung) sehr ausgeprägt. Außer Hirsch – und dem bereits erwähnten Döblin – lässt sich dieser Trend auch bei anderen prominenten – und weniger prominenten – Exilanten nachweisen. Pfanner erwähnt z.B. den Historiker Helmut Hirsch (1907–2009), den Schauspieler und Theaterdirektor Ernst Josef Aufricht (1898–1971) und den Juristen Heinrich Kronstein (1897–1972), um einige Nicht-Literaten zu nennen, obwohl er gleichzeitig ausdrücklich betont, dass "[d]ie christlichen Konversionen im Exil [...] keinesfalls die Tatsache verdecken [sollten], daß viele jüdische Emigranten in ihrem Väterglauben selbst den gesuchten inneren Halt und einen heilbringenden Ausweg aus ihrer existenziellen Krise fanden".[39] Franz Werfel (1890–1945) und sein von einem Heilserlebnis geprägter Roman *Das Lied von Bernadette* (1941) darf in diesem Zusammenhang nicht vergessen werden, insbesondere da er – wie oben ausgeführt – Hirschs Konversion wesentlich beeinflusste. Und letztendlich sei noch Lion Feuchtwangers (1884–1958) Beschäftigung mit der "Judenfrage" in seinem Werk nach Kriegsende – insbesondere in *Jefta und seine Tochter* (1957) – in Erinnerung gebracht, ein Werk, dass erst jüngst im Mittelpunkt der Erörterungen eines Feuchtwanger-Symposiums ("Exil – Glaube und Kultur") in Wien stand.[40] Religiöse Fragen (und damit oft eng verbunden

---

[36] Pfanner: "Vorwort" zu *Quintessenz* (wie Anm. 11). S. 23.
[37] Ebd.
[38] Hirsch: *Revolutionäre Kunst* (wie Anm. 2). S. 53.
[39] Helmut F. Pfanner: Die ethnisch-religiöse Selbsterfahrung des Exilschriftstellers Karl Jakob Hirsch (wie Anm. 33). S. 83–84.
[40] Wenn auch die Beiträge noch nicht veröffentlicht worden sind, weisen ihre Titel schon auf die Auseinandersetzung mit Religion hin, so Manfred Flügge, "Schreibwaren, Glaubenssachen. Die religiöse Phantasie von Lion Feuchtwanger" und Wolfgang Müller-Funk, "Lion Feuchtwangers *Jefta und seine Tochter*. Zur Logik des Heiligen und der Gewalt". Ferner seien in diesem Zusammenhang auch Wulf Koepkes Ausführungen anlässlich der selben Veranstaltung erwähnt: "Lion Feuchtwangers Josephus-Trilogie. Geschichte und Aktualität".

religiöse Neuorientierung) standen – neben politischen – nach 1945 im Vordergrund der überlegungen vieler Intellektueller, und nicht allein solcher, die durch die Verfolgungen im Nationalsozialismus zur Emigration gezwungen worden waren, ein Trend, der bis 1963 anhielt, als Rolf Hochhuths dokumentarisches Schauspiel *Der Stellvertreter* für Furore sorgte. Das Thema, in seinen vielen Façetten, ist auch bei weitem noch *nicht* ausgeschöpft, und es müsste einmal im Detail untersucht werden, inwieweit *religiöse Neuorientierung* bei der breiten Masse der Emigranten ein Problem darstellte. Allerdings dürfte die Quellenlage für eine derartige Forschungsaufgabe vergleichsweise schwierig sein, so dass wir uns zur Zeit mit Aussagen prominenter Exilanten begnügen müssen, insbesondere von solchen wie Hirsch und Döblin, die ihre damalige "Umorientierung" schriftlich fixiert haben.

III. Neuorientierung beim Schreiben

Romana Trefil

Neuorientierung Lion Feuchtwangers im Exil

This essay examines Lion Feuchtwanger's new orientation in writing as a result of his exile experience. In order to better understand this shift in orientation, the essay begins with a survey of his literary production before exile. Feuchtwanger develops from a contemplative writer interested in art for art's sake to one politically active. He confessed to being an enlightened writer who fought with his literary works for a better, rational world and for a more humane society.

Gleich zu Beginn ein Zitat von Lion Feuchtwanger:

> Allmählich, ob wir wollen oder nicht, werden wir selber verändert von der neuen Umwelt, und mit uns verändert sich alles, was wir schaffen. Es gibt keinen Weg zur inneren Vision als den über die äußere. Das neue Land, in dem wir leben, beeinflusst die Wahl unserer Stoffe, beeinflusst die Form. Die äußere Landschaft des Dichters verändert die innere.[1]

Feuchtwanger spürt hier der Erkenntnis nach, dass das innere Wesen seiner Werke, die er im Exil schrieb, bedingt von seinen äußeren Umständen war, von seinem Exil. Das Exil ist die Quelle dieser Werke. Nicht die Stoffe veränderten sich durch die Verbannung, sondern sein Wesen. Die äußeren Umstände beeinflussten sein Innenleben. Das neue Land beeinflusste seine Entscheidung, was er schrieb und wie er es gestaltete: "Es strömt dem Schriftsteller im Exil eine ungeheure Fülle neuen Stoffes und neuer Ideen zu, er ist einer Fülle von Gesichten gegenübergestellt, die ihm in der Heimat nie begegnet wären".[2] Um diese Veränderungen deutlicher zu machen, wird zunächst überblickend Feuchtwangers literarisches Schaffen vor dem Exil beleuchtet.

Feuchtwangers literarische Entwicklung fing früh an, da er sich schon nach abgeschlossenem Studium für den Beruf des Schriftstellers entschied. Er begann als Theaterkritiker und Autor zu arbeiten. In der frühen Periode seines Schaffens galt "als künstlerisches Grundprinzip, dass es nicht auf das Was, sondern selbstverständlich nur auf das Wie der Darstellung ankomme",[3] womit

---

[1] Lion Feuchtwanger: Der Schriftsteller im Exil. In: *Centum Opuscula*. Rudolstadt: Greifenverlag 1956. S. 547–552. Hier: S. 550.
[2] Ebd. S. 551.
[3] Lion Feuchtwanger: Selbstdarstellung. In: *Centum Opuscula* (wie Anm. 1). S. 365–370. Hier: S. 366.

er sich dem Ästhetizismus des *fin de siècle* verpflichtet fühlte.[4] Kunst und Kunstproduktion wurden für Feuchtwanger nur unter ästhetischen Gesichtspunkten zu einem interessanten Moment. Er sah in dieser Zeit keine Verbindung zwischen künstlerisch-philosophischen Problemen und realen gesellschaftlichen Verhältnissen. Politik und Gesellschaftskritik gehörten nicht in seine Auffassung von Kunst, die sich für ihn als reine Formkunst genügte.[5]

Neben die *l'art pour l'art*-Konzeption treten aber schon früh kritische Anmerkungen, die sich in einigen literarischen Aufsätzen niederschlagen. In seinem Essay "Heinrich Heine und Oscar Wilde. Eine psychologische Studie" von 1908 kritisiert er an dem von ihm sonst so hochgeschätzten Autoren den "Tendenzmensch[en]" Heine und den "kalte[n], glatte[n] Nurkunstmensch[en]" Wilde.[6] Während der Zeit des Ersten Weltkrieges rechnete Feuchtwanger dann mit den Nur-Künstlern als Überbleibsel einer vergangenen Epoche ab. Bereits im Jahr 1916 schrieb er in seiner Rezension über Jakob Wassermanns Künstlerroman *Gänsemännchen* (1915), dass das Buch eine innere, dem Leben abgewonnene Ursache habe[7] und dass "in einem viel umfassendern und tiefern Sinn denn all das Gewäsch vom Krieg als Umwerter aller Werte und Zerstörer einer fruchtlosen Nur-Kunst-Zeit" das Buch einen neuen Abschnitt in der deutschen Literatur einläuten könne.[8]

So war der Weg vorgezeichnet, dass sich Feuchtwanger nach dem Ersten Weltkrieg von dem reinen Nur-Kunst-Denken seiner früheren Jahre lösen konnte, doch sah er sich vor dem Dilemma, einen neuen, richtungsweisenden Weg zu finden. Diese Phase der Neuorientierung war geprägt von einer programmatisch apolitischen Position, die ihn dennoch auf den Weg in die gesellschaftspolitische Oppositionshaltung führen sollte.[9] Der Erste Weltkrieg hatte ihm als eine Art historisches Lehrbeispiel vor Augen geführt, wie sinnlos alles Tun und wie gefährlich die Macht ist. Dem Schriftsteller ist es gegeben, mit seinem literarischen Werk zu wirken; politisches Handeln jedoch wird von

---

[4] Vgl. Egon Brückener u. Klaus Modick: *Lion Feuchtwangers Roman "Erfolg". Leistung und Problematik schriftstellerischer Aufklärung in der Endphase der Weimarer Republik.* Kronberg/Ts.: Scriptor 1978. S. 18.
[5] Vgl. Hans-Jakob Hefti: *Macht, Geist und Fortschritt. Der Roman "Die hässliche Herzogin" in der Entwicklung von Lion Feuchtwangers Geschichtsbild.* Zürich: SSS (studenten-schreib-service) 1977. S. 20.
[6] Lion Feuchtwanger: Heinrich Heine und Oscar Wilde. Eine psychologische Studie. In: *Centum Opuscula* (wie Anm. 1). S. 20–33. Hier: S. 21.
[7] Vgl. Doris Rothmund: *Lion Feuchtwanger und Frankreich. Exilerfahrung und deutsch-jüdisches Selbstverständnis.* Frankfurt a.M.: Peter Lang 1990. S. 86.
[8] Lion Feuchtwanger: Das Gänsemännchen. In: *Ein Buch nur für meine Freunde.* Frankfurt a.M.: Fischer 1984. S. 332–336. Hier: S. 335.
[9] Vgl. Karl Kröhnke: *Lion Feuchtwanger – Der Ästhet in der Sowjetunion. Ein Buch nicht nur für seine Freunde.* Stuttgart: Metzler 1991. S. 111.

Feuchtwanger noch immer verworfen. Er blieb ein beobachtender Zeitgenosse, der nicht handelnd ins Geschehen eingriff. Für Feuchtwanger war der politisch Handelnde immer gewissenlos. Nur der Betrachtende hatte ein Gewissen.[10]

Als dann 1933 die Nationalsozialisten in Deutschland an die Macht kamen, emigrierte Feuchtwanger zuerst nach Frankreich und 1940 in die USA. Die erzwungene Trennung von der Sprache und Kultur Deutschlands war für ihn sehr schmerzhaft. Die deutsche Staatsbürgerschaft und der Doktortitel wurden ihm aberkannt, sein gesamtes Vermögen beschlagnahmt und seine Bücher verbrannt und verboten. So verlor er, besonders während der Hitlerzeit, den direkten Kontakt zum deutschen Lesepublikum und zum lebendigen Strom der Muttersprache.

Die Anfangsjahre des Exils waren für Feuchtwanger eine Zeit der Selbstverständigung. Seine Aufsätze "Bin ich deutscher oder jüdischer Schriftsteller" und "Selbstdarstellung" (beide 1933) und "Der Autor über sich selbst" (1935) sind Zeugnisse davon, dass es ihm vorrangig darum ging, seinen Standort in dieser neuen Situation darzulegen. Das Exil in Frankreich bewegte ihn dazu, seinen eigenen Standpunkt im Spannungsdreieck von deutscher Sprachzugehörigkeit, Judentum und kosmopolitischem Ideal zu klären. In einer französischen Zeitschrift stellte er sich als internationalen Schriftsteller vor, seine Inhalte seien mehr jüdisch betont, seine Formen mehr deutsch. Weiter führte er aus, die deutsche Form mache ihm keine Sorgen, da er sich trotzdem als internationaler Schriftsteller fühle. Aber sein Herz und Hirn, sein Verstand und sein Gemüt seien sich nicht einig in Bezug auf das Hin- und Hergerissensein zwischen jüdischem Nationalismus und Weltbürgertum.[11]

Diese Zwiespältigkeit seines Ich ging auf sein literarisches Werk über. Gerade das Hin- und Hergerissensein zwischen jüdischem Nationalismus und Weltbürgertum des jüdischen Geschichtsschreibers Flavius Josephus ist das zentrale Thema seiner *Josephus-Trilogie*, deren drei Bände im Zeitraum von 1932 bis 1942 entstanden sind: *Der jüdische Krieg* (1932), *Die Söhne* (1934) und *Der Tag wird kommen* (zuerst engl. 1942, dt. 1945). In dieser Trilogie versuchte der Jude Feuchtwanger angesichts einer wachsenden nationalistischen und antisemitischen Stimmung einen jüdisch-nationalen Standort zu finden, der auch kosmopolitisch sein kann, was aber letztendlich scheitert.[12] Der historisch verbürgte, im Jahre 37/38 geborene jüdische Priester und Geschichtsschreiber Flavius Josephus lehnt sich in der Trilogie in nationalem Impetus gegen die Römer auf, arbeitet dann aber als Weltbürger für sie: "Er war eine neue Art Mensch, nicht mehr Jude, nicht Grieche, nicht Römer: ein Bürger des

---

[10] Vgl. Feuchtwanger: Selbstdarstellung (wie Anm. 3). S. 360.
[11] Vgl. Rothmund: *Lion Feuchtwanger und Frankreich* (wie Anm. 7). S. 89–90.
[12] Vgl. Lion Feuchtwanger: An meine Sowjetleser. In: *Centum Opuscula* (wie Anm. 1). S. 534–537. Hier: S. 536.

ganzen Erdkreises, soweit er gesittet war".[13] Zum Schluss kommt es aber doch wieder zu einer Auflehnung gegen die Römer, und er stirbt eines gewaltsamen Todes: "Er hatte die Welt gesucht, aber gefunden hatte er nur sein Land: denn er hatte die Welt zu früh gesucht".[14]

In deutlicher Anlehnung an das sich abzeichnende Schicksal der Juden im beginnenden Nationalsozialismus erläuterte Feuchtwanger bereits im zweiten Band der Trilogie *Die Söhne* einen jüdisch-nationalen Standpunkt: "Ich ziehe es vor, das Judentum für eine Weile national einzuengen, statt es ganz aus der Welt verschwinden zu lassen. Ich muß die Gemeinschaft über die nächsten dreißig Jahre hinwegbringen, die gefährlichsten [...]".[15] Das Weltbürgertum blieb indes Feuchtwangers Ideal. In *Die Söhne* ging er den Weg des stärker autobiographischen Identifikationsschreibens. Darin lassen sich die Diskussionen und Handlungen der jüdischen Intelligenz auch als Beitrag Feuchtwangers zu einer Positionsbestimmung der aus Deutschland emigrierten Intellektuellen lesen.

Im dritten Band der Trilogie *Der Tag wird kommen* experimentierte er dann mit den aktuellen Wirkungsmöglichkeiten und dem politischen Potential von Literatur. Stärker als in den vorausgegangenen Bänden der *Josephus-Trilogie* betonte er hier das künstlerische Verhalten des Schriftstellers Josephus, wobei die Wirkungsstrategien literarischer Arbeit wichtig waren. Unter den veränderten politischen Verhältnissen und in einer Situation verschärfter Konflikte des Schriftstellers mit der staatlichen Macht ist die Selbstzensur ein notwendiges schriftstellerisches Instrument. Ein Problem seines Schreibens ist, sich pro-jüdisch zu äußern, ohne die Konflikte im römischen Judäa mittels seiner Literatur weiter anzuheizen. Seine politische Vernunft führt Josephus letztendlich zum politischen und literarischen Misserfolg. Seine "Universalgeschichte", die durch den Zwiespalt zwischen jüdisch-römischem Vermittlungsversuch und zunehmender Sympathie für die Juden geprägt ist, scheitert wegen der Widersprüchlichkeit des Konzepts. Sie wird sowohl von den Juden als auch den Römern abgelehnt. Josephus erkennt, wie sinnlos seine literarische Tätigkeit ist. Die Möglichkeiten des Schriftstellers, gesellschaftlich verändernd zu wirken, erwiesen sich für ihn als Illusion. Als gescheiterter Kosmopolit und Künstler wendet er sich von der Literatur ab und sucht den Weg der revolutionären politischen Tat. Er entscheidet sich für den Kampf gegen Rom, "für den seiner eigenen Vernunft widersprechenden Befreiungskampf des jüdischen Volkes".[16] Die letzten zwei Bände sind ein krisenartig

---

[13] Lion Feuchtwanger: *Der jüdische Krieg*. Frankfurt a.M.: Fischer Taschenbuch 1982. S. 275.
[14] Ebd. S. 444.
[15] Lion Feuchtwanger: *Die Söhne*. Frankfurt a.M.: Fischer Taschenbuch 1982. S. 438.

vermittelter Reflex neuer Erfahrungen des Autors, die eine Politisierung seines Welt- und Geschichtsbildes bewirkten. Insgesamt dokumentiert die *Josephus-Trilogie* Feuchtwangers Schreibkrise im Exil.

Die Probleme der Kontinuität des Schreibens unter veränderten politischen Bedingungen belegen auch seine exilbedingten Ausführungen zur Frage nach "Sinn und Unsinn des historischen Romans".[17] In seinem Aufsatz mit demselben Titel aus dem Jahr 1935 erklärte Feuchtwanger, dass er sich, seitdem er schreibe, bemüht habe, "historische Romane für die Vernunft zu schreiben, gegen Dummheit und Gewalt".[18] Hierdurch wird ersichtlich, dass der von Feuchtwanger mit einem positiven Wert verbundene Begriff der Vernunft sogar eines der erklärten Ziele ist, dem sich der Autor mit seinen Werken verschrieben hat. Er sah eine seiner Aufgaben als Schriftsteller darin, die Welt im Sinne der Vernunft zu ändern. Indem er sich gegen die menschliche Dummheit aussprach, die der Vernunft noch im Wege stand, kam er seiner Absicht näher.

Die schrittweise Positionsaufgabe des betrachtenden, nicht handelnden Schriftstellers lässt sich auch in der *Wartesaal-Trilogie* nachvollziehen: *Erfolg. Drei Jahre Geschichte einer Provinz.* (1930), *Die Geschwister Oppermann* (1933), *Exil* (1940). Hat Feuchtwanger in *Erfolg* noch an der Figur des Tüverlin seine Auffassung des Prinzips gewaltfreier Vernunft demonstriert, wie er es auch für den historischen Roman vorsah, lässt er im letzten Band *Exil* und gleichzeitig seinem zentralen Exilwerk den Musiker Trautwein am Schluss zu der Erkenntnis gelangen, dass Geist ohne Macht nicht durchzusetzen ist.

In *Erfolg* wird von Feuchtwanger deutlich die Aussage getroffen, die Welt sei nur "auf stille Art, durch fortwirkende Vernunft"[19] zu ändern. Er gestaltete hier eine Vielzahl von Künstlerfiguren sowie eine Fülle verschiedener künstlerischer Positionen, die sich mit der Frage beschäftigen, wie es der Kunst gelingen kann, auf die gesellschaftlichen Verhältnisse Einfluss zu nehmen und welche Position der Künstler in dieser Auseinandersetzung hat. In seiner Arbeit hat Stefan Dreyer zu Recht festgestellt, dass *Erfolg* einen noch nicht abgeschlossenen Selbstverständigungsprozess Feuchtwangers darstellt und als Ausdruck seiner Unsicherheit bezüglich der politischen Kraft seiner eigenen Kunst in den zwanziger Jahren gewertet werden kann.[20] Dreyers Vorwurf,

---

[16] Klaus Ulrich Werner: *Dichter-Exil und Dichter-Roman. Studien zur verdeckten Exilthematik in der deutschen Exilliteratur 1933–1945*. Frankfurt a.M.: Peter Lang 1987. S. 58.
[17] Ebd. S. 100.
[18] Lion Feuchtwanger: Vom Sinn und Unsinn des historischen Romans. In: *Ein Buch nur für meine Freunde* (wie Anm. 8). S. 494–501. Hier: S. 501.
[19] Lion Feuchtwanger: *Erfolg. Drei Jahre Geschichte einer Provinz*. Berlin-Weimar: Aufbau 1993. S. 752.

Erfolg sei keinesfalls ein Bekenntnis des Schriftstellers zu einer eingreifenden sowie engagierten Kunst, muss jedoch widersprochen werden, da Feuchtwanger im Roman mit der Entstehungs- sowie Wirkungsgeschichte des *Buches Bayern* und der Filme "Panzerkreuzer Orlow" sowie "Martin Krüger" eindeutig die gesellschaftsverändernde Möglichkeit von Kunst demonstrierte und für sie Stellung bezog. So gestaltete der Autor eine Reihe von Künstlerfiguren sowie Kunstformen, anhand derer er verschiedene Positionen und Zusammenhänge von Kunst und Leben aufzeigt. Er zeigte dem Leser, wie Kunst, besonders Literatur, produziert wird, und aus welcher Motivation heraus künstlerische Werke entstehen. Feuchtwanger machte deutlich, inwieweit Kunst Schaden erleidet, wenn sie vom Kulturbetrieb oder finanziellen Schwierigkeiten abhängig wird und wie die ursprüngliche Intention des Autors zunichte gemacht werden kann. Immer wieder werden in *Erfolg* die unterschiedlichen Positionen der Schreibenden aufgezeigt und vom Autor auf ihren Wirkungsgehalt hin überprüft. Zahlreiche seiner in *Erfolg* aufgezeigten Perspektiven ließ Feuchtwanger in Bezug auf ihre Wirkungsmöglichkeit scheitern, und so sind es letztendlich nur das Medium des Films, das *Buch Bayern*, quasi Feuchtwangers eigene schriftstellerische Konzeption, sowie die Kunst des Malers Brendel als "höchste Vollendung künstlerischer Darstellungsmöglichkeit",[21] denen er gesellschaftsverändernden Einfluss zuschreibt. Dem Egon Brückener und dem Klaus Modick ist zuzustimmen, wenn sie die Diskussion der verschiedenen ästhetischen Positionen in *Erfolg* unter dem Aspekt der Wirkungsmöglichkeit als Legitimationsversuch des Autors für das eigene Schreiben begreifen.[22] Schon im ersten Kapitel von *Erfolg* stellt Feuchtwanger ein Bild in den Mittelpunkt des Geschehens, das Gemälde "Josef und seine Brüder oder: Gerechtigkeit", an dem er die von ihm erhoffe Wirkungsabsicht von einem Kunstwerk exemplarisch demonstriert. Er beschreibt anschaulich, welche große Wirkung es auf den Betrachter ausüben kann:

> Ehrliche sprachen aus, daß die fraglos starke Wirkung mit dem üblichen Vokabular der Kunstkritik nicht zu erklären sei. Viele Beschauer kamen immer wieder vor das Bild zurück, viele dachten über den Gegenstand nach, viele schlugen die Bibel auf.[23]

Das Bild bewirkt, dass die Betrachter Überlegungen anstellen und sogar in der Bibel nachschlagen. Zwischen der Wirklichkeit des Einzelnen und der

---

[20] Stefan Dreyer: *Schriftstellerrollen und Schreibmodelle im Exil. Zur Periodisierung von Lion Feuchtwangers Romanwerk 1933–1945*. Frankfurt a.M.: Peter Lang 1988. S. 59.
[21] Brückener u. Modick: *Lion Feuchtwangers Roman "Erfolg"* (wie Anm. 4). S. 46.
[22] Vgl. ebd. S.163.
[23] Feuchtwanger: *Erfolg* (wie Anm. 19). S. 8.

künstlerischen Gestaltung eben dieser Wirklichkeit findet eine Auseinandersetzung statt, ein Beweis für die Wirkung von Kunst.[24]

Die Geschwister Oppermann, der den zweiten Band der *Wartesaal-Trilogie* bildet, war der erste Versuch, den Sieg des Nationalsozialismus literarisch aufzuarbeiten. In ihm widerspiegelten sich neue krisenhafte Erfahrungen des Autors, die eine gewisse Zäsur in seinem Schaffen darstellten und ihn dazu führten, sich noch einmal seine Wirkungsmöglichkeiten zu überlegen. Dieser Roman hat eine doppelte Wirkungsabsicht: erstens die Aufklärung der Weltöffentlichkeit über die Konsequenzen des Faschismus. Zweitens ist der Roman eine Form der Selbstkritik, ein früher Beitrag zur Selbstverständigung unter den Exilschriftstellern. Damit wendete sich Feuchtwanger an den organisierten antifaschistischen Widerstand mit der Aufforderung, diejenigen, die sich im Prozess der Selbstklärung befinden, nicht abzuweisen, sondern in den Kampf einzubeziehen.[25]

Der Roman *Die Geschwister Oppermann* erzählt die Geschichte der jüdischen Geschwister Oppermann, bestehend aus Gustav, Martin, Edgar und Klara, und ihren Familien in den Jahren 1932 und 1933 vor dem Hintergrund der Machtergreifung der Nationalsozialisten in Deutschland. Dabei spiegelt sich in der Haltung der Romanfiguren auch die Täuschung Feuchtwangers über die Chancen der Nationalsozialisten auf eine Machtübernahme in Deutschland wider, da Feuchtwanger selbst lange von einem Scheitern der nationalsozialistischen Bewegung ausgegangen war. Im Romanverlauf wird aber die wirkliche Bedrohung deutlicher und das Gefühl der Sicherheit verschwindet, als Hitler zum Reichskanzler ernannt wird. Alle drei Brüder ändern sich und geben ihre zuversichtlichen Ausgangspositionen auf. Was ihnen bleibt, ist der Rückzug in den familiären Raum, der ihnen Halt gibt. Doch nach der Machtübernahme der Nationalsozialisten werden die Geschwister Oppermann gezwungen, Deutschland zu verlassen. Deutschland war ihre Heimat seit drei Generationen in Berlin und dreimal sieben Generationen in Deutschland, und mit dem Verlust der Heimat geht der zentrale Ort des familiären Zusammenhalts verloren: "[. . .] jetzt hatten die Oppermanns keinen Mittelpunkt mehr, die Geschichte Immanuel Oppermanns und seiner Kinder und Enkel war aus".[26] Im Exil sollen die Geschwister die Weltöffentlichkeit über die veränderten Zustände in Deutschland aufklären:

> Man darf sich also nicht beirren lassen. Immer wieder muß man der Welt sagen, wie in diesem Deutschland alle kulturfeindlichen Urtriebe als Tugenden

---

[24] Vgl. Brückener u. Modick: *Lion Feuchtwangers Roman "Erfolg"* (wie Anm. 4). S. 165
[25] Holger Zerrahn: *Exilerfahrung und Faschismusbild in Lion Feuchtwangers Romanwerk zwischen 1933 und 1945*. Bern: Peter Lang 1984. S. 62.
[26] Lion Feuchtwanger: *Die Geschwister Oppermann*. Berlin: Aufbau-Verlag 1998. S. 313.

gerühmt werden, wie man dort die Hordenmoral des Urwalds zur Staatsreligion erhebt.[27]

Laut Holger Zerrahn ist der Roman *Die Geschwister Oppermann* eine "exemplarische Selbstkritik der humanistischen Intelligenz"[28] angesichts des Versagens der bürgerlichen Intelligenz im Exil vor dem Nationalsozialismus. Das schließt auch solche Schriftsteller wie Feuchtwanger ein.

Mit *Exil*, dem letzten Band der Wartesaal-Trilogie, markierte der Autor das vorläufige Ende eines Selbstverständigungsprozesses in der Emigration, der in die Beschreibung einer Schriftstellerrolle mündete, die den Anforderungen des antifaschistischen Kampfes genügen will, ohne das literarische Werk vollständig der Politik auszuliefern.[29] Die Rolle der Vernunft bei der Veränderung der Welt, wie sie Feuchtwanger für den historischen Roman ausführte, betrifft auch das Verhalten der zentralen Figur des Romans, Sepp Trautwein, der z.B. am Anfang seiner Emigrationszeit auf der Seite der Vernunft steht. Am Ende wird ihm aber klar, dass er sich eigentlich auf der Gegenseite der Vernunft befindet und dass seine Vernunftsgründe eigentlich Regungen des Herzens sind: "Früher hatte er's nur mit dem Verstande gewußt, daß es nicht möglich war, die scheußlich geordnete Gesellschaft auf sich beruhen zu lassen und dabei gute Musik zu machen: jetzt wusste er's mit dem Herzen".[30] Seinem kommunistischen eingestellten Sohn sagt er seine Beweggründe:

> Ich habe begriffen, daß eure Grundprinzipien richtig sind: aber ich habe es eben nun begriffen, mein Hirn sieht es ein, aber mein Gefühl geht nicht mit, mein Herz sagt nicht ja. Ich fühle mich nicht heimisch in deiner Welt, in der alles Vernunft und Mathematik ist. Ich möchte in ihr nicht leben. Mir scheint, es haben in ihr die Massen zu viel zu sagen und der einzelne zu wenig. Ich hänge an meiner Freiheit. Die Geleise meines Hirns sind zu tief eingefahren, ich komme da nicht mehr heraus. Ich kann höchstens noch in der Theorie umlernen, nicht in der Praxis.[31]

Feuchtwanger schilderte die Hauptfigur letztendlich als einen Künstler, der seine Meinung laut ausspricht und der sie durchsetzen will. Eine Synthese von Kunst und Politik, von Betrachten und Handeln gelingt Trautwein nur kurzfristig. Feuchtwanger ging es mit und nach seinem Roman *Exil* nicht mehr in erster Linie um die langfristige Veränderung von Bewusstseinsprozessen wie noch mit *Erfolg*, sondern um die unmittelbare Wirkung, um die Verwendung

---

[27] Ebd. S. 309.
[28] Zerrahn: *Exilerfahrung und Faschismusbild* (wie Anm. 25). S. 62.
[29] Dreyer: *Schriftstellerrollen und Schreibmodelle im Exil* (wie Anm. 20). S. 274.
[30] Lion Feuchtwanger: *Exil*. Berlin-Weimar: Aufbau 1974. S. 784.
[31] Ebd. S. 699.

der Kunst im antifaschistischen Kampf.[32] Ein Beispiel dafür ist die Aufführung der "Walther-Lieder" im Roman:

> Sogleich, schon nach den ersten Takten, hatten die Lieder gesiegt. Da war nichts mehr von dem Ästhetizismus der "Perser" und der Horaz-Oden. Die Frische der Lieder, ihr bei aller Ziseliertheit derber Humor, ihre Volkstümlichkeit ging den Hörern ins Blut. Auch daß ihre Frechheit mehr war als bloß lustig, daß sie kämpferisch war, revolutionär, auch das war nicht zu verkennen. Wer tiefer hinhörte, der merkte: gerade die kämpferische Frische verband über die trennenden sechs Jahrhunderte hinweg den Dichter Walther von der Vogelweide und den Musiker Sepp Trautwein.
> Aufhorchten die Gäste Madame de Chassefierres. Sie hatten eine trockene, französische Übersetzung in Händen, und selbst diejenigen, die Deutsch konnten, verstanden schlecht die altertümlichen Verse. Aber alle spürten die Kraft dieser Musik ihren stürmischen Willen zum Richtigen, zum Menschlichen.[33]

Im *Exil* verwendete also Sepp Trautwein seine Musik für den antifaschistischen Kampf, und er behauptete, dass man auch mittels Musik kämpfen könne.[34]

Man kann diese ersten Jahre des Exils bis zum Ausbruch des Zweiten Weltkrieges als Beginn der Phase der Politisierung von Feuchtwangers Schaffen bezeichnen, das durch seine Exilsituation beschleunigt wurde. Aus den bis jetzt genannten Werken kann man schließen, dass Antifaschismus das wichtigste Merkmal seiner frühen Exilphase war, das sich bis zum Ende des Zweiten Weltkrieges fortsetzte. Neben *Exil* und *Der Tag wird kommen* entstanden während der Zeit des Zweiten Weltkrieges aber auch andere Werke aus aktuellem politischen Anlass, wie z.B. *Der Teufel in Frankreich* (1940), *Die Brüder Lautensack* (1941) und *Simone* (1945).

In dem Erlebnisbericht *Der Teufel in Frankreich* verarbeitete Feuchtwanger das Erlebnis der in Frankreich verbrachten Exiljahre, besonders die Erfahrungen seit dem Kriegsbeginn. Er schrieb darin über die Niederlage Frankreichs, seine Internierung, die Flucht aus dem Lager und Frankreich unter Lebensgefahr und über das ständige Gefühl der Bedrohung. Dieser Bericht war ein unmittelbarer Versuch, die neuen persönlichen Erfahrungen zu bilanzieren:

> Im besondern Fall zwingt mich der Verlust meines Tagebuchs, der Mangel an objektiven Notizen, nur von solchen Dingen zu erzählen, die mich innerlich angingen. Es wird so vielleicht manchmal objektiv Wesentliches fehlen, aber meine Darstellung wird subjektiv ehrlich sein, dichterisch wahr, nicht verzerrt von Akten, von minutiösen Daten der Realität.[35]

---

[32] Zerrahn: *Exilerfahrung und Faschismusbild* (wie Anm. 25). S. 177.
[33] Feuchtwanger: *Exil* (wie Anm. 30). S. 651.
[34] Ebd. S. 652.
[35] Lion Feuchtwanger: *Der Teufel in Frankreich. Ein Erlebnisbericht*. München-Wien: Langen Müller 1983. S. 13.

Seine Eindrücke und Stimmungen stehen neben theoretischen Reflexionen, diese neben Erzählungen von genauer Milieuschilderung. Er scheut sich nicht vor Wiederholungen. Die Erfahrungen während seiner Internierung waren ein Wendepunkt seines Lebens. Er sah sich gezwungen, eine Neudefinition der Aufgabe des Schriftstellers vorzunehmen, seiner Fähigkeit, Einfluss auf die Geschichte zu nehmen, indem er sie "richtig" darstellt.[36] Im Erlebnisbericht betonte er, dass er an der Politik noch immer nicht interessiert ist. Was ihm Freude machte, war Betrachtung und genaue Darstellung:

> Als Schriftsteller bin ich interessiert an der Verbindung von zweierlei Arten geistiger Betätigung, von zwei Wissenschaften, wenn man so will, nämlich an der Verbindung von Geschichte und Philologie. Wobei ich wiederum an jenen Theodor Lessing denke, der Geschichte als Sinngebung des Sinnlosen bezeichnet hat. Es ist dieses mein Interesse an Historie, das mich veranlaßt, manchmal laut darüber nachzudenken, wie wohl ein Schriftsteller des Jahres 2000 das ausdrücken wird, was ein Journalist des Jahres 1940 auf die oder jene Weise ausdrückt. Und es ist meine Freude an der Philologie, mein Wille zur Schärfe und Präzision des Ausdruckes, der mich, wenn einer erklärt, es sei kalt, und der andere, es sei warm, veranlaßt, auf das Thermometer zu schauen und zu sagen: "Meine Herren, es hat hier 19 Grad Celsius".[37]

Der Roman *Die Brüder Lautensack* entstand in einer krisenhaften Situation kurz nach seiner Flucht in die USA, und zwar in der Zeit der Anfangserfolge der Nazis im Zweiten Weltkrieg. Die Wirkungsabsicht dieses Romans war es, die inneren Widersprüche Hitlerdeutschlands aufzudecken und die Zuversicht der Niederlage des Faschismus zu stärken. Das war der erste Versuch, speziell auf den amerikanischen Leser einzugehen. Feuchtwanger versuchte, mit satirischen Mitteln das Irrationale an der Herrschaft Hitlers darzustellen, die Massensuggestion, die seine Erscheinung auslöste. Im Aufstieg und Fall des Hellsehers Oskar Lautensack zeigte er das Betrügerische, auf dem aus seiner Sicht das Herrschaftssystem der Nationalsozialisten beruhte. Oskar Lautensack wird dem "Führer" vorgestellt, und der Hellseher und der Politiker schließen "ohne Worte ein Bündnis".[38] Dieses Bündnis ist dennoch bedrohlich für Oskar: "Wenn du mich verrätst, sagten die Augen des Führers, dann bist du verloren. Wenn du mir aber anhängst, dann sollst du mein Geselle sein und Anteil haben an meiner Beute" (36–37). Der Triumph der Nazis wird zur Grundlage von Oskars Karriere, die ihn mit seinem schwankenden,

---

[36] René Zeyer: *Lion Feuchtwangers historischer Roman. Eine Untersuchung der Denkformen eines Romanciers.* Diss. Univ. Zürich 1985. S. 167.
[37] Feuchtwanger: *Der Teufel in Frankreich* (wie Anm. 35). S. 174.
[38] Lion Feuchtwanger: *Die Brüder Lautensack*. Berlin-Weimar: Aufbau 1994. S. 36. Alle weiteren Angaben nach diesem Text in Klammern.

unpolitischen Charakter in die Nähe der Mächtigen bringt, ihn hochmütig, leichtsinnig macht und letztendlich selbst zum Opfer werden lässt. Eine Rolle dabei spielt auch sein Versuch, Politik zu treiben. Großindustrielle kommen zu ihm, auch der SA-Stabschef Manfred Proell. Er prophezeit diesem hohen SA-Chef den Brand eines öffentlichen Gebäudes. Als wenig später der Reichstag brennt, ist Oskar voller Glücksgefühle, und er ahnt noch nicht, dass er damit sein Todesurteil spricht. Obwohl Hitler von den hellseherischen Fähigkeiten Oskars beeindruckt ist, bleibt "seine abergläubische Furcht davor, den Seher und die Mächte hinter ihm herauszufordern" (260), so dass er am Ende dem Druck Proells weicht, denn seiner Meinung nach hat Oskar mit seiner Mystik keinen Platz in der Politik. Als der Industrielle Fritz Kadereit, ein Vertreter der gebildeten bürgerlichen Oberschicht und der Finanzier der Nationalsozialisten, mit Hitler wirtschaftliche Fragen von höchster Wichtigkeit durchsprechen will, hat Hitler keine Zeit für ihn, denn er hat Oskar empfangen. Deswegen ist Kadereit etwas gekränkt:

"Ich habe volles Verständnis dafür", erklärte Kadereit, "daß die okkulten Wissenschaften für das Tausendjährige Reich von Belang sind. Aber für die nächsten zehn Jahre scheinen mir Wirtschaft und Rüstung vordringlicher. Wenn Herr Hitler nur für Herrn Oskar Lautensack Zeit findet, so muß ich eben, so leid mir das tut, meine Angelegenheiten über seinen Kopf weg direkt mit dem Herrn Reichspräsidenten durchsprechen". (254)

Und als der halbjüdische Journalist und Schriftsteller Peter Cramer einen Artikel gegen die Nazis und gegen Oskar schreibt, wird er verhaftet. Seiner Schwester Käthe Severin, der ehemalige Sekretärin und Geliebten Oskar, bietet sich dieser an, sich für ihren Bruder einzusetzen. Indem er das tut, sorgt er für einen weiteren Grund, der zu seinem Ende führt. Das Herrschaftssystem der Nationalsozialisten beseitigt ihn brutal:

Da stand er inmitten eines dünnen Waldes in Frack, Radmantel und Zylinder, der Weg hatte aufgehört, vor ihm, neben ihm ging es in den Wald, ein blasser, halber Mond, der wenig Licht gab, stand am Himmel [...]. Eine kleine Weile führten sie ihn tiefer in den Wald. Man ging holperig, durch Gestrüpp, über Wurzeln. Sie blieben stehen. "Lauf jetzt", sagte der Mann, "lauf zu", und wies in den Wald hinein. [...] Er setzte den Hut auf und kehrte sich seinem Wege zu. [...] Stapfte voran durchs Unterholz, in Frack, Radmantel und Zylinder, ins Dunkel hinein, darauf wartend, daß die Schüsse knallten und daß alles vorbei sei. (309)

Feuchtwanger setzte sich in *Die Brüder Lautensack* erneut mit der Rolle des Intellektuellen und Künstlers in der Gesellschaft auseinander, er reflektierte über seine Aufgaben im antifaschistischen Kampf. In Oskar stößt betrügerische Irrationalität und primitive "Mystik" mit Vernunft und Intellektualität zusammen, wobei der Intellektuelle sich im Politisch-Praktischen als hilflos erweist. Der erfolglose Kampf der Vernunft gegen Unvernunft wird zum Hauptthema des Romans.[39]

Der Roman *Simone* bildet den Schlusspunkt in Feuchtwangers literarischer Auseinandersetzung mit dem Faschismus. Die stofflichen Grundlagen sind die Niederlage Frankreichs im Zweiten Weltkrieg, die faschistische Besetzung und das Ende des Exils für viele Emigranten. Simone ist ein Mädchen, das zur Zeit des Einmarsches der Deutschen ins Frankreich bei ihrem Onkel Planchard, dem Besitzer einer Hostelliere mit Fuhrpark und Tankstelle, arbeitet. Sie fühlt sich ihrem Onkel verpflichtet, weil er sie in Notzeiten aufgenommen hat, aber sie gerät immer mehr in Widerspruch zur Familie Planchard, je mehr sie erkennt, dass die Reichen zur Verteidigung ihrer Klasseninteressen mit den Feinden Frankreichs kollaborieren. Deshalb schließt sie sich den einfachen Leuten an: "Sie gesellte sich in Zeiten der Meuterei und der Gefahr zum Personal, sie vergrößerte den Bruch zwischen sich und dem Hause Planchard, sie übertrat Madames letzte Warnung".[40] Diese Erkenntnis mündet in der Aktion. Ermutigt durch die Lektüre über Jeanne d'Arc, zündet sie die Tankstelle ihres Onkels an, damit es den Deutschen nicht in die Hände fällt. Sie hofft, dass wenigstens ihr Onkel ihre nationale Tat billigen wird, aber er verrät sie. Der Onkel zwingt sie danach ein Dokument zu unterschreiben, eine Erklärung, um sie angeblich vor den Deutschen zu schützen:

"Ich bekenne freiwillig und ohne Zwang, daß ich am 17. Juni 1940 die Baulichkeiten des Transportunternehmens Prosper Planchard & Cie. in Brand gesteckt habe. Ich habe es getan, weil ich den Tadel Madame Planchards, ich verrichtete die mir aufgetragenen Geschäfte in der Villa Monrepos nicht zu ihrer Zufriedenheit, als ungerecht empfand und mich darüber bitter kränkte. Ich sah keinen andern Weg, meinem Unmut Luft zu machen, und ich glaube, Madame Planchard durch diese Handlung empfindlich zu ärgern und zu schädigen". (209–210)

Auch wenn Simones Anschlag den deutschen Vormarsch nicht aufhalten kann, ist es keine sinnlose Tat, denn Simone hat zum Widerstand aufgerufen. Das Volk hat sie verstanden. Das wird am Ende des Romans deutlich, als sie abgeführt wird:

Da geriet die Menge, die stumm und reglos verharrt hatte, in Bewegung. Arme hoben sich, ihr zuzuwinken, Frauen und Männer weinten, der Gendarm hatte Haltung angenommen, Rufe schallten ihr zu: "Adieu, Simone – Adieu, Simone

---

[39] Hans Wagener: *Lion Feuchtwanger*. Berlin: Morgenbuch 1996. S. 55.
[40] Lion Feuchtwanger: *Simone*. Berlin-Weimar: Aufbau 1994. S. 109. Alle weiteren Angaben nach diesem Text in Klammern.

Planchard – Mach's gut, Simone – Auf Wiedersehen, Simone – Wir vergessen dich nicht, Simone Planchard – wir holen dich, Simone". (233)

Unmittelbare gesellschaftlich-politische Aussagen sind verbunden mit der Reflexion über den Lösungsprozess eines bürgerlichen Menschen von seiner Klasse. Simones Schlusserkenntnis ist, dass man die Menschen an ihrem Handeln, nicht an ihren Worten zu messen hat:

> Ihre Panik war vorbei, sie hatte erkannt, daß sie keinen Grund hatte zur Verzweiflung. Ihre Aktion war da, auch wenn sie Maitre Levautours Dokument unterzeichnet hatte. Papier kam nicht auf gegen die Wirklichkeit. Maitre Levautour und sein Dokument kamen nicht auf gegen die Wirklichkeit. [...] Ihre Aktion ist richtig gewesen, auch vor dem Verstande. Ihre Aktion hat Sinn gehabt. (216)

Nach dem Zweiten Weltkrieg vollzog sich der Übergang zu einem Romanschaffen, das nicht mehr auf die nationale Problematik Deutschlands, sondern auf eine andere gesellschaftliche Wirklichkeit zielte. Feuchtwanger kehrte wieder zum historischen Roman zurück und schrieb bis zu seinem Tod (1958) nur noch solche Romane. In den historischen Romanen aus den zwanziger Jahren hatte er sich mit der deutschen und der österreichischen Geschichte beschäftigt. Seine im Exil geschriebenen historischen Romane waren für die internationale Leserschaft bestimmt. Deswegen wählte er, unter dem Einfluss des Exilaufenthaltes, geschichtliche Themen wie die Französische Revolution, den amerikanischen Unabhängigkeitskrieg, die spanische Inquisition sowie biblische Motive. In diesen späteren Romanen ging Feuchtwanger vorsichtiger mit der Weltgeschichte um, indem er in der Vergangenheit Analogien zur Gegenwart suchte. Das gilt vor allem für *Die Füchse im Weinberg*[41] (1946), *Goya oder der arge Weg der Erkenntnis* (1951) und *Narrenweisheit oder Tod und Verklärung des Jean-Jacques Rousseau* (1952), Romane, die den Kampf zwischen Fortschritt und Reaktion gegen den Hintergrund der Französischen Revolution zeigen.[42]

In *Die Füchse im Weinberg* geht es um Freiheit und Vernunft. Die menschliche Vernunft kann nichts anderes als die Freiheit wollen, und die Freiheit ist eine Sache der Vernunft.[43] Der Held des Romans ist nicht eine der vielen Figuren, sondern es ist der Fortschritt an sich. Hierbei ist der "Fortschritt mehr als eine leere Phrase, [...] Vernunft ist auch in scheinbar unvernünftigen

---

[41] In der Erstauflage auch unter dem Namen *Waffen für Amerika* erschienen.
[42] Marcel Reich-Ranicki: Lion Feuchtwanger oder Der Weltruhm der Emigranten. In: *Die deutsche Exilliteratur 1933–1945*. Hg. von Manfred Durzak. Stuttgart: Reclam 1973. S. 443–455. Hier: S. 452.
[43] Kurt Böttcher u. Paul Günter Krohn: *Lion Feuchtwanger*. Berlin: Volk und Wissen 1959. S. 71.

Begebenheiten, wenn man sie nur richtig deutet und einordnet".[44] Das ist der Fall, obwohl in der Geschichte nur "ein langsames, langsames, doch sicheres Wachsen menschlicher Vernunft zwischen der letzten Eiszeit und der kommenden"[45] vonstatten gehe. Wie schon erwähnt, schrieb Feuchtwanger historische Romane für die Vernunft, die ein erklärtes Ziel war, dem sich der Autor mit seinen Werken verschrieben hat. Der Roman *Die Füchse im Weinberg* hat mehrere Handlungslinien: das Waffengeschäft Beaumarchais' zur Unterstützung des amerikanischen Freiheitskampfes, den Kampf um die Aufführung von *Figaros Hochzeit* im vorrevolutionären Paris und die Bemühungen um den Abschluss des Allianzvertrages zwischen dem monarchistischen Frankreich und den bürgerlich-revolutionären amerikanischen Staaten. Das spielte sich in dem kurzen Zeitraum zwischen 1777 und 1778 in Versailles und Paris ab. In der Person Franklins ist die amerikanische Seite voll gegenwärtig. Er ist ein Ideologe und ein politisch Handelnder, der die Einheit von Denken und Handeln verwirklicht. Beaumarchais ist ein Künstler, aber er betreibt auch Geschäfte von politischer Sprengkraft: Er liefert die Waffen für Amerika. Als Autor des *Figaro* wird er zum unmittelbaren Sprecher der Bedürfnisse und Interessen des Volkes. Figaro ist ein Mann aus dem Volk, welcher die Macht durch die List besiegt. Für Beaumarchais ist in der Vorbereitungsphase der Revolution die politische Funktion der Kunst etwas Selbstverständliches; sie wurzelt im Volk und wendet sich ans Volk.[46]

Hans-Albert Walter meint, Feuchtwanger sei in *Die Füchse im Weinberg* zu fatalen Fehldeutungen gelangt. Weder Franklin noch Beaumarchais hätten besondere Überredungskünste für die Allianz zwischen Frankreich und den USA einsetzen müssen, wie Feuchtwanger hier darlegt, da der Boden der französischen Anti-England-Politik in der wirklichen Geschichte damals längst bereitet war; die von Feuchtwanger hervorgehobene Schlacht bei Saratoga sei "keine militärische", sondern eine "politische Wende" gewesen; und auch die

---

[44] Lion Feuchtwanger: Zu meinem Roman "Waffen für Amerika". In: *Centum Opuscula* (wie Anm. 1). S. 403–411. Hier: S. 410. Die erste Auflage wurde mit zwei unterschiedlichen Titeln gedruckt: *Waffen für Amerika* und *Die Füchse im Weinberg*. Was den Verlag oder Feuchtwanger veranlasste, einen Teil der Auflage mit einem anderen Titel zu drucken, lässt sich nicht eindeutig ermitteln. "Waffen für Amerika" würde wie eine Propagandaschrift aus dem Krieg klingen, hatte Alfred Döblin dem Autor geschrieben, und heftige politische Einwände hatte es aus Moskau gegeben, wo man den Roman – lediglich wegen seines Titels – als eine Parteinahme für die USA ansah. Vgl. Gisela Lüttig: Zu diesem Band. In: Lion Feuchtwanger: *Die Füchse im Weinberg*. Berlin-Weimar: Aufbau 1994. S. 853–861. Hier: S. 857. Der neue Titel geht auf das Hohe Lied Salomon 2:15 zurück: "Fahet uns die Füchse, die kleinen Füchse, die die Weinberge verderben; denn unsere Weinberge haben Blüten gewonnen".
[45] Lion Feuchtwanger: *Die Füchse im Weinberg*. Berlin-Weimar: Aufbau 1994. S. 5.
[46] Joseph Pischel: *Lion Feuchtwanger. Versuch über Leben und Werk*. Frankfurt am Main: Röderberg 1984. S. 193.

"Stilisierung des amerikanischen Unabhängigkeitskrieges zum menschheitserrettenden Befreiungskrieg" sei historisch verfehlt. Vor allem jedoch werde in *Die Füchse im Weinberg* die Sowjetunion als "Hort der Wahrheit und Freiheit" hervorgehoben, der Autor verkomme dabei zu einem "fellow traveller stalinistischer Zeit- und Weltdeutung". Darüber hinaus sei die Figur Franklins nichts anderes als eine Kopie der Figur Stalins in Feuchtwangers Reisebuch *Moskau 1937* (1937), und die Rivalität Franklins und Arthur Lees sei ein Abbild der Verhältnisse zwischen Stalin und Trotzki in demselben Reisebuch des Autors. *Die Füchse im Weinberg*, in den USA als ein öffentlicher Ehrenerweis an Franklin verstanden, ist deshalb gleichzeitig ein öffentlicher Ehrenerweis an Stalin und in dieser Doppeldeutigkeit "auf bajuwarische Weise hinterfotzig".[47] Feuchtwanger war ein gebürtiger Münchener.

Feuchtwangers Neudefinition der Aufgabe des Schriftstellers seit dem Erlebnisbericht kommt hier zum Vorschein. Er unterstreicht hierbei Nietzsche nachdrücklich, der gefordert hatte,

> Historie sei nur zum Zweck des Lebens zu treiben. [...] der historische Sinn müsse also von der plastischen Kraft des Lebens in Zucht genommen werden. Gesundes Leben forme das gültige Bild der Geschichte nach den Erfordernissen seiner Gegenwart und Zukunft.[48]

In einem gewissen Widerspruch zu Hans-Albert Walter redet Feuchtwanger damit der Geschichtserfindung explizit das Wort und betont diese zentrale Vorgehensweise seiner historischen Romane nicht nur oftmals, sondern verklärt sie gar zur einzig akzeptablen 'Weisheit':

> [...] ich habe oft die mir genau bekannte aktenmäßige Wirklichkeit geändert, wenn sie mir illusionsstörend wirkte. Im Gegensatz zum Wissenschaftler hat, scheint mir, der Autor historischer Romane das Recht, eine illusionsfördernde Lüge einer illusionsstörenden Wahrheit vorzuziehen. [...] Ein guter historischer Roman ist in den meisten Fällen glaubwürdiger, bildhaftwahrer, folgenreicher, wirksamer, lebendiger als eine saubere, exakte Darstellung der historischen Fakten.[49]

In *Die Füchse im Weinberg* machte Feuchtwanger aus den geschichtlichen Ereignissen ein Vorspiel zur französischen bürgerlichen Revolution, bei dem letztendlich der mit der Vernunft verbundene Freiheitsanspruch nicht ohne Gewalt auskommt. Franklin sagt dazu:

> [...] wenn ich recht unterrichtet bin, dann haben ja auch die Unsern nicht immer viel Federlesens gemacht, und es ist auch bei uns nicht immer ohne Gewalttätigkeit an

---

[47] Hans-Albert Walter: Nachwort. In: Lion Feuchtwanger: *Waffen für Amerika*. Frankfurt a.M.: Bibliothek Exilliteratur 1987. Bd. 2. S. 383–413. Hier: S. 383.
[48] Feuchtwanger: Vom Sinn und Unsinn des historischen Romans (wie Anm. 18). S. 514.
[49] Ebd. S. 512–13.

der falschen Stelle und ohne einige Ungerechtigkeit abgehangen. [...] ich fürchte, Freiheit und eine bessere Ordnung wird sich nirgends in der Welt ganz ohne Gewalt und Unrecht herstellen lassen.[50]

Die Füchse im Weinberg schildert das Bild einer vorrevolutionären Zeit, in der Fortschritt aus dem Willen um Festhalten am Bisherigen entspringt. Köpke äußerte dazu:

> Fortschritt besteht in der unfreiwilligen Hilfe, die das reaktionäre System dem neuen System leistet, indem es sich selbst erhalten will, aber gerade durch diese Handlungsweise seine eigenen Strukturen zersetzt. Die List der Vernunft bedient sich der Schlauheit der Mächtigen, um ihre Pläne zu durchkreuzen und ins Gegenteil umschlagen zu lassen. Sie bedient sich ebenso der Übergangsfiguren wie Beaumarchais, die das System von innen zersetzen, und der fortschrittlichen zukunftsgerichteten Menschen wie Franklin; der Schwachen, wie Louis XVI. und Marie Antoinette, der Egoisten, Materialisten, Idealisten, Opportunisten, kurz sie wendet den Unsinn der einzelnen Handlung in den Sinn der Geschichte. Es ist nicht das Böse, das das Gute erzeugt, sondern das Reaktionäre, das dem Fortschritt dienen muß, wie der Egoismus dem Allgemeinen.[51]

In *Goya oder der arge Weg der Erkenntnis* beschreibt Feuchtwanger den genannten spanischen Maler, der gewaltiger Stöße bedurfte, seine reiche und tiefe Intelligenz zu erwecken und sie zum Widerstand gegen die mittelalterlichen Mächte des absoluten Königtums und der Inquisition zu richten. Teils wortwörtlich schreibt der Autor in diesen Roman hinein, was er in seinen theoretischen Betrachtungen bereits geäußert hatte:

> Die wenigen Gescheiten, Begabten drängen vorwärts, die ungeheure Zahl der andern hielt sie zurück, feindete sie an, fesselte sie, brachte sie um, suchte sich ihrer auf viele Arten zu entledigen. Und trotzdem kamen sie vorwärts, die wenigen Begabten, unmerklich freilich, mit vielen Listen und vielen Opfern, und mit sich zwangen sie, wuchteten sie die Masse der anderen ein wenig vorwärts.[52]

In Goyas Spanien herrscht noch "Vorzeit", doch "jenseits der nördlichen Berge [...], lag das hellste, vernünftigste Land der Welt: Frankreich [...], seine Vernunft und Beweglichkeit".[53] Die Handlung in *Goya oder der arge Weg der Erkenntnis* stellt eine intellektuelle Revolution von Rang dar, einen Durchbruch des Künstlers zur echten Kunst, ihrer Natur und ihrer Wirkung. Goyas Wirkung geht sehr tief, und er stellt eine universale Wahrheit dar, die eine größere Revolution befördert als die der französischen Bürger. Er war

---

[50] Feuchtwanger: *Die Füchse im Weinberg* (wie Anm. 45). S. 843–44.
[51] Wulf Köpke: *Lion Feuchtwanger*. München: C.H. Beck 1983. S. 140.
[52] Feuchtwanger: *Goya oder der arge Weg der Erkenntnis*. Berlin: Aufbau-Verlag 1981. S. 415
[53] Ebd. S. 8.

ein progressiver Künstler in einer revolutionären Epoche und in einem reaktionären Land, der durch seine Kunst gefährliche Wahrheiten sagte.[54]

In *Narrenweisheit oder Tod und Verklärung des Jean-Jacques Rousseau* zeichnet Feuchtwanger einen Rousseau, dessen privates Leben gescheitert ist: "So lebe ich vor mich hin, für ewig zur Einsamkeit verdammt still in der Tiefe des Abgrunds, ein Sterblicher, unselig, doch keiner Erschütterung mehr zugänglich, gleich Gott".[55] Dahingegen wird sein geistiges Werk "das alte Gebäude" (129) der französischen Monarchie zerfallen lassen: "Wir werden, deinen Lehren getreu, die Hacke gebrauchen, es völlig zu zerstoßen, und die Steine herbeitragen, ein neues Haus aufzurichten, herrlich, wie die Welt noch keines gesehen hat" (129). Noch einmal, und klarer als je zuvor, bekennt sich Feuchtwanger in diesem Roman zur Tat, indem er die Grausamkeiten der Französischen Revolution als notwendig erachtet:

> [...] im Kampf um ihren Bestand war der Republik alles erlaubt, was zur Abschreckung und Vernichtung der Feinde dienen konnte. [...] in solcher Lage wurde Grausamkeit zur Tugend, und wer aus weicher Seele heraus die harten Maßnahmen der Republik ablehnte, machte sich schon dadurch zu ihrem Feinde. (406)

In *Narrenweisheit Tod und Verklärung des Jean-Jacques Rousseau* fasst Feuchtwanger das Thema der Anziehungskraft der Revolution einerseits und ihren hohen Preis andererseits am direktesten an. Darin wird gesagt, dass die Revolution eine vorübergehende Entmenschlichung ist, die sich letztendlich lohnt.[56]

In der Schlussphase des Exils stand Feuchtwanger unbeirrt zu seinem Judentum, was sich in seinen letzten zwei Romanen *Die Jüdin von Toledo* (1955) und *Jefta und seine Tochter* (1957) zeigt. Der jüdische Finanzminister Jehuda Ibn Esra ist in *Die Jüdin von Toledo* als Einziger um "aktive Friedenspolitik"[57] und Wohlstand für alle bemüht und übergibt zu diesem Zwecke sogar seine eigene Tochter Raquel dem wenig klugen Herrscher, um diesen von seinen kriegerischen Gelüsten abzuhalten. Doch das Kriegerische ist zu tief in der damaligen spanisch-maurischen Gesellschaft des 12. Jahrhunderts eingeschrieben, und so zieht der König nach sieben Jahren doch noch in den Krieg, wird geschlagen,

---

[54] Vgl. Köpke: *Lion Feuchtwanger* (wie Anm. 51). S. 142f.
[55] Lion Feuchtwanger: *Narrenweisheit oder Tod und Verklärung des Jean-Jacques Rousseau*. Berlin: Aufbau 1953. S. 125. Alle weiteren Angaben nach diesem Text in Klammern.
[56] Lothar Kahn: Lion Feuchtwanger. In: *Deutsche Exilliteratur seit 1933*. Bd. I: *Kalifornien*. Hg. John M. Spalek u. Joseph Strelka. Bern-München: Francke 1976. S. 331–351. Hier: S. 346.
[57] Pischel: *Lion Feuchtwanger* (wie Anm. 46). S. 240.

und die Bevölkerung, angestachelt von der seit Jahren verschmähten Königin, rächt sich an Jehuda und seiner Tochter für diese Niederlage, indem sie diese beiden Frieden propagierenden und Frieden lebenden Figuren erschlagen. Das Spannungsfeld des Romans ist: "Es sind nicht Siege des Schwertes, welche die Propheten uns versprochen haben, [...] es [...] sind Siege des Geistes"[58] und des Pazifismus, die allein die Juden und ihr angestrebtes Weltbürgertum erringen können. Laut Tanja Kinkel ist der eigentliche Held dieses Romans der Friede, obwohl Feuchtwanger auch die Anziehungskraft des Krieges und der Gewalt beleuchtete.[59] Raquel ist von der Kriegslust Alfonsos nicht begeistert. Sie, Jehuda und die Juden allgemein verkörpern die Sehnsucht nach Frieden. Judaismus ist hier gleich Pazifismus.[60]

Der Roman *Die Jüdin von Toledo* ist eine erneute Befürwortung von Vernunft, Fortschritt und Humanität angesichts der gar nicht so friedlichen Zeiten der Gegenwart. Feuchtwanger selbst schrieb, dass er dem Ritter den Mann des Friedens entgegenstellen wollte.[61] Jehudas Opfer dient dem geschichtlichen Fortschritt, der Vernunft.

Dasselbe gilt für seinen letzten Roman *Jefta und seine Tochter*, wo der Fortschritt aus dem Selbstopfer des einzelnen für die Allgemeinheit kommt.[62] In *Jefta und seine Tochter* geht Feuchtwanger an den Anfang der Geschichte der jüdischen Stämme zurück: Jefta, Sohn einer Heidin, wird von seinen Brüdern der Erbschaft wegen vertrieben und wird ein gefürchteter Bandenanführer. Doch gerät sein Volk in Bedrängnis und holt Jefta zurück, der einem nietzscheanischen oder auch nationalsozialistischen Übermenschen erschreckend ähnlich wirkt:

> [...] groß, allein und rebellisch unter einem blassen leeren Himmel steht, allen Streit und Widerspruch der Zeit in sich selbst auskämpfend [...]. [Er] lehnt sich auf gegen den Gott der Siedlung [der Ansäßigen], doch auch gegen den des Feuers und der Tohu [der nomadisierenden jüdischen Stämme].[63]

Während einer aussichtslosen Entscheidungsschlacht gelobt Jefta dann, dass er alles seinem Gott Jahwe opfern würde, was ihm nach der Schlacht entgegen käme, wenn er siegte. Es ist dann seine einzige Tochter, die ihm nach der

---

[58] Lion Feuchtwanger: *Die Jüdin von Toledo*. Frankfurt a.M.: Fischer 1983. S. 212.
[59] Tanja Kinkel: *Naemi, Ester, Raquel und Ja'ala. Väter, Töchter, Machtmenschen und Judentum bei Lion Feuchtwanger*. Bonn: Bouvier 1998. S. 96.
[60] Ebd. S. 97.
[61] Wolfgang Jeske u. Peter Zahn: *Lion Feuchtwanger oder Der arge Weg der Erkenntnis. Eine Biographie*. Stuttgart: J. B. Metzlersche Verlagsbuchhandlung 1984. S. 318.
[62] Köpke: *Lion Feuchtwanger* (wie Anm. 51). S. 161.
[63] Lion Feuchtwanger: *Jefta und seine Tochter*. Frankfurt a.M.: Fischer Taschenbuch 1983. S. 264.

siegreichen Schlacht entgegen kommt, er opfert sie, und sowohl die jüdischen Stämme als auch ihre Feinde sind dermaßen schockiert über diese konsequente Tat Jeftas, dass sich die einen von ihm abwenden, die anderen sich aber einen und ihn zum obersten Richter der vereinten jüdischen Stämme wählen. Die Ambivalenz seiner Tat formuliert Feuchtwanger zwar noch: "Er hatte sein bestes, eigenstes Blut für einen Gott vergossen, der nicht war. Jefta der Held, Jefta der Narr. Kein Gott hatte ihm geholfen, Efraim hatte ihm geholfen",[64] d.h. der Anführer desjenigen Bruderstammes, dessen Truppen die Schlacht durch rechtzeitiges Eingreifen zum Sieg wendeten. Doch die Tat Jeftas, das Opfern seiner eigenen Tochter, bleibt trotz dessen Anmaßung, allein mit dem Gott Jahwe den Sieg 'vereinbart' zu haben, eine überragend gute Tat. Denn die jüdischen Stämme sind vereint und der Feind gebändigt, ähnlich den positiven Seiten der französischen Revolution in *Narrenweisheit oder Tod und Verklärung des Jean-Jacques Rousseau* trotz all der Tragik, die die Schattenseiten auch hier dem Einzelnen bedeutet haben mochten.

Die Jahre im Exil trugen zu einer Veränderung sowohl im künstlerischen Selbstverständnis als auch im literarischen Schaffen Feuchtwangers bei. Wie schon am Anfang ausgeführt wurde, hatte das Exil einen großen Einfluss auf die Wahl seiner Stoffe und auf seine innere und äußere Sicht der Entwicklungen. Die Nachwirkungen der geschichtlichen Vorgänge, die ihn zunächst ins Exil gestoßen hatten, und andere politische Ereignisse im Exil beeinflussten diese Sicht noch weiter. Das literarische Schaffen im Exil bis 1945, bis zum Ende des Zweiten Weltkrieges, erhielt eine veränderte Wirkungsabsicht und wurde der konsequenten Bekämpfung der faschistischen Gefahr gewidmet. Das zeigt sich beispielsweise in den Werken *Die Geschwister Oppermann, Die Söhne, Exil, Der Tag wird kommen, Der Teufel in Frankreich, Die Brüder Lautensack* und *Simone*. In allen Werken nach 1945 behauptet sich die Idee des Fortschritts, so in *Die Füchse im Weinberg, Goya oder der arge Weg der Erkenntnis, Narrenweisheit Tod und Verklärung des Jean-Jacques Rousseau, Die Jüdin von Toledo* und *Jefta und seine Tochter*. Fortschritt bedeutet hier die Entwicklung zu einem höheren Stand der Vernunft der Menschheit. Feuchtwanger sah sich als Aufklärer, der in seinen Werken nichts Geringeres tat, als das Jahrhunderte lange Ringen der Vernunft in Erinnerung zu rufen, "den Kampf einer winzigen, urteilsfähigen und zum Urteil entschlossenen Minorität gegen die ungeheure, kompakte Majorität der Blinden, nur vom Instinkt geführten". Es schien ihm wichtig, "Episoden aus den früheren Phasen dieses Kampfes darzustellen".[65] Der historische Roman war dabei eine Waffe, die man in ewigem Kampf gut gebrauchen könne. In dieser Absicht arbeitete er mit historischen Stoffen "gegen

---

[64] Ebd. S. 251.
[65] Feuchtwanger: Vom Sinn und Unsinn des historischen Romans (wie Anm. 18). S. 515.

Dummheit und Gewalt".[66] Obwohl er in seinen Anfangsjahren als Schriftsteller ein *l'art pour l'art* Anhänger war, wandelte sich diese seine Position im Laufe der Jahre, besonders durch die Erfahrungen der zwei Weltkriege sowie durch sein Exil. Das Aufkommen der Nationalsozialisten bewirkte bei ihm eine Politisierung des Denkens und Handelns. Er orientierte sich neu um und wurde zu einem engagierten politisch handelnden Schriftsteller. Mit seinem literarischen Gesamtwerk wollte Feuchtwanger letztendlich beim Aufbau einer vernünftigeren und humaneren Welt mithelfen.

[66] Ebd.

Gregory Divers

Felix Pollak and *Benefits of Doubt*: Finding One's Voice through the Exile Experience

This essay examines the life and work of Felix Pollak with special attention to his exile experience. Pollak was born in Vienna in 1909 where he studied and earned a Doctor of Jurisprudence degree. Liberal, Jewish, and an outspoken anti-fascist, Pollak was forced to flee his homeland with all haste after the annexation of Austria in 1938. Via Paris and London he arrived in New York in December 1938. New orientation as a result of his exile experience manifested itself in two-fold fashion. First, in the USA he continued his studies but now in Library Science, subsequently becoming Curator of Special Collections and Rare Books, initially at Northwestern University then later at the University of Wisconsin, Madison. Second, between the mid-1950s and the late-1980s (and despite of failing eyesight) Pollak published, in addition to poems and essays in more than one hundred magazines and anthologies, six books of poetry – all in English.

In order to show how the exile experience shaped his literary career, this essay will begin with a biographical sketch of Felix Pollak.[1] Born in Vienna in 1909 as the son of well-placed Jewish parents, Pollak enjoyed a relatively carefree childhood and youth, schooled in the culturally rich capital of the Hapsburg Empire with summer vacations at his grandparents' home in Marienbad. He began to write poems and short stories while still in secondary school and was published in local newspapers. After completing his *Matura* he studied law, in accordance with his family's wishes, earning a Doctor of Jurisprudence degree from the University of Vienna. In addition to his law studies, he also attended the Theatre Seminar of Max Reinhardt, where he studied stage directing. In fact, one of his fondest memories was that of being chosen by Reinhardt to direct Shakespeare's *Sommernachtstraum* in an open-air performance at the *Salzburger Festspiele* in 1937.

With the annexation of Austria in 1938, Pollak was forced to flee his homeland. Via Paris and London he arrived in New York City in December 1938, a "refugee from the Nazis" as he described himself.[2] Like many of his

---

[1] This biographical sketch draws heavily on Reinhold Grimm's "Nachwort" to Felix Pollak: *Vom Nutzen des Zweifels: Gedichte.* Ed. by Reinhold Grimm. Frankfurt a.M.: Fischer 1989. Pp. 205–214.

[2] This quote is from the biographical note accompanying a packet of photocopied poems I received on 11 June 1987 when assisting Felix Pollak in his reading at the Universität Bonn. This reading was organized by Hiltrud Gnüg, Professor of German at the host university. As to the reading's format: Legally blind and unable to read, Felix Pollak recited selected poems from memory in both English and German. While I read additional poems in English, Professor Gnüg read others in German translation.

contemporaries, he was without means, money, and a mastery of the language. He survived through a series of odd jobs, from doughnut baker to factory worker to door-to-door salesman of ladies' stockings. Eventually, through assistance from the Jewish Refugee Committee, he found employment with the Public Library of the City of Buffalo, at which time he also began to study Library Science. He was drafted in 1943; at this time he became a US citizen and served two years in the Army, primarily as an interpreter at prisoner-of-war camps. He was released in 1945 and thanks to the GI Bill later earned a Masters of Library Science from the University of Michigan in Ann Arbor. From 1949 to 1959 he had a position as Curator of Special Collections at the Library of Northwestern University in Evanston, Illinois. During this time he continued to pursue his literary interests, but now was writing in English. In 1959 he was called to Madison, Wisconsin where he served as Curator of Rare Books at the University of Wisconsin Memorial Library, a position he held until 1974 when he retired due to failing eyesight.

From the mid-1950s until his death in 1987, Pollak published poetry and prose in a variety of literary magazines and anthologies; during his lifetime he published five books of poetry – all in English. Their titles, along with publication dates, read as follows: *The Castle and the Flaw* (1963), *Say When* (1969), *Gingko* (1973), *Subject to Change* (1978), and *Tunnel Visions* (1984). Hence, from 1963 to 1984 he published one book roughly every five years. During the summer of 1987, he traveled to West Germany, where he gave a series of readings, lectures, and interviews – a tour that stands now as the crowning achievement of his life and literary career. After returning to Madison, Wisconsin, he died several months later in November 1987. His last two books, *Benefits of Doubt*, and its companion bilingual edition, *Vom Nutzen des Zweifels*, were both published posthumously.

Nearly all the poems published in these seven books first appeared in American poetry journals and little magazines. For anyone familiar with the small press scene in America during the period between the 1950s and 1980s, the list of magazines publishing Pollak's work is indeed impressive. That list – from the traditional to the radical – includes *Poetry Northwest, The Western Humanities Review, Arizona Quarterly, Voices, Chowder Review, Carleton Miscellany, Beloit Poetry Journal, The North American Review, Alembic, Dimension, Poetry Now, Blue Guitar, Kayak, Kaleidoscope, Quixote, Sparrow, The Smith, Wormwood Review, Prairie Schooner*, and *The American Poetry Review*. Moreover, this list reflects the significance of his vocation as librarian, first at Northwestern University and later at the University of Wisconsin, Madison. In his years as Curator of Rare Books at the University Library in Madison, Pollak "built the Marvin Sukov Collection of little magazines into the most complete collection of small press material in

English".[3] It is, thus, no coincidence that his work as curator and collector of rare books brought him into close contact with the little magazines and underground press scene that would provide him with both forum and audience. Through the years his reputation grew, aided and encouraged along the way by such noteworthy writers as Henry Miller, E. E. Cummings, Carl Sandburg, William Carlos Williams, Anaïs Nin, Lisel Mueller, and Hans Magnus Enzensberger.

This biographical sketch and bibliographic overview provide us with the background necessary to consider Felix Pollak within the context of this volume, that is, as a refugee poet whose career was shaped by the exile experience. It goes without saying that the exile experience led Pollak to re-orient his world view and change his life goals. Exile altered his ties to homeland and heritage in twofold fashion. First, he chose to re-orient his literary pursuits by foregoing his native German and writing in English. Second, selected texts reveal the changes in his relationship to homeland and birthplace since 1938. Yet the exile experience proved, if nothing else, his ability to adapt in his own solitary fashion. Pollak's distinctive American idiom has more than a touch of old world, *Alt-Wiener*, traditions; or, as Reinhold Grimm writes, his poetry is a synthesis of Karl Kraus and William Carlos Williams.[4] Exile, however, did not alter either his aesthetic principles or his political convictions. He remained true to his literary traditions and steadfast in his opposition to war, militarism, and fascism. His poem "Speaking: The Hero" reveals that his status as a political poet is firmly rooted in twentieth-century European traditions. Quoted here in its entirety, this poem bears a definite kinship with the anti-war poetry of another refugee from Vienna, Erich Fried.

> I did not want to go.
> They inducted me.
>
> I did not want to die.
> They called me yellow.
>
> I tried to run away.
> They courtmartialed me.

---

[3] From the dust jacket blurb of Felix Pollak: *Benefits of Doubt: Selected Poems*. Peoria, IL: Spoon River Poetry Press 1988. See also Grimm: "Nachwort" (n. 1). P. 208. There Grimm notes that this collection, created and tended to by Pollak for a decade and a half, contained over 30,000 titles, some dating back to the late nineteenth century and including first printings of works by James Joyce and Ernest Hemingway.
[4] See Grimm: "Nachwort" (n. 1). P. 213. The American poet William Carlos Williams, a contemporary of Ezra Pound and T. S. Eliot, is noteworthy for a lifelong concern to perfect his "variable foot" metric in order to achieve mastery of the American idiom.

I did not shoot.
They said I had no guts.

They ordered the attack.
A shrapnel tore my guts.

I cried in pain.
They carried me to safety.

In safety I died.
They blew taps over me.

They crossed out my name
and buried me under a cross.

They made a speech in my hometown.
I was unable to call them liars.

They said I gave my life.
I had struggled to keep it.

They said I set an example.
I had tried to run.

They said they were proud of me.
I had been ashamed of them.

They said my mother should also be proud.
My mother cried.

I wanted to live.
They called me a coward.

I died a coward.
They call me a hero.[5]

We can further trace his exile experience by focusing on specific publications through the years, publications marking milestones along the path of his literary career. The first to be mentioned here is a manuscript dating back to the summer of 1939, a prose account of Pollak's arrival in New York in December 1938, a record of his thoughts and impressions, a depiction of self as émigré. Written in German before his changeover to English, this text features a first-person narrator who intermittently addresses himself as *Duzfreund* and scoffs at his chances for finding gainful employment. Here in a foreign land where the employment agency values the skills of a handyman, he is forced to admit: "du bist alles andere als ein handyman, du bist ein Intellektueller, ein Literat, ein hoffnungsloser Geistmensch – ein hoffnungsloser Fall". Published four decades

---

[5] See Pollak: *Benefits of Doubt* (n. 3). P. 50. Or *Vom Nutzen des Zweifels* (n. 1). Pp. 58–61. Even though exile may have forced Pollak to forego his dreams of a career in the theatre, "Speaking: The Hero", a dramatic monologue, certainly displays a sense of the theatrical.

later in *Akzente* with the title "New York, ein Schiff, ein Emigrant", this text serves as a bridge spanning initial exile experiences and subsequent recognition within the literary circles of his European homeland. Relevant to our volume is another passage from this text indicating that Pollak had recognized early on an undeniable feeling brought on by the exile experience: "Und etwas würgt dich in der Kehle, doch mit »Heimweh« ist das nicht zu erklären, Heimlosigkeitsweh, das ist es schon eher…". Thus, we see how Pollak was consciously aware of the effect his refugee status had on his own being, an awareness, we might conclude, that served as the first step in the long process of re-orientation in the New World. The ensuing years proved that he did not abandon his essential qualities; he stubbornly remained "ein Intellektueller, ein Literat, ein [...] Geistmensch",[6] and did so on his own terms, thereby overcoming that initial sense of hopelessness.

The second publication to be cited here is the aforementioned "Speaking: The Hero", Pollak's best known poem and a text documenting in its publication history his re-orientation in the New World. This poem was first published in 1957 in *Olivant* under a penname dating back to his early years in Austria: Felix Anselm. The text was later reprinted in 1966 with Felix Pollak as author in both *Northeast* and *Quixote*, a little magazine published in Madison that is the epitome of the radical underground press scene of the 1960s. "Speaking: The Hero" then gained national, indeed international attention, when it appeared in the 1967 anthology *Where is Vietnam?*[7] Finally, in 1969 Felix Pollak read this poem before an audience of more than 14,000 at a demonstration in Madison protesting the war in Vietnam, an event of which he spoke proudly for the rest of his life.[8] Furthermore, this event spread the word of his "hero poem" like wild fire; not only did mimeograph copies of the poem surface on college campuses throughout America, but also translations of "Speaking: The Hero" later appeared in both Russian and Japanese school books.

[6] The quotations in this paragraph from *Akzente* 26/3 (1979). Pp. 314–320. Here: P. 316, 315 and 316 respectively. With regard to the notion of "Heimlosigkeitsweh", see Norbert Greiner: *Übersetzung und Literaturwissenschaft*. Vol. 1 in the series *Grundlagen der Übersetzungsforschung*. Tübingen: Gunter Narr 2004. P. 121. See also Wolfgang Emmerich: Exillyrik nach 1945. In: *Deutschsprachige Exillyrik von 1933 bis zur Nachkriegszeit*. Ed. by Jörg Thunecke. Amsterdam-Atlanta, GA: Rodopi 1998. Pp. 357–379, esp. Pp. 376–379.

[7] *Where is Vietnam? American Poets Respond. An Anthology of Contemporary American Poems*. Ed. by Walter Lowenfels (with the assistance of Nan Braymer). Garden City, NY: Anchor Books, Doubleday & Co. 1967. P. 103–104. This anthology also appeared in German translation as *Wo ist Vietnam? 89 amerikanische Dichter gegen den Krieg in Vietnam*. Darmstadt: Melzer 1968.

[8] During the June 1987 reading in Bonn, Felix Pollak played a taped recording of his reading of "Speaking: The Hero" at the University of Wisconsin Field House in 1969. Hearing a recording of that reading, to say nothing of how the crowd of Vietnam War protestors reacted, was especially moving nearly twenty years later in Bonn.

Next it is worth mentioning the selected poems that address the subject of his homeland, poems dealing directly with the topic of exile. The first is the three-part poem entitled "The Finger" and bearing a motto from Alfred Polgar: "The foreign land has not become home, but home a foreign land".[9] This poem is worthy of mention primarily because it blends the two fundamental experiences and topics of his life and writing: those of emigration and the gradual onset of blindness.[10] Moreover, this thematic blend suggests blindness as a metaphor for the exile experience, in that both demand a degree of new orientation. Other poems with an autobiographical content focus directly on his birthplace, poems such as "Vienna Revisited", "Vienna: The Street", "Vienna: The House", and "The Fog in Vienna".[11] Selected excerpts from "Vienna: The House", a poem dedicated to Egon Schwarz, can serve here as a highlight. Language and diction in this poem are simple; its message direct. Having returned to "a house that once was home", he finds the door, formerly "dark-green", is "brown now, foreign, and locked". Furthermore, as if to emphasize his sense of alienation, he has "no key". A flood of memories ensues; spying "windows on the second floor", he recalls a "skinny boy", specifically one "who liked to write". Inevitable questions arise, in particular, "Why doesn't this encounter hurt?" The answer follows in the final stanza, an exclamatory response that may serve as a motto for Pollak and his exile experience: "Never look back!"[12]

For all the changes brought about by the exile experience, Pollak remained steadfast throughout in his aesthetics and politics. The 1960s stand as a decade of upheaval in both politics and culture, a decade fusing politics with youth culture. Although Pollak was certainly in step with the political mood of the times, in particular the anti-war movement, and had close contact with the youth and youth culture, he was not a strong advocate of popular culture and pop art. In an essay entitled "The Popeye Papers", he criticized pop art, specifically its penchant for and fascination with "Gadgets & Gimmicks".[13] To further illustrate this point, Morris Edelson deserves mentioning, a Madison activist and underground publisher during the 1960s.[14] "I knew him well", Edelson writes, and although the two may have shared much politically, aesthetically they were still worlds and generations apart:

> Felix read at several of our coffee house nights at "Valhalla" (Lutheran Student Center on Langdon [Street]) and the Methodist Church basement on University

---

[9] See Pollak: *Benefits of Doubt* (n. 3). Pp. 198–199. Or *Vom Nutzen des Zweifels* (n. 1). Pp. 172–175.
[10] See Grimm: "Nachwort" (n. 1). P. 205.
[11] These four poems can be found in Pollak: *Benefits of Doubt* (n. 3). Pp. 96–99. Or *Vom Nutzen des Zweifels* (n. 1). Pp. 116–123.
[12] Pollak: "Vienna: The House" in *Benefits of Doubt* (n. 3). P. 99.
[13] See Felix Pollak: "The Popeye Papers". In: *The Smith* 5 (1965). Pp. 4–15. Here: P. 4.
[14] The following from Morris Edelson: e-mail to Divers. 3 July 2008.

[Street] – and [I] heard and published his poem on "the hero." Felix took great interest in our lit[erary] mag[azine] *Quixote*, and sent in a dozen or so poems and gave me lots of advice and kidding – he called another contributor Charles Bukowski (we did a volume of his) "Hungry Chuck Biscuits" and he advised me to change the name of the mag[azine] I was publishing from Quixote to Rocinante because of a lot of what it produced. [...] He didn't think much of it, but the Rare Books room always had a subscription to the mag[azine] and Felix created a great collection of lit[erary] mag[azine]s and oddities up there: I think he threw away one issue I stapled my socks into.

Here we see the extent to which Pollak was both a part of and totally outside the late-1960s scene. Let us not forget that in 1969 he was already sixty years old.

Pollak's anti-war stance during the Vietnam era reflects his life-long political convictions, in particular his energetic opposition to fascism and militarism. In addition, his political stance coupled with reactions to current events had a profound impact on his temperament. During his final years (in retrospect, likewise the final years of the Cold War that dominated his life in exile), there still remained, as he mused, "a bit of piss & vinegar in the old wreck". Thus, while he was buoyed by plans to visit West Germany in the summer of 1987, "to give German-English poetry 'readings' [the word *readings* in quotes as a subtle reference to his blindness], talk to students & faculties and possibly appear on the radio", he still bemoaned "the cesspool this [the Reagan] administration has turned into and wants to drag the whole country and much of the world into also". Along the same lines, he mentions "Hans Magnus Enzensberger, no less" as having translated and published four of his poems in *Akzente*[15]: "That was another thing that uplifted me, and uplifting I can use, what with my morose temperament". Referring once again to Ronald Reagan, he goes on to say: "Our Fuehrer in Washington and his terrorist henchmen isn't helping my mood one bit".[16]

Before concluding this essay, it is worth reconsidering the topic of Vienna, specifically Pollak's relationship to his birthplace. In conjunction with this, I would like to pose the question: Did Felix Pollak consider himself an exile poet? The answer, one can argue, is that he shied from such labels. As Pichaske says, he strove for "universality" in his verse, just as he "succeeded in giving universality to his personal vision impairment – without self-pity or self-delusion".[17] Edelson corroborates this notion, writing: "Oh how I used to get his goat by calling him a great Wisconsin poet – he rejected regional

[15] See *Akzente* 33/4 (1986). Pp. 289–291. Those four poems are "Reading the Bible in Braille", "Explaining Blindness to a Child", "Abgesang", and "Astigmatism".
[16] The quotations in this paragraph from Felix Pollak: letter to David Pichaske, 20 December 1986.
[17] David Pichaske, telephone interview with Divers, 16 September 2008.

labels. He seemed ambiguous about Vienna, even".[18] An explanation of why Pollak was so ambiguous about Vienna can be found in the poem "The Finger" where he writes of his "exiled years of home / within no home".[19] To place these lines in perspective, let us return to 1938 and the annexation of Austria into Nazi Germany. How did Felix Pollak respond to this turning point in his lifetime? David Pichaske, the publisher of his final two books of poetry in English, spoke of having dinner with Felix Pollak and his wife Sara in Madison on 8 March 1984. "The Austrians were delirious" with the *Anschluss*, he recalls Felix exclaiming. "They were dancing in the streets".[20] This memory – Viennese dancing in the streets to celebrate their incorporation into Nazi Germany – remained a lasting image for Pollak, a defining image explaining both his estranged relationship to homeland and a resultant sense of homelessness. As the prose text "New York, ein Schiff, ein Emigrant"[21] shows, Pollak recognized early on the pain associated with this homelessness, an undeniable condition that accompanied him in varying degrees for the rest of his life.

To conclude, I would like to address two points. The first is crucial to any writer, the notion of finding one's voice. Pollak literally found his voice – his unique American English – through the exile experience. Over the course of nearly a half century, he honed his craft so that this unique refugee voice finally found its way back to his homeland, albeit in a conflicted way. This leads to the second point, namely, the question: What is Felix Pollak's legacy? The answer is multifaceted, and we might begin by recalling the Marvin Sukov Collection of little magazines at the University Library in Madison – a collection that is indeed legendary in its scope. In addition, throughout America, reminders of his legacy can be found in those countless little magazines and small presses that he supported as contributor, collector, and curator. Yet his legacy, I contend, rests first and foremost in his seven books of poetry. Although he published a considerable amount of prose, including aphorisms, narrative texts and essays addressing literary, cultural and even political issues, he will be remembered primarily for his poetry. And even though he may have shunned the label "exile poet", we may justifiably sum up his legacy by turning to his poem "Refugee" – printed here, side by side, in both the original English and Pollak's own German translation:

He was born in Vienna	Er ist in Wien geboren
he died in Auschwitz	er ist in Auschwitz gestorben
he is living in New York	er lebt in New York

[18] Edelson: e-mail (n. 14).
[19] See Pollak: *Benefits of Doubt* (n. 3). Pp. 198–199. Here: P. 198. Or *Vom Nutzen des Zweifels* (n. 1). Pp. 172–175. Here: P. 172.
[20] Pichaske, telephone interview (n. 17).
[21] *Akzente* 26/3 (1979). Pp. 314–320. Here: P. 315.

He still believes	Er glaubt noch immer
all men are brothers	alle Menschen seien Brüder
under the skin	unter der Haut
but he knows also	aber er weiß auch
they'll any day	daß sie einander stets
skin each other alive	bei lebendigem Leib
so they may be	die Haut abziehen werden
brothers	auf daß sie
	Brüder seien[22]

In conjunction with his poetry, he will also be remembered for his unique poetic voice. As Reinhold Grimm writes, his language is not only noteworthy for its precision and economy, but also is best understood with the help of such paradoxical terms as "Fülle der Kargheit, Geheimnis des Schlichten und Alltäglichen, durchscheinende Helle in Dunkel und Abgründigkeit".[23] These comments are supported by David Pichaske who, in comparing Pollak's early verse to the latter, claims that he was strongest not when verbose, but epigrammatic, adding that his word play benefited from brevity.[24] All these examples and comments point to the breadth and depth of his legacy. Last but certainly not least, his legacy lives on with *The Felix Pollak Prize in Poetry*, a prize founded by his widow Sara in 1988 and awarded annually at the University of Wisconsin.

---

[22] English version in Pollak: *Benefits of Doubt* (n. 3). P. 48. Both original English and German translation on facing pages in *Vom Nutzen des Zweifels* (n. 1). Pp. 54–55. As to the significance of Felix Pollak's translations of his own poetry, see Reinhold Grimm: Felix Pollak als Selbstübersetzer. In: *Wirkendes Wort* 50/2 (2000). Pp. 256–265. Grimm's essay is also available in English as "Felix Pollak as Self-Translator". Translated by Michael Shaughnessy. University of Cincinnati: Max Kade Occasional Papers in German-American Studies 7, 2002. See also Norbert Greiner: Fallstudie E: Selbstübersetzung – Felix Pollak als Lyriker und Übersetzer zwischen den Kulturen. In: *Übersetzung und Literaturwissenschaft* (n. 7). Pp. 119–131.
[23] Grimm: "Nachwort" (n. 1). Pp. 212–213.
[24] Pichaske, telephone interview (n. 17). Egon Schwarz expanded on this notion during the NASES Symposium at Saint Louis University, 11 October 2008, when he added that Pollak should also be remembered for his aphorisms. See, in this regard, Part III "Short Shrift" of Felix Pollak: *Benefits of Doubt* (n. 3). Pp. 148–185, especially his selected "Miniatures", "Epigrams" and "Titular Poems". See also Felix Pollak: *Lebenszeichen. Aphorismen und Marginalien*. Ed. by Reinhold Grimm and Sara Pollak. Vienna: Verlag für Gesellschaft 1992.

Susanne Utsch

"An Stelle von Heimat / halte ich die Verwandlungen der Welt": Die Transformation von real-räumlicher zu weltanschaulicher Verortungssuche in der Lyrik von Nelly Sachs

The topos "Heimat" (a specific German expression, more complex than homeland) was not only an essential component of national socialist "Blut-und-Boden" (Blood and Soil) ideology, but at the same time a central motif of exile literature. In the poetry of Nelly Sachs, who fled to Sweden in 1940, new orientation can be shown through Sachs's poetic use of concepts as "Heimat", "Heimweh" (homesickness), and "Heimkehr" (returning home). The lyrical striving to make sense of her years in exile is marked by the sorrow associated with the shoah, *an experience that hindered Nelly Sachs from any return to previous patterns of life. The poem "Welt, frage nicht die Todentrissenen" shows that in exile, "Heimat" becomes obsolete as a spatial, geographical point of reference. Likewise, the social facets of a traditional concept of "Heimat", such as the emotional ties to childhood memories, prove ineffectual when confronted with knowledge of Auschwitz, as the poem "Tänzerin bräutlich" makes abundantly clear. Of central importance in the poetry of Nelly Sachs, "Heimat" crystallizes itself in a temporal sense: as a dimension directed into the future. The poem "In der Flucht" reveals itself as inspired by the cabala, as a dialectic reception of the destructive exile situation that – through its inherently existential homelessness – opens up the option of a utopian "Heimat", a quasi-divine place of longing.*

"Wieviel Heimat braucht der Mensch?", betitelte Jean Améry im Jahr 1966 einen phänotypischen Essay.[1] Nelly Sachs hatte auf diese Frage wenige Jahre zuvor eine vieldeutige Antwort gefunden: "An Stelle von Heimat / halte ich die Verwandlungen der Welt". Es sind dies die letzten beiden Zeilen von "In der Flucht", einem der Gedichte, die 1959 im Zyklus *Flucht und Verwandlung* erschienen sind, und sie fassen implizit den Wandel der weltanschaulichen Orientierung von Nelly Sachs zusammen.[2] Einen Wandel, den weniger

---

[1] Jean Améry: Wieviel Heimat braucht der Mensch? In: Jean Améry: *Werke*. Hg. von Irene Heidelberger-Leonard. Stuttgart: Klett-Cotta 2002. Bd. 2. S. 86–117. Hier: S. 86.

[2] Nelly Sachs: In der Flucht. In: *Fahrt ins Staublose. Gedichte*. Frankfurt a.M.: Suhrkamp 1988. S. 262. An dieser Stelle sei darauf verwiesen, dass die Exillyrik von Nelly Sachs, die erst 1944 (wieder) zu schreiben begann, ein deutliches Indiz für die Unmöglichkeit ist, die Exilliteratur auf den Zeitraum von 1933–1945 zu begrenzen, wie es lange in der Exilliteraturforschung gang und gäbe war. Gerade für die Betrachtung des Topos "Heimat" bekommt die Zeit nach 1945 eine besondere Tragweite, da nun theoretisch die Remigration möglich wurde und dies auch Eingang in die Lyrik der Exilschriftsteller gefunden hat.

die Exilerfahrung als vor allem das Wissen um die Gräuel von Auschwitz, die Frage nach dem "Weiterleben-Können" evozierte. Innerlich fühlte sich Nelly Sachs dabei Paul Celan verbunden, dem sie am 10. Mai 1954 schrieb:

> Sie sehen viel von jener geistigen Landschaft, die sich hinter allem Hiesigen verbirgt, und haben die Kraft des Ausdrucks für das leise sich öffnende Geheimnis. [...] Auch ich muss diesen inneren Weg gehen, der von "Hier" ausgeht nach dem unerhörten Leiden meines Volkes, und der weitertastet nach der Qual.[3]

Nelly, eigentlich Leonie, Sachs war 63 Jahre alt, als sie dies schrieb. Aufgewachsen in einem gutbürgerlichen deutsch-jüdischen Elternhaus, lebte sie in Berlin, bis sie 1940 gemeinsam mit ihrer Mutter im buchstäblich letzten Moment fliehen konnte: Das Visum für Schweden kam mit der gleichen Post wie die Einberufung in ein sogenanntes Arbeitslager. Die lebensrettende Ausreise gelang dank der Intervention und Hilfe der schwedischen Schriftstellerin Selma Lagerlöf, mit der Nelly Sachs seit ihrer Jugend in Briefkontakt stand. Umso schlimmer war es für Nelly Sachs, als Selma Lagerlöf unerwartet starb, kurz bevor sie im schwedischen Exil beziehungsweise in Stockholm eintraf. In der kleinen Wohnung, die sie zu Exilbeginn bezogen hatte, lebte Nelly Sachs bis zu ihrem Tod im Jahr 1970: Sie entschied sich also nach 1945 zum Verbleib in Schweden, eine Entscheidung, die sich auch auf ihr Heimatverständnis auswirken sollte.

Bereits kurz nach ihrer Ankunft in Stockholm hatte sie begonnen, Schwedisch zu lernen, so dass sie bald mit ersten Übersetzungen Geld verdienen konnte. Nach einer langen Schreibpause, oder besser -blockade, die im Jahr 1933 nach einem traumatischen Erlebnis mit der Gestapo begann,[4] schrieb sie von 1944 an wieder Gedichte, die sich jedoch in Stil und Inhalt deutlich von ihren ersten Arbeiten abheben. Von den frühen Texten, romantisch gefärbte Erzählungen und Legenden, die übrigens unter dem Einfluss von Selma Lagerlöf entstanden waren,[5] distanzierte sie sich nun und bezeichnete diese als "Schulmädchenlegenden" und "Kinderarbeiten".[6] Die Erfahrungen des

---

[3] Nelly Sachs / Paul Celan: *Briefwechsel*. Hg. von Barbara Wiedemann. Frankfurt a.M.: Suhrkamp 1996. S. 9.
[4] Nelly Sachs unterhielt zu diesem Zeitpunkt trotz väterlichen Verbots eine Beziehung zu einem geschiedenen, namentlich nie erwähnten Mann, mit dem gemeinsam sie von der Gestapo festgenommen wurde. Es wird davon ausgegangen, dass er vor ihren Augen getötet wurde. Vgl. Hilde Domin: Zusätzliche Informationen zu Leben und Werk von Nelly Sachs. In: *Text und Kritik* 23 (1979). S. 41–43. Hier: S. 42.
[5] Vgl. dazu Ruth Dinesen: *Nelly Sachs. Eine Biographie*. Frankfurt a.M.: Suhrkamp 1992. S. 42.
[6] Nelly Sachs in Briefen an Siegfried Unseld vom 15.3.1963 und 27.4.1963. Zitiert nach Franz-Josef Bartmann: *"... denn nicht dürfen Freigelassene mit Schlingen der Sehnsucht eingefangen werden ...!" Nelly Sachs (1891–1970) – eine deutsche Dichterin*. Dortmund: Zimmermann-Engelke 1991. S. 60.

NS-Terrors und des Exil bedurften für Nelly Sachs neuer Formen und Textsorten; sie ließen sich in herkömmliche Prosa nicht mehr übertragen. Von 1944 an schrieb sie ausschließlich Lyrik und szenische Dichtungen, darunter *Eli. Ein Mysterienspiel vom Leiden Israels*. Für Hans Magnus Enzensberger zeichnet diese Texte eine "rätselhafte Reinheit" aus, die sie unangreifbar mache:

> Der Philosoph Theodor W. Adorno hat einen Satz ausgesprochen, der zu den härtesten Urteilen gehört, die über unsere Zeit gefällt werden können: Nach Auschwitz sei es nicht mehr möglich, ein Gedicht zu schreiben. Wenn wir weiterleben wollen, muss dieser Satz widerlegt werden. Wenige vermögen es. Zu ihnen gehört Nelly Sachs.[7]

In der Zuerkennungsrede des Nobelpreises für Literatur aus dem Jahr 1966 heißt es: "In lyrischen Klageliedern von schmerzensreicher Schönheit [...], hat sie mit ergreifender Gefühlsstärke die weltweite Tragödie der jüdischen Rasse auszusagen verstanden".[8] Nicht zuletzt auch durch diese Begründung des Nobelkomitees ist die Lyrik von Nelly Sachs lange als Trauer- und Klagegesang gelesen und interpretiert worden.[9] Ihre Arbeit ist ohne Zweifel von der "finsterste[n] Realität dieser Epoche" geprägt, der Trauer um die ermordeten Freunde, Verwandte und Mitmenschen.[10] Sie wird aber auch von anderen Topoi bestimmt. So zieht sich durch ihr gesamtes Werk die Auseinandersetzung mit unterschiedlichsten Themen wie der aufgezwungenen jüdischen Identität etwa und, ausgehend von Heimatverlust und der erzwungenen Exilexistenz, eine lyrische Auseinandersetzung mit dem kaum in eine andere Sprache zu übersetzenden Begriffskomplex "Heimat" in all seinen Spielarten: Heimatlosigkeit, Heimweh, Heimkehr. Offen ist jedoch, welche Bedeutungsebenen sich in Nelly Sachs' Lyrik mit dem Begriff "Heimat" verbinden, über den W.G. Sebald schreibt: "Der Begriff steht [...] in reziprokem Verhältnis zu dem, worauf er sich bezieht. Je mehr von der Heimat die Rede ist, desto weniger gibt es sie".[11] Anders formuliert kann man mit Sebald auch sagen, "dass das Verhältnis der Menschen zu ihrer angestammten Heimat gebrochen ist von dem Augenblick an, da diese ein literarisches Thema wird".[12] Die poetologische Verarbeitung von Heimat ist ein verbreitetes Phänomen

---

[7] Hans Magnus Enzensberger: Die Steine der Freiheit. In: *Lyrik nach Auschwitz? Adorno und die Dichter*. Stuttgart: Reclam 1998. S. 73–76. Hier: S. 73.
[8] Anders Österling: Verleihungsrede. In: *Nobelpreis für Literatur 1966 (62): Nelly Sachs*. Gedichte. Zürich: Coron 1966. S. 19
[9] Vgl. dazu etwa Paul Kersten: Analyse und Heiligsprechung. Nelly Sachs und ihre Kritiker. In: *Text und Kritik* 23 (1979). S. 44–51.
[10] Hans Magnus Enzensberger: Nachwort. In: *Nelly Sachs. Ausgewählte Gedichte*. Frankfurt a.M.: Suhrkamp 1963. S. 89.
[11] Winfried Georg Sebald: *Unheimliche Essays. Essays zur österreichischen Literatur*. Frankfurt a.M.: Fischer 2004. S. 11.
[12] Ebd. S. 12.

innerhalb der Exilliteratur; Heimatsuche kann damit als Ausdruck einer zentralen Befindlichkeit im Exil betrachtet werden. In der Lyrik von Nelly Sachs ist diese Suche zudem Ausdruck einer weltanschaulichen Orientierungssehnsucht. Vor einer diesbezüglichen Interpretation ausgewählter Gedichte soll zunächst der zugrundeliegende Terminus geklärt werden: Heimat.

Heimat: Etymologie, Begriffsgeschichte und -bestimmung

Das Wort "Heimat" geht zurück auf das althochdeutsche *heimoti, -uoti* und das mittelhochdeutsche *heimot, -uot(e)* und benennt ursprünglich "den Ort, an dem man sich niederlässt".[13] Sieben Bedeutungen nennt das Grimmsche Wörterbuch, darunter den Geburts- und Wohnort, "in dem man [...] bleibenden aufenthalt hat"[14], elterlichen Besitz und "heimat in freier anwendung"[15]: Hier verweisen die Grimms auf die himmlische Heimat der Christen, die dichterische Heimat und die der Redensarten. Es sind vor allem die drei letzten Bedeutungen von Heimat, die auf das weltanschauliche Potenzial des Begriffs verweisen. Begriffsgeschichtlich lässt sich eine Hochkonjunktur der Heimat-Verwendung während der Völkerwanderung feststellen, was die reziproke These W.G. Sebalds stützt. Von deren Ende bis zum 19. Jahrhundert entwickelte der Begriff eine strenge, rein juristische Bedeutung: Bis zur Industrialisierung stand Heimat für die existenzielle Sicherheit des Bürgers. Erworben wurde das sogenannte Heimatrecht durch Geburt, Heirat oder Zuzug, und es garantierte Bewohnern lebenslanges Aufenthaltsrecht und Armen- beziehungsweise Alterspflege im Bedarfsfall. Durch dieses Heimatrecht wurde der Ortsbezug quasi institutionalisiert. Als mit der Verfassung von 1871 das Deutsche Reich Gemeindeaufgaben übernahm, verschwand der Rechtsbegriff "Heimat". Das entstandene Bedeutungsvakuum füllten nun reaktionäre Agrarromantiker mit einem gegenrevolutionären Heimatkult, der sich gegen alles Progressive wandte: Sie protestierten gegen die moderne Zivilisation, gegen Industrialisierung und Internationalismus des Proletariats. Walter Jens hat hier eine Schnittstelle ausgemacht: Der Begriff "Heimat" sei jetzt "zu einem Versatzstück bourgeoiser Festivität und einem sentimentalen Klischee" verkommen.[16] Die mitschwingende politische Komponente verstärkte sich in den Folgejahren und mündete schließlich in die mystifizierte und konstruierte Reihung von Heimat, Volk und Vaterland. Diese Einverleibung des Begriffes Heimat in das völkische Vokabular der trüben Blut-und-Boden-Ideologie der Nazis hat dessen

---

[13] Michael Neumeyer: *Heimat. Zu Geschichte und Begriff eines Phänomens*. Kiel: Geographisches Institut der Universität Kiel 1992. S. 6.

[14] Jakob und Wilhelm Grimm: *Deutsches Wörterbuch*. München: dtv 1984 (Nachdruck von 1877). Bd. 10. Sp. 864–865.

[15] Ebd. S. 865–866.

[16] Walter Jens: Nachdenken über Heimat. Fremde und Zuhause im Spiegel deutscher Poesie. In: *Heimat. Neue Erkundungen eines alten Themas*. Hg. von Horst Bienek. München: Hanser 1985. S. 14–26. Hier: S. 17.

Verwendung für die Folgezeit problematisiert. Umso bemerkenswerter ist es, dass Heimat zeitgleich ein wichtiger Topos in der Exilliteratur wurde.

Nicht nur wegen seiner Geschichte ist der Begriff "Heimat" emotional sehr aufgeladen. Das Heimatgefühl ist jeweils subjektiv gefärbt: Empfindungen wie Vertrautheit, Sicherheit, Zugehörigkeit, Anerkennung und Geborgenheit werden Heimatgefühlen zugeordnet.[17] Die große Anzahl an konstitutiven Bestandteilen des Heimatbegriffes kann durch bestimmte Bezugskategorien zugänglich gemacht werden. Zu diesem Zweck lassen sich räumliche, soziale beziehungsweise emotionale und zeitliche Komponenten voneinander unterscheiden. Aus diesen Komponenten ergeben sich greifbare Facetten des Heimat-Begriffs, die sich für die folgende Interpretation ausgewählter Gedichte operationalisieren lassen.

Für die räumliche Kategorie ist die geographische Dimension entscheidend: Unter "Raum" kann ein abgegrenztes Territorium wie das Elternhaus oder der Wohnort verstanden werden, das Bedürfnisse wie Geborgenheit, Sicherheit oder Identität erfüllt. Aber "die Raumbezogenheit dessen, was wir Heimat nennen, wird erst erfüllt und gewinnt Leben durch die sozialen Verbundenheiten, die sich im Sinne gemeinsamer Heimat manchmal als stärker erweisen als alle anderen", wie es bei Andrea Bastian heißt.[18] Die stärkste soziale Verbundenheit entwickelt sich im Elternhaus, wo frühkindliche Erlebnisse auf das soziale Heimatgefühl großen Einfluss haben. Heimatgefühle verbinden sich emotional auch mit einzelnen Orten, Gegenständen oder Menschen, die subjektiv und selektiv als einzigartig und unverwechselbar gelten. Diese symbolischen Überhöhungen sind objektiv nicht nachweisbar; sie sind eine Folge emotionaler Bindungen über einen längeren Zeitraum hinweg, ein Produkt der Gewöhnung und Vertrautheit.[19] Die zeitliche Komponente des Heimatbegriffs ist hierin bereits angeklungen: Sehnsucht nach Heimat ist häufig in die Vergangenheit gerichtet, da sie im Gegensatz zur verunsichernden Zukunft bekannt und vertraut erscheint, wie etwa die Erinnerung an die Kindheit. Es zeigt sich also, dass sich der Heimatbegriff aus räumlichen, sozialen beziehungsweise emotionalen und zeitlichen Kategorien zusammensetzt, die gemeinsam letztlich identitätsbildende Funktion haben, denn

> wenn man Heimat als "Ort tiefsten Vertrauens", als "Welt intakten Bewusstseins" bezeichnet hat, dann ist Heimat nicht nur die Basis für Identität, sondern gewissermaßen das Wesen der Identität.[20]

---

[17] Vgl. Andrea Bastian: *Der Heimat-Begriff. Eine begriffsgeschichtliche Untersuchung in verschiedenen Funktionsbereichen der deutschen Sprache*. Tübingen: Niemeyer 1995. S. 23.
[18] Ebd. S. 40.
[19] Vgl. zu diesen Ausführungen Neumeyer (wie Anm. 13). S. 95ff.
[20] Ebd. S. 120.

Anhand der ausdifferenzierten Heimatkomponenten soll nun die identitätsstiftende, weltanschauliche Orientierungssuche von Nelly Sachs anhand der Topoi "Heimat", "Heimweh" und "Heimkehr" rekonstruiert werden.

In der Lyrik von Nelly Sachs, vor allem in Gedichten, die zwischen 1944 und 1960 entstanden sind, bilden "Heimat" und "Heimatland" also regelrechte Schlüsselwörter.[21] Die Dichterin nimmt in der Verwendung dieser Begriffe eine besondere Stellung ein, weil sie erst (wieder) zu schreiben begann, als sie um die wahren Ausmaße der Shoah wusste, die eine Rückkehr in die eigentliche Heimat für sie endgültig unmöglich machten. Dieses Wissen war zugleich der Ausgangspunkt, "eine Stimme erklingen zu lassen", "die blutigen Fußspuren Israels aus dem Sande (zu) sammeln".[22] In welchem Zusammenhang verwendet nun Nelly Sachs den Begriff "Heimat"? Welche poetologische Funktion übernimmt er – für ihre lyrisch formulierten Weltanschauungsfragen?

"In der Flucht": Die Fremderfahrung der Überlebenden

Zunächst legen es die frühen Exilgedichte nahe, dem von Nelly Sachs verwendeten Heimat-Begriff über die Gegenwelt näherzukommen, dem Erleben von Fremde, die sich über räumliche und soziale Facetten manifestiert. In Nelly Sachs' Gedichten aus den 1940er Jahren, Gedichten aus dem Themenkomplex "Flucht und Verfolgung", wird die Fremde des Exils als unnahbare, ja bedrohliche Erlebniswelt formuliert. Dazu gehört auch das freirhythmische Gedicht "Welt, frage nicht die Todentrissenen" aus dem Band *Sternverdunkelung*, der 1949 erschien. Zwei reimlose Strophen beschreiben eindringlich die Erfahrung des Heimatverlustes:

> Welt, frage nicht die Todentrissenen
> wohin sie gehen,
> sie gehen immer ihrem Grabe zu.
> Das Pflaster der fremden Stadt
> war nicht für die Musik von Flüchtlingsschritten gelegt worden –
> Die Fenster der Häuser, die eine Erdenzeit spiegeln
> mit den wandernden Gabentischen der Bilderbuchhimmel –
> wurden nicht für Augen geschliffen
> die den Schrecken an seiner Quelle tranken.
> Welt, die Falte ihres Lächelns hat ihnen ein starkes Eisen ausgebrannt;
> sie möchten so gerne zu dir kommen
> um deiner Schönheit wegen,
> aber wer heimatlos ist, dem welken alle Wege
> wie Schnittblumen hin –

---

[21] Vgl. Ehrhard Bahr: *Nelly Sachs*. München: Text und Kritik 1980. S. 98.
[22] Nelly Sachs: *Briefe der Nelly Sachs*. Hg. von Ruth Dinesen u. Helmut Müssener. Frankfurt a.M.: Suhrkamp 1985. S. 67–68.

Aber, es ist uns in der Fremde
eine Freundin geworden: die Abendsonne.
Eingesegnet von ihrem Marterlicht
sind wir geladen zu ihr zu kommen mit unserer Trauer,
die neben uns geht:
wie ein Psalm der Nacht.[23]

Das lyrische Wir, die dem Tod entrissenen Flüchtlinge, wendet sich an die "Welt" (1), ein nicht näher definiertes kosmisches oder soziales Umfeld, mit dem Versuch einer Selbsterklärung. Im Kompositum "Tod-Entrissenen" wird die Erfahrung der Flucht vor existenzieller Gefahr, ja der konkreten Todeserfahrung sichtbar. Aber nicht nur das: Die Todesmetapher ist auch Ausdruck des sogenannten Überlebenssyndroms.[24] So beschrieb Jean Améry sein Über- und Weiterleben nach Auschwitz mit den Worten: "[E]in Toter auf Urlaub sein, ein zu Ermordender, der nur durch Zufall noch nicht da war, wohin er rechtens gehört".[25] Amérys Äußerung ist von verzweifelter Trauer geprägt, von Schuldgefühlen und Selbstvorwürfen, überlebt zu haben, ja weiterleben zu müssen. Dieses Syndrom kennzeichnen außerdem enorme Angstzustände, die auch Nelly Sachs durchlebte. "Unter Bedrohung leben: im offnen (!) Grab verwesen": Mit diesen Worten hat Nelly Sachs ihr Leben in Nazi-Deutschland bis 1940 beschrieben.[26] In der Fremde des Exils setzt sich diese Erfahrung nun lyrisch fort: Im Gedicht gehen die "Flüchtlingsschritte" (5) "immer ihrem Grabe zu" (3). Nach dem Überleben von NS-Terror und dem Massenmord in den Konzentrationslagern wird das natürliche, das "Sterben ohne gemordet zu werden" zum alles beherrschenden Lebensziel.[27] Ein Ankommen im Exil ist demnach unmöglich: Die "fremde Stadt" (4) steht für die omnipräsente Fremde, die paradoxerweise umso fremder wirkt, je mehr sie an die verlorene Heimat erinnert. Der Klang der Schritte auf dem Pflaster löst als *Pars pro toto* Erinnerungen an das heimatstädtische Pflaster aus, an die harten Stiefel der SS, "in denen", wie Nelly Sachs einmal gesagt hat, "sich das Recht häuslich niedergelassen hatte".[28] Auf einen Vergangenheitsbezug weist hier auch der Gedankenstrich am Zeilenende hin, der bei Nelly Sachs

---

[23] Sachs: *Fahrt ins Staublose* (wie Anm. 2). S. 131. Sämtliche Textbelege für die folgende Interpretation werden mit Zeilenangaben im laufenden Text aufgeführt.
[24] Vgl. León u. Rebeca Grinberg: *Psychoanalyse der Migration und des Exils*. München-Wien: Internationale Psychoanalyse 1990. S. 171–172 und 183.
[25] Jean Améry: Über Zwang und Unmöglichkeit, Jude zu sein. In: Ders.: *Werke*. Bd. 2 (wie Anm. 1). S. 149–177. Hier: S. 154.
[26] Nelly Sachs: Leben unter Bedrohung. In: *A propos Nelly Sachs*. Mit einem Essay von Gisela Dischner. Frankfurt a.M.: Neue Kritik 1997. S. 76–80. Hier: S. 78.
[27] Ebd. S. 76.
[28] Ebd. S. 77.

eine Doppelbedeutung hat: Er ist zum einen "verzweifelte Sprachgebärde des Verstummens" und "zeigt die Grenze, über die hinaus kein weiteres Sprechen möglich ist".[29] Zum anderen ist der Gedankenstrich in ihrer Lyrik eine wichtige Stilfigur der Simultaneität, die hier eine Überlagerung von gegenwärtigem Erleben und erinnerter Vergangenheit ausdrückt.[30] Das "Pflaster" (4), heißt es im Gedicht weiter, "war nicht für die Musik von Flüchtlingsschritten gelegt worden" (5). In diesem Kontext von Musik zu sprechen, mutet zynisch an; Musik ist bei Nelly Sachs jedoch eine Todesmetapher.[31] Das Pflaster als städtischer, als öffentlicher Raum entbehrt jeder kommunikativen Option für die Überlebenden, da das Mitteilen der erlebten Schrecken unmöglich scheint: Der trauernde Flüchtling bleibt einsam. Es ist dies damit als Gegenwelt zu sozialen Heimatfacetten wie Anerkennung, Geborgenheit oder eben Zugehörigkeit zu lesen. Diese Fremderfahrung wird anhand konkreter Details geographischer Heimatbezüge durchdekliniert: Stadt, Straßen, Wege und Fenster. "Die Fenster der Häuser / [...] wurden nicht für Augen geschliffen / die den Schrecken an der Quelle tranken" (6–9). Denn sie spiegeln eine "Erdenzeit" (6) anstelle der Endzeit, und die "wandernden Gabentische der Bilderbuchhimmel" (7) haben sich in der Realität des lyrischen Wir in "Sternverdunklung" verwandelt.[32] Das lyrische Wir bleibt außen vor, auf der Straße, vor den Fassaden – alle Bemühung um Verortung ist obsolet, denn "wer heimatlos ist, dem welken alle Wege / wie Schnittblumen hin (13–14)". Diese Heimatlosigkeit resultiert aus den erlebten "Schrecken" (9), der einsamen und unüberwindbaren "Trauer" (18). Im Gegensatz zu konventionellen Beziehungsgeflechten strebt das lyrische Ich beziehungsweise Wir deshalb in den Gedichten der 1940er Jahren vor allem die Gemeinschaft mit Toten an: Nur mit ihnen kann das Leid, die Trauer, geteilt werden. Die einzige wiederholt auftauchende Bezugsperson in Sachs' Lyrik bis 1960 ist der tote Bräutigam; ein autobiographischer Hinweis auf den wahrscheinlich vor Nelly Sachs' Augen ermordeten Geliebten. An der Figur des Bräutigams manifestiert sich der soziale Heimatverlust: Erst die andauernde lyrische Vergegenwärtigung des ermordeten Geliebten vermittelt soziale und identitätstiftende Heimatcharakteristika wie Geborgenheit und Sicherheit. Ein grausames Paradoxon.

Im Gedicht "Welt, frage nicht die Todentrissenen" wird der tröstliche und beruhigende Charakter einer Heimatstadt also mit der Flucht vor und dem

---

[29] Gisela Bezzel-Dischner: *Poetik des modernen Gedichts. Zur Lyrik von Nelly Sachs*. Berlin-Zürich: Gehlen 1970. S. 21. Vgl. auch Theodor W. Adorno: Satzzeichen. In: *Noten zur Literatur I*. Frankfurt a.M.: Suhrkamp 1991 (1974). S. 108–109.
[30] Vgl. ebd. S. 60.
[31] Vgl. dazu Peter Sager: *Nelly Sachs. Untersuchungen zu Stil und Motivik ihrer Lyrik*. Bonn: Friedrich-Wilhelms-Universität 1970. S. 146.
[32] Dieser Gedichtzyklus von Nelly Sachs erschien 1949.

Wissen um Auschwitz aufgehoben, ja *ad absurdum* geführt. Die zweite Strophe des Gedichtes verstärkt diesen Eindruck noch: Eingeleitet durch die Anapher "Welt" (10) beschreibt sie, dass die "Falte ihres Lächelns [...] ihnen ein starkes Eisen ausgebrannt" hat. Diese grausame Tätowierung markiert hier die konkreten Gräuel der Lager sowie die innerliche und äußerliche Brandmarkung der Überlebenden: Von den Nazis wie Schlachtvieh misshandelt und gedemütigt, sind den Überlebenden herkömmliche Formen der Kontaktaufnahme wie das Lächeln als vielleicht wichtigstes Instrument zwischenmenschlicher Kommunikation genommen. "Wer der Folter erlag, kann nicht mehr heimisch werden in der Welt. Die Schmach der Vernichtung lässt sich nicht austilgen", heißt es bei Jean Améry.[33] Das unterstreichen im Gedicht von Nelly Sachs die welkenden "Schnittblumen" (14). Nelly Sachs hat vom konkreten Heimatverlust als existenzieller Verwundung gesprochen: "Die Tür war die erste Haut, die aufgerissen wurde. Die Tür des Heims".[34] Der in Deutschland erlebte kategorische Ausgrenzungsprozess der jüdischen Bevölkerung führte zwangsläufig zu einer Identitätskrise der Betroffenen; auch, weil sie nie gelernt hatten, jüdisch zu sein. Diese Krise setzte sich im Exil fort und wog hier ungleich schwerer: Wie das Psychotherapeutenpaar Grinberg gezeigt hat, ist es für die Überwindung der Identitätskrise notwendig, sich an heimische Elemente klammern zu können.[35]

Mit der Auflösung vertrauter Lebensräume und Sozialgefüge wird das "In der Flucht"-Sein zum Lebenskonzept, zumindest des lyrischen Wir. Darauf verweist in "Welt, frage nicht die Todentrissenen" das Motiv des Ewigen Juden, des rastlosen Wanderers, der immer dem Grabe entgegengeht, in der Hoffnung, eines Tages dort endlich Ruhe zu finden. Das Ahasver-Motiv taucht in Sachs' Lyrik wiederholt auf: im Vokabular des Unterwegsseins, in der Kommunikation mit Gestirnen und bei der Suche nach ewiger, letzter Ruhe. So wird die "Abendsonne" (16) in der Fremde und menschlichen Isolation zur mitwandernden "Freundin" (16). Die unendlichen kosmischen Ausmaße und die Einladung, "zu ihr zu kommen" (18), unterstreichen dabei die Dimension des ahasverischen Lebensraums und die unbehauste, heimatlose Gegenwart des lyrischen Subjekts. Ähnlich heißt es 1949 im Zyklus *Sternverdunkelung*: "O die heimatlosen Farben des Abendhimmels!".[36] Aber nicht nur das: Die Freundschaft erklärt sich auch über das "Marterlicht" (17), die rote Färbung des Abendhimmels, die in dem Gedicht "Auf den Landstraßen der Erde" als Mitleiden des Kosmos dargestellt ist: "Wenn der Vater aller Waisen, / der Abend, mit ihnen / aus allen Wunden blutet".[37] Das Wort "Marter", das

---

[33] Jean Améry: Die Tortur. In: Améry: *Werke*. Bd. 2 (wie Anm. 1). S. 55–85. Hier: S. 85.
[34] Sachs: Leben (wie Anm. 26). S. 77.
[35] Grinberg (wie Anm. 24). S. 147.
[36] Sachs: *Fahrt ins Staublose* (wie Anm. 2). S. 117.
[37] Ebd. S. 116.

übrigens etymologisch mit dem Wort "Erinnerung" verwandt ist, bekommt als Kompositum mit Licht –"Marterlicht" (17) –, das das Hervorrufen verdrängter Schrecken veranschaulicht, im freudschen Sinne kathartische Wirkung. Das Klagelied, der "Psalm der Nacht" (20), entpuppt sich als einzig mögliches Artikulationsmittel, um der omnipräsenten "Trauer" (18) Ausdruck zu verleihen. Zugleich bekommt die Wanderschaft der Todentrissenen durch den kosmischen Raum universellen Charakter und wird zu einem Bild für das Leiden aller Menschen. Das Exil als Wahl- oder Ersatzheimat entpuppt sich als undenkbar: "In der Flucht"-Sein wird zum Lebensraum und -konzept.[38]

"Kindertraumwiesen": Erinnerungen an die unversehrte Heimat

Zur weiteren Annäherung an den Heimatbegriff in der Lyrik von Nelly Sachs bietet es sich an, das Wort "heimatlos" näher zu betrachten: In dem von Flucht und Verfolgung geprägten, oben näher betrachteten Zyklus *Sternverdunkelung* (1949) hat "heimatlos" einen zentralen Stellenwert; in der späteren Lyrik taucht es jedoch nicht mehr auf. Welcher Art ist diese verlorene Heimat? Die Heimatbeziehung, der gefühlte Verlust? "Heimatliebe [...] verbindet sich zumeist mit der Sehnsucht zurück zur Kindheit und ihren glückverheißenden Möglichkeiten", formuliert Iring Fetscher.[39] Weiterführend für eine Einkreisung des lyrisch formulierten Heimatverständnisses von Nelly Sachs scheint also die Betrachtung von Gedichten, die die vergangene, unversehrte Welt der Kindheit thematisieren. Diese Form des lyrischen Rückblicks zu untersuchen ist auch deshalb interessant, weil die These aufgestellt worden ist, Nelly Sachs sei weniger eine Dichterin des Raums als vielmehr der Zeit.[40] Deshalb ist es nun naheliegend, die zeitspezifischen Heimatkomponenten, den Rückblick auf die Heimat der Kindheit zu untersuchen. Häufig drücken in Sachs' Lyrik adverbiale Zeitwörter eine zeitliche Simultaneität aus. Eine erste Form ist das oben herausgearbeitete gleichzeitige Wahrnehmen von Exilumgebung und den Verbrechen der Nationalsozialisten in der ehemaligen Heimat. Darin äußert sich die nunmehr permanent gegenwärtige, unüberwindbare Erinnerung. Ein weiterer Aspekt von Simultaneität in Nelly Sachs' Lyrik ist die rückblickende Suche nach einer unzerstörten Lebenswelt, einer vorgelagerten, tieferen Erinnerungsschicht – eben der Heimat der Kindheit: "[S]ternenrückwärts

---

[38] Ebd. S. 262.
[39] Iring Fetscher: Heimatliebe – Brauch und Missbrauch eines Begriffs. In: *Heimat im Wort. Die Problematik eines Begriffs im 19. und 20. Jahrhundert*. Hg. von R. Görnder. München: Iudicium 1992. S. 15–35. Hier: S. 16.
[40] Vgl. dazu Mark H. Gelber: Nelly Sachs und das Land Israel. Die mystisch-poetischen Funktion der geographisch-räumlichen Assoziationen. In: *Nelly Sachs. Neue Interpretationen. Mit Briefen und Erläuterungen der Autorin zu ihren Gedichten im Anhang*. Hg. von Jürgen Wertheimer et al. Tübingen: Stauffenburg 1994. S. 169–178. Hier: S. 169.

in der Erinnerung" oder "Rückwege / des Heimwehs", heißt das in den Worten von Nelly Sachs.[41] Gisela Bezzel-Dischner hat gezeigt, dass der Rückblick bei Nelly Sachs zumeist die erinnerte Rückkehr zur "einstigen harmonischen Heimat und zur Urgeburt" bedeutet.[42] In mehreren Gedichten verkörpert diese Gleichzeitigkeit von Heute und Damals die Figur einer Tänzerin als Erinnerungsfigur.[43] In dem frühen Gedicht "Die Tänzerin" (1947) heißt es:

> Deine Füße wußten wenig von der Erde,
> Sie wanderten auf einer Sarabande
> Bis zum Rande –
> Denn Sehnsucht war deine Gebärde.[44]

Ein späteres Gedicht mit dem ähnlich lautenden Titel "Tänzerin bräutlich" (1959) beschreibt nicht mehr nur den Ausdruck der Sehnsucht, sondern den getanzten Prozess des sehnenden Erinnerns, der hier in bildliche Parallele zu einer Schwangerschaft gesetzt wird: Die eingangs noch bräutliche, ergo keusche Tänzerin wächst im Gedichtverlauf zu einer kreißenden Wöchnerin heran. Die sechs reim- und rhythmuslosen Strophen behalten dieses Bild durchgehend bei:

> Tänzerin
> bräutlich
> aus Blindenraum
> empfängst du
> ferner Schöpfungstage
> sprießende Sehnsucht –
>
> Mit deines Leibes Musikstraßen
> weidest du die Luft ab
> dort
> wo der Erdball
> neuen Eingang sucht
> zur Geburt.
>
> Durch
> Nachtlava
> wie leise sich lösende
> Augenlider
> blinzelt der Schöpfungsvulkane
> Erstlingsschrei.

---

[41] Sachs: *Fahrt ins Staublose* (wie Anm. 2). S. 162 (Gebogen durch Jahrtausende) und 173 (Ein schwarzer Jochanaan).
[42] Bezzel-Dischner (wie Anm. 29). S. 18.
[43] Vgl. Elisabeth Strenger: Nelly Sachs and the Dance of Language. In: *Jewish Writers, German Literature. The Uneasy Examples of Nelly Sachs and Walter Benjamin.* Hg. von T. Bahti u. M.S. Fries. Ann Arbor: University of Michigan Press 1955. S. 105–120. Hier: S. 112.
[44] Sachs: *Fahrt ins Staublose* (wie Anm. 2). S. 37.

Im Gezweige deiner Glieder
bauen die Ahnungen
ihre zwitschernden Nester.

Wie eine Melkerin
in der Dämmerung
ziehen deine Fingerspitzen
an den verborgenen Quellen
des Lichtes
bist du durchstochen von der
Marter des Abends
dem Mond deine Augen
zur Nachtwache auslieferst.

Tänzerin
kreißende Wöchnerin
du allein
trägst an verborgener Nabelschnur
an deinem Leib
den Gott vererbten Zwillingsschmuck
von Tod und Geburt.[45]

Der Tanz beginnt mit ruhigen Bewegungen. Die Gegenwart: ein "Blindenraum" (3), in dem die Tänzerin erst durch den Tanz sehend wird; die "ferne[n] Schöpfungstage" (5) werden in der "Luft" (8) gesucht. Nelly Sachs hat den Tanz als Erinnerungsmedium *par excellence* definiert: Ihrer Ansicht nach hilft "er den Menschen, einen natürlichen und verlorengegangenen Rhythmus wiederzufinden".[46] Im Tanz ein Mittel zu sehen, die Erinnerung an den unzerstörten und vertrauten Urzustand hervorzurufen, kann an dieser Stelle durchaus autobiographisch verstanden werden: Als das "Wesentlichste"[47] ihrer zurückgezogenen Jugendzeit mit Hauslehrer bezeichnete Nelly Sachs das abendliche Klavierspiel des Vaters, zu dem sie "Selbstdachtes"[48] tanzte: "Der Tanz war meine Art des Ausdrucks noch vor dem Wort. Mein innerstes Element".[49] Nelly Sachs wollte als Jugendliche von Beruf Tänzerin werden, so dass also auch diese autobiographische Information Rückschlüsse auf die dem Tanz inhärente Erinnerungsebene evoziert: Er steht hier für die Momentaufnahme einer sicheren und geborgenen Kindheit, die für die Ausbildung des subjektiven Heimatgefühls eine zentrale Rolle spielt. In diesem Zusammenhang ist der starke Einfluss der Kabbala auf Sachs' Lyrik

---

[45] Ebd. S. 263.
[46] Brief an Walter A. Berendsohn vom 25.1.1959 In: Sachs: *Briefe* (wie Anm. 22). S. 201.
[47] Ebd.
[48] Brief an Margit Abenius vom 17.3.1958. In: Sachs: *Briefe* (wie Anm. 22). S. 189.
[49] Brief an Walter A. Berendsohn vom 25.1.1959. In: Sachs: *Briefe* (wie Anm. 22). S. 201.

anzumerken: Nach kabbalistischem Verständnis haben rückwärts gelesene Buchstabenfolgen schöpferische Kraft und können das Erlebte aufheben. Und in den Anfängen des modernen Tanzes, in den 1920er Jahren, der Zeit also, die auch Nelly Sachs prägte, stand dieser identitäts-, ja heimatstiftende Aspekt des Tanzes im Vordergrund. Der Tanz galt als ein Medium der Verortung, wie die Tanzhistorikerin Sabine Huschka die frühe Tanztheorie umfasst: "Rauschhafte Körpererlebnisse, unterstützt durch eine wahrnehmungsästhetische Resorption der Umwelt, suchen den archaischen Grund des Menschen und seinen ursprünglichen Sinn für Gemeinschaft zu repräsentieren".[50] Der Tanz übernimmt in der Erinnerungsrekonstruktion also geradezu therapeutische Funktion: Erst die imaginierte Freiheit des Tanzes, der körperlichen Lösung aus der (Schreckens-)Starre ermöglicht die Erinnerung, etwa an die unzerstörte frühere Heimat.

Allerdings ist der hier lyrisch formulierte Tanz sehr kompliziert, selbst Augenlider und Fingerspitzen werden in die Bewegungsabläufe integriert; ein Ausdruck dessen, wie mühsam sich die eingeschriebenen Kindheitserinnerungen hervorholen lassen. Sie sind nachhaltig von der zweiten, späteren Erinnerungsebene überdeckt: von den Schrecken der Shoah. Darauf verweisen auch hier Todesmetaphern wie Musik oder Nacht: Das Kompositum "Musikstraßen" (7) steht erneut für die Todesstarre der Todentrissenen, deren "Augenlider" (16) verkrampft geschlossen sind, zum gegenwärtigen "Blindenraum" (3). Und die Nachtlava, verbunden mit der "Nachtwache", der "Marter des Abends" und der "Dämmerung", liegt als dunkle Schicht traumatischer Erfahrungen schwer auf dem "Schöpfungsvulkan" (17). Im wiederholten Verweis auf die Schöpfung manifestiert sich hier der Wunsch, sich an die vergangene, unbeschädigte Zeit der Kindheit zu erinnern. Der Tanz also als Rückschritt in das Davor. Im Gedicht trägt dieser tänzerische Erinnerungsprozess Früchte: Die Bewegungen der einzelnen Körperteile werden mit Wortfeldern der Natur beschrieben: Nest- und nahrungssuchende Tiere werden sichtbar, der Ur-, der Schöpfungszustand. Wie grasende Kühe weidet der Körper "die Luft ab" (8), "[i]m Gezweige" (19) der Arme und Beine "bauen die Ahnungen / ihre zwitschernden Nester" (20-21), und die Fingerspitzen melken "an den verborgenen Quellen / des Lichts". Die weichen Bewegungen des tanzenden Körpers werden dabei artikulatorisch durch *ei-*, *o-* und *u*-Laute nachempfunden.

Damit werden im Gedicht zwei unterschiedliche Erinnerungsebenen sichtbar, die Johanna Bossinade als "isotopische Ebenen" bezeichnet hat.[51] Die erste Ebene bildet eine ursprüngliche, unzerstörte Lebenswelt – möglicherweise

---

[50] Sabine Huschka: *Moderner Tanz. Konzepte, Ziele, Utopien.* Hamburg: Rowohlt 2002. S. 156.
[51] Johanna Bossinade: Fürstinnen der Trauer. Die Gedichte von Nelly Sachs. In: *Jahrbuch für Internationale Germanistik* 16/1 (1984). S. 133–157. Hier: S. 144.

eben die Heimat der Kindheit, evoziert durch Schöpfung, "Erstlingsschrei" (18) und die erwähnten Naturbilder. Lebendige Bilder sind also die semantischen Merkmale für diese erste, "intakte" Ebene. Die zweite Erinnerungsebene hebt sich durch Merkmale ab, die in Kontrast zur ersten stehen: Sie beschreiben mit Bildern des Todes und des Leidens, den "Nacht"-Komposita und -spielarten, eine zerstörte beziehungsweise dunkle, perspektivlose Welt. In der Entrücktheit des Tanzes verschmelzen die Ebenen zum "Zwillingsschmuck / von Tod und Geburt": Beide Ebenen sind Teil des lyrischen Ich, die eine ist ohne die andere nicht denk- und erfahrbar. Das Erbe Gottes weist dabei nicht messianisch in die Zukunft, sondern versinnbildlicht die in der Simultaneität sichtbare Dialektik von Alpha und Omega, von Anfang und Ende des Weltgeschehens.

In diesem tanzenden Erinnerungsprozess gelingt es deshalb nicht, die "Kindertraumwiesen" selbst bildlich hervorzurufen, sondern lediglich die Erinnerung an ihren reinen, unzerstörten, geborgenen Charakter, der aber abstrakt bleibt. Denn angesichts des Traumas der jüngsten Erinnerung verliert selbst das Erinnerungsmedium Tanz seine Kraft; er kann nur noch auf die "kosmische Polarität von Erschaffung und Vernichtung" verweisen, während die konkrete Erinnerung an die Heimat der Kindheit nicht mehr rekonstruierbar ist.[52]

Tanz als Ausdruck einer Suche nach dem unversehrten Gestern scheitert hier wie in allen Gedichten von Nelly Sachs eben wegen der überlagerten Erinnerungsebene. Grund dafür mag auch im Wesen des Tanzes selbst liegen, folgt man der These Franz Anton Cramers, demzufolge die Bewegung immer etwas anderes ist als der Körper, an dem sie sich zeigt: "Wenn die individuelle Bewegtheit als Heimstatt des Tanzes benannt werden kann, dann bliebe dem Tanz die Einkehr im körperlich Konkreten letzten Endes verwehrt".[53] Hier zeigt sich ein fundamentales, unaufhebbares Paradoxon des Tanzes, das zugleich seine inhärente Heimatlosigkeit ausdrückt. So wenig der exilkonkrete Kontext sozial und räumlich als Heimat funktioniert, so wenig ist zumindest auf diesem Weg die Erinnerung an die Kindheit möglich.

Es lässt sich jedoch aus den gegenwärtigen und rückblickenden Facetten dieser lyrischen Orientierungssuche im Exil festhalten, dass *ex negativo* deutlich wird, woraus sich das implizite Heimatverständnis zusammensetzt: Geborgenheit und Sicherheit konstituieren das Sozialgefüge des intakten, in

---

[52] William H. Rey: Nelly Sachs. Mysterium der Verwandlung. In: Ders.: *Poesie der Antipoesie. Moderne deutsche Lyrik: Genesis – Theorie – Struktur*. Heidelberg: Stiehm 1978. S. 176–187. Hier: S. 184.
[53] Franz Anton Kramer: Körper/Utopien: Tanz als Medium der Verortung. In: *Utopie Heimat. Psychiatrische und kulturphilosophische Zugänge*. Hg. von Martin Heinze, Dirk Quadflieg und Martin Bührig. Berlin: Parodos 2006. S. 209–222. Hier: S. 219f.

der Erinnerung nachgerade zum Paradies überhöhten Heimatgefühl. Diese erinnerten Empfindungen, und das zeigt die Interpretation der Gedichte deutlich, lassen sich neben der omnipräsenten Gegenwart des Völkermords nicht wiederherstellen geschweige denn hervorrufen. Nachdem sich damit die Rekonstruktion eines herkömmlichen Heimatmodells als obsolet herausgestellt hat, bleibt die Frage, wie die Heimat aussieht, die dauerhaft im Werk von Nelly Sachs thematisiert wird. Im Sammelband *Fahrt ins Staublose* scheint dieses Wortfeld einen Entwicklungsprozess abzubilden: Während das Wort "heimatlos" die Zyklen *In den Wohnungen des Todes* und *Sternverdunkelung* prägt, erscheint das Wort "Heimweh" erst in *Und niemand weiß weiter* (1957), nachdem die Heimatlosigkeit in ihrer letzten Konsequenz realisiert und durchdekliniert wurde. Das hier neunmal erwähnte "Heimweh" kann möglicherweise synonym zu "Sehnsucht" gelesen werden, das sechsundzwanzigmal in der Sammlung auftaucht. Worin äußert sich nun dieses Heimweh? Worauf ist es gerichtet?

"Heimwehkolonien": Sehnsucht nach Heimat

Es lässt sich die These aufstellen, dass sich die zeitlichen Heimatkomponenten in der Lyrik von Nelly Sachs nicht auf Rückblick, also Vergangenheit, und Gegenwart reduzieren lassen. Neben der Erinnerung und dem gegenwärtigen Erleben – beide mit ihrer konkret-räumlichen und sozialen Dimension von Nicht-Heimat oder Nicht-mehr-Heimat – ist außerdem eine Zukunftsdimension denkbar: die Vision einer künftigen Heimat, die hier mit Utopie Heimat umschrieben werden soll. U-Topos bedeutet zunächst als Negativum "ohne Ort" und steht zum herkömmlichen Heimtatbegriff gewissermaßen in kontradiktorischem Verhältnis.[54] Dass Heimat etwas noch nicht Existentes ist, etwas Wünschenswertes, ein in die Zukunft gerichteter Ort, der noch werden soll, darauf haben bezeichnenderweise im Exil Theodor W. Adorno und Max Horkheimer, später auch Ernst Bloch hingedacht. In der *Dialektik der Aufklärung* heißt es:

> Wenn die feste Ordnung des Eigentums, die mit der Sesshaftigkeit gegeben ist, die Entfremdung der Menschen begründet, in der alles Heimweh und alle Sehnsucht nach dem verlorenen Urzustand entspringt, dann ist es doch zugleich Sesshaftigkeit und festes Eigentum, an dem allein der Begriff von Heimat sich bildet, auf den alle Sehnsucht und alles Heimweh sich richtet. Die Definition von Novalis, der zufolge alle Philosophie Heimweh sei, behält recht, nur wenn dies Heimweh nicht im Phantasma des verlorenen Ältesten aufgeht, sondern die Heimat, Natur selber, als das dem Mythos erst abgezwungen vorstellt. Heimat ist das Entronnensein.[55]

[54] Vgl. hierzu auch Martin Heinze: Heimat und Sozialpsychiatrie? In: *Utopie Heimat. Psychiatrische und kulturphilosophische Zugänge.* Hg. von Martin Heinze, Dirk Quadflieg und Martin Bührig. Berlin: Parodos 2006. S. 11–22. Hier: S. 13.
[55] Theodor W. Adorno und Max Horkheimer: *Dialektik der Aufklärung. Philosophische Fragmente.* Frankfurt a.M.: Fischer 1996 (1969). S. 85–86.

Die Formel "Heimat ist das Entronnensein" wirkt wie ein Gegenstück zu Paul Tillichs Exildeutung des Geworfenseins. Heimat in dem Sinne also, wie sie die Dichter der Romantik erträumten, als künftige Verortung; also nicht als Erinnerung an gemachte Erfahrung, sondern als stabilen Entwurf von Geborgenheit und Vertrautheit mit der Welt, nachgerade als Gegenentwurf, so ließe es sich im Fall von Nelly Sachs formulieren.[56] Dieser Wunsch nach dauerhafter Verortung wird in den 1950er Jahren in ihrem Werk immer sichtbarer, also erst, nachdem die Heimatlosigkeit in ihrer letzten Konsequenz lyrisch durchdrungen war. Es ist wiederholt gesagt worden, Israel sei dieser Sehnsuchtsort für Nelly Sachs gewesen, auch, weil das Wortfeld "Heimat" in fast jedem Gedicht aus ihrem Zyklus *Land Israel* auftaucht, der 1948 zur Gründung des Staates Israel entstand. Dieser These widerspricht jedoch die genaue Betrachtung des Heimatbegriffes in ihrem Werk, der zwar anfangs, aber nach 1950 keinerlei nationalen Charakter mehr hatte, wie es Nelly Sachs übrigens 1967 auch selbst formulierte, als sie sagte: "[E]in Land kann uns niemals Heimat sein".[57] Ein Gedicht aus dem Gründungszyklus lässt diesen Wandel erahnen: "Nun hat Abraham die Wurzel der Winde gefaßt":

> Nun hat Abraham die Wurzel der Winde gefaßt
> denn heimkehren wird Israel aus der Zerstreuung.
>
> Eingesammelt hat es Wunden und Martern
> auf den Höfen der Welt,
> abgeweint alle verschlossenen Türen.
>
> Seine Alten, den Erdenkleidern fast entwachsen
> und wie Meerpflanzen die Glieder streckend,
>
> einbalsamiert im Salze der Verzweiflung
> und die Klagemauer Nacht im Arm –
> werden noch einen kleinen Schlaf tun –
>
> Aber die Jungen haben die Sehnsuchtsfahne entfaltet,
> denn ein Acker will von ihnen geliebt werden
> und eine Wüste getränkt
>
> und nach der Sonnenseite Gott
> sollen die Häuser gebaut werden
>
> und der Abend hat wieder das veilchenscheue Wort,
> das nur in der Heimat so blau bereitet wird:
> Gute Nacht!

---

[56] Heinze (wie Anm. 54). S. 13.
[57] Sie hielt die Staatsgründung jedoch für sehr wichtig: "Welche Gabe ist der Staat Israel in dieser Zeit, welche Möglichkeiten die verschütteten und doch aus so viel Leid destillierten Seelenkräfte dieser Erde gerade dort zum Leuchten bringen". Brief an Hugo Bergmann vom 15.5.1950. In: Sachs: *Briefe* (wie Anm. 22). S. 116.

Beschrieben wird hier das Zusammenkommen der Juden, "aus den Weltecken verweint", wie es im Gedicht "Land Israel" heißt.[58] Diese Versammlung sowie die Verortung, der Aufbau im konkreten Palästina ("Acker" [12], "Wüste" [13], "Häuser" [15]) ergänzt die Sehnsucht nach einem transzendenten Zuhause, die in der letzten Strophe deutlich zutage tritt. Dies deutet sich bereits darin an, dass in Strophe vier eine "Sehnsuchtsfahne" (11) anstelle der Nationalflagge gehisst wird, und – eine der seltenen Aufforderungen in der Lyrik von Nelly Sachs – dass die neuerrichteten Häuser "nach der Sonnenseite Gott" (14) gebaut werden "sollen" (15). Die Heimkehr in das sogenannte Verheißene Land ist im vorliegenden Gedicht also verbunden mit einer (erwünschten) Hinwendung an den Gott der Tora, worauf bereits in der ersten Zeile der Urvater der Israeliten, Abraham, hinweist. Diese Simultaneität der jüdischen Früh- und Zeitgeschichte relativiert den politischen, diesseitigen Charakter des neu geschaffenen Staates zugunsten des religiösen Aspektes. Eine Gedichtzeile von 1957 bestätigt dieses Interpretationsergebnis: "Nicht nur Land ist Israel" kann als ein Motto verstanden werden, in dem sich die Israelauffassung etwa Franz Rosenzweigs ausdrückt.[59] Heimat ist demnach eine Idee, eine weltanschauliche Orientierung, aber nie Ausdruck konkret-geographischer Landnahme. "Als Heimat wird ein geistiges Jerusalem angegeben, das sich nicht geographisch festlegen lässt, sondern in seiner noch zu verwirklichenden Form 'Überall' liegt", wie Bahr diesen Themenkomplex zusammenfasst.[60] An Walter A. Berendsohn schrieb Nelly Sachs 1944: "Ich bin keine Zionistin in dem Sinn, wie es jetzt aufgefasst wird, ich glaube, daß unsere Heimat überall dort ist, wo die Quellen der Ewigkeit fließen".[61] In der Sehnsucht nach diesem Heiligen Land liegt zugleich die Sehnsucht nach dem ursprünglichen Zustand vor der Zerstörung des Tempels und der Vertreibung aus Israel im Jahr 70 n. Chr. begründet, die sich als Parallele zur Suche nach dem Urzustand der heilen Kindheit in Nelly Sachs' Gedichten findet. In der jüdischen Mystik hatte dieser Zustand vor der Vertreibung göttlichen Charakter, und allein Sehnsucht vermag, etwa im Zimzum-Mythos, zwischen dem jahrtausendelangen jüdischen Exil und dem Zustand göttlicher Harmonie zu vermitteln.[62] "Vielleicht aber braucht Gott die Sehnsucht, wo sonst sollte sie auch bleiben" beginnt ein Gedicht aus dem Klage- und Leidenszyklus "In den Wohnungen des Todes", der die grausame Klimax jüdischer

---

[58] Sachs: *Fahrt ins Staublose* (wie Anm. 2). S. 126–127.
[59] Vgl. Franz Rosenzweig: *Der Stern der Erlösung*. Frankfurt a.M.: Kaufmann 1921. 3. Teil, 1. Buch. S. 50–51.
[60] Bahr (wie Anm. 21). S. 104.
[61] Sachs: *Briefe* (wie Anm. 22). S. 41.
[62] Vgl. dazu Gershom Scholem: *Die jüdische Mystik in ihren Hauptströmungen*. Frankfurt a.M.: Suhrkamp 1967 (1957). S. 285–290.

Verfolgung behandelt. Im vorliegenden Gedicht wird Sehnsucht als Möglichkeit der Gotteswahrnehmung besonders in der letzten Strophe erkennbar: Die Nacht, zumeist also eine Todesmetapher in der Sachs'schen Lyrik, kann nun wieder eine "Gute Nacht" (18) werden, "und der Abend hat wieder das veilchenscheue Wort": ein Attribut des dichterischen Worts, der Sprache der Schöpfung, die blau, also die Farbe der Sehnsucht trägt. Zugleich klingt im Wort "Veilchen" (16) die Ambivalenz dieser "Heimat"-Erfahrung (17) an, dessen Farbe Violett, "schon an den Untergang erinnert".[63] Die Gefahr, die Ängste der Nacht sind also nicht aufgehoben, im dichterischen Wort jedoch, das über reale Zeit- und Raumbezüge erhaben ist, kann die Sehnsucht nach dem Heiligen Land als Metapher der Verwandlung und Transzendenz seinen Ort und seine Zeit eine mögliche neue Heimat finden. Israel, das bezeichnenderweise in diesem Gedicht nicht erwähnt wird, ist daher nicht mit einem konkreten Staat identisch, sondern Ausdruck ewiger Sehnsucht nach einem Zustand göttlicher Harmonie, bei der die Verortung keinen Endpunkt, sondern eine weitere Etappe bildet. Kurzfristig ermöglicht Israel so eine symbolische Heimat in Nelly Sachs' Lyrik, langfristig kann es jedoch nicht als adäquater Heimatersatz angesehen werden: Nach 1957 taucht "Israel" in den Gedichtbänden dann nicht mehr auf.

Die Sehnsucht bleibt jedoch ein präsentes Phänomen. Häufig klingt in Nelly Sachs' Gedichten das Grab als heimatähnliches Ziel, als Zufluchtsort an. Das kurze Gedicht "Sind Gräber Atempause für die Sehnsucht" macht deutlich, dass das Grab in der Tat jedoch nur eine Atempause sein kann, nur eine Übergangsstation:

> Sind Gräber Atempause für die Sehnsucht?
> Leiseres Schaukeln an Sternenringen?
> Agonie im Nachtschatten,
> bevor die Trompeten blasen
> zur Auffahrt für alle,
> zum Leben verwesenden Samenkörner?
>
> Leise, leise,
> während die Würmer
> die Gestirne der Augäpfel verzehren?

Die Ausrichtung der "Todentrissenen" "immer ihrem Grabe zu" aus dem weiter oben interpretierten Gedicht hat also keinen endgültigen Charakter, sondern ist ausgerichtet auf eine "Heimweheleiter / die den Tod übersteigt" beziehungsweise eine "Auffahrt für alle, / zum Leben verwesenden Samenkörner".[64] Die hierin anklingende Himmelfahrt Christi kann durchaus

---

[63] Sachs: Leben (wie Anm. 26). S. 76.
[64] Nelly Sachs: Im Lande Israel. In: *Fahrt ins Staublose* (wie Anm. 2). S. 151.

als solche verstanden werden; das Christus-Motiv lässt sich in vielen Gedichten von Nelly Sachs nachweisen.[65]

"Flucht und Verwandlung": Die Dialektik des neuen Heimatverständnisses

In der Sehnsucht nach dem heiligen, dem ursprünglichen Zustand fließen bei Nelly Sachs die unterschiedlichsten Strömungen christlicher und jüdischer Mystik zusammen. Das Ende des programmatisches Gedichtes "An Stelle von Heimat halte ich die Verwandlungen der Welt" steht paradigmatisch für diesen angestrebten Fluchtpunkt und ist Chiffre für die Transformation zu einem Umfeld, das in der Dialektik seine Daseinsberechtigung findet, in der neben der Gefahr die Rettung steht und neben der Flucht der "große Empfang" (2), wie es die erste Strophe bereits besagt:

In der Flucht
welch großer Empfang
unterwegs –

Eingehüllt
in der Winde Tuch
Füße im Gebet des Sandes
der niemals Amen sagen kann
denn er muß
von der Flosse in den Flügel
und weiter –

Der kranke Schmetterling
weiß bald wieder vom Meer –
Dieser Stein
mit der Inschrift der Fliege
hat sich mir in die Hand gegeben –

An Stelle von Heimat
halte ich die Verwandlungen der Welt –

"Wie im Tode / das Leben beginnt":[66] Wie aber sieht dies aus? Das reimlose Gedicht beschreibt in vier unterschiedlich langen Strophen eine Wandlung des bisherigen Fluchtverständnisses, das von Heimatlosigkeit und Isolation geprägt war. Der Name des Bandes, in dem "In der Flucht" erschienen ist, *Flucht und Verwandlung*, bildet die Klammer um das vorliegende Gedicht. Die hierdurch formal angekündigte Entwicklung vollzieht das Gedicht auch inhaltlich nach.

[65] Vgl. Sabine Grittner: *"Aber wo Göttliches wohnt die Farbe 'Nichts'". Mystik-Rezeption und mystisches Erleben im Werk der Nelly Sachs.* Saarbrücken: Röhrig 1999. S. 15–33.
[66] Nelly Sachs: Lange haben wir das Lauschen verlernt! In: *Fahrt ins Staublose* (wie Anm. 2). S. 18.

Die erste Strophe geht auf die Lebenssituation "Flucht" ein und unterstreicht durch das "In der Flucht"-Sein die Unentrinnbarkeit und faktische Ausgesetztheit der Flüchtenden. Hier wird zugleich aber sein verinnerlichtes Verhältnis zum landlosen Zustand sichtbar: Der Ausnahmezustand bewirkt eine Identifikation mit der Heimatlosigkeit, wenngleich sie die Gefahr der Selbstentfremdung birgt. Dies manifestiert sich im emphatischen Ausruf "welch großer Empfang" (2), der weniger paradox als vielmehr dialektisch zu lesen ist, in Anlehnung an die Dialektik Hölderlins, bei dem es in der Ode "Patmos" heißt:

Nah ist
und schwer zu fassen der Gott.
Wo aber Gefahr ist, wächst
das Rettende auch.[67]

Das eingangs angeklungene Unterwegssein der Flüchtenden wird in der zweiten Strophe detailliert ausgeführt: "Eingehüllt / in der Winde Tuch" (4-5) offenbart sich die Nichtverortung in zivilisatorischen Zusammenhängen, zugleich die Armut der Flüchtenden. Dies verstärkt der "ironische Euphemismus" der Genetivmetapher "Winde Tuch" (5) sowie "Gebet des Sandes" (6).[68] Hier werden die Füße zum *Pars pro toto* für die unfreiwillige Wanderschaft, und das Wortfeld "Sand" kombiniert mit "Gebet" verweist auf den Zug der Israeliten durch die Wüste, der hier zum typologischen Vorbild aller folgenden Fluchten geriert, der unfreiwilligen Dauerwanderschaft des exilierten Volkes. Im Kontext der Wüste bekommt "der große Empfang / unterwegs" eine neue Dimension: Er erinnert an die Aufnahme und Begleitung durch Jahwe in der Wüste, der sich in Form einer Feuersäule beziehungsweise Wolke offenbarte.[69]

Das Wort "Sand" eröffnet hier zugleich mehrere Bedeutungsebenen: Es steht nicht nur für den Sinai-Sand, sondern gilt in der Tora und in mystischen Schriften auch als Chiffre für Israel.[70] Die zweite Strophe nennt mit den Synekdochen "Flosse" und "Flügel" weitere Chiffren: Auch Fisch und Vogel stehen für Israel, nämlich für die in der Flucht herbeigesehnte Metamorphose Moses, der sich der Legende nach sehnlich wünschte, in einen Fisch oder Vogel verwandelt zu werden, um das Gelobte Land noch vor seinem Tod zu sehen.[71]

---

[67] Friedrich Hölderlin: *Sämtliche Gedichte und Hyperion*. Hg. von Jochen Schmidt. Frankfurt a.M.: Insel 1999. S. 350.
[68] Bahr (wie Anm. 21). S. 99.
[69] Vgl. Exodus 13, 21–22.
[70] Vgl. Bahr (wie Anm. 21). S. 102.
[71] Vgl. Sager: *Untersuchungen* (wie Anm. 31). S. 133–136.

Die im Zentrum des Gedichtes stehenden Zeilen "von der Flosse in den Flügel / und weiter" (9, 10) unterstreichen zudem die ahasverische Dimension der jüdischen Fluchten, ausgehend vom Fisch, der nach Ansicht von Peter Sager eine Metapher für das Leiden in der Lyrik von Nelly Sachs ist, während der Flügel die Flüchtigkeit ausdrückt.[72] Ein Gedankenstrich führt diese Flucht in die Unendlichkeit weiter. In der durchgehenden Dialektik des Gedichtes wird auch dieser Deutungsebene eine weitere gegenübergestellt: In der dritten Strophe wird der "Flügel" zum *Pars pro toto* für einen Schmetterling, "der Verwandlung sichtbarstes Zeichen".[73] Die Aufwärtsbewegung "von der Flosse in den Flügel" bekommt in diesem Kontext Himmelfahrts-Dimension: Der aus der einer Todesstarre ähnlichen Verpuppung hervorgehende Schmetterling symbolisiert, auch durch "das schöne Jenseits", das in den Staub seines Flügels "gemalt" ist, die den Tod übersteigende Transzendenz.[74] Auch in der Kabbala spiegelt der Schmetterling als Abbild der Seele die Seelenwanderung wider, die versucht, das durch den Sündenfall ausgelöste Exil aller Seelen aufzuheben.[75] Um von diesem ewigen Exil erlöst zu werden, muss die Seele nach kabbalistischem Verständnis an ihrer geistigen Wiederherstellung arbeiten und langsam eine höhere Daseinsform erreichen.[76] "Das Sinken geschieht um des Steigens willen":[77] Auf die Aufwärtsbewegung folgt in der ewigen Dialektik von Leben und Tod eine Rückkehr des "kranke[n] Schmetterling[s]" (11) zur "Flosse" (9), zum "Meer" (12). Der Schmetterling, ein mythisches Bild für die Suche nach Heimat, kommt "wieder" (12) zu seinem Ursprungsort, dem Meer, als Elementarbereich allen Lebens, zurück. Nelly Sachs hat dazu geschrieben: "Wie aller Geschöpfe Verwandlung geht die unbewußte Sehnsucht der Geschöpfe weiter in die Elemente zurück. Darum sehnt sich der Schmetterling wieder nach dem Meer".[78] Hier werden nach mystischer Vorstellung auch kranke Geschöpfe geheilt: "[D]as Meer nimmt sie auf [...] und bringt sie wieder neu hervor".[79] Die metaphysische Vertikale der zweiten Strophe wird damit zu einer Kreisbewegung der Verwandlung, die sich fortsetzt im Urelement Meer.

Ein solches Element verkörpert neben dem Meer in der dritten Strophe auch der "Stein" (13), der die "Inschrift der Fliege" (13) trägt, also vermutlich

---

[72] Ebd.
[73] Sachs: *Fahrt ins Staublose* (wie Anm. 2). S. 37.
[74] Sachs: Schmetterling. In: *Fahrt ins Staublose* (wie Anm. 2). S. 148.
[75] Scholem (wie Anm. 62). S. 311.
[76] Vgl. ebd. S. 310.
[77] Aus dem Buch Sohar, zitiert nach Sachs: *Fahrt ins Staublose* (wie Anm. 2). S. 14.
[78] Sachs: In der Flucht. In: *Fahrt ins Staublose* (wie Anm. 2). S. 157.
[79] Gershom Scholem: *Geheimnisse der Schöpfung*. Zitiert nach Bahr (wie Anm. 21). S. 102.

ein Bernstein, in dem sich besonders häufig Einschlüsse von Insekten finden. Horst Bienek deutet diesen als Erinnerungsträger; zudem rufe er – im Kontext der Berlinerin Nelly Sachs – als Berliner Kulturgut vom Anfang des 20. Jahrhunderts assoziativ die Beständigkeit der alten Heimat hervor.[80] Im Zusammenhang mit der Interpretation des Heimatverständnisses von Nelly Sachs sind dies wertvolle Hinweise, wenngleich sie die Komplexität des Gedichtes auf die biographische Ebene reduzieren. Der Stein sowie Einschlüsse von Insekten tauchen im Werk von Nelly Sachs außerordentlich häufig auf.[81] Anita Riede hat diese Einschlüsse als "den Zustand der in sich gefangenen Seele irdischer Wesen" gelesen, "die auf ihrer 'Flucht' ihrer erfüllten Daseinsbestimmung immer näher rücken".[82] Die sich darin äußernde Unerlöstheit kann als ein Ausdruck der Verwandlung von einer Gestalt in die andere gesehen werden, gemäß der jüdischen Seelenwanderung, dem Gilgul.[83]

Diese Unerlöstheit bekommt durch das erstmalige Auftreten des lyrischen Ich in der dritten Strophe eine neue Perspektive: "Dieser Stein [...] / hat sich mir in die Hand gegeben" (13, 15). Der dargereichte Stein erinnert an die Übergabe der zehn Gebote an Mose, dem Gott befohlen hatte, auf den Berg Sinai zu steigen, "dass ich dir gebe die steinernen Tafeln, die ich geschrieben habe".[84] Dadurch klingt zwar erneut der Zug durch die Wüste an, der allerdings durch die konkrete Gottesgabe den Zuspruch einen neuen, tröstlichen Charakter bekommt, zum "große[n] Empfang / unterwegs" wird. Denn die göttliche Instanz verwandelte die fluchtbedingte Isolation und Ausgrenzung der Israeliten in Gemeinschaft und bewahrte ihre Identität. Simultan überlagern sich hier damit erneut Bilder der konkreten und der biblischen Flucht und eröffnen damit ein dialektisches Verständnis der "Flucht an sich":[85] Die Flucht, die zunächst Chiffre existenzieller Heimatlosigkeit war, wird nun zu einer Chiffre für die Existenzbedingung des Menschen allgemein; sie wird zu einer "Daseinsform, [...] die den mystischen Weg der Gottesnähe beschreibt".[86] Zwar ist hier kein mittelfristiges Ende der universellen Flucht absehbar,

---

[80] Horst Bienek: In der Flucht. In: *Doppelinterpretationen. Das zeitgenössische deutsche Gedicht zwischen Autor und Leser*. Hg. von Hilde Domin. Frankfurt a.M.: Athenäum 1966.
[81] Vgl. Anita Riede: *Das "Leid-Steine-Trauerspiel". Zum Wortfeld "Stein" im lyrischen Kontext in Nelly Sachs' "Fahrt ins Staublose" mit einem Exkurs zu Paul Celans "Engführung"*. Berlin: Weißensee 2001. S. 59ff.
[82] Ebd. S. 228.
[83] Ebd.
[84] Exodus 24, 12, vgl. auch Exodus 31,18.
[85] Sachs: In der Flucht. In: *Fahrt ins Staublose* (wie Anm. 2). S. 157.
[86] Russell A. Berman: Der begrabenen Blitze Wohnstatt: Trennung, Heimkehr und Sehnsucht in der Lyrik von Nelly Sachs. In: *Im Zeichen Hiobs. Jüdische Schriftsteller und deutsche Literatur im 20. Jahrhundert*. Hg. von G.E. Grimm und H.-P. Bayersdörfer. Frankfurt a.M.: Athenäum 1985. S. 280-292. Hier: S. 287.

so wie auch die Fluchtmetapher "Sand" kein abschließendes "Amen" (7) sagen kann. Aber die Rettung liegt in der Flucht selbst als einem Zustand der Sehnsucht nach der ursprünglichen, kosmischen Harmonie begründet. In der Hoffnung auf das ewige Ende, den Rückzug in die Elemente, trägt die Flucht eine neue Form von Heimat in sich. Dies illustriert die Form der kabbalistischen Überlieferung, wie Ruth Kranz-Löber ausführt:

> Kabbala selbst bedeutet "Empfang", allerdings nicht im Sinne des Erhalts eines unwandelbaren Vermächtnisses, sondern in dem einer Verwandlung des Überlieferten. [. . .] Der Gegenstand der kabbalistischen Tradition ist nicht die Offenbarung, sondern deren Vermittlung, mithin ein Verwandeltes, das sich noch verwandelt im Empfang. Das Motiv der Kabbala ist die Sehnsucht nach Heimkehr zur Offenbarung, nach der Rückkehr zum göttlichen Meer der Schöpfungswahrheit.[87]

In vielen Vorstellungen hat sich Nelly Sachs von der Kabbala inspirieren lassen, auch in der Vorstellung eines unsichtbaren Universums, das sie als ihr "Credo" bezeichnet hat,[88] jenen Bereich, "auf den hin sich die gesamte Welt, die belebte wie die unbelebte Schöpfung, verwandelt".[89] Es ist dies ein weiterer Verweis auf die mystischen Einflüsse, denen zufolge "der Weg zum Ende aller Dinge [...] zugleich auch der Weg zum Anfang ist".[90] Daher kann das lyrische Ich das Heimweh nach Geborgenheit, Angenommenheit und Sicherheit hier auf das Geheimnis der Verwandlung projizieren, durch die Überwindung der letzten Agonie, des Todes: Diese "Jenseitssehnsucht" gründet sich auf die Gewissheit, dass der Tod selbst diese Verwandlung birgt, und diese Gewissheit verwandelt die Flucht-Welt schon im Diesseits in eine Heimat-Welt.

Der Charakter dieser Transformation äußert sich in anderen Gedichten in (Rück-) Verwandlungen des Staubes, des Sandes, des Steines, der allgegenwärtigen Todesbilder in Sachs' Lyrik. Daneben stehen als Metaphern für die Überwindung des Dunklen und Verhärteten, Staubkorn und Schmetterling. Die *Fahrt ins Staublose* kann damit wörtlich als Utopie Heimat gelesen werden, als ein Entronnensein auch aller ehemaligen (Heimat-) Vorstellungen – in einer Welt, die mit allen herkömmlichen Werten gebrochen hatte. Dies fasst das Gedicht "In der Flucht" gewissermaßen selbstreflexiv in der letzten Strophe zusammen: "An Stelle von Heimat / halte ich die Verwandlungen der Welt" (16–17).

---

[87] Ruth Kranz-Löber: *In der Tiefe des Hohlwegs. Die Shoah in der Lyrik von Nelly Sachs*. Würzburg: Königshausen und Neumann 2001. S. 119–121.
[88] Notat von Walter A. Berendsohn nach einem Besuch bei Nelly Sachs. Zitiert nach Grittner (wie Anm. 65). S. 249. Die Kabbala kennt nur einen verborgenen Gott, En-Sof, das Geheimnis, das Nichts. "In jeder Veränderung wird dieser Abgrund des Nichts neu durchschritten. Werden und Verwandlung ist nur möglich, wenn ein Ding diesen Bereich des Beziehungslosen berührt hat". Grittner (wie Anm. 65). S. 307.
[89] Ebd. S. 249.
[90] Scholem (wie Anm. 62). S. 301.

Zusammenfassend kann damit festgehalten werden, dass das lyrisch formulierte Heimatverständnis von Nelly Sachs eher symbolischen und transzendentalen Charakter hat als etwa räumlich-geographischen. Zwar wird durch die Wahl der Wortfelder oft eine Ahnung von Raum beziehungsweise Weltraum vermittelt, geographische Angaben und räumliche Attribute haben jedoch vor allem metaphorische Bedeutung, wie es auch in der Betrachtung des Landes Israel deutlich wurde. Der lyrisch formulierte unwiederbringliche Verlust der Kindheitserinnerung sowie der real-biographische Verlust der Heimat Deutschland verweisen möglicherweise auf einen Vertrauensverlust Nelly Sachs' in die räumliche Dimension, demzufolge in der Flucht- und Exilerfahrung wie in "Welt, frage nicht die Todentrissenen" allein der öffentliche, ungeschützte Raum wahrnehmbar ist. Die soziale Heimatfacette bekommt in diesen Gedichten eine unerwartete Färbung: Im Kontrast zu konventionellen Beziehungsgeflechten wird die Gemeinschaft mit Toten angestrebt. Während bei der Erinnerung an die Heimat der Kindheit das Gefühl der Reinheit und Ursprünglichkeit die vergangene Geborgenheit des elterlichen Sozialgefüges nur erahnen lässt, verschafft die dauernde Vergegenwärtigung des ermordeten Geliebten einen Einblick in das soziale und sicher auch identitätsstiftende Moment der Liebesbeziehung. Demgemäß lässt sich eine auf die Verwandlung der Welt gerichtete Sehnsucht ausmachen, die auch Ausdruck einer Suche nach Gemeinschaft mit den Verstorbenen ist. Die Betrachtung der zeitlichen Dimension im Heimatverständnis der Gedichte von Nelly Sachs hat sich als besonders aufschlussreich erwiesen, um den Wandel dieser weltanschaulichen Orientierungssuche im Exil nachzuzeichnen: Vergangenheit und Gegenwart werden für die Heimatbildung poetisch durchdekliniert und verworfen, allein die unverdorbene Zukunft birgt das Potenzial für neue Heimatkonzeptionen, etwa als Rekonstruktion des ursprünglichen, kosmisch-harmonischen Zustands. Weil der real-räumliche Heimatentwurf im Exil und mit dem Wissen um Auschwitz seine Berechtigung verloren hat, verschiebt sich Sachs' lyrischer Fokus also auf die Utopie Heimat, einen dialektisch-kabbalistischen Sehnsuchtsort, der unabhängig ist von allen ehemaligen Heimatvorstellungen.

Sprache des Atems: Schweigen

Neben diesen herausgearbeiteten Facetten von Heimat barg für Nelly Sachs die deutsche Sprache und der Schreibprozess selbst heimatliche Gefühle: "Die deutsche Sprache [war] für mich die Heimat, die ich mitnehmen durfte. Böses und Gutes, mein ganzes Leben ist mit dieser Sprache verknüpft".[91]

---

[91] Nelly Sachs: Dem Geheimnis nahen. Interview mit Lionel Richard. In: *A Propos Nelly Sachs*. Frankfurt a.M.: Neue Kritik 1997. S. 106–110, 110.

Böses und Gutes: Die Dialektik von Zerstörung, Tod und Leben spiegelt sich auch in ihrem Sprachgebrauch wider. Es wäre jedoch verkürzt, Nelly Sachs, wie so häufig geschehen, zu bescheinigen, sie habe eine Heimat in der deutschen Sprache gefunden.[92] Es unterschlüge die Vielschichtigkeit ihres Sprachverständnisses, in dem – nationalsprachenunabhängig – das Schweigen eine zentrale Rolle einnimmt, als das häufig einzig adäquat erscheinende Ausdrucksmittel. In der ersten Phase ihres (Wieder-)Schreibens exemplifiziert das lyrische Schweigen den realen Sprachverlust angesichts der Schrecken der Shoah. Hier mag auch eine Wurzel für das spätere Verständnis von Schweigen liegen, denn nicht erst der Tod, sondern das Leiden leitet in den Gedichten das Schweigen ein. Dies hat nicht zuletzt auch eine autobiographische Komponente: Eine Kehlkopflähmung führte bei Nelly Sachs nach dem traumatischen Erlebnis in Gestapohaft zu einwöchigem Verstummen. "Fünf Tage lebte ich ohne Sprache in einem Hexenprozess. Meine Stimme war zu den Fischen geflohen", beschreibt sie selbst diese Zeit.[93] Schweigen steht vor allem in den späten Gedichten aber auch dafür, die mystisch-religiösen "Verwandlungen der Welt" vorwegzunehmen beziehungsweise erlebbar zu machen. Diesen Eintritt ins "Schweigereich" der Epiphanien thematisiert das Gedicht "Dunkles Zischeln des Windes":

> Geheimnis an der Grenze des Todes:
> "Lege den Finger an den Mund:
> Schweigen Schweigen Schweigen" –[94]

In der Lyrik von Nelly Sachs lässt sich zudem quasi selbstreflexiv zunehmend eine Tendenz des Verstummens nachweisen. Dieses sehnsüchtige Schweigen drückt sich sowohl inhaltlich in alternativen Kommunikationsformen aus wie Tanz oder Sprachgesten als auch formal in Form etwa von Gedankenstrichen. "Das Schweigen spricht, die Sprache schweigt: Dieses Paradoxon durchgehalten zu haben macht den Rang ihres Werkes aus", hat Peter Sager dieses Phänomen der Sachs'schen Lyrik zusammengefasst.[95]

In vielen Äußerungen spricht Nelly Sachs auch von der Heimat in der Dichtung. Vor allem in der Lyrik Paul Celans fand Nelly Sachs eine

---

[92] Vgl. etwa Claudia Beil: *Sprache als Heimat. Jüdische Traditionen und Exilerfahrung in der Lyrik von Nelly Sachs und Rose Ausländer*. München: tuduv 1991. S. 199.
[93] Sachs: Leben (wie Anm. 26). S. 77.
[94] Sachs: Dunkles Zischeln des Windes. In: *Die Suche nach Lebenden. Die Gedichte der Nelly Sachs*. Hg. von M. und B. Holmquist. Bd. 2. Frankfurt a.M.: Suhrkamp 1971. S. 78.
[95] Peter Sager: Die Lyrikerin Nelly Sachs. In: *Neue Deutsche Hefte* 128, 4 (1970). S. 27–44. Hier: S. 43.

Verständnisebene und die ersehnte Möglichkeit eines literarisch-philosophisch-theologischen Dialogs. Fünfzehn Jahre korrespondierten die fast 30 Jahre ältere Nelly Sachs und Paul Celan, der sie in Krisen immer wieder zum Weiterschreiben aufforderte. "Sie wissen um meine Dinge, haben sie bei sich – so habe ich Heimat", schrieb sie ihm im Dezember 1957, und zwei Jahre später: "Sie haben mir mit ihren Gedichten eine Heimat gegeben, von der ich erst glaubte, dass der Tod sie mir erobern würde. So halte ich hier aus".[96] Heimat im Sinne von Anerkennung, Zugehörigkeit, Vertrautheit und Sicherheit. Welchen Stellenwert die poetologische und emotionale Beziehung zu Paul Celan, seiner Frau Gisèle und deren Sohn Eric für Nelly Sachs hatte, im Kontext von Heimatverlust und Heimweh, drückt vor dem Hintergrund der oben erfolgten Interpretation besser als alle weiteren Erklärungen die folgende Widmung Nelly Sachs' aus: "An Stelle von Heimat / halte ich Paul Gisèle Eric".[97]

---

[96] Sachs/Celan: *Briefwechsel* (wie Anm. 3). S. 23.
[97] So formuliert in einer Widmung von Nelly Sachs für Gisèle Celan-Lestrange. Zitiert nach: Grittner (wie Anm. 65). S. 178.

IV. Neue politische und/oder kulturelle Orientierung in Südamerika

Helga Schreckenberger

Erwachsenwerden im Exil: die ungewöhnliche Bildung von Egon Schwarz

Egon Schwarz was not yet 16 when he and his parents had to flee their native Vienna following the National Socialists' assumption of power in Austria. Their harrowing flight ended in Bolivia where the family attempted to rebuild their life. The traumatic experiences of expulsion from his home and the difficult adaption to the foreign geographical, social and cultural environment of South America proved formative for the young adolescent and consequently shaped the world view of the adult Schwarz, a renowned professor of German literature. Based on the great influence that historical constellations had on his life and his experience of powerlessness via these events, Schwarz regards them as determining forces in the life of humans leaving little room for individual decisions and free will. In addition, his historical approach causes Schwarz to reject any national or essentializing discourse as arbitrary and thus, unfounded.

Egon Schwarz, emeritierter Professor für deutsche Literatur und Philologie kann auf eine überaus erfolgreiche akademische Laufbahn zurückblicken: Er promovierte an der University of Washington, wurde von dort an die Eliteuniversität Harvard berufen und beendete seine Karriere ehrenbeladen als Distinguished Rosa May Professor an der angesehenen Washington University in St. Louis. Seine literaturwissenschaftlichen Arbeiten gelten heute noch als richtungsweisend und seine Rezensionen zur deutschen Gegenwartsliteratur erschienen regelmäßig in den wichtigsten deutschen Tageszeitungen wie der *Frankfurter Allgemeinen*. Oberflächlich gesehen erfüllte Schwarz damit nur die Erwartungen, die seine Familie schon von jeher in ihn setzte, nämlich dass er ein "Doktor" werden würde.[1]

Jedoch verlief der Lebensweg von Egon Schwarz nicht so geradlinig, wie diese Betrachtung suggeriert. Der 1922 in Wien als Sohn jüdischer Eltern geborene Schwarz war noch nicht sechzehn, als im Jahre 1938 der Anschluss Österreichs an Deutschland sein Leben aus den Grundfesten hob. Für den jungen Gymnasiasten bedeutete dies das Ende der Schulzeit, die Flucht mit den Eltern aus seiner Geburtsstadt Wien, die Abschiebung ins Niemandsland der Demarkationslinie zwischen der Slowakei und Ungarn unter den elendsten Umständen und schließlich die Emigration nach Bolivien, einem Land, wo alles – Klima, Landschaft, Kultur und Menschen – fremd und unwirtlich

---

[1] Egon Schwarz: *Unfreiwillige Wanderjahre. Auf der Flucht vor Hitler durch drei Kontinente*. München: C.H. Beck 2005. S. 23. Alle Seitenangaben beziehen sich auf diese Ausgabe und werden von nun an im Text angeführt.

anmuteten.[2] Hier begann der Kampf ums ökonomische Überleben unter den denkbar ungünstigsten Bedingungen. Wie der ursprüngliche Titel von Egon Schwarz' Memoiren *Keine Zeit für Eichendorff. Chronik unfreiwilliger Wanderjahre*[3] es ausdrückt, war an eine weiterführende Bildung unter diesen Umständen nicht mehr zu denken. Das Leben des bis zum Zeitpunkt der Flucht aus Österreich wohl behüteten und umhegten einzigen Sohns aus (klein)bürgerlichem Haus war vollkommen aus der Bahn geworfen. Zu den Schwierigkeiten, die sich aus dem Verlust der existentiellen Grundlage ergaben, gesellten sich die psychischen Auswirkungen der erzwungenen Exilierung, "das Erlebnis der Rechtlosigkeit und des Ausgestoßenseins aus der menschlichen Gemeinschaft, der Verlust an Heimatgefühl und innerer Sicherheit, und Identität und kultureller Zugehörigkeit, das Herausgerissenwerden aus Kindheit und Zukunftserwartungen" (243). Es überrascht wohl nicht, dass diese Erfahrungen gerade auf einen jungen Menschen an der Grenze zum Erwachsensein einen lebensbestimmenden Einfluss ausübten. Im Folgenden soll versucht werden, die entscheidenden Momente der Exilerfahrung, wie sie Schwarz in seinen Memoiren *Unfreiwillige Wanderjahre. Auf der Flucht vor Hitler durch drei Kontinente* (1992) darstellt, herauszuarbeiten und ihren prägenden Einfluss auf seine Lebenshaltung aufzuzeigen. Es sind vor allem zwei Erkenntnisse, die den Lebensentwurf des Emigranten Egon Schwarz charakterisieren: der Glaube an den übermächtigen Einfluss historischer Bedingungen auf das Leben des einzelnen zu Ungunsten freier Willensentscheidung sowie

---

[2] In seiner Sammlung von Reisegeschichten *Die Japanische Mauer*. Siegen: Böschen 2002, beschreibt Schwarz seine ersten Eindrücke von dem Land folgendermaßen: "Alles kommt einem fremd vor, sogar das Angebot auf den Märkten, mit den Chirimoyas, der Quinoa, einer Art Getreide, dem Chuño, gefrorenen Kartoffeln, Tierembryos zu Kultzwecken, den getrockneten Coca-Blättern. [...] Fremd sind auch die Gerüche, in denen sich die primitiven hygienischen Verhältnisse zu erkennen geben, sowie der Rauch der vielen offenen, mit Lamadung und Tundragehölz unterhaltenen Feuer; die Geräusche der melancholischen Indianermusik, die zuerst monoton und enervierend wirkt, die man aber nie wieder aus dem Organismus verliert, wenn man sie längere Zeit Nacht für Nacht gehört hat; die armseligen Hütten aus Adobe und Blech, die sich hinter den besseren, tiefer gelegenen Wohnvierteln in die Schluchten hinein- und die Abhänge hinaufziehen. Fremd sind vor allem die Menschen. Sehr viele sind Indianer in ihrer typischen Tracht: Mützen mit runden Ohrlappen aus Lamawolle, buntgestreifte, pelerinenartige Ponchos, die bis zu den Knien reichen, kurze Leinenhosen, nackte Unterschenkel, Riemensandalen" (40f.). Eine entsprechende, jedoch ausführlichere Passage befindet sich auch in *Unfreiwillige Wanderjahre* (wie Anm. 1). S. 86.
[3] Unter diesem Titel erschien Schwarz' Autobiographie 1979 im Athenäum Verlag: Königstein im Taunus. Bei der Taschenbuchausgabe mit dem Titel *Unfreiwillige Wanderjahre. Auf der Flucht vor Hitler durch drei Kontinente* handelt es sich nach Angaben des Autors um eine unveränderte Wiederveröffentlichung.

die Ablehnung jeglichen nationalen oder essentiellen Denkens, das für ihn auf unhaltbaren, arbiträren und ahistorischen Kategorien basiert.

Im Vorwort zur Paperback-Ausgabe seiner Autobiographie, die den neuen Titel *Unfreiwillige Wanderjahre. Auf der Flucht vor Hitler durch drei Kontinente* trägt, zitiert Egon Schwarz die Herausgeber des *Lexikon der österreichischen Exilliteratur* Konstantin Kaiser und Siglinde Bolbecher, die darauf hinweisen, dass Exil keineswegs "als bezugsfähiges Gehäuse irgendwo auf der Welt bereitgestanden" sei, sondern "von Vertriebenen erst erkämpft erschlichen, erkauft und erbettelt werden mußte".[4] Sein Buch, so Schwarz, handle von diesem Erkämpfen und Erschleichen. Obwohl diesem Aspekt der erzwungenen Emigration in der Autobiographie breiter Raum gewidmet ist, so beschäftigt sich gut ein Drittel des Buches mit der nicht weniger schwierigen Erfahrung der Exilierung selbst, dem Ausgestoßenwerden aus der Heimat und nationalen Gemeinschaft, mit der sich der junge Schwarz, wenn auch mit Vorbehalten, bis zu diesem Zeitpunkt identifizierte. Der nachhaltende Einfluss solcher Erfahrungen auf die Identitätsentwicklung eines heranwachsenden Menschen sollte nicht unterschätzt werden. Die Psychoanalytiker León und Rebeca Grinberg sprechen in ihrem Buch *Psychoanalytic Perspectives on Migration and Exile* sogar von dem potentiellen Trauma, das durch Exil und Migration ausgelöst werden kann und welches langwierige Auswirkungen auf die Identität und Selbsteinschätzung des Individuums zeigen kann.[5] Für Egon Schwarz, so wird hier argumentiert, führten die Erfahrungen, die zu seiner Flucht und Exilierung führten, zu der Überzeugung von der Determinierung des einzelnen durch historische Konstellationen, gegen deren Willkür er nicht ankann. Die ersten entscheidenden Erfahrungen, die zu dieser Überzeugung beitrugen, sammelte Schwarz in Wien nach dem Anschluss.

In seiner Autobiographie beschreibt Egon Schwarz seine Beziehung zu Wien als eher zwiespältig und zwar schon vor dem Anschluss. Die ökonomische Unsicherheit der Nachkriegszeit, der Antisemitismus der Wiener Bevölkerung und die Bedrohung durch den Nationalsozialismus im benachbarten Deutschland waren für das jüdische Kleinbürgertum, dem Schwarz' Familie angehörte, deutlich spürbar. Darüber hinaus boten sich keine befriedigenden Identifikationsmöglichkeiten für den heranwachsenden Schwarz an. Aufgrund seiner überdurchschnittlichen Begabung wurde er am angesehenen Franz-Joseph-Gymnasium aufgenommen, was zu diesem Zeitpunkt für Kinder aus dem Kleinbürgertum keine Selbstverständlichkeit war. Schwarz verweist jedoch auf

---

[4] *Lexikon der österreichischen Exilliteratur.* Hg. von Siglinde Bolbecher und Konstantin Kaiser. Wien: Deuticke 2002. S. 14. Zitiert in Schwarz: *Unfreiwillige Wanderjahre* (wie Anm. 1). S. 7.
[5] Vgl. León und Rebeca Grinberg: *Psychoanalytic Perspectives on Migration and Exile.* Übers. von Nancy Festinger. New Haven: Yale UP 1989. S. 10–12.

die autokratischen, auf Unterwürfigkeit und Anpassung abzielenden Unterrichtsmaßnahmen des österreichischen Gymnasiums, die in ihm Enttäuschung und intellektuelle Gleichgültigkeit statt Wissensbegier hervorriefen. Seine Versuche, sich dem religiösen Judentum anzuschließen, scheiterten in ihrer Halbherzigkeit, die nationalistische Ausrichtung des Zionismus lehnte er ab. Jedoch schließt der Autor mit einer Affirmation Wiens als seiner "Heimat":

> Trotz allem und allem war Wien "meine Heimat". Sind es die Worte oder die Erinnerungen? Vokabeln wie Prater, Schönbrunn, Neuwaldegg bewahren ihren zauberischen Klang. Aus keiner Wasserleitung hat mir das Wasser besser geschmeckt als aus der in unserer Wiener Küche, [...] und wenn ich irgendwo Brötchen esse, dann vergleiche ich sie immer noch zu ihren Ungunsten mit den Wiener Kaisersemmeln. Noch Jahre später in der Emigration, in den Anden und in den Tropen, habe ich denselben selig-melancholischen Traum geträumt, dem ich jedesmal lange nachhing, nachdem ich zu einem gänzlich unwienerischen Tag erwacht war: Ich ging die Kärntnerstraße hinunter und war wieder "zu Hause". (46f.)

Schwarz' Liebe zu Wien, seine verklärte Erinnerung und die langanhaltende Sehnsucht nach der Stadt als dem "zu Hause" wird verständlich, betrachtet man Jean Amérys Definition von Heimat:

> Heimat ist Sicherheit, sage ich. In der Heimat beherrschen wir souverän die Dialektik von Kennen-Erkennen, von Trauen-Vertrauen: Da wir sie kennen, erkennen wir sie und getrauen uns zu sprechen und zu handeln, weil wir in unsere Kenntnis-Erkenntnis begründetes Vertrauen haben dürfen. Das ganze Feld der verwandten Wörter treu, trauen, Zutrauen, anvertrauen, vertraulich, zutraulich gehört in den weiteren psychologischen Bereich des Sich-sicher-Fühlens.[6]

Für den Exilanten und Auschwitz-Überlebenden Jean Améry hatte Heimat wenig mit der nationalsozialistischen Gleichsetzung mit Blut und Boden zu tun, sondern bedeutete Sicherheit in und Zugehörigkeit zu einer Gemeinschaft. Diese gingen ihm mit seiner Vertreibung aus Österreich verloren. Auch Egon Schwarz erfuhr die Exilierung als radikale Verunsicherung und Schutzlosigkeit, verursacht durch die konsequente Ausgrenzung aus den verschiedenen Gemeinschaften, denen er bis zu diesem Zeitpunkt fraglos angehört hatte: der Schulgemeinschaft, der Hausgemeinschaft, der gesetzlichen und nationalen Gemeinschaft und schließlich sogar der menschlichen Gemeinschaft. Schwarz zeigt sich weniger von den Maßnahmen der neuen Machthaber betroffen, die die Ausgliederung der jüdischen Schüler verlangten, sondern mehr von der innerlichen Übereinstimmung, auf die diese Maßnahmen bei den Schulkameraden stieß:

---

[6] Jean Améry: *Jenseits von Schuld und Sühne. Bewältigungsversuche eines Überwältigten*. München: Szczesny 1966. Neuauflage Stuttgart: Klett-Cotta 1977. S. 80.

"Dieser Umschwung, der über Nacht eine alte Kameradschaft auslöste, gehört zu den unvergeßlichen Lektionen, die mir jene Tage erteilten" (55). Auch die Vertreibung aus der elterlichen Wohnung aufgrund der Denunzierung eines Hausbewohners empfand Schwarz weniger als materiellen sondern als psychologischen Verlust: "In dieser Wohnung, in diesem Haus war ich aufgewachsen, hatte da gelebt, soweit ich zurückdenken konnte. Meine Vorstellung von Häuslichkeit und Seßhaftigkeit war an diese Stiegen, diese Treppenabsätze, diese Räume und Wände gebunden" (53). Die Werte und Emotionen, die Schwarz mit der elterlichen Wohnung verbindet, gleichen denen von "Heimat".

Der Verlust von Zugehörigkeit und Sicherheit, den die Ausgrenzungen aus der Schul- und Hausgemeinschaft hervorriefen, wurde durch die Tatsache verstärkt, dass den österreichischen Juden mit dem Anschluss an Nazi-Deutschland von heute auf morgen jegliches bürgerliche Recht abgesprochen wurde und es keine Möglichkeit gab, sich gegen die Ungerechtigkeiten und Übergriffe der Wiener Bevölkerung zu wehren. Schwarz schreibt:

> Es gab keine Behörde, keine Instanz, bei der man sich gegen eine Beleidigung hätte verwahren, wo man sich über die gröblichsten Rechtsverletzungen und körperlichen Ausschreitungen hätte beschweren können. [...] Es war ein sonderbares Gefühl, plötzlich vogelfrei zu sein. (52)

Schon vor dem Verlassen der Heimat erfuhr Schwarz eine Art von Exil durch den Verlust der elementarsten bürgerlichen Rechte auf Schutz und körperliche Sicherheit. Darauf verweist die Verwendung des Ausdrucks "vogelfrei" in seiner ursprünglichen Bedeutung. "Vogelfrei" bedeutete im alten deutschen Recht "ohne Rechtsschutz". Wie die Geächteten im Mittelalter sah sich Schwarz der Gewalt und Willkür der Gemeinschaft, zu der er nicht mehr gehörte, ausgeliefert. Das Resultat ist tiefste Verunsicherung und Desorientierung:

> An alledem war noch nicht einmal die Sache selbst das schlimmste, sondern die zermürbende Unsicherheit, der menschenunwürdige Zwang und die Demütigung. Ständig mußte man sich fragen: Wann trifft es mich? und sich sagen: Das darf man mit mir tun, ohne daß ich mich wehren oder protestieren kann. Mir war es, als werde mir der Boden unter den Füßen und wie ich noch zu berichten gedenke, das Dach über dem Kopf weggezogen. (51)

Unter diesen Umständen ist es verständlich, wenn sich bei Schwarz das Gefühl einstellte, "verraten und schutzlos bösen Mächten ausgeliefert zu sein" (53), obwohl die Urheber seiner Misere, die Nazi-Regierung und ihre Wiener Sympathisanten, konkret benennbar und identifizierbar waren. Schon hier zeichnet sich die Überzeugung von der Übermacht historischer und gesellschaftlicher Konstellationen in Schwarz' Interpretation der Ereignisse ab. Sie findet ihre endgültige Bestätigung durch die Erfahrung im Niemandsland, der Demarkationslinie zwischen der Slowakei und Ungarn, in das Schwarz gemeinsam mit seinen Eltern und anderen Flüchtlingen aus ganz Europa abgeschoben wurde. Den Aufenthalt im Niemandsland unter den elendsten Bedingungen, ohne adäquate Kleidung, ohne Lebensmittel, Obdach oder medizinische Versorgung, bezeichnet Schwarz als "eine der absurdesten, ganz aus dem Rahmen der Herkömmlichkeiten fallende Episode" seines Lebens (70). Es war nicht so sehr das physische Elend der Flüchtlinge und die Todesopfer, die es zu beklagen galt, was Schwarz so verstörte, sondern die Tatsache, dass ihm und den anderen Betroffenen von einer Minute zur anderen die Zugehörigkeit zu einer Nation, ja zu der menschlichen Zivilisation überhaupt, abgesprochen wurde. Diese Erfahrung erweckte in Schwarz die bleibende Überzeugung, "daß jede Zugehörigkeit, jedes Recht, jede Gemeinschaft auf Illusion beruht, bis auf Widerruf von den jeweils Mächtigen gewährt, nach Willkür und Gutdünken wieder entzogen" (73).

Wie sehr diese Erfahrung Egon Schwarz' Weltanschauung bestimmt, zeigen seine Memoiren. Er beginnt mit der Feststellung, dass schon dem Kind wenig Möglichkeiten offenstehen, seine Individualität zu entfalten: "Weder Zeit noch Ort, weder biologisches Erbe noch soziale Klasse ebensowenig wie die weitere Umwelt, mächtige Faktoren in der Entwicklung des Einzelnen unterstehen seiner eigenen Auswahl" (13). In seinem Falle und dem aller jener, die zufällig in den dreißiger Jahren als Juden in Europa lebten, bedeutete dies ein Schicksal von Verfolgung und Vernichtung. Rettung vor diesem Schicksal war zum geringsten Teil das Resultat von Eigeninitiative. Zu sehr hing es von Glück, Mitleid und Hilfsbereitschaft anderer ab. Das Schicksal derjenigen, denen diese Faktoren nicht zugute kamen, war besiegelt: "In der Mausefalle gefangen, mußten sie die Quälereien über sich ergehen lassen, ohne Ausweg und Gegenwehr, bis sich plötzlich doch ein Fluchtweg eröffnete oder bis sie eben den an ihnen verübten Gewalttätigkeiten erlagen. Wo aber blieb bei alldem die vielbesungene Freiheit des Einzelnen?" (58). Für Schwarz sind Eigeninitiative, Schlauheit und Ausdauer Grenzen gesetzt, nicht sie entscheiden über Leben und Tod, sondern Kräfte, die sich der Kontrolle des einzelnen entzogen.

Konsequenterweise betrachtet Schwarz auch seinen Existenzkampf in der Emigration, sein "Erkämpfen und Erschleichen" des Exils, aus dem Gesichtspunkt der Übermacht von sozialen und historischen Bedingungen und nicht als Triumph von Eigeninitiative und individueller Stärke. Er präsentiert diesen Lebensabschnitt in seinen Memoiren in Form des Picaro- oder Schelmenromans und liefert, wie es sich für einen gelernten Literaturwissenschaftler geziemt, auch die Gründe für seine Genrewahl mit:

Der Picaro- oder Schelmenroman zeichnet sich durch seinen episodischen Aufbau aus. Wie in einer Addition fügt sich eine Situation an die andere, in denen der pfiffige Antiheld nur deswegen übersteht, weil er sich anpaßt und die Püffe und Schläge, die er bekommt, nicht tragisch nimmt, sondern eher von der grotesk-humoristischen Seite. Zusammengehalten werden die nur lose miteinander verbundenen Episoden dadurch, daß sich aus ihrer Summe letzten Endes doch ein Gesamtbild ergibt, das einer durch und durch schlechten, dummen, boshaften und verlogenen Gesellschaft. (115)

Neben den von Schwarz genannten, weist der Schelmenroman noch weitere Kennzeichen auf, die ihn für das Unterfangen prädestinieren, sein Leben im südamerikanischen Exil aufzuzeichnen. Die darin gestaltete Welt erweist sich als unbeständig, unzuverlässig und oft auch gefährlich; der Held ist meistens verwaist und völlig auf sich selbst angewiesen (die ökonomische Notlage machte es des Öfteren notwendig, dass Schwarz sich von seinen Eltern trennen und allein zurechtkommen musste) und sein Leben ist einem stetigen Auf und Ab unterworfen.[7] All diese Charakteristika treffen auf das bewegte Leben des jungen Egon Schwarz im bolivianischen Exil zu. Mit Humor und leiser Ironie berichtet der Autor von den oft recht erfolglosen Versuchen seines jungen Helden als Elektrikerlehrling, als Privatsekretär eines unorthodoxen Anthropologen, als ungeschickter Hemdenverkäufer, Schuldeneintreiber und Vertreter sein Auslangen zu finden. Mehr Erfolg hatte er in den auf fünftausend Meter hoch gelegenen Zinnminen des Cerro Rico, wo er Anstellung als Nachtwärter fand, und allmählich sogar die Kenntnisse eines Chemikers und Bergbauingenieurs erwarb. Schwarz arbeitete auch als Kürschner, Dolmetscher und schließlich als Buchhalter bei einer Bananenplantage. Diese bunte Ansammlung von Berufen soll nicht über die schwierigen Bedingungen hinwegtäuschen, unter denen sie ausgeführt wurden und auf die Schwarz mit der Aussage, "seine Emigration sei von ausgepichter Unbequemlichkeit und Gefährlichkeit" (243) gewesen, mit großer Zurückhaltung hinweist. Anpassung an die äußeren Gegebenheiten trugen sicher zum zeitweiligen Erfolg in den jeweiligen Berufssparten bei. Was weniger gelang, war das Leichtnehmen der Erfahrungen und Beobachtungen. Seine Erlebnisse in Bolivien schärften Schwarz den Blick für soziale Ungerechtigkeiten, Ausbeutung der Arbeiter und ihre forcierte geistige Verdummung. In seinen Memoiren bezeichnet er diese Erfahrungen, vor allem diejenigen in den Zinngruben, als die zentralen seiner Exilerfahrung, als die lehrreichsten seines Lebens, die, tief in sein Bewusstsein eingegraben, ein unverlierbarer Teil seines Weltverständnisses geworden sind. Die Erfahrungen bildeten auch die Grundlage für sein deutliches und öffentliches Engagement gegen den Vietnamkrieg und andere politische Maßnahmen, die Erniedrigung, Unterdrückung und Vernichtung von Menschen zur Folge haben. Auch sein Alter hat Egon Schwarz nicht gegen

---

[7] Vgl. Ulrich Wicks: *Picaresque Narrative, Picaresque Fictions. A Theory and Research Guide*. New York: Greenwood Press 1989. S. 60f.

die Ungerechtigkeit und Unmenschlichkeit immunisiert. Er schließt seine Memoiren mit den Worten: "Ich könnte also sagen, laß die Dummköpfe sich gegenseitig die Köpfe einschlagen, laß sie sich zugrunderichten, wenn sie wollen, leb du dein Leben zu Ende, ohne dich zu grämen. Leider kann ich das nicht" (254).

Nicht nur die strukturellen Elemente machen den Schelmenroman zum geeigneten literarischen Vehikel für Schwarz' Wiedergabe seiner Exilerlebnisse. Wichtig ist auch die dem Genre inhärente Thematisierung des Verhältnisses von Eigeninitiative und äußerer Determiniertheit. Der Schelmenroman antwortet damit auf die gesellschaftlichen Bedingungen seiner Entstehungszeit. Es handelt sich um die Übergangsperiode vom Feudalsystem mit seiner strikten sozialen Hierarchie zum Frühkapitalismus, der eine stärkere Betonung des Individuums mit sich brachte. Befreit von der sozialen Determiniertheit war es nun dem Individuum überlassen, seinen Platz in der Welt zu behaupten.[8] Gerade die Frage nach den Möglichkeiten des Einzelnen, sein Schicksal zu bestimmen, steht ja im Mittelpunkt der Überlegungen von Egon Schwarz und gab ihm in nicht geringem Maß den Anstoß zum Verfassen seiner Erinnerungen. So schreibt er im Vorwort zur ersten Ausgabe seiner Autobiographie:

> Gerade weil ich von Anfang an eine Art Spielball geschichtlicher Mächte war, weil so ganz und gar nichts Spontanes, Selbsttätiges an meinem Lebenslauf zu sein scheint, stellt sich mir das Problem der Willensfreiheit mit ungewöhnlicher Intensität. Nachdenkend über meinen Werdegang – dieses Wort scheint mir das Dilemma geradezu zu verkörpern, denn sein erster Teil deutet mehr auf die äußeren Zwänge, der zweite auf die persönliche Initiative –, hoffe ich zwischen dem mir durch die Umstände Vorgegebenen und dem Beitrag, den ich zu meinem eigenen Leben geleistet habe, genauer unterscheiden zu lernen. (11)

Wie schon ausgeführt, erfuhr Schwarz sein Leben ähnlich wie der Held der Schelmenromane vorwiegend als fremdbestimmt, mehr dem objektiven Zwang unterworfen als nach eigenem Gutdünken und Willen gestaltet. Mit der Wahl des Schelmenromans gibt der Literaturwissenschaftler seinen Anschauungen die geeignete literarische Form. Sie erlaubt es ihm, das Zusammenspiel zwischen gesellschaftlichen und historischen Bedingungen und Eigeninitiative darzustellen, wobei Schwarz den Akzent auf jene Mächte legt, die sich vom einzelnen nicht lenken lassen.

Ironischerweise ist es gerade der glückliche Zufall, der Schwarz von der geringen Bedeutung von der Freiheit des Willens und der Selbstbestimmung überzeugt. Auf der Überfahrt nach Bolivien entnimmt er den

---

[8] Vgl. Richard Bjornson: *The Picaresque Hero in European Fiction*. Madison, Wisconsin: The University of Wisconsin Press 1977. S. 4.

telegraphischen Angaben, dass Prag von den Deutschen besetzt worden war. Seine Reaktion gleicht der von vielen Holocaustüberlebenden: "Unter den Hunderttausenden, für die dieses Ereignis das Todesurteil bedeutete, waren wir auserkoren, zu überleben, ohne Sinn und Grund, ohne Verdienst, ja fast ganz ohne unser Dazutun" (83). Schwarz schreibt seine Rettung und die seiner Familie einzig und allein dem Zufall, den fundamentalen Einflüssen von außen zu.

Trotzdem gesteht er auch dem freien Willen eine überaus wichtige Rolle zu, es ist seine Aufgabe, die von den unlenkbaren geschichtlichen Mächten bedrohte Vernunft und Freiheit zu "bewahren, nach Kräften zu schützen und zu nähren". Darin liegt für ihn sowohl der Sinn des Lebens als auch die Pflicht des einzelnen. Verwirklicht wird diese Aufgabe in der Form des "intendierten Akts der Beihilfe und der Förderung" (83), der sich für Schwarz in den chaotischen, von Zufall und Willkür regierten Zeiten immer wieder als Lichtblick oder gar als Rettung erwies. Diesen intendierten Akten der Beihilfe und Förderung setzt Schwarz in seinen Memoiren ein Denkmal. Zu ihnen gehören die energischen Maßnahmen des Onkels, der Schwarz und seine Eltern aus dem Niemandsland zwischen Ungarn und der Slowakei rettete, der unermesslich nützliche Sprachkurs, den ihm ein spanischer Ingenieur auf der Überfahrt nach Bolivien erteilte oder die geheime Kartoffelspende eines Mithäftlings an den Großvater von Egon Schwarz in Auschwitz.

Einen besonderen Platz in dieser Reihe nimmt der Exilgermanist Bernhard Blume ein, der den ihm völlig unbekannten, unzureichend vorgebildeten Bewerber aus Ecuador nicht nur zum Literaturstudium an der Ohio State University zuließ, sondern ihm auch die nötigen finanziellen Voraussetzungen in Form einer Anstellung als Deutschlehrer am Otterbein College verschaffte. Blume ist und bleibt für Schwarz der Retter, dem er das Entkommen aus dem Picarodasein verdankt. Er wertet dabei keinesfalls seine eigenen Bemühungen um die Verwirklichung seines großen Traumes ab, an einer amerikanischen Universität Philologie studieren zu können, weigert sich jedoch ihnen allein den Erfolg zuzuschreiben:

> Aber ich weiß ja, daß mir alles Wollen und Tun nichts genützt hätte, wenn ihm die Umstände nicht entgegengekommen wären, vor allem wenn unter Hunderten, an die meine Flaschenpost gerichtet war, nicht der eine gewesen wäre, der die Botschaft gehört und dazu noch den nötigen Glauben aufgebracht hat. (196)

Die Erfahrung der eigenen Abhängigkeit von überpersönlichen Mächten und Einsicht in die geringe Möglichkeit, ihren Lauf und Richtung zu gestalten, bestimmen Egon Schwarz' Bewunderung und Hochschätzung jener, die menschlich und selbstlos handeln. Uwe Timm macht in seinem Nachwort zu der Taschenbuchausgabe der Memoiren darauf aufmerksam, wie nahe an

Albert Camus Schwarz mit seiner Forderung nach dem intendierten Akt der Beihilfe und der Förderung steht:

> Auch wenn es keinen die Welt transzendierenden Sinn gibt, wenn letztlich der blinde, beliebige Zufall herrscht, wenn es nur dieses eine Leben hier und jetzt gibt, ist es um so wichtiger, dieses Leben zu verteidigen. Nicht nur das eigene, sondern das aller anderen auch. Es ist eine existentialistische Sicht auf eine heillose Welt, eine Sicht, die an die Philosophie von Albert Camus erinnert. (258)

Die Wertschätzung von individuellem Verhalten erlaubt es Egon Schwarz, sich von jeglichem nationalen oder Gruppendenken zu distanzieren. Seine Freundschaft und Bewunderung gilt jenen, die seiner Forderung nach Vernunft und Menschlichkeit genügen, gleich ob es sich um Amerikaner, Deutsche, Österreicher oder Südamerikaner handelt. Konsequenterweise macht er auch keine nationale Gruppe, etwa "die" Deutschen oder "die" Amerikaner für bestimmte Greueltaten verantwortlich, sondern "Individuen, die für sich und darüber hinaus für bestimmte Gruppen und Strömungen standen" (211). Verantwortlich für diese Haltung ist nicht nur die Erfahrung individueller Menschlichkeit und Vernunft, sondern auch diejenige von der arbiträren Konstruiertheit nationaler Zugehörigkeit, die ihm der Aufenthalt im "außermenschlichen Niemandsland" (232) zwischen Ungarn und der Slowakei beschied. Sie bestimmt auch sein Verhältnis zum Judentum, dem er eine prägende Rolle in seinem Leben zugesteht, jedoch nicht in einem "religiösen, kulturellen, nationalen oder gar biologischen Sinn, sondern in einem historischen". Schwarz bekennt sich zum Judentum als Schicksalsgemeinschaft, deren Teil er zweifellos auch ist. Seine Ablehnung jeglichen essentiellen, monolithischen Denkens bezüglich von Völkern und Staaten erlaubt ihm auch, wieder einen Zugang zu seiner ehemaligen Heimat Österreich zu finden. Ohne die Rolle Österreichs in der Vertreibung und Vernichtung seiner jüdischen Bevölkerung zu vergessen oder zu entschuldigen oder über das Weiterbestehen alter Denkstrukturen und antisemitischen Gedankenguts hinwegzusehen, ist es ihm möglich, positive Veränderungen und progressives Denken zu würdigen und einige seiner ehemaligen Landsmänner oder Landsmänninnen zu seinen Freunden zu zählen.

Die Einsicht in die prägende Bedeutung der sozialen und historischen Gegebenheiten und die Ablehnung jeglichen nationalen oder ethnozentrischen Denkens prägen nicht nur die Lebenseinstellung von Egon Schwarz, sondern zeigen ihre Spuren auch in seiner wissenschaftlichen Arbeitsweise. Schwarz vertrat und vertritt zeitlebens die Überzeugung von der Einbindung der Literatur in einen kultur- und sozialgeschichtlichen Kontext, auch wenn er sich damit am Anfang seiner Karriere im Widerspruch zur herrschenden wissenschaftlichen Methode, dem *New Criticism*, fand. Er schreibt:

> Die historische Bedingtheit alles Menschlichen war mir von Jugend auf zu sehr eingeprägt worden, das Wissen um sie zu sehr in Fleisch und Blut übergegangen, als daß ich mich hätte überreden lassen, sie aus meinem Denken auszuschließen, und es fügte sich ganz von selbst, daß ich mit meinen historisierenden Tendenzen auch vor der Kunst nicht Halt machte [...]. Kurz, zwischen meiner literarischen Ausbildung und meinem geschichtlichen Bewußtsein entstand ein Abstand, den zu schließen mir zu einem existentiellen und professionellen Anliegen wurde. (203)

Schwarz erreichte dies zunächst mit seinen grundlegenden Büchern über Hugo von Hofmannsthal und Rainer Maria Rilke, in denen er die historische Einbettung dieser als "unpolitisch" geltenden Autoren nachweist.[9] Aber auch spätere Publikationen zeigen, dass er seinen Ansatz trotz Offenheit zu anderen theoretischen Perspektiven weiterhin fruchtbar zu machen verstand.

In seinen Beiträgen zur jüdischen Literatur zeigt Schwarz nicht nur die Kurzschlüsse der antisemitischen Schriften eines Eugen Dühring, eines Paul de Lagarde oder eines Édouard Drumont auf, sondern lehnt auch philosemitische Definitionen vom Judentum ab, da sie ebenfalls auf Klischees beruhen, die "die Juden aus den gesellschaftlichen Vernetzungen ausschließen",[10] d.h. enthistorisieren. Was er gelten lässt, sind nicht nationale oder rassische Kriterien, sondern die historischen Positionen der Künstler, d.h. ihre Wirkung von einem bestimmten Punkt der Assimilation bzw. der Desassimilierung oder – basierend auf Jean Paul Sartres Schlussfolgerung, "Jude sei, wer sich selbst für einen halte oder von anderen für einen gehalten werde"[11] – ihre (Selbst)einschätzung als jüdische Schriftsteller.

Schwarz' literaturwissenschaftliche Arbeiten zeigen, dass er seine Ablehnung von ahistorisch-essentiellen Zuordnungen von Menschen zu bestimmten Völkern und Gruppen auch auf die Literatur selbst ausdehnt. In seinem Aufsatz "Was ist österreichische Literatur" verwahrt sich Schwarz gegen eine ungeschichtliche, mythische, auf einen Nationalcharakter zurückgreifende Definition der österreichischen Literatur, wie sie nicht nur von

---

[9] Vgl. Egon Schwarz: *Hofmannsthal und Calderon*. Cambridge: Harvard University Press 1962 sowie *Das verschluckte Schluchzen. Poesie und Politik bei Rainer Maria Rilke*. Frankfurt/Main: Athenäum 1972.
[10] Egon Schwarz: Der "Beitrag" der Juden zur deutschen Literatur. In: *"Ich bin kein Freund allgemeiner Urteile über ganze Völker". Essays über österreichische, deutsche und jüdische Literatur*. Berlin: Erich Schmidt 2000. S. 55–73. Hier: S. 55.
[11] Ebd. S. 57.

nationalsozialistisch belasteten Literaturhistorikern wie Josef Nadler, sondern noch in den verschiedensten Publikationen der Nachkriegszeit vertreten wurde.[12] Stattdessen verlangt er eine geschichtsorientierte Betrachtungsweise der Literatur und verweist auf die Sozialgeschichte als verbindendes Element:

> Ich mache einen Anfang, indem ich die Behauptung aufstelle, daß man ein Werk als zur österreichischen Literatur gehörig bezeichnen kann, wenn es nachweislich mit der österreichischen Sozialgeschichte zusammenhängt und wenn man überzeugend darlegen kann, daß es sich auf diese rückbezieht. Um sich diese Definition zunutze zu machen, muß man allerdings die Fiktion fallen lassen, daß es nationale, rassische oder ethnische Wesenheiten gibt, die imstande sind, alle Wechselfälle der Geschichte zu überdauern, und ein für allemal die gleichen bleiben. (20)

Der Begriff "nationale Identität", ob auf Menschen oder auf Literatur angewendet, erweist sich für Schwarz nur dann sinnvoll, wenn er als historisches, sich ständig veränderndes Konzept verstanden wird und nicht als eine Summe von ahistorischen nationalen, ethnischen oder rassischen Wesenheiten.

In seinen Memoiren betont Egon Schwarz die ungeheure Bedeutung seiner Exilerfahrungen für seine, sagen wir aus Mangel eines besseren Terminus, kosmopolitische, offene Weltanschauung, die er sich im Falle eines Verbleibens in seiner ehemaligen Geburtsstadt Wien, "einer verarmten, von politischen Leidenschaften gepeitschten, von Vorurteilten zerwühlten [...] Provinzstadt" (244) vielleicht nicht hätte aneignen können. Gleichzeitig möchte er die Bedeutung der sprachlichen und kulturellen Prägungen, die er in Wien erfuhr, nicht in Abrede stellen. Sie bilden die Grundlage für seine Liebe zur Literatur, d.h. für seine spätere berufliche Verwirklichung. So bleibt Wien die Stadt, in der ihm grundlegende Orientierungen vermittelt wurden, die ihn ähnlich wie die Exilerfahrung formten. Schwarz sieht sein Alter zum Zeitpunkt der Emigration, seine ambivalente Position zwischen Kind und Erwachsenem als verantwortlich für diese Gespaltenheit:

> Wäre ich nur ein wenig jünger gewesen – ein einziges Jahr hätte da den Ausschlag geben können –, dann hätte ich, wenn schon nicht Bolivianer, [...] so doch

---

[12] Egon Schwarz: Was ist österreichische Literatur? Das Beispiel H.C. Artmanns und Helmut Qualtingers. In: Schwarz: *"Ich bin kein Freund"* (wie Anm. 10). S. 13–32. Siehe vor allem S. 14–19. Schwarz zitiert aus den folgenden Publikationen: Otto Basil, Herbert Eisenreich, Ivar Ivask: *Das große Erbe. Aufsätze zur österreichischen Literatur*. Graz/Wien: Stiasny 1962; Otto Schulmeister: Zwischen Gestern und Morgen. In: *Spectrum Austriae*. Hg. von Otto Schulmeister. Wien: Herder 1957; und Gerhart Baumann: Österreich als Form der Dichtung. In: Ebd.; sowie Hans Weigel: *Flucht vor der Größe. Beiträge zur Erkenntnis und Selbsterkenntnis Österreichs*. Wien: Wollzeilen 1960.

vielleicht Lateinamerikaner in einem weiteren Sinn werden können. Und als ein wenig Älterer mit bereits gestalteter Identität und Individualität, mit einem bereits gefestigten Europäertum, hätte ich diese Lebensepoche als Zwischenspiel, als vorübergehendes Abenteuer angesehen [...] und mir das mir Gemäße bzw. Erreichbare daraus geholt. So aber war ich weder das eine noch das andere [...] und bin bis zur Stunde jemand geblieben, der im Grunde nirgends und in einem anderen Sinn wieder überall zu Hause ist. (117)

Die Erfahrungen, die Schwarz hier beschreibt – Heimatlosigkeit, Gefühle der Unzugehörigkeit und Gespaltenheit – sind Erfahrungen, die heute gemeinhin mit Exil und Emigration identifiziert werden. Für Jean Améry erwiesen sich diese Erfahrungen als destruktiv. Er konnte den Verlust seiner "Heimat" und der damit verbundenen Sicherheit und Zugehörigkeit nicht überwinden. In den letzten Jahren gibt es unter den Emigranten Stimmen, die das Exil als positive Möglichkeit wahrnehmen. So schreibt der iranische Exilautor Salman Rushdie:

Our identity is at once plural and partial. Sometimes we feel that we straddle two cultures; at other times that we fall between two stools. But however ambiguous and shifting this ground may be, it is not an infertile territory for a writer to occupy. If literature is in part the business of finding new angles at which to enter reality, then once again our distance, our long geographical perspective, may provide us with such angles.[13]

Salman Rushdie artikuliert nicht nur die ewige Außenseiterposition des Exilanten, sondern auch die Vorteile, die diese Position mit sich bringt. Sie erlaubt einen neuen, unbefangenen Blick auf die Gegebenheiten. Diese Offenheit, diese von nationalen Gebundenheiten nicht verengte Perspektive, zeichnet, so hoffe ich gezeigt zu haben, auch Egon Schwarz aus. Wie Salman Rushdie ist es ihm gelungen, seinem Emigrantendasein, seiner Existenz zwischen den Kulturen, ein Positives abzugewinnen:

Anders als andere Emigranten, die der Heimat nachtrauern, heiße ich daher die Emigration gut und bekenne mich zu ihr, nicht weil sie mir just passierte und man für gewöhnlich sein Leben billigt, sondern beinahe als Prinzip, als einen Prozeß, dem ich meine Befreiung und, so sonderbar das anmuten mag, die Gewinnung meines Gleichgewichts zu verdanken glaube. (233)

Schwarz beschreibt die Emigration positiv als einen Prozess, der zur Selbstfindung und Selbstverwirklichung führt. Die durch Exil und Emigration erzwungene geistige Neuorientierung des jungen Schwarz muss als Voraussetzung

---

[13] Salman Rushdie: Imaginary Homelands. In: *Imaginary Homelands. Essays and Criticism 1981–1991*. London: Granta 1991. S. 9–21. Hier: S. 15.

für diese bejahende Haltung zu seinem durchaus nicht immer leichten Schicksal betrachtet werden. Gleichzeitig verweist dieses Bekenntnis zur Emigration und all ihren Schwierigkeiten, den physischen und psychischen, an denen er ebenso leicht hätte scheitern können, darauf, dass dem von Egon Schwarz so bezweifelten freien Willen des Menschen vielleicht doch mehr Bedeutung zukommt, als der Autor vermeint.

Marlen Eckl

"De Karpfen a Carpeaux"[1]: Otto Maria Carpeaux' Weg vom bekennenden Österreicher zum überzeugten Brasilianer

At the beginning of his exile in Brazil, Otto Maria Carpeaux, a very committed, clerically minded apologist of Austrofascism before 1938, wanted to return to Europe as soon as possible. However, in spite of this initially negative attitude towards his place of refuge, he soon became integrated into the intellectual circles of Rio de Janeiro. By working as a journalist, essayist and literary critic, he contributed to familiarizing Brazilian society with Central European culture leading to a new comprehension of Brazil's own cultural legacy. After the military putsch in 1964, Carpeaux committed himself to the opposition, in the process becoming a cult figure for the student movement and for workers. Shortly before his death in 1978, he distanced himself from his former European life and from Catholicism. The aim of this essay is to show Carpeaux' development from a devoted Austrian to a convinced Brazilian.

Je n'ai pas l'intention d'y rester jusqu'à la fin de la guerre.

(Ich habe nicht die Absicht, bis zum Kriegsende zu bleiben.)

Un enchaînemente des hasards malheureux m'a conduit, hélas, à ce pays où je ne sais [pas] que faire. [...] Mais, il y a beaucoup d'Autrichiens, et une activité utile sera, peut-être, possible. Aussitôt que possible, je retournerai pour l'Europe; je ne voudrais pas être le dernier, quand il s'agit de ma patrie, à qui toute ma vie était dévouée.

(Eine Verkettung unglücklicher Umstände hat mich, leider, in dieses Land geführt, wo ich nicht weiß, was ich tun soll. [...] Aber hier gibt es viele Österreicher und eine nützliche Tätigkeit wäre vielleicht möglich. Sobald wie möglich, würde ich nach Europa zurückkehren; ich möchte nicht der Letzte sein, wenn es um mein Vaterland geht, dem mein ganzes Leben gewidmet war.)[2]

Dies schrieb Otto Maria Carpeaux dem sich im österreichisch-legitimistischen Widerstand engagierenden Martin Fuchs in zwei Briefen von 1939/1940, wenige Monate nach seiner Ankunft in Brasilien, nach Paris. Er offenbarte darin, wie sehr er mit dem Schicksal haderte, das ihn fast 40-jährig in dieses tropische Land verschlagen hatte. In der Tat musste der klerikal gesinnte

---

[1] Vgl. Mauro Souza Ventura: *De Karpfen a Carpeaux. Formação política e interpretação literária na obra do crítico austríaco-brasileiro*. Rio de Janeiro: Topbooks 2002.
[2] Briefe von Otto Maria Carpeaux an Martin Fuchs vom 29.11.1939 u. 21.01.1940. Dokumentationsarchiv des österreichischen Widerstandes (DÖW). Akte 22482. Soweit nicht anders angegeben, sind die Übersetzungen von der Verfasserin.

Apologet des Austrofaschismus den Verlust der europäischen Heimat in Südamerika als besonders schmerzlich empfunden haben.

Als Otto Karpfen 1900 in eine jüdische Anwaltsfamilie hineingeboren, hatte er den Zusammenbruch der k.u.k.-Monarchie und die von Krisen gezeichneten Jahre der Ersten Österreichischen Republik bewusst miterlebt. Nach dem Studium der Chemie, Physik, Soziologie, Philosophie, Politik und Literatur, das ihn nach Leipzig, Paris, Neapel und Berlin geführt hatte und das er 1925 mit dem Doktor in Chemie an der Universität Wien abgeschlossen hatte, begann er bald publizistisch tätig zu werden. U.a. schrieb er für die Wiener *Neue Freie Presse*, die Wiener *Berichte zur Kultur- und Zeitgeschichte* sowie die Berliner *Neue Rundschau*. 1930 heiratete er die aus Polen stammende Helene Silberherz. In jener Zeit setzte er sich intensiv mit der christlichen Religion auseinander; als Frucht dieser Beschäftigung entstand nicht nur 1931 das Werk *Die protestantische und katholische Konfession in Ursprung und Entwicklung der modernen deutschen Literatur*. Die politischen Ereignisse in Österreich ließen Carpeaux ferner zur Überzeugung kommen, dass die katholische Kirche die "einzige Rettung vor den Greueln des Kapitalismus und der Revolution" war.[3] Diese Schlussfolgerung erklärt seine Konversion zum Katholizismus im Jahre 1932. Dieser aus seiner Sicht konsequente Schritt brachte den Publizisten enger an den politischen Katholizismus und das herrschende austrofaschistische Regime unter Führung von Engelbert Dollfuß heran, für die er sich aktiv engagierte.

In diesem Sinne übernahm Carpeaux die Leitung der Literaturredaktion der christlich-sozialen *Reichspost* und wurde außerdem Mitarbeiter der Zeitschrift *Der christliche Ständestaat*. Über diese journalistische Tätigkeit hinaus verfasste er zwei Abhandlungen. Im Buch *Wege nach Rom. Abenteuer, Sturz und Sieg des Geistes* von 1934, das er nach seiner Konversion unter dem Namen Otto Maria Karpfen veröffentlichte, sang er ein Loblied auf die Kirche und stellte die römisch-katholische Religion als den Mittelpunkt des Geisteslebens dar. Der ein Jahr später unter dem Pseudonym Otto Maria Fidelis erschienene Essay "Österreichs europäische Sendung. Ein außenpolitischer Überblick" ist Ausdruck der damals in Österreich vertretenen austrofaschistischen Ideologie, als deren glühender Verfechter sich Carpeaux damit erwies.

Unter dem Eindruck des gescheiterten Putsches durch die österreichischen Nationalsozialisten 1934 galt es für ihn, die zunehmend bedrohte Unabhängigkeit des Landes mit aller Macht zu verteidigen. Um die Notwendigkeit der Eigenstaatlichkeit zu veranschaulichen, führte er in einer zum Teil durchaus nicht unproblematischen Argumentationsweise die historische, kulturelle und politische Entwicklung Österreichs unter Berücksichtigung der Beziehung zu

---

[3] Otto Maria Karpfen: *Wege nach Rom. Abenteuer, Sturz und Sieg des Geistes*. Wien: Reinhold Verlag 1934. S. 175.

den Nachbarstaaten aus. Ausgangspunkt seiner Überlegung war das Postulat, "daß Österreich sein muß und die österreichische Idee ewig ist".[4] Und so wie Österreich seine Sendung in der Vergangenheit erfüllt hätte, würde es nach Otto Maria Carpeaux' Meinung in Zukunft eine große Sendung zu erfüllen haben. Obwohl gegen jegliche Anschlussbestrebungen gerichtet, wurde der deutsche Charakter des Landes freilich nicht infrage gestellt. Im Gegenteil, unumwunden bekannte der Verfasser: "Ja, Österreich ist deutsch!" (23). Doch es ist mehr noch als deutsch:

> [M]it der germanischen Volkssubstanz vereinigt es die slawische Weite und die lateinische Formkultur. Das Schimpfwort von dem Rassenbabel und der Rassenschande wollen wir, positiv gewendet, ruhig auf uns sitzen lassen und die Ehre tragen: der angebliche Schandfleck ist das Ehrenzeichen unseres Kampfes für das Deutschtum auf fremder Erde. (23)

Diese Eigenschaft spiegelte sich für Otto Maria Carpeaux auch in der Sendung Österreichs wider. Ähnlich wie bereits in früheren Jahrhunderten sei es auch jetzt wieder seine Bestimmung:

> Brücke zu sein zwischen der durch Italien repräsentierten lateinischen Welt [...] und der slawischen Welt. [...] Die Sendung Österreichs war also und ist eine deutsche Sendung, aber sie greift weit hinaus über den deutschen Volksboden. [...] Eine abendländische, übernationale Sendung ist sie und darum bedurfte und bedarf sie des Bündnisses mit der übernationalen katholischen Weltkirche. (67 u. 15)

Als der einzige außenpolitische Weg, der sich harmonisch in diese österreichische Sendung einfügte, weil er die Existenz des Landes bewahrt, erschien dem Verfasser "die italienische Linie" (42). Diese sei eine aus der Geschichte heraus gewachsene Beziehung:

> So ist Österreich ein wichtiges, lebendig mitwirkendes Glied an dem Organismus der Romanitas. [...] Freilich nicht nur aus Gründen unserer lateinischen Kulturbeziehungen, sondern auch aus Gründen unseres heiligen römisch-katholischen Glaubens. Österreich ist Träger des Gedankens vom sacrum imperium, Verteidiger der ewigen Reichsidee. (38)

Die römischen Protokolle vom 17. März 1934 und der Truppenaufmarsch, mit dem Italien Hitler im Juli 1934 während des Putschversuchs österreichischer Nationalsozialisten von einem Angriff abgeschreckt hatte, waren demzufolge Beweise, dass "Italien jederzeit für die Interessen Österreichs einzutreten bereit" (40) ist.

---

[4] Otto Maria Fidelis: *Österreichs europäische Sendung. Ein außenpolitischer Überblick*. Wien: Reinhold Verlag 1935. S. 87. Die weiteren Angaben nach diesem Text in Klammern.

Wie sehr musste Carpeaux die zunehmende, schließlich mit dem Vertrag vom Oktober 1936 bekräftigte Zusammenarbeit der Achse Berlin-Rom getroffen haben, die in seinen Augen zweifelsfrei einen Verrat dargestellt haben wird. Denn diese Verbündung kam der Auslieferung Österreichs an das Dritte Reich gleich und besiegelte somit das Schicksal der Alpenrepublik. Indem Europa mit der österreichischen Unabhängigkeit auch den "Pfeiler des europäischen Friedens" (69), als den Carpeaux seine Heimat sah, preisgab, beraubte es sich, folgt man dessen Überlegungen, auch seines Zukunftsgaranten. Wiederholt betonte der Verfasser, dass Österreich gerade deshalb nicht nur um seiner selbst, sondern auch um Europas Willen bestehen müsse.

Die Eigenstaatlichkeit des Landes betrachtete er zudem als absolut unabdingbar, weil es dem Deutschtum gerade in diesen Zeiten den wertvollen und positiven Dienst leiste, "dass es durch seine deutsche Existenz die Welt davor bewahrt, das Deutschtum mit jedem Übergriff, jeder Brutalität und Lächerlichkeit des Nationalsozialismus zu identifizieren" (25). Mehr als jedes andere Volk habe es Deutschland nötig, dass Österreich lebe; Österreich bewahre die Ehre Deutschlands. Voller Überzeugung und nicht ohne Stolz verkündete Carpeaux daher im Schlusskapitel des Essays: "Wir Österreicher glauben mit der Bewahrung unserer Katholizität und Weltaufgeschlossenheit sehr gute, wenn nicht bessere Deutsche zu sein" (86).

Es versteht sich von selbst, dass Carpeaux und seine Frau aufgrund des politischen Engagements und der jüdischen Herkunft gezwungen waren, Österreich unmittelbar nach dem Anschluss noch im März 1938 zu verlassen. Es gelang ihnen die Flucht nach Belgien, wo er als Mitarbeiter der *Gazet van Antwerpen* erneut publizistisch tätig wurde. Ebenso setzte er sich weiterhin für die österreichische Sache ein. Bereits im Juli 1938 veröffentlichte er in flämischer Sprache unter dem Pseudonym Leopold Wiesinger das populärgeschichtliche Buch *Van Habsburg tot Hitler*.

Den guten Kontakten zur Kirchenhierarchie verdankte das Ehepaar Karpfen die geglückte Flucht aus Europa. Pater Ambros Pfiffig aus Utrecht informierte es über die im Juni 1939 von Brasilien als katholisches Land auf Bitten von Papst Pius XII. bewilligte Vergabe von 3000 Visa an so genannte "nicht-arische" Katholiken.[5] In einer Zeit, in der sich der wachsende Strom verzweifelter, mehrheitlich jüdischer Flüchtlinge seitens der Länder mit äußerst restriktiven Einwanderungsgesetzgebungen, insbesondere gegenüber Juden, konfrontiert sah, wobei auch das in jenen Jahren unter dem Diktator Getúlio Vargas stehende Brasilien keine Ausnahme bildete, entschied die Erlangung

---

[5] Vgl. Albert von Brunn: Otto Maria Carpeaux: eine kafkaeske Flucht aus Europa. In: Sybille Große u. Axel Schönberger (Hg.): *Dulce et decorum est philologiam colere: Festschrift für Dietrich Briesemeister zu seinem 65. Geburtstag*. Frankfurt am Main: Domus Editoria Europaea 1999. S. 833–845.

eines gültigen Visums über Leben und Tod. Dank des rechtzeitigen Hinweises durch Pater Pfiffig erhielt das Ehepaar am 25. Juli 1939 das rettende Visum – ein Privileg, das nur wenigen zuteil wurde, denn die vollständige Durchführung der Vergabe der 3000 Visa scheiterte an der in den damaligen brasilianischen Regierungs- und Diplomatenkreisen verbreiteten antisemitischen Anschauung und im wesentlichen an der ablehnenden Haltung der Diplomaten in Hamburg und Berlin. Letzten Endes wurde lediglich weniger als ein Drittel davon erteilt.[6]

Im September 1939 kamen Carpeaux und seine Frau in Rio de Janeiro an. Der berufliche Anfang gestaltete sich für den deutschsprachigen Publizisten als sehr schwer. Das Erlernen der portugiesischen Sprache war eine unerlässliche Voraussetzung:

> Aprender uma língua tão desconhecida na idade de 40 anos, e até o ponto de sabê-la escrever corretamente, foi uma das mais duras provas de minha vida. Mas valeu a pena: pois abriu-me, enfim, as portas para entrar na vida brasileira.
>
> (Sich eine völlig unbekannte Sprache im Alter von 40 Jahren soweit anzueignen, dass man sie fehlerfrei in Wort und Schrift beherrscht, war eine der härtesten Prüfungen meines Lebens. Aber sie hat sich gelohnt: Denn sie öffnete mir schließlich die Türen zum brasilianischen Leben.)[7]

Der Eintritt wurde ihm, um im Bild zu bleiben, von dem namhaften Literaturkritiker und damaligen Chefredakteur des *Correio da Manhã*, Álvaro Lins, gewährt, der Carpeaux 1941 einlud, einen Literaturbeitrag zu schreiben, nachdem dieser ihm seine prekäre finanzielle Situation geschildert hatte. Obgleich der österreichische Publizist dringend eine Anstellung brauchte, reichte er einen Artikel über einen deutschsprachigen Schriftsteller ein, der zu diesem Zeitpunkt noch nicht einmal in Europa einem breiteren Publikum bekannt war: Franz Kafka. Im April 1941 kündigte ihn Álvaro Lins mit seinem ersten Beitrag als "um companheiro europeu no exílio" (einen europäischen Kameraden im Exil)[8] an.

---

[6] Vgl. Avraham Milgram: *Os judeus do Vaticano. A tentativa de salvação de católicos não-arianos da Alemanha ao Brasil através do Vaticano 1939–1942*. Rio de Janeiro: Editora Imago 1994. S. 151. Vgl. auch Jeffrey Lesser: *O Brasil e a questão judaica. Imigração, diplomacia e preconceito*. Rio de Janeiro: Editora Imago 1995. S. 264–299.

[7] Carpeaux zit. nach Renard Perez: Otto Maria Carpeaux. In: Otto Maria Carpeaux: *Tendências contemporâneas na literatura. Um esboço*. Rio de Janeiro: Tecnoprint Gráfica S. A. 1968. S. 11–22. Hier: S. 14.

[8] Álvaro Lins zit. nach Olavo de Carvalho: Introdução a um exame de consciência. In: Otto Maria Carpeaux: *Ensaios reunidos 1942–1978*. Hg. von Olavo de Carvalho. Rio de Janeiro: Topbooks 1999. S. 15–69. Hier: S. 37.

In der Folge machte Carpeaux die brasilianischen Leser auch mit anderen bis dahin kaum bekannten Namen vertraut, wie Jakob Wassermann, Robert Musil, Georg Büchner und Arthur Koestler, und trug maßgeblich zu deren verstärkter Rezeption bei. So wurde Carpeaux zum Vermittler der deutschsprachigen Kultur in Brasilien, weil das Land in jenen Jahren sehr stark nach Frankreich ausgerichtet und von dessen Einflüssen geprägt war. Carpeaux trug dem hohen Stellenwert der französischen Kultur in der brasilianischen Gesellschaft Rechnung, indem er sich "Carpeaux" nannte. Er glaubte, sein deutscher Name "Karpfen" hätte sich in beruflicher Hinsicht als Hindernis erweisen können.

Mit seinen feuilletonistischen Arbeiten setzte Carpeaux stilistisch neue Maßstäbe in der brasilianischen Presse und eroberte schnell eine große Leserschaft. Bald war er in die brasilianischen Intellektuellenkreise aufgenommen. Persönlichkeiten wie der Soziologe Gilberto Freyre, Autor des 1933 erschienen und später zum nationalen Klassiker gewordenen *Casa grande & senzala*, in Deutsch *Herrenhaus und Sklavenhütte*, die Dichter Manuel Bandeira und Carlos Drummond de Andrade sowie der Architekt Oscar Niemeyer zählten zu seinen Freunden. Carpeaux selbst gab sich überrascht von seinem Erfolg, wie Klaus Zeyringer feststellte: "An Carlos Drummond de Andrade schrieb er am 21. Juni 1942: Nachdem sein früheres Leben zerstört worden sei und er zwei bittere Exiljahre in Europa sowie ein Jahr in extremer Armut in Brasilien hinter sich gebracht habe, finde er sich nun im 'großen Salon' wieder".[9] Schon im April 1943 wurde der bekannte Publizist, der noch drei Jahre zuvor Brasilien nur als Zufluchtsland bis zur möglichen Rückkehr nach Europa angesehen hatte, von der Presseagentur *Diários Associados* als "nosso Carpeaux", also als "unser Carpeaux" bezeichnet.[10] Mit Erhalt der brasilianischen Staatsbürgerschaft, die er dank seiner illustren Freunde bereits 1944 bekam, wurde er tatsächlich zu einem der ihren. Die Lossagung von der Gemeinschaft der Exilanten seitens Carpeaux, der sich nicht mehr als solcher begriff, war daher nur die logische Konsequenz, die mit diesem Integrationsprozess einherging. Es erstaunt daher nicht, dass er sich den in Brasilien vorhandenen, sich für die Unabhängigkeit Österreichs einsetzenden Gruppierungen nicht mehr anschloss. Gleichwohl sollte er Berührungspunkte mit anderen Exilanten und seiner österreichischen Vergangenheit nicht vermeiden können.

So war es allein seinem Einsatz zu verdanken, dass im Februar 1942 die Wertschätzung eines berühmten Landesmannes, der ebenfalls vor den Nationalsozialisten in Brasilien Zuflucht gesucht hatte, in der Welt wiederhergestellt werden konnte. Denn nach Stefan Zweigs Freitod wurde in der

---

[9] Klaus Zeyringer: Eine Momentaufnahme des österreichischen Exils in Brasilien – Rio de Janeiro 1942. In: *Wiener Zeitschrift zur Geschichte der Neuzeit* 5/1 (2005). S. 81–92. Hier: S. 91.
[10] *Diários Associados* zit. nach ebd.

portugiesischen Übersetzung von dessen Abschiedsbrief der Schlusssatz ("Mögen sie die Morgenröte noch sehen nach der langen Nacht!"[11]) weggelassen und in dieser Fassung zunächst in den einheimischen und internationalen Medien verbreitet. Damit wurde die letzte Botschaft des Schriftstellers der Manifestation der Hoffnung beraubt, und es dominierte der Heimat- und Vertrauensverlust in die Zukunft als Motiv des Selbstmords, was dem Ansehen des Schriftstellers teilweise schadete.[12] Auf der einen Seite vermochte Carpeaux in seinen Arbeiten eine gewisse Geringschätzung von Zweig nicht zu verbergen. Er bezeichnete ihn z.B. als einen "mestre dêsse gênero menor [sic]" (Meister dieses kleineren Genres) der romanhaften Biographie[13]; seine Novellen seien seiner Ansicht nach gut gemacht, "mas a alta qualidade literaria é mais aparente do que real" (aber die hohe literarische Qualität ist mehr Schein als Realität).[14] Auf der anderen Seite sah sich aber Carpeaux als Journalist der Wahrheit verpflichtet, und deshalb galt es für ihn, die Abschiedsbotschaft von Stefan Zweig richtig zu stellen, indem er den Abdruck des vollständigen Briefes veranlasste.

Zwei Jahre später holte Carpeaux in einer "literarische(n) Fehde" mit dem französischen Exilanten Georges Bernanos die austrofaschistische Vergangenheit ein.[15] Nach anfänglicher gegenseitiger Achtung des Journalisten und Schriftstellers gerieten die beiden infolge eines wenig respektvollen Nekrologs auf Romain Rolland von Carpeaux aneinander. Ihren Konflikt führten sie in den Zeitungen aus, wobei sie jeweils von ihren brasilianischen Freunden bei Angriffen auf den anderen unterstützt wurden. Immer wieder warf der Katholik Georges Bernanos dem Wiener Kollegen dessen politisches Engagement in Österreich vor. Seine Fürsprecher gingen sogar soweit zu behaupten, Carpeaux habe dem Faschismus gedient und sei der Sekretär von Engelbert Dollfuß gewesen.[16] In einem Artikel zur Fehde führt Andreas Pfersmann noch weiter aus:

> Am schärfsten wandte sich jedoch Bernanos gegen Carpeaux' Infragestellung der brasilianischen 'Gallomanie'. [F]ür Bernanos [hatten] auch die humanistischen Traditionen der deutschen Kultur außerhalb Deutschlands keine Berechtigung.

---

[11] Zit. nach Alberto Dines: *Tod im Paradies. Die Tragödie des Stefan Zweig*. Frankfurt am Main: Büchergilde Gutenberg 2006. Abb. 71.
[12] Vgl. ebd. S. 588–89, 630.
[13] Otto Maria Carpeaux: *História da literatura ocidental*. Bd. 7. Rio de Janeiro: Edições O Cruzeiro 1966. S. 3178.
[14] Otto Maria Carpeaux: *A literatura alemã*. São Paulo: Editora Cultrix 1964. S. 232.
[15] Vgl. Andreas Pfersmann: Carpeaux versus Bernanos. Eine literarische Fehde im brasilianischen Exil. In: *Austria. Cahiers Universitaires d'Information sur l'Autriche* 36 (Juni 1993). S. 137–50.
[16] Vgl. ebd. S. 141. Vgl. auch Guilherme de Figueiredo: A traça dos prefácios. In: ders.: *Cobras e lagartos*. Rio de Janeiro: Editora Nova Fronteira 1984. S. 31, 191.

[...] Die Rezeption 'germanischer' Literaturen, die Carpeaux zu fördern suchte, käme in letzter Instanz dem preußischen Totalitarismus zugute. Den vermeintlichen Haß Carpeaux' der französischen Kultur gegenüber führt Bernanos auf dessen jüdische Herkunft zurück, eine antisemitische Pseudoargumentation.[17]

Vor allem die auf seine jüdische Abstammung abzielenden Vorwürfe hinterließen dauerhafte Narben beim Publizisten, wurde er doch einmal mehr auf das jahrhundertealte Schicksal dieses Volkes zurückgeworfen, auch mit der Taufe nicht als Christ anerkannt zu werden. Er, der sein Leben nur mit einer Flucht vor den Nationalsozialisten hatte retten können, sah sich im Rechtfertigungszwang zu beweisen, kein Nationalsozialist zu gewesen. Nicht zuletzt dank seiner einflussreichen Verteidiger ging Carpeaux am Ende dennoch gestärkt aus dieser Polemik hervor. Seine Artikel gegen Georges Bernanos erschienen in den wichtigsten Zeitungen des Landes, da er "jetzt die persona gratissima des ganzen brasilianischen Literaturbetriebs ist, es ist unglaublich. Er ist der einzige Repräsentant, die Allegorie, das Sonnensymbol des Wissens und der Kultur!"[18]

Obschon er in seinen ersten Beiträgen der Leserschaft noch die österreichische Vision einer zivilisatorischen Einheit näherzubringen versuchte,[19] bemühte er sich doch zugleich, die brasilianische Sichtweise mit zu berücksichtigen. Schon früh wurde es sein Anliegen, mit den vermittelten Kenntnissen über die europäische Kultur die Basis für ein neues Kulturverständnis zu legen und auf diese Weise auch zur Stärkung des einheimischen, kulturellen Erbes beizutragen.

In diesem Sinne wollte er auch seine *Pequena bibliografia crítica da literatura brasileira* (Kleine kritische Bibliographie der brasilianischen Literatur [1951]) verstanden wissen. Denn nach eigener Aussage hatte er das Land und Volk Brasiliens erst mittels der Literatur richtig kennen und lieben gelernt.[20] Mit der Bibliographie lieferte er den Brasilianern 1949 ein Orientierungswerk. Als Ausländer hatte er aus eigener Erfahrung das Fehlen eines solchen "Wegweisers" als Schwäche erkannt und hielt die schwierige Informationslage zudem verantwortlich

> pelo desconhecimento da literatura brasileira no estrangeiro e até pelo desprêzo [sic] que certas camadas do público brasileiro, leitores exclusivos de livros estrangeiros, afetam com respeito à literatura nacional.

---

[17] Pfersmann: Carpeaux versus Bernanos (wie Anm. 15). S. 143.
[18] Unveröffentlichter Brief von Mário de Andrade an Moacir Werneck de Castro vom 23.02.1944 zit. n. ebd. S. 144.
[19] Vgl. Carvalho: Introdução a um exame de consciência (wie Anm. 8). S. 33.
[20] Otto Maria Carpeaux: *Pequena bibliografia crítica da literatura brasileira*. Rio de Janeiro: Editora Ministério da Educação e Saúde/Serviço de documentação 1951. S. 14.

(für die Unbekanntheit der brasilianischen Literatur im Ausland und sogar für die Verachtung, die gewisse brasilianische Schichten des brasilianischen Publikums, ausschließlich ausländische Literatur bevorzugende Leser, der nationalen Literatur entgegenbringen.) [21]

Bereits in dieser frühen Arbeit zeigte sich

> die Ausrichtung an zwei miteinander verschränkten Dimensionen: Einmal in der internen Dimension die Notwendigkeit eines Beitrags zur strukturierten und ordnenden Sammlung des bereits Bestehenden im Bereich der Literatur und ihrer Deutungen [...] zum andern [sic] dann diese Arbeit in der externen Dimension als Voraussetzung und Grundlage für eine Integration der brasilianischen Nationalliteratur in die globale Ordnung der Literaturen der Welt und – im Sinne von Anerkennung und Kanonbildung – der 'Weltliteratur'.[22]

Sein wichtigstes Werk enzyklopädischen Umfangs war die achtbändige *História da literatura occidental* (Geschichte der abendländischen Literatur), die er schon 1944/45 niedergeschrieben hatte, jedoch erst zwischen 1959 und 1966 nach nochmaliger Überarbeitung veröffentlichte. Darin bot Otto Maria Carpeaux der Leserschaft nicht nur einen detaillierten und kenntnisreichen Überblick der abendländischen Literatur, sondern präsentierte sich darüber hinaus als

> historiador da matéria, do mundo que põe diante de nós – seja por essa larga visão de conjunto e de profundidade, pela compreensão que tem dos fatôres [sic] determinantes dêste [sic] ou daquele estágio [...], como também pela maneira como analisa obras e escritores, e pelo arrolamento surpreendente que faz das literaturas mais ignoradas.
>
> (Historiker der Materie, der Welt, die vor uns liegt – sei es aufgrund dieser Weitsicht von Zusammenhängen und Tiefe, aufgrund des Verständnisses, das er von bestimmten Faktoren dieses oder jenen Stadiums [...] hat, wie auch aufgrund der Art und Weise, mit der er Werke und Schriftsteller analysiert, und der überraschenden Auflistung, die er von den vergessensten Literaturen macht.)[23]

In diesem Sinne fand insbesondere die oben erwähnte externe Dimension der Integration der brasilianischen Literatur ihren Höhepunkt. In ihr schloss der Publizist, wie der Schriftsteller Renard Perez nicht ohne Stolz bemerkte, "ao lado de Goethe, um Balzac, um Gogol, um Thomas Mann os nossos Gonçalves Dias, Machado de Assis, Lima Barreto, Carlos Drummond de Andrade" (neben einem Goethe, einem Balzac, einem Gogol, einem Thomas Mann

---

[21] Ebd. S. 11.
[22] Marcel Vejmelka: Dialektik der brasilianischen Literatur – kulturelle Aneignung und Vermittlung bei Otto Maria Carpeaux. In: Domschke, Rainer et al. (Hg.): *Martius-Staden-Jahrbuch* 53 (2006). S. 265–283. Hier: S. 271.
[23] Perez: Otto Maria Carpeaux (wie Anm. 7). S. 18.

unsere Gonçalves Dias, Machado de Assis, Lima Barreto, Carlos Drummond de Andrade)[24] würdig in die internationale Aufzählung mit ein.

Die bereits im Essay "Wege nach Rom" dargelegte starke Verbundenheit mit der Religion und Kirche manifestierte sich auch in seinen literaturwissenschaftlichen Arbeiten. Schließlich bestand für Otto Maria Carpeaux eine enge Beziehung zwischen dem künstlerischen Schaffen und dem Katholizismus, die ersterem zum Vorteil gereichte, wenn der Akt des Schaffens als Art göttlicher Kult begriffen wurde: "Darum ist die katholische Kirche zu allen kunstfreundlich gewesen".[25] In seinen Literaturkritiken griff der Publizist wiederholt auf sein religiöses Wissen zurück, weil jedes wahre Kunstwerk auch ein Geheimnis, eine symbolische Bedeutung beinhaltet. Dazu meinte Mauro Souza Ventura kritisch:

> O crítico conhece todas as nuanças da fé e da liturgia católicas e as utiliza como forma de interpretação. [...] O problema surge quando suas convicções religiosas são atingidas pela obra literária. Nesse ponto surge um Carpeaux dogmático, em que a visão de mundo derivada do barroco austríaco se sobrepõe ao discernimento crítico. [...] A consciência da religião o tornou um intérprete capaz de sensibilizar-se com questões e problemas literários muitas vezes negligenciados por críticos que jamais tenham se defrontado com a fé [...] talvez por isso ele precisasse tanto suspender sua descrença [...], o que nem sempre ocorreu. Por outro lado, a concepção radical de Carpeaux [...] e sua extrema dificuldade para aceitar um alargamento da idéia de religião relevam a atuação de um crítico tão dogmático quanto sensível.

(Der Kritiker kennt alle Nuancen des Glaubens und der katholischen Liturgie und verwendet sie als Interpretationsform. [...] Das Problem taucht dann auf, wenn seine religiösen Überzeugungen von dem literarischen Werk berührt werden. In diesem Fall taucht ein dogmatischer Carpeaux auf, bei dem sich die im österreichischen Barock verwurzelte Weltanschauung gegenüber der kritischen Überlegung durchsetzt. [...] Das religiöse Bewusstsein hat aus ihm einen Kritiker gemacht, der fähig ist, in der Interpretation auch den literarischen Fragen und Problemen Beachtung zu schenken, die oftmals von Kritikern, die sich nie mit dem Glauben auseinander gesetzt haben, vernachlässigt werden [...], vielleicht musste er deshalb seinen Unglauben [...] so sehr unberücksichtigt lassen, was nicht immer geschah. Auf der anderen Seite offenbaren Carpeaux' radikale Konzeption und seine extreme Schwierigkeit, eine Lockerung der religiösen Vorstellung zu akzeptieren, die Handlungsweise eines ebenso dogmatischen wie sensiblen Kritikers.)[26]

Carpeaux sah die Literatur als Erweiterung des Menschen und das Abenteuer der Realität als Parallele zu den Abenteuern der Phantasie und

---

[24] Ebd. S. 19. Vgl. auch Otto Maria Carpeaux: *História da literatura ocidental*. Rio de Janeiro: Editora Alhambra 1987.
[25] Otto Maria Carpeaux: *Wege nach Rom*. In: Ebd. S. 108. Vgl. auch Ventura: *De Karpfen a Carpeaux* (wie Anm. 1). S. 201–02.
[26] Ebd. S. 213, 221.

Gedankenwelt an.[27] Vor allem seine Essays ließen ihn in den mehr als 25 Jahren seines kulturpublizistischen Schaffens zu einem der wichtigsten brasilianischen Intellektuellen des 20. Jahrhunderts werden. Eine ganze Generation von Künstlern und Denkern sollte später sagen, sie habe dank der erneuernden Kraft seiner dichten Essays "lesen" gelernt.[28] Diese beinhalteten über die Literatur hinaus Aspekte der Philosophie, Religionsgeschichte, Soziologie, Psychoanalyse, Musik und bildenden Kunst und vermittelten andere geistige Werte und Sichtweisen, als sie damals in Brasilien üblich waren.

Doch nicht nur in dieser Hinsicht besaß Carpeaux für viele Brasilianer eine Vorbildfunktion. Sein politisches Engagement während der Militärdiktatur machte ihn außerdem zu einer Kultfigur der Studentenbewegung und Arbeiterschaft des Landes. Als im Frühjahr 1964 das konservative Militär putschte und die links gerichtete Regierung unter Präsident João Goulart absetzte, sah der Publizist die Freiheit im Land gefährdet und wollte nicht untätig bleiben. Wie schon über 30 Jahre zuvor für seine alte Heimat Österreich engagierte er sich nun auch für seine neue, Brasilien. War es in Österreich noch das dem Feuilleton nahe stehende Genre des Essays gewesen, in dem Carpeaux seine Ansichten zur Notwendigkeit der österreichischen Unabhängigkeit festgehalten hatte, so machte er sich nun in seinen Beiträgen des Öfteren die Gattung der *crônica*, einer spezifischen Form der Zeitungsglosse, zu eigen, um gegen die Diktatur anzuschreiben. Aufgrund der radikalen stilistischen und inhaltlichen Freiheit, die die *crônica* dem Verfasser gewährt, des besonderen Mischcharakters, der mit einer solchen Freiheit einhergeht, und der Popularität, die sie sich im Lauf des 20. Jahrhunderts in Brasilien erworben hat und bis heute genießt, wird sie von einigen dortigen Literaturwissenschaftlern als das brasilianische Genre, das Genre der *mestiçagem*, also der "Vermischung", angesehen, weil es mit seiner Offenheit, Unbestimmtheit und Widersprüchlichkeit das Land am besten widerspiegelt:

[F]oi no decênio de 1930 que a crônica moderna se definiu e consolidou no Brasil, como genero bem nosso. [...] É que a crônica brasileira bem realizada participa de uma língua geral lírica, irônica, casual, ora precisa e ora vaga, amparada por um diálogo rápido e certeiro, ou por uma espécie de monólogo comunicativo.

(Es war in den dreißiger Jahren, da sich die moderne *crônica* in Brasilien als unser Genre definierte und konsolidierte. [...] Die gut verfasste brasilianische *crônica* verfügt über eine Sprache, die im Allgemeinen lyrisch, ironisch und zufällig ist,

---

[27] Vgl. Sebastião Uchoa Leite: Carpeaux: aventura da realidade. In: *José. Literatura, Crítica & Arte* 10 (Juli 1978). S. 13.
[28] Vgl. Gastão de Holanda: Prefácio de *José. Literatura, Crítica & Arte*. In: Ebd. S. 3. Diese Ausgabe war Carpeaux aus Anlass des Todes des Kritikers gewidmet.

sei es präzise, sei es vage. Sie basiert auf einem schnellen und treffsicheren Dialog oder einer Art kommunikativem Monolog.)²⁹

Da sich die direkte Bezugnahme verbot, geißelte er die Willkür und die Unterdrückungsmaßnahmen der Militärdiktatur unerbittlich, indem er die Vorgänge anhand anderer ebenfalls unter einer Diktatur stehenden Länder verdeutlichte. Die 1965 veröffentlichte Sammlung seiner politischen *crónicas* jener Jahre trug nicht umsonst den viel sagenden Titel *Brasil no espelho do mundo* (Brasilien im Spiegel der Welt). Unter Rückgriff auf Elemente der Allegorie, der Fabel und insbesondere der Ironie, manchmal aber auch mit sehr nüchternen und unmissverständlichen Feststellungen rüttelte er die Leser wach und machte sie auf das ihnen angetane Unrecht aufmerksam.

Bereits 1964 prangerte er am Beispiel von Portugal die so genannten *atos institucionais*, die "Institutionellen Akte", an, mit denen die neuen Machthaber in Brasilien bald nach dem Putsch begonnen hatten, verfassungsmäßige Rechte außer Kraft zu setzen:

> Ditadores modernos têm o hábito de conservar a Constituição liberal de tempos idos, modificando-a só um pouco por atos institucionais; Hitler e Mussolini 'respeitaram' assim a Constituição alemã de 1919 e a italiana de 1848. [...] As 'medidas de segurança' [...] (s)ão aplicadas pelo governo quando as recomenda [...] a polícia política.
>
> (Moderne Diktatoren haben die Gewohnheit, die liberalen Verfassungen der alten Zeiten zu bewahren, sie verändern sie nur etwas mittels institutioneller Akte. Hitler und Mussolini haben auf diese Weise die deutsche Verfassung von 1919 und die italienische von 1848 'respektiert'. [...] Die 'Sicherheitsmaßnahmen' [...] werden von der Regierung angewandt, wenn sie die Politische Polizei empfiehlt.)³⁰

Tatsächlich sollte der Sicherheitsapparat des Militärs in den Folgejahren staatlichen Terror auf die brasilianische Zivilbevölkerung ausüben. Wie brutal dieser war, lässt sich aus den folgenden Bemerkungen des Publizisten entnehmen, in denen er allerdings mit keinem Wort Brasilien erwähnt. Doch dies brauchte er auch nicht; für die mit der Situation vertrauten Leser war es klar, was er beschrieb:

> A insônia é a doença de uma época na qual se manda aos homens fechar os olhos perante muitos fatos. Nos países cujos cidadãos não se sentem seguros na prisão,

---

[29] Antonio Candido et al. (Hg.): *A crônica: o gênero, sua fixação e suas transformações no Brasil*. Campinas-Rio de Janeiro: Editora Unicamp/Fundação Casa de Rui Barbosa 1992. S. 17, 22. Vgl. auch José Castello: Crônica, um gênero brasileiro. Com a cara do Brasil, a crônica é um gênero fluido, traiçoeiro e mestiço. http://www.digestivocultural.com/ensaios/ensaio.asp?codigo=228.

[30] Otto Maria Carpeaux: *Brasil no espelho do mundo. Crônicas de política internacional e nacional*. Rio de Janeiro: Edição 1965. S. 87. Die weiteren Angaben nach diesem Text in Klammern.

é igualmente e grande a insegurança na liberdade. Quando forem conhecidas as dimensões do Universo, serão declaradas segrêdo [sic] militar. [...] Em certos países tudo é tão público que até a polícia secreta é pùblicamente [sic] conhecida. [...] Cada regime transforma-se, com o tempo, em *Ancien Régime*. Eu escondo idéias que não ouso confessar nem a mim próprio. Mas vocês todos as conhecem.

(Die Schlaflosigkeit ist die Krankheit einer Epoche, in der man den Menschen befiehlt, die Augen vor vielen Tatsachen zu verschließen. In den Ländern, deren Bürger sich im Gefängnis nicht sicher fühlen, ist die Unsicherheit in der Freiheit genauso groß. Wenn die Dimensionen des Universums bekannt sind, werden sie zum militärischen Geheimnis erklärt. [...] In bestimmten Ländern ist alles so öffentlich, dass sogar die Geheimpolizei öffentlich bekannt ist. [...] Jedes Regime wandelt sich mit der Zeit in ein Ancien Régime. Ich halte Gedanken diesbezüglich zurück, die ich nicht einmal mir selbst zu gestehen wage. Aber Sie alle werden sie kennen.) (111)

Carpeaux verwandte nicht nur den Vergleich zu anderen Ländern, um die herrschenden politischen Gegebenheiten in Brasilien zu schildern. Auch mithilfe von Parallelen, die er zu der Vergangenheit des Landes zog, vermochte er die Missstände hinsichtlich der Freiheitsrechte aufzuzeigen:

(E)ntre 1937 e 1945, não houve opinião pública independente no Brasil. A opinião dependia exclusivamente das informações fornecidas pelo DIP [Departamento de Imprensa e Propaganda]: e êste [sic] selecionava as notícias com preferências evidentes. Alimentava a ignorância dos fatos. Águas passadas? Infelizmente, não. Pois aquela imagem falsa parece estar fortemente enraizada. A presença de personalidades de 1937 em acontecimentos de 1964 é significativa, mas não explica tudo. Mais importante é a presença de certas idéias de 1937 em certos movimentos de 1964. Quanto à origem dessas idéias, os participantes acham que seria melhor não as divulgar.

(Zwischen 1937 und 1945 gab es keine unabhängige öffentliche Meinung in Brasilien. Die Meinung hing ausschließlich von den Informationen ab, die der DIP [die vom Diktator Getúlio Vargas geschaffene Presse- und Propagandabehörde] lieferte: und dieser wählte die Neuigkeiten nach offenkundigen Kriterien aus. Er förderte die Unkenntnis von Fakten. Vergangene Zeiten? Unglücklicherweise nicht. Denn jene falsche Vorstellung scheint stark in den Köpfen verankert zu sein. Die Anwesenheit von Persönlichkeiten von 1937 bei den Ereignissen 1964 ist signifikant, aber dies erklärt nicht alles. Viel wichtiger ist die Präsenz von bestimmten Ideen von 1937 in bestimmten Handlungen von 1964. Bezüglich der Wurzeln dieser Ideen halten es die Beteiligten für besser, diese nicht bekannt zu machen.) (105)

Wiederholt verurteilte er den in seinen Augen unerträglichen Umstand, dass die lateinamerikanischen Diktaturen im Rahmen der *Organisation Amerikanischer Staaten* im Kampf gegen den Kommunismus häufig zu Demokratien stilisiert wurden:

Chamando de democracia aquilo que não é democracia, abre [a Organização dos Estados Americanos - OEA] a porta para aquêles que chamam de comunismo aquilo que não é comunismo. Consagra a caça aos chamados 'subversivos', que são perseguidos sem que se defina o que é 'subversão'. O que estamos experimentando

> Enfim, já não é possível distinguir 'clara e compreensívelmente', como diria o professor Weldon, entre Cuba e os que condenaram Cuba. Quanto a nós, voltamos citar, com relação a comunismo e anticomunismo, a [...] frase com que Mercutio, em 'Romeo e Julieta', condena a luta fratricida e absurda entre a Casa dos Capulets e a Casa dos Montagues: 'A peste sôbre [sic] as vossas duas Casas!' Mas por que só essas duas? Não queremos excluir dos nossos votos amistosos uma terceira Casa: a da OEA.
>
> (Indem die OAS das Demokratie nennt, was keine ist, öffnet sie jenen die Tür, die das Kommunismus nennen, was keiner ist. Sie heißt die Jagd auf so genannte 'Subversive' für gut, ohne dass man definiert, was 'Subversion' ist. Das erleben wir gerade. Schließlich ist es also nicht möglich, 'klar und nachvollziehbar', wie Prof. Weldon sagen würde, zwischen Kuba und denjenigen, die Kuba verurteilen, zu unterscheiden. Was uns betrifft, zitieren wir bezüglich des Kommunismus und Antikommunismus hier noch einmal den berühmten [...] Satz, mit dem Mercutio in Romeo und Julia den absurden Bruderkampf zwischen dem Haus Capulet und dem Haus Montague verurteilt: 'Die Pest auf Eure beiden Häuser!' Aber warum nur diese beiden? Wir möchten aus unseren freundschaftlichen Grüßen nicht ein drittes Haus ausschließen: das der OAS.) (93)

Ganz im Zeichen der äußerst harschen Kritik des Verhaltens der USA stand die ebenfalls 1965 erschienene, zweite Sammlung der *crônicas* namens *A batalha da América Latina* (Die Schlacht von Lateinamerika), die Züge einer Anklageschrift besaß. Mit Ironie und nicht ohne Sarkasmus entlarvte er darin das Unwissen, das nicht nur deren Lateinamerika-Politik zugrunde lag:

> [A] política latino-americana dos Estados Unidos é feita por homens que não sabem e que não entendem do assunto; e é apoiada, na própria América Latina, por quem não sabe e não entende e não quer saber e não quer entender. Êstes e aquêles [sic] colherão as tempestades que semearam.
>
> (Die Lateinamerika-Politik der Vereinigten Staaten wird von Männern gemacht, die das Thema nicht kennen und verstehen, und sie wird in Lateinamerika selbst unterstützt von jenen, die nichts wissen und verstehen und nichts wissen und verstehen wollen. Diese und jene werden den Sturm ernten, den sie als Wind gesät haben.)[31]

Im Kontext des Kalten Krieges wollte man jeden möglichen Verbündeten auf seiner Seite wissen und unterstützte deshalb auch die Militärdiktaturen. In aller Deutlichkeit gab Otto Maria Carpeaux die Prioritäten der USA in der Formulierung des Staatssekretärs für lateinamerikanische Angelegenheiten, Thomas C. Mann, wieder: "(E)m tempos críticos, a estabilidade vale mais que a democracia" (In kritischen Zeiten zählt die Stabilität mehr als die Demokratie [62]). Wie zynisch musste sich dies für den Publizisten in Anbetracht seiner Erfahrung als Flüchtling des Nationalsozialismus und der Menschenrechtsverletzungen darstellen, deren Zeuge er nun erneut werden musste.

---

[31] Otto Maria Carpeaux: *A batalha da América Latina*. Rio de Janeiro: Edição Civilização Brasileira 1965. S. 162. Die weiteren Angaben nach diesem Text in Klammern.

223

Angesichts dessen war es ihm wiederholt ein Anliegen, den Lesern zu veranschaulichen, mit welchen unterschiedlichen Maßstäben in den USA jener Jahre die Regime anderer Länder beurteilt wurden.

Die Nachricht der *New York Times*, die es unwahrscheinlich fand, dass der Wahlsieg der Peronisten 1965 die "Normalität" des öffentlichen Lebens in Lateinamerika stören könnte, wurde für ihn zum willkommenen Anlass, ironisch zu kommentieren, was Normalität dort bedeutet:

> (E)xiste normalidade democrática no México, Peru e Chile. Também existe ela no Uruguai. [...] Há um govêrno liberal-democrático na Venezuela. [...] Não é normal a situação em Cuba: e por isso êsse país foi excluído da comunidade americana, sendo boicotado. Normal é a situação na Argentina onde – conforme o *New York Times* – o resultado de eleições não efeitos políticos porque os normalíssimos generais não o permitem. Em plena normalidade vive a Nicarágua: há rodizio entre governos de membros da família Somoza. [...] Normal é a situação da Guatemala, desde 1954: só coronéis na Presidência da República. [...] Normal é a Junta Militar no Equador e normal foi o golpe do general Barrientos na Bolívia. [...] Normal foi o golpe de um coronel [Lopez Arellano] em Honduras. Normais são os 12 anos de govêrno do presidente general Stroessner no Paraguai. Golpes, generais, prorrogações, juntas – eis o panorama da normalidade na América Latina.
>
> (Es existiert demokratische Normalität in Mexiko, Peru und Chile. Auch in Uruguay gibt es sie. [...] In Venezuela gibt es eine liberal-demokratische Regierung. [...] Nicht normal ist die Situation in Kuba, und deshalb wurde dieses Land aus der amerikanischen Gemeinschaft ausgeschlossen und wird nun boykottiert. Normal ist die Situation in Argentinien, wo gemäß der New York Times das Resultat der Wahlen keine politischen Auswirkungen hat, weil die äußerst 'normalen' Generäle es nicht erlauben. In völliger Normalität lebt Nicaragua, es gibt eine Abfolge von Regierungen der Familienmitglieder Somoza. [...] Normal ist seit 1954 die Situation in Guatemala, nur Obristen als Präsidenten der Republik. [...] Normal ist die Militärjunta in Ecuador und normal war auch der Putsch des General Barrientos in Bolivien. [...] Normal war der Putsch des Coronel Lopez Arellano in Honduras. Normal sind die 12 Jahre Regierungszeit des Präsidenten General Stroessner in Paraguay. Putsche, Generäle, Aussetzungen von Wahlen, Juntas – dies ist das Panorama der Normalität in Lateinamerika.) (78–79)

Brasilien nannte Otto Maria Carpeaux in seiner Auflistung freilich nicht; er begnügte sich mit folgender Anspielung:

> O número dos países latino-americanos é relativamente grande. O espaço não permite analisar a normalidade de todos êles. São inevitáveis as omissões. Mas o leitor, benevolente e compreensivo como sempre, saberá preencher as lacunas.
>
> (Die Zahl der lateinamerikanischen Länder ist relativ groß. Der Platz erlaubt es nicht, die Normalität in allen von ihnen zu analysieren. Weglassungen sind daher unvermeidlich. Aber der wie immer wohlwollende und verständige Leser wird die Lücken zu füllen wissen.) (79)

Anhand der Tatsache, dass Afroamerikaner in den USA zum damaligen Zeitpunkt noch immer keine vollständige Gleichstellung genossen, machte der

Journalist die Mängel deutlich, die ebenfalls in der angeblichen Vorzeige-Demokratie USA vorhanden waren und legte einmal mehr die Doppelmoral in deren Lateinamerikapolitik offen:

> Eis a democracia perfeita, que costuma citar os grandes nomes de Washington, Jefferson e Lincoln, e que tão pouco se preocupa com as estranhas perfeições da democracia na América Latina.
>
> (Da ist die perfekte Demokratie, die die großen Namen Washingtons, Jeffersons und Lincolns anzuführen pflegt und die sich so wenig um die seltsame Perfektion der Demokratie in Lateinamerika kümmert.) (105)

Die Betonung auf die vorhandene Diskriminierung der Afroamerikaner in den USA seitens brasilianischer Intellektueller war nicht neu. Während des Vargas-Regimes hatte man unter dem Hinweis auf die vermeintlich in Brasilien vorherrschende "Rassendemokratie" die moralische und sozio-kulturelle Überlegenheit des Landes gegenüber dem übermächtigen Alliierten aus dem Norden demonstriert. Der Hauptvertreter dafür war Carpeaux' Freund Gilberto Freyre, der auch dessen Meinung über die USA in diesem Aspekt beeinflusst haben wird:

> Progressismo serve nos Estados Unidos, mas não para coloured people. [...] Êstes [sic] Estados sulinos baseiam-se em sociedades fechadas, que usam a côr da pele como critério para excluir a quem não é dêles [sic]. Excluem o negro porque é prêto.
>
> (Progressismus ist dienlich in den Vereinigten Staaten, aber nicht für die Farbigen. [...] Diese südlichen Staaten stützen sich auf geschlossene Gesellschaften, die die Hautfarbe als Kriterium benutzen, um diejenigen auszuschließen, die nicht zu ihnen gehören. Sie schließen den Schwarzen aus, weil er schwarz ist.) (46, 65–66)

Die Schärfe, mit der Otto Maria Carpeaux die Politik der USA anprangerte, ging soweit, dass er den Interventionismus des Landes als "a maior tolice polítco-diplomática dos últimos tempos" (die größte politisch-diplomatische Dummheit der jüngsten Zeit) bezeichnete (152). In ihrem Kampf gegen den Kommunismus in Lateinamerika hätten sich die USA durch ihre Einmischungspolitik als nicht erfolgreich erwiesen, da sie mit Unterdrückung die kommunistische Idee in diesen Ländern nicht gänzlich auslöschen konnten, die gewaltsamen Putsche wären demzufolge lediglich kontraproduktiv. So ließ er Präsident Lyndon B. Johnson wissen: "Chega de tolices. Aviso para o presidente Lyndon Johnson e não somente para o presidente Lyndon Johnson: não se governa nações com a mentalidade de um delegado de polícia política" (Hört mit den Dummheiten auf. Eine Mitteilung für den Präsidenten Lyndon B. Johnson, aber nicht nur für den Präsidenten Lyndon B. Johnson: Mit der Mentalität eines Kommissars der Politischen Polizei regiert man keine Nationen [153]).

Obgleich er sich zwar unmissverständlich auf die Seite der linken Opposition gestellt hatte, hatten die Zensoren keine Handhabe gegen ihn. Denn er griff das Regime von General Castelo Branco nicht namentlich und direkt an, und daher mussten sie ohnmächtig zusehen, wie Carpeaux seine *crônicas* in zwei Sammlungen 1965 herausgab. Als man ihm jedoch auf Basis weiterer Gesetze zur Nationalen Sicherheit die Bedingungen für seine kulturpublizistische Arbeit zunehmend erschwerte und ihn 1967 aufgrund eines Artikels der Störung der öffentlichen Ordnung beschuldigte, beschloss er 1968 mit dem Auswahlband *Vinte e cinco anos de Literatura* (25 Jahre Literatur) einen Schlussstrich unter sein literaturwissenschaftliches Werk zu ziehen. Im Vorwort erläuterte er seinen Standpunkt: "Considero encerrado o ciclo. Minha cabeça e meu coração estão em outra parte. O que me resta, de capacidade de trabalho, pertence ao Brasil e à luta pela libertação do povo brasileiro" (Ich betrachte diesen Zyklus für abgeschlossen. Mein Kopf und mein Herz befinden sich an einem anderen Ort. Was mir an Arbeitsmöglichkeiten verbleibt, gehört Brasilien und dem Kampf für die Befreiung des brasilianischen Volkes).[32]

Das ihm von der Militärdiktatur schließlich auferlegte Schweigen und der damit verbundene Rückzug vom Journalismus bedingten, wie es sein Freund, der Dichter Carlos Drummond de Andrade, nannte, sein "segundo exílio" (zweites Exil),[33] doch hinderten sie Carpeaux nicht am politischen Engagement. Mit leidenschaftlichen und kämpferischen Reden, die enthusiastisch aufgenommen wurden, klagte er vor Studenten und linken Gruppierungen die Unrechtmäßigkeit des Regimes an. Welch hohen Stellenwert er vor allem der Jugend bei der Herbeiführung der politischen Veränderung beimaß, lässt sich nicht nur an der Tatsache erkennen, dass er dieses Thema wiederholt und schon 1964 in seinen Beiträgen ansprach, sondern dabei auch die nicht geringe Signalwirkung von deren politischem Engagement veranschaulichte. In seinen Augen war es der große Verdienst der Studentenschaft, die Rolle des Gewissens der ganzen Nation zu übernehmen. Er rief sie aufgrund dessen zum zivilen Widerstand auf.[34]

In diesem Sinne hatte sich ein unübersehbarer ideologischer Bruch vom klerikal gesinnten Apologeten des Austrofaschismus zu einem Sympathisanten einer mehr links gerichteten Politik und einem "homem sem religião" (Menschen ohne Religion)[35] vollzogen, wie Helene Carpeaux nach dem Tod

---

[32] Otto Maria Carpeaux: *Vinte e cinco anos de Literatura*. Rio de Janeiro: Edição Civilização Brasileira 1968. o. S.
[33] Carlos Drummond de Andrade zit. nach Leite: Carpeaux: aventura da realidade (wie Anm. 27). S. 13.
[34] Dazu vgl. u.a. Carpeaux: *A batalha da América Latina* (wie Anm. 31). S. 110/111.
[35] Helene Carpeaux zit. n. Carvalho: Introdução a um exame de consciência (wie Anm. 8). S. 52.

ihres Mannes den Verzicht auf religiöse Riten beim Begräbnis begründete und somit die sich im Verlauf seiner letzten Lebensjahre abzeichnende Distanzierung zur Religion und Kirche zum Ausdruck brachte. Dieser Bruch beruhte unter anderem auf der Erfahrung der Verfolgung durch den Nationalsozialismus, des Exils und wohl auch auf der Enttäuschung über den Verrat, den das faschistische Italien an Österreich begangen hatte, wie sein spätes Interesse am Leben und Werk der Mussolini-Gegner Giacomo Matteotti und Antonio Gramsci belegt, mit denen er sich in seinen Arbeiten auseinandersetzte. Begeistert von der Lebendigkeit des italienischen Denkers, war sich Carpeaux sicher: "O pensamento de Gramsci está hoje mais vivo que no momento da morte do seu corpo. A vida de Gramsci continua" (Gramscis Gedanken sind heute lebendiger als im Augenblick des Todes seines Körpers. Gramsci lebt weiter fort.)[36]

Am Ende seines Lebens hatte der ehemals bekennende Österreicher ebenfalls die anfänglich gegenüber dem Zufluchtsland gehegten Vorbehalte vergessen:

> Vejo hoje meu passado europeu como através de um véu espêsso. [...] Assim sendo, falo sôbre minha vida na Europa como se fôsse vida de um outro. [...] Não nego nem negaria nunca [...] os fortes laços que me prendem à Europa, por herença espiritual e por formação. Mas tudo isso está hoje fundido em vaso de contornos novos. Sinto-me brasileiro, gosto arroz e feijão e sou fã de Ouro Prêto. [...] o que durante tantos anos na Europa não parecia ter sentido ou objetivo definido, enquadrou-se depois numa estrutura de tal modo que minha vida se me afigura hoje como se fôsse [sic] enrêdo [sic] de um romance, de um 'plot' bem inventado.
>
> (Heute sehe ich meine europäische Vergangenheit wie durch einen dichten Schleier. [...] Weil dies so ist, spreche ich über mein Leben in Europa, als sei es das Leben eines anderen. [...] Ich leugne nicht und würde auch nie [...] die starken Bande leugnen, die mich aufgrund des geistigen Erbes und der Erziehung an Europa binden. Aber all dies ist heute in ein Gefäß mit neuen Konturen gegossen. Ich fühle mich brasilianisch, mag Reis und Bohnen, und bin ein Fan von Ouro Prêto. [...] [W]as während so vieler Jahre in Europa keinen Sinn zu machen oder kein definitives Ziel zu haben schien, fügte sich später so sehr in die Struktur ein, dass sich mir mein Leben heute darstellt, als wäre es die Handlung eines Romans, eines gut erfundenen 'Plots'.)[37]

Als Otto Maria Carpeaux 1978 in Rio verstarb, hatte er längst eine Neuorientierung vollzogen und war zu einem überzeugten Brasilianer geworden.

---

[36] Otto Maria Carpeaux zit. nach Leander Konder: Otto Maria Carpeaux (1900–1978). In: Leander Konder: *Intelectuais brasileiros & marxismo*. Belo Horizonte: Editora Oficina de Livros 1991. S. 59–64. Hier: S. 64.
[37] Carpeaux: *Tendências contemporâneas na literatura* (wie Anm. 7). S. 11 u. 21.

Reinhard Andress

Der Fall des Kabarettisten, Schriftstellers, Journalisten und Diplomaten Benjamin Weiser Varon: vom passiven zum aktiven Zionisten im Exil

This essay examines the life of Benjamin Weiser Varon, a satirist, writer and journalist who left Vienna in 1938 and spent his exile in Ecuador before becoming an Israeli diplomat in the Latin American world. More specifically, it sheds light on Weiser Varon's new orientation during exile from a more passive and culturally defined Zionist to an active, humanistically and politically engaged advocate of Zionism. It is a path that can be traced in his journalistic and literary work.

Wenigen wird der Name des österreichisch-jüdischen Exilanten Benjamin Weiser Varon bekannt sein. Deswegen seien vorweg einige biographische Eckdaten angebracht: Am 4. Oktober 1913 als Jude und als Benno Weiser in Czernowitz geboren, floh seine Familie vor russischen Soldaten gegen Ende des Ersten Weltkriegs nach Wien, wo er seine Jugend verbrachte und erste Kabaretterfolge hatte. Beim Anschluss Österreichs musste er das Medizinstudium abbrechen und noch einmal fliehen, diesmal über Amsterdam nach Ecuador, wo er sich in Quito als Journalist und Schriftsteller etablierte. Er engagierte sich zunehmend als Zionist in Ecuador und Kolumbien, ab 1948 bei den Vereinten Nationen in New York und ab 1960 in Israel. Von 1964 bis 1972 diente er als Botschafter des Landes in der Dominikanischen Republik, Jamaika und Paraguay. Zuletzt war er noch als Professor für *Judaic Studies* an der Boston University tätig. Er lebt heute hoch betagt in Boston.[1]

Im Sinne der "Orientierungsversuche im Exil", des Leitthemas, unter dem die Konferenz der *North American Society for Exile Studies* stand, soll im Folgenden Weiser Varons Weg vom passiven, eher kulturell geprägten Zionisten zum aktiven, humanistisch und politisch engagierten Advokaten

---

[1] Als Grundlage für diese und die folgenden biographischen Ausführungen dient vor allem Weiser Varons Autobiographie: *Professions of a Lucky Jew*. New York-London-Toronto: Cornwall 1992. Vgl. aber auch Weiser Varon: *Si yo fuera paraguayo. Artículos aparecidos y charlas pronunciadas en el Paraguay*. Asunción: Editorial del Centenario 1972. Vgl. ebenfalls Weiser Varon: Von den Alpen zu den Anden. In: *Wie weit ist Wien. Lateinamerika als Exil für österreichische Schriftsteller und Künstler*. Hg. von Alisa Douer u. Ursula Seeber. Wien: Picus 1995. S. 147–48 u. 150. Weitere biographische Angaben finden sich im Dem Ausstellungskatalog von Alisa Douer, Ursula Seeber u. Evelyne Polt-Heinzl (Hg.): *Die Zeit gibt die Bilder. Schriftsteller, die Österreich zur Heimat hatten*. Wien: Zikular 1992. S. 137.

des Zionismus nachgezeichnet werden. Es ist ein Weg, der sich auf den philosophisch-privaten, journalistischen und literarischen Ebenen in seinem Leben nachvollziehen lässt.

In Wien verbrachte Weiser Varon seine Jugend in der Leopoldstadt, dem Hauptjudenviertel der österreichischen Metropole. Mit einer gewissen Selbstverständlichkeit war die Familie jüdisch, wenn auch nicht streng orthodox. Die Großmutter sprach Jiddisch, doch antworteten die Geschwister – zwei Brüder und eine Schwester – auf Deutsch. Die jüdischen Diätregeln wurden ohne Fanatismus befolgt, jüdische Feiertage gefeiert. Man ging zwar nicht in die Synagoge, doch in die *shul*, wo die Kinder über das Judentum lernten und an den hohen Feiertagen gebetet wurde. Antisemitismus gehörte zum Alltag.

Weiser Varons Bekenntnis zum Judentum ist einerseits eindeutig:

> But I know one thing: at no time in my life did I regret having been born a Jew, and not even in the darkest moments did the idea of shedding, or even hiding, my Jewishness cross my mind. To be a Jew was – and is – for me a great adventure.[2]

Andrerseits blieb die Beziehung zu Gott ambivalent: "I gave God the benefit of the doubt. Perhaps he existed, perhaps not. If so, he deserved an A-plus for creation and a C-minus for upkeep" (26).

Mit der schlechteren Note wird Weiser Varon u.a. vielleicht den Antisemitismus gemeint haben. Unter Juden waren die Reaktionen darauf vielfältig; Egon Schwarz detailliert die Varianten:

> Vom Selbsthaß bis zum Gruppenstolz steht [dem Juden] eine ganze Skala von möglichen Reaktionen zur Verfügung, Assimilation und Taufe, trotziges Bestehen auf seinem religiösen und nationalen Judentum, Selbstmord aus Ekel oder Verzweiflung an der eigenen ausweglosen Existenz oder militantes Auftrumpfen, Zionismus und Auswanderung.[3]

Weiser Varon wandte sich dem Zionismus zu. Angestoßen wurde dies durch seine Mutter, die ihm schon als Kind vom ungarisch-österreichischen und jüdischen Journalisten Theodor Herzl erzählt hatte, der mit seinem bekannten Buch *Der Judenstaat* (1896) zum Begründer des modernen Zionismus geworden war und den Weiser Varon sein Leben lang verehrte. Wie Herzl wollte auch er Journalist und Literat werden. Dabei lag der Einfluss Herzls vor allem im Stolz auf die kulturellen Errungenschaften Wiens, die so stark auf den jüdischen Beitrag zurückzuführen waren. Arthur Schnitzler, Stefan

---

[2] Weiser Varon: *Professions of a Lucky Jew* (wie Anm. 1). S. 10. Alle weiteren Seitenangaben nach diesem Text in Klammern.
[3] Egon Schwarz: *Unfreiwillige Wanderjahre. Auf der Flucht vor Hitler durch drei Kontinente*. München: C.H. Beck 2005. S. 30–31.

Zweig, Hermann Broch, Karl Kraus, Max Reinhardt, Gustav Mahler und Arnold Schönberg sind nur einige der Juden in Literatur, Theater und Musik, die Weiser Varon in seiner Autobiographie im Zusammenhang mit dem jüdischen Kulturleben Wiens anführt (vgl. 29). Es war auch dieser kulturelle Gruppenstolz, der im Vergleich zur politischen Seite des Zionismus überwog:

> If I grew up as a Zionist, this at the time by no means implied the belief in a Jewish state in our day. The state was a remote ideal, a dream to be dreamed. To be a Zionist meant to carry with pride a heritage that others seemed eager to shed, and to go through life with head erect and without disgrace. (27)

Als es am 13. März 1938 zum Anschluss Österreichs ans Dritte Reich kam und es auch für österreichische Juden lebensgefährlich wurde, führten glückliche Umstände Weiser Varon nach Quito. In Wien hatte er den etwa gleichaltrigen ecuadorianischen Schüler Jaime Navarro Cárdenas betreut, der auf das traditionsreiche Theresianum vorbereitet werden sollte. Nach Ecuador zurückgekehrt, konnte er ein Visum für Weiser Varon arrangieren, das vom ecuadorianischen Konsul in Amsterdam ausgestellt wurde. Nach einer langen Schiffsreise traf er am 13. November 1938 in Ecuador ein und konnte auch bald viele seiner unmittelbaren Familienmitglieder nachholen. Von Cárdenas hatte er so gut Spanisch gelernt, dass es ihm relativ leicht fiel, sich schnell in das Leben Ecuadors einzufügen. Um finanziell zu überleben, gründete er zusammen mit seinem Vater, seinem Bruder und einem weiteren Emigranten die Fabrik *La Primera*, die Dosen und Türangel produzierte, die jedoch nicht sehr erfolgreich war. In den Worten Weiser Varons ergab sich die Lösung des Dilemmas folgendermaßen:

> Als der Krieg ausbrach, suchte der Herausgeber des, El Comercio', der bedeutendsten Zeitung der Hauptstadt, verzweifelt nach einem europäischen Immigranten, der etwas von den Vorgängen in Europa verstünde, und alle Anfragen führten ihn zu mir. Nicht weil ich ein militärischer Sachverständiger war, aber ich sprach und schrieb Spanisch.[4]

So erschien ein erstes von mehr oder weniger wöchentlichen Essays am 12. April 1940 unter dem Titel "La tragedia del Señor Quisling" (Die Tragödie des Herrn Quisling), in dem sich Weiser Varon über Vidkun Quisling lustig machte, der als Führer der *Nasjonal Samling*, der faschistischen Partei Norwegens, nach der nationalsozialistischen Invasion des Landes am 9. April

---

[4] Weiser Varon: Von den Alpen zu den Anden (wie Anm. 1). S. 147.
[5] Vgl. Benno Weiser: La tragedia del Señor Quisling. *El Comercio* 35 (12.4.1940). S. 4.

1940 von Hitler zunächst umgangen wurde.[5] Ein weiteres ironisch-satirisches Essay "El niño Mussolini" (Das Kind Mussolini) vom 21. April 1940 beschreibt den italienischen Führer als ein zwar talentiertes, aber neidisches Kind, das vom älteren Adolf immer wieder ausmanövriert wird.[6] Während der erste Beitrag noch unter seinem wirklichen Namen erschien, benutzte Weiser für die weiteren Essays die Pseudonyme "Boby" oder "Bobby"; unter letzterem hatte er schon zu seiner Wiener Zeit geschrieben.

Diese Essays wurden so beliebt, dass Weiser Varon ab 1. Juni 1940 für die von *El Comercio* herausgegebene Abendzeitung *Ultimas Noticias* eine fast tägliche Kolumne schrieb, die unter dem Titel "El Mirador del Mundo" (Der Blick auf die Welt) und dem Pseudonym "Próspero" erschien.[7] Diese Kolumne wurde wiederum von *El Universo* übernommen, der größten Zeitung Ecuadors, die in Guayaquil herauskam.[8] Im Gegensatz zu der oft humorvoll-ironischen Qualität der im *El Comercio* erschienenen Essays nahmen die neuen Beiträge einen etwas ernsthafteren Ton an in der Auseinandersetzung mit den Kriegsereignissen in Europa. Laut eigenen Angaben in der Autobiographie wurde Weiser Varon dabei der erste Journalist in der Geschichte Ecuadors, dessen Artikel sowohl in Quito als auch in Guayaquil veröffentlicht wurden, wobei er in der Kriegszeit ein gewisses Monopol bei der Interpretation der Nachrichten aus Europa gewonnen haben soll (vgl. 110). Als der deutsche Botschafter in Ecuador im Juni 1941 versuchte, "El Mirador del Mundo" zu unterdrücken, was ihm nur kurzfristig gelang, berichtete sogar die *New York Times* im Juni davon und sprach von der Kolumne als "among the best known in Latin America".[9]

Als eine Art Reaktion auf den Versuch der Unterdrückung und um gegen die pro-faschistischen Elemente in der ecuadorianischen Gesellschaft verstärkt vorzugehen, gründete Weiser Varon zusammen mit dem Ecuadorianer Filemon Borja eine eigene Wochenzeitung, *La Defensa*, die zum ersten Mal am 29. Oktober 1940 erschien. Nach dem Eintritt der USA in den Krieg am 8. Dezember 1941 brach Ecuador die diplomatischen Beziehungen zu den Achsenmächten Deutschland, Italien und Japan am 30. Januar 1942 ab und

---

[6]Vgl. Boby [Pseudonym für Benno Weiser]: El niño Mussolini. *El Comerico* 35 (21.4.1940). S. 4.
[7]Vgl. Weiser Varons ersten "Mirador del Mundo" in dieser Tageszeitung mit dem Titel "No capitulan". In: *Ultimas Noticias* 2 (1.6.1940). S. 10. Dieser Beitrag erschein noch unter dem Pseudonym "Boby", alle weiteren unter "Próspero".
[8]Vgl. Weiser Varon ersten "Mirador del Mundo" in dieser Tageszeitung mit dem Titel "Roosevelt ha hablado". In: *El Universo* 20 (31.12.1940). S. 4. Hier erschienen alle Beiträge unter dem Pseudonym "Próspero".
[9]Vgl. Nazis Curb Latin Press. Column Suppressed in Ecuador on Reich Envoy's Protest. In: *New York Times* 7.6.1941. S. 5.

bezog eindeutig die Position der Alliierten. Mit dem Wandel der Beziehungen zu Deutschland hörte auch die pro-faschistische Propagandatätigkeit auf, und *La Defensa* wurde vermutlich Anfang 1943 eingestellt.[10] Was den Zionismus betrifft, soll hier festgehalten werden, dass er eine sehr untergeordnete Rolle in Weiser Varons journalistischer Tätigkeit bis zu diesem Zeitpunkt spielte, was sich aber bald ändern sollte.

Gewissermaßen als Vorbereitung darauf kann Weiser Varons stark autobiographischer Roman *Yo era europeo* gesehen werden, der zunächst ab Januar 1942 als Folgeserie in *La Defensa* erschien, 1943 dann als Buch beim Editorial Fernandez in Quito.[11] Nicht ohne Witz und Humor schildert der Autor seine Wiener Zeit bis zum Anschluss, die Auswanderung und die Ankunft in Ecuador. Damit gehört der Roman zu einem der frühesten Exilromane, die sich schon am Anfang des Exils mit dieser Zeit auseinandersetzten und im Exil erschienen. Andere Beispiele wären Klaus Manns *Der Vulkan* (1939), Lion Feuchtwangers *Exil* (1940), Erich Maria Remarques *Liebe deinen Nächsten* (1941) oder Anna Seghers' *Transit* (1944). Da *Yo era europeo* von Weiser Varon auf Spanisch verfasst wurde, gehört der Autor darüber hinaus zu den wenigen deutschsprachigen Exilanten, denen auch der schriftstellerische Sprung in die neue Sprache gelang, wie z.B. Stefan Heym und Klaus Mann in den USA, Jakov Lind und Michael Hamburger in England, Peter Weiß in Schweden oder Roberto Schopflocher in Argentinien. Letztendlich stellt der Roman eine Absage an Europa da, wie der Titel schon andeutet. Der Autor fühlte sich aus einem Europa verstoßen, das dem Antisemitismus keinen Einhalt gebieten konnte. Wenn sich auch sein Urteil später mildern sollte und er wieder eine Beziehung zu Europa, Österreich und Wien gewann, war die Vehemenz eindeutig, mit der er sich am Romanende von seinem Europäertum distanzierte: "Yo era europeo. No volveré a serlo…" (Ich war Europäer. Ich werde es nie wieder sein…).[12] So war er beim Erscheinen des Romans 1942/43 reif für eine neue geistige und letztendlich auch politische Heimat.

Zu dieser Neuorientierung trug auf erhebliche Weise eine Reise 1943 nach New York bei, die Weiser Varon zusammen mit seinem Vater unternahm,

---

[10] Bei Nachforschungen in Ecuador ließ sich nur in der *Biblioteca Ecuatoriana Aurelio Espinosa Polit* eine Kopie von *La Defensa* finden, die aber unvollständig ist und nur bis zur Ausgabe 3, 113 (31.12.1942) führt. In seiner Autobiographie deutet Weiser Varon an, dass die Wochenzeitung bald danach zum letzten Mal erschienen ist (vgl. 124).
[11] Der Roman ist 2008 auf Deutsch unter dem Titel *Ich war Europäer* (von Reinhard Andress und Egon Schwarz übersetzt) bei Picus in Wien erschienen.
[12] Benno Weiser: *Yo era europeo. Novela de una generación.* Quito: Editorial Fernandez 1943. S. 212.

weil sich dieser einer Krebsbehandlung unterziehen musste. Dort bekam der Sohn einen von Gisi Fleischmann vermittelten Bericht von zwei Häftlingen zu lesen, die einem KZ entkommen waren.[13] Obwohl er in der Autobiographie in diesem Zusammenhang von seiner "survivor's joy" (128) schreibt, da ihm und seiner Familie der wahrscheinliche Tod im Holocaust erspart blieb, war er zutiefst durch das Schicksal so vieler Mitjuden betroffen. Seine zionistische Haltung verstärkte sich im Sinne einer israelischen Staatsgründung: "Now I understood that there was no solution to the Jewish problem other than a Jewish state. From then on the accent of my Zionism was on Zion" (129).

Als Konsequenz gründete Weiser Varon 1944 eine *Federación Sionista del Ecuador*, dessen Präsident er wurde und die sich für ein jüdisches Palästina einsetzte. Im Februar 1945 unternahm er eine große Rundreise durch Südamerika, die ihn nach Peru, Chile, Argentinien, Uruguay, Brasilien und Bolivien führte. Die Reise stand im Zeichen des absehbaren Kriegsendes, und Weiser Varon traf sich mit führenden Politikern Südamerikas, um sie als Journalist zur neuen Weltordnung zu befragen. Einerseits war es die internationale Erweiterung seiner journalistischen Karriere; andrerseits reiste er als Präsident der genannten *Federación*, um im April am ersten *Congreso Sionista Latinoamericano* in Montevideo teilzunehmen.

Am 24. September 1945 kam eine neue, acht- bis zwölfseitige Wochenzeitschrift *Revista de dos Mundos* (Zeitschrift zweier Welten) dazu, die Weiser Varon ganz in eigener Regie herausgab und in der er die große Mehrheit der Artikel selbst schrieb. Mit dem Titel waren die untergehende Vorkriegswelt und die neue Nachkriegswelt gemeint. Die Zeitschrift wandte sich an alle europäischen Flüchtlinge in Ecuador, doch da die meisten von ihnen jüdischer Herkunft waren, dominierten Themen, die für diese Einwanderergruppe von Interesse waren. Obwohl sich die *Revista* unabhängig gab, war die zionistische Tendenz nicht zu verneinen, die Weiser Varon jedoch zunächst eher humanistisch sah, ohne ausdrücklich politisch sein zu wollen. Für ihn war die Gründung eines israelischen Staates die Lösung der Judenfrage in dem Sinne, dass man nicht von europäischen Juden verlangen könne, sie sollten weiterhin in

---

[13] Die 1894 geborene Gisi Fleischmann war eine slowakische Zionistin, die sich als eine der Anführerinnen der *Women's International Zionist Organization* in der Slowakei für die Rettung der Juden einsetzte und selbst 1944 in Auschwitz vergast wurde. Es ist nicht klar, um welche Berichte es sich hier handelt. Die Webseite der *Yad Vashem* (www.yadvashem.org) erwähnt im Zusammenhang mit Gisi Fleischmann einen Bericht von Czesław Mordowicz und Arnost Rosin, die aus Auschwitz-Birkenau geflohen waren. Doch wurde dieser Bericht im Juni 1944 verfasst und hat erst danach den Weg in den Westen gefunden, während Weiser Varon mit seinem Vater 1943 in New York gewesen sein soll.

Ländern leben, die nicht frei von Antisemitismus seien und an den Holocaust erinnern würden.[14]

In regelmäßig erscheinenden Kolumnen wie "Por la patria judía" (Für das jüdische Vaterland) berichtete bzw. dokumentierte Weiser Varon das internationale Für und Wider eines jüdischen Staates in Palästina. In der Kolumne "A pesar de la derrota Nazi" (Trotz des Nazi-Untergangs) schrieb er von dem immer noch virulenten Antisemitismus. Positive Nachrichten aus der jüdischen Welt kamen in "Noticias que nos gustan" (Nachrichten, die uns gefallen). In "Lo que no traen los diarios" (Was die Tageszeitungen nicht bringen) erschienen Juden betreffende Kurzmeldungen, die, wie der Titel der Kolumne besagt, nicht in den gängigen Tageszeitungen abgedruckt worden waren. Für jüdische Auswanderer, die an Rückkehr dachten, waren Informationen in der Kolumne "Para el re-emigrante" zu finden. Allgemein zum Nachkriegseuropa gab es Berichte in "Noticias sintéticas de la Europa 'liberada'" (Zusammenfassende Nachrichten aus dem "befreiten" Europa) oder in "Nueva vida en las ruinas de Europa" (Neues Leben in den Ruinen Europas). In der "Página literaria" erschienen literarische Beiträge.

Weiser Varon entwickelte sich langsam zu einem fast vollberuflichen und bekannten Advokaten des Zionismus in Lateinamerika. Im späten Frühjahr 1946 beauftragte ihn die *Jewish Agency* mit der Gründung einer regionalen Vertretung in Bogotá, wohin er auch zog. Seine konkrete Aufgabe bestand darin, die Unterstützung Venezuelas, Kolumbiens, Ecuadors und überhaupt Lateinamerikas bei der für die israelische Staatsgründung unerlässlichen *Palestine Partition Resolution* vor den Vereinten Nationen zu sichern. Damit wurde sein Engagement für ein zukünftiges Israel über humanistische Anliegen hinaus auch offen politisch. In der kolumbianischen Hauptstadt schrieb er für die Tageszeitung *El Tiempo*, für die Wochenzeitschrift *Revista de las Américas* und führte die *Revista de dos Mundos* weiter, die nun auch in Kolumbien gelesen wurde. Sie wurde sogar zum "Organo oficial de la Federación Sionista de Colombia" und am 19. November 1946 in *La Revista Sionista. Revista de dos Mundos* umbenannt. Die Zeitschrift gab sich mit der Umbenennung offener zionistisch, da die Nachkriegsentwicklung in Europa, wie Weiser Varon ausführte, für die Juden enttäuschend sei, es keine Bleibe für sie dort gebe und sich damit der Druck, einen israelischen Staat zu gründen, erhöht habe.[15]

---

[14] Vgl., wie Weiser Varon die neue Zeitschrift in "Dos Mundos", *Revista de dos Mundos* 1 (24.8.1945), S. 1–2 programmatisch vorstellte. Die Zeitung stand unter den folgenden Schlagwörtern: "En Noticias Imparcial. En Comentarios Liberal. En Temas Judíos Nacional" (In den Nachrichten unabhängig. In den Kommentaren liberal. In jüdischen Angelegenheiten national).

[15] Vgl. Weiser Varons programmatischer Artikel im Zusammenhang mit der Umbenennung der Wochenzeitschrift: De 'Dos Mundos' hacia 'La Revista Sionista'. In: *La Revista Sionista. Revista de dos Mundos* 2. Neue Folge 1 (9.11.1946). S. 1–2.

Die Redaktion war nun sowohl in Quito als auch Bogotá, und Walter Karger aus der jüdischen Emigrantengemeinde in Quito kam als Chefredakteur hinzu.

Am 8. November 1947 zeigte Weiser Varon seine literarische Ader, indem er in der *Revista* ein satirisches Theaterstück unter dem Titel "Kindergarten 'Palestina'" veröffentlichte.[16] Das jüdische Kind Israel und das arabische Kind Ismael werden von einer englischen Kindergartenlehrerin betreut, die durch eine von den Vereinten Nationen abgelöst wird. Das widersprüchliche Verhalten Englands in Palästina, das eher die arabischen Länder begünstigt hatte, wird aufs Korn genommen und Hoffnungen auf die Vereinten Nationen und die *Palestine Partition Resolution* gesetzt. Offensichtlich sah Weiser Varon die Trennung von Arabern und Juden als Ausweg aus den damaligen Konflikten, wobei das Ende der Satire offen bleibt, ob sie den friedlichen Weg wieder zueinander finden. Bei einer Veranstaltung des erwähnten zionistischen Bundes in Kolumbien wurde die Satire unter der Regie von Eugen Stehn anscheinend mit großem Erfolg aufgeführt.[17]

Als es am 29. November 1947 vor den Vereinten Nationen zur Abstimmung hinsichtlich der *Resolution* kam, stellten die lateinamerikanischen Länder vierzig Prozent der Ja-Stimmen und der Zweidrittelmehrheit dar, die zur Billigung der *Resolution* erforderlich waren. Aufgrund des Beschlusses kam es am 15. Mai 1948 zur Gründung des israelischen Staates. Als dieses Ereignis in der jüdischen Gemeinde Ecuadors gefeiert wurde, war Weiser Varon der Hauptredner. Die Aufgaben im Zusammenhang mit der israelischen Staatsgründung ließen ihm keine Zeit mehr, *La Revista Sionista* fortzuführen, abgesehen davon, dass die Wochenzeitschrift ihr Ziel erreicht hatte. Sie wurde am 19. Juni 1948 eingestellt. Die letzte Nummer war ganz der Gründung des israelischen Staates gewidmet.

Was Weiser Varons Engagement im Zusammenhang mit der israelischen Staatsgründung betrifft, ist in der *Encyclopedia Judaica* nachzulesen:

The Jewish Agency promoted the beginnings of Latin American support. Benno Weiser (later Israeli ambassador to various Latin American countries under the name of Benjamin Weiser Varon) and Moshe Tov (also later an Israeli ambassador in Latin America), driving forces in the Latin American department of the Jewish Agency, won the political backing of these governments for the plan to partition Palestine in 1947–48.[18]

---

[16] Benno Weiser: Kindergarten 'Palestina'. In: Ebd. 3. Neue Folge 52 (8.11.1947). S. 7–8.
[17] Vgl. Era un grandioso acontecimiento el Acto de Balfour de la Organización Sionista de Bogotá. In: Ebd. 3. Neue Folge 53 (15.11.1947). S. 7–8.
[18] Erel Shlomo: Latin America. In: *Encyclopedia Judaica* 10. New York: Macmillan 1971. S. 1455.

Er selbst schrieb: "I consider it the greatest satisfaction of my career that I was privileged to participate in gaining this support" (139).

Weiser Varons politischer Erfolg führte dazu, dass er nach New York versetzt wurde, um von dort aus die lateinamerikanische Abteilung der *Jewish Agency* zu leiten, was er von 1948 bis 1960 tat. Als Vertreter der *Agency* kam es zu Treffen mit solchen führenden Staatsmännern Israels wie dem Gründungsvater Israels David Ben-Gurion oder dem späteren Ministerpräsidenten Menahem Begin. Es war vor allem der Aufruf Ben-Gurions, ein Zionist habe in Israel zu leben, der auch bei Weiser Varon zu Gewissensbissen führte:

> It was a tragic conflict, and I was torn between the bitterness of the Ben-Gurions, who had fought and made incredible sacrifices in order to create a state for the Jewish people and not just a dumping ground for the wretched and destitute who had arrived daily by the thousands, and the American Zionists who felt perfectly at home where they were, in a country that had given them an amount of freedom and opportunity that Jews at no other time and in no other place had been able to enjoy, and whose "crime" was that, despite their good fortune, they had preserved their Jewish loyalties and wanted to help others, less fortunate, to solve their homelessness. (184)[19]

Die geforderte Konsequenz seines Zionismus ließ ihn nicht in Ruhe, und so kam es 1951 zu einem ersten Besuch Israels, von dem er enttäuscht nach New York zurückkehrte. Der polyglotte Weiser Varon hatte Schwierigkeiten beim Erlernen des Hebräischen, und darüber hinaus fand er nicht den Zionismus vor, wie er ihn sich vorgestellt hatte. Ihn stießen die ärmlichen Verhältnisse und die Anfangsschwierigkeiten des israelischen Staates ab. Im Rückblick schrieb er:

> Theodor Herzl, in his utopian novel *Old-New Land*, visualized the Jewish state as a kind of Vienna. I had made a similar mistake. I had dreamed in terms of the Jews I knew, those of Vienna, Quito, New York, and had thought in terms of my comfortable and sophisticated surroundings – but the comfortable and the sophisticated generally don't pick themselves up to go into the wilderness and found a state. The humiliated and the offended of a whole world had come together in Israel. I had resented the ugliness of their poverty. I had known what they had gone through and where they were coming from, but my understanding was dimmed by my desire for the photogenic. I had also come straight from the United States, then at the height of its prosperity. The change had been too abrupt. (205)

Als "snob" (218) hatte er darüber hinaus erwartet, dass jeder Israeli ein idealistischer Zionist wäre.

---

[19] Mit David Ben-Gurions Aufruf setzte sich Weiser Varon noch weiter auseinander: Ben Gurion's Dispute with American Zionists. In: *Mid-Century. An Anthology of Jewish Life and Culture in Our Times*. Ed. by Harold U. Ribalow. New York: Beechhurst 1955. S. 533–47.

Die selbstkritische Haltung führte dazu, dass er 1954 beim zweiten Besuch die Dinge mit offeneren Augen sah. Ihm wurde klar, dass er Israel als intellektuelle Heimat brauchte, mit der er das Possessivpronomen "mein" verbinden konnte:

> I felt that, though I had lived in many friendly ports throughout my life, I had missed something substantial by not living in that dimension the possessive pronoun provides. The world was open to me and many a place was tempting. But in other countries, my presence would add nothing and my absence take away nothing. In Israel it could make a difference. (221)

Langsam reifte die Entscheidung heran, nach Israel zu übersiedeln.

Inzwischen hatte Weiser Varon 1956 die Schauspielerin und Mitemigrantin Miriam Laserson geheiratet, seine zweite Ehe, und 1958 wurde der Sohn Lenny geboren. Im Jahre 1960 fand dann die *aliyah* der Familie statt, d.h. ihre Übersiedlung nach Israel im Sinne des Zionismus. Sie ließen sich in Jerusalem nieder, wo wenige Monate nach der Übersiedlung die Tochter Daniela geboren wurde. Weiser Varon wurde Direktor des Israel-Iberoamerikanischen Instituts und hatte in dem Zusammenhang oft mit Staatsbesuchen aus Lateinamerika zu tun. Dabei kam es auch zu Begegnungen mit Golda Meir, die von 1956 bis 1966 das Außenministerium leitete und später zweimal Ministerpräsidentin wurde. Weiser Varon blieb weiterhin journalistisch tätig, indem er für lateinamerikanische Zeitungen über Israel schrieb, und leitete sogar eine wöchentliche Radiosendung, die von New York aus nach Lateinamerika ausgestrahlt wurde.

Angesichts der turbulenten Geschichte Israels waren die vier Jahre, die die Familie dort verbrachte, friedlich, denn sie lagen zwischen der Suezkrise 1956 und dem Sechstagekrieg 1967. Das Leben in Israel führte bei Weiser Varon zu einem verstärkten Bewusstsein seiner jüdischen Wurzeln:

> My Jewish awareness was heightened by living in Israel. Never steeped in the scriptural sources of Judaism and a stranger to the wisdom of the Talmud, the communion with the soil from which all this had grown somehow filled the gap. (268)

Im Aufbau Israels im Sinne einer wieder gewonnenen Heimat der Juden nach so vielen Jahrhunderten Verfolgung und besonders nach der Tragödie des Holocausts fand er einen neuen Lebenssinn: "Things fell into place. It made sense to have evaded and survived the Holocaust, to have been spared in order to be part and witness of all this" (271–72).

Da sich Weiser Varon weiterhin als Lateinamerika-Experte hervortat, wurde er 1964 zum ersten Botschafter Israels in der Dominikanischen Republik ernannt. Allerdings bestand der israelische Staat darauf, dass er seinen bis dahin geführten Namen Benno Weiser hebräisierte. Nach längerem Hin und Her entschied er sich für Benjamin Weiser Varon. Abgesehen davon, dass

Varon ein alttestamentarischer Ort der Weingärten war, hatte das Wort im Spanischen eine Bedeutung: "It was 'male.' In Spanish the word has a beautiful, masculine sound and I would, after all, be serving in Hispanic countries" (281). In einem gewissen Sinne wurde mit der Hebräisierung seines Namens ein letzter Schritt zum vollkommenen Zionisten vollzogen. Es begann eine Karriere als Botschafter, die bis 1972 währte und, abgesehen von der Dominikanischen Republik, auch nach Jamaika, zurück zu den Vereinten Nationen in New York und nach Paraguay führte, wo er einen Attentatsversuch am 4. Mai 1970 überlebte.[20] Bei der offiziellen Feier in Santo Domingo anlässlich der Überreichung seines Beglaubigungsschreibens als Botschafter blickte Weiser Varon auf die Unwahrscheinlichkeit seines Lebensweges zurück:

> I thought of Leopoldstadt, the borough in Vienna, where I grew up. I thought of my grandmother who predicted I would become a painter because I used to draw firemen. I thought of some of my classmates, and of Director Montzka, the principal of our high school, whose history lessons left a mark on all of us. I thought of Nazi Vienna, flight, emigration, and a new life in Ecuador. That dramatic vote in the U.N., my New York years, and my short years in Jerusalem. What an improbable road – from Malzgasse 2 to an embassy! (293)

Während der Jahre der diplomatischen Tätigkeit bestand Weiser Varons Hauptaufgabe darin, die Länder, in denen er diente, zu einer pro-israelischen Haltung bei Abstimmungen vor den Vereinten Nationen zu bewegen.

Mit 59 Jahren zog sich Weiser Varon 1972 aus dem Diplomatendienst zurück. Da er noch nicht alt genug war, vom israelischen Staat eine Pension zu beziehen, ging er verschiedenen anderen beruflichen Möglichkeiten in Israel nach, fing dann aber für die *United Jewish Appeal* eine Vortragstätigkeit an, die ihn von New York aus als Fundraiser in viele Städte der USA führte. Anlässlich des fünfundzwanzigjährigen Jubiläums der israelischen Staatsgründung schrieb Weiser Varon 1973 einen Einakter mit sieben Szenen unter dem Titel *Three Came from Outer Space*. Ein Araber, ein Jude und ein britischer Soldat, die alle im Zuge der arabisch-israelischen Konflikte gewaltsam starben, kommen vom Himmel herunter, um nach fünfundzwanzig Jahren Israel Bilanz zu ziehen. Trotz aller Tragik ist der Ton humorvoll, witzig, reich an Wortspielen und vor allem versöhnlich im Sinne des Zionismus. Am Ende des Stückes lässt Weiser Varon den Araber sagen: "Perhaps the horizon is too limited as long as one looks horizontally. We took a bird's-eye view. We came from where there is no hatred, and looking without hatred we liked what we saw".[21] Das Stück ist ein eindeutiges Bekenntnis zum Zionismus und zu

---

[20] Vgl. Israeli Slain in Attack at Embassy in Paraguay. In: *New York Times* 5.5.1970. S. 9.
[21] Benno Weiser Varon: *Three Came From Outer Space*. New York: Dept. of Education and Culture. World Zionist Organization-American Section 1973. S. 40.

Israel trotz der wechselhaften, schwierigen und oft kontroversen Geschichte des Landes. Er scheint nie am Vorgehen Israels gezweifelt zu haben.[22]

Im Jahre 1973 ließen sich die Weiser Varons in Brookline, Massachusetts gleich in der Nähe Bostons nieder, u.a., weil der Familie die öffentlichen High Schools für die beiden Kinder empfohlen worden waren. Er und seine Frau fanden auch Gefallen am aktiven intellektuellen Leben Bostons. Sie konnte sich in das Schauspielerleben der Stadt integrieren; er schrieb beispielsweise für die *Boston Globe*, die *New York Times* und *Commentary*. Regelmäßig veröffentlichte er auch weiterhin in *El Comercio*. Insgesamt soll er in seinem Leben für über hundert Zeitungen und Zeitschriften geschrieben haben.[23] Im Jahre 1986 erhielt Weiser Varon noch eine Professur an der Boston University, wo er bis etwa 2000 in *Judaic Studies* unterrichtete. Dazu meinte Weiser Varon lapidar: "What I teach is basically the story of my life" (413). Rückblickend auf den Zionismus, der sein Leben so stark prägte, schrieb er abschließend in *Professions of a Lucky Jew*:

> There were times when I felt somewhat guilty for not having retired to Israel, which gave me my historic raison d'être. The truth is I haven't retired anywhere and could not possibly afford to retire. But it is not the fleshpots that keep me in America. I have been a doer all my life and could not be happy being a spectator. In Israel I would have to look on, read, or listen to what others do, write, or say. Here I can still do, write, and say myself. I am and remain a citizen of Israel and live as an alien-by-choice in the United States. (414)

Wenn Weiser Varon auch nicht seinen Zionismus mit der Konsequenz eines permanenten Lebens in Israel vereinte, ist dennoch die Wandlung seiner zionistischen Einstellung im Exil klar. Aus einem kulturellen, persönlichen und eher zurückhaltenden Zionismus wurde ein aktives, humanistisch und dann auch politisch geprägtes Engagement für die Gründung eines israelischen Staates, dem er sich als Journalist und im Diplomatendienst widmete. Diese Neuorientierung während der Exilzeit ergab sich vor allem aus der Erfahrung des Holocausts und der Meinung, nur ein israelischer Staat könne Juden vor Antisemitismus schützen.

---

[22] Die Problematik der israelischen Staatsgründung ist beispielsweise vom israelischen Historiker Benny Morris diskutiert worden, so in seinen Büchern *The Birth of the Palestinian Refugee Problem 1947–1949* (1988), *1948 and After: Israel and the Palestinians* (1990) oder *Righteous Victims: A History of the Zionist-Arab Conflict, 1881–2001* (2001). Vgl. auch die Bücher von Ilan Pappé, z.B. *A History of Modern Palestine: One Land, Two Peoples* (2004) oder *The Ethnic Cleansing of Palestine* (2006).
[23] Vgl. den Umschlag zu Weiser Varons Autobiographie.

V. Neue politische und/oder kulturelle
   Orientierung in Frankreich, USA,
   Deutschland und China

Margot Taureck

Dem Schicksal ausgeliefert: Walter Hasenclevers Exilwerke *Münchhausen, Irrtum und Leidenschaft* und *Die Rechtlosen*

One of the authors whose work was staged most frequently in Germany between 1913 and 1932, Walter Hasenclever turned to pacifism after World War I. He continued to be celebrated as a political poet and a representative of Expressionism even after he had liberated himself from the illusion that a writer can have real influence on politics. His disengagement was particularly noticeable during his exile in France from 1934 onward. As he feared for his life in exile, he completely retired from public activity. From then on, he was interested above all in the "bare" human being who follows his own special laws no matter what the current political conditions. For him, the "necessity of reality" turned out to be a permanent personal adventure, and he became a "metaphysician of suffering and redemption". He tried to find this redemption in the mysticism of Swedenborg and Buddhist Karma, subjects he had been preoccupied with since the beginning of the twenties. It was only during the last years of his life that, encircled by a feeling of homelessness, Walter Hasenclever finally began to write in prose. In his novel Irrtum und Leidenschaft (Error and Passion) *he perceived that he only had one more year to live. There he describes his planned suicide in a cool and prosaic way. As the German troops approached the internment camp of 'Les Milles', he decided to turn this plan into reality on June 22, 1940.*

"Ich werde am Ende dieser Zeit beweisen können, daß ich nicht umsonst gelebt habe. Ich bin endlich zur Prosa gelangt" – so Walter Hasenclever in einem Brief vom 29. August 1938 an seinen Bruder Paul.[1]

Der vorliegende Beitrag entspringt einer langjährigen Beschäftigung mit dem Journalisten und Schriftsteller Friedrich Sieburg und dessen schillernder opportunistischer Haltung während des Dritten Reiches. Zu Sieburgs Freundeskreis zählten in den Zwanziger Jahren auch Kurt Tucholsky, Rudolf

---

[1] Walter Hasenclever: *Ich hänge, leider, noch am Leben. Briefwechsel mit dem Bruder.* Hg. von Bert Kasties. Göttingen: Wallstein Verlag 1997. S. 86. Der vorliegende Beitrag stützt sich in wesentlichen Teilen auf: Walter Hasenclever:*Ausgewählte Werke in fünf Bänden*. Hg. von Bert Kasties. Aachen: Shaker Verlag 2003–2005; Walter Hasenclever: *Briefe 1907–1940*. Hg. von Bert Kasties in Zusammenarbeit mit Dieter Breuer. Mainz: v. Hase und Koehler 1994; sowie folgende Veröffentlichungen: Bert Kasties:*Walter Hasenclever. Eine Biographie der deutschen Moderne*. Tübingen: Niemeyer 1994; Dieter Breuer (Hg.): *Walter Hasenclever 1890–1940. Ausstellung zu Leben und Werk*. Aachen: Alano 1990 und 1996; Bert Kasties und Manfred Sicking (Hg.): *Aachener machen Geschichte*. Aachen: Shaker 1997; Miriam Raggan: *Walter Hasenclever. Leben und Werk*. Hildesheim: Verlag Dr. H.A. Gerstenberg 1973; Bernhard F. Reiter: *Walter Hasenclevers mystische Periode. Die Dramen der Jahre 1917–1925*. Frankfurt am Main: Peter Lang 1997.

Leonhard, sowie, seit dem Beginn der Dekade und während der ersten Pariser Zeit bis circa 1932, Walter Hasenclever. Allen Genannten eignet ein bevorzugtes Interesse an Frankreich, sie verbrachten Jahre ihres Lebens in Paris und waren literarisch-publizistisch tätig. Sie verstanden sich als Vermittler zweier Kulturen, arbeiteten in den zwanziger Jahren an der Aussöhnung von Deutschland und Frankreich oder zumindest der Wiederherstellung normaler Beziehungen zwischen den beiden Ländern, und engagierten sich dabei entweder stärker politisch oder vertraten eher pazifistische Tendenzen.

Den verschiedenen Lebensläufen von Sieburg, Leonhard und Hasenclever entsprachen letztlich auch drei unterschiedliche weltanschauliche Haltungen und Orientierungen. Walter Hasenclever wäre in der Lage gewesen, sich vor den 1940 in den Süden Frankreichs vorrückenden deutschen Truppen in Sicherheit zu bringen. Er verfügte über ausreichende Mittel, das Land rechtzeitig zu verlassen und hätte sich nicht freiwillig in französische Internierungslager begeben müssen, aber er wollte Frankreich nicht verlassen. Rudolf Leonhard, der überzeugte Stalinist, hatte die Absicht, sein Gastland zu verlassen, unternahm sogar mehrere Fluchtversuche, die jedoch scheiterten und konnte Frankreich nicht verlassen, da ihm keine Ausreiseerlaubnis ausgestellt wurde. Er überlebte Lager und Gefängnis, schloss sich der französischen Résistance an und übersiedelte schließlich nach Ostberlin, wo er 1953 starb. Friedrich Sieburg hatte sich rechtzeitig ohne größere Risiken mit den herrschenden Mächten arrangiert und konnte nach 1945 eine neue Karriere beginnen. Er überlebte seine ehemaligen Freunde. Walter Hasenclever wählte im Mai 1940 im Lager *Les Milles* den Freitod. Die Frage stellt sich, welchen Anteil hierbei Veranlagung und Weltanschauung hatten, und was den Auslöser dazu gab. Im Anschluss an eine Arbeit zu einigen Schriften Rudolf Leonhards[2] soll hiermit an den Dichter Walter Hasenclever erinnert werden.

Im Vorwort zu einer Auswahl aus Hasenclevers Werken schrieb Bert Kasties:

Am 21. August 1940 meldete das Deutsche Nachrichtenbüro, dass sich der seit 1938 ausgebürgerte Dramatiker Walter Hasenclever in dem französisch-spanischen Grenzort Port Bou erhängt habe. Während der folgenden Tage wurde diese, in Bezug auf den Ort und die Umstände des Todes fehlerhafte Information von mehreren reichsdeutschen Zeitungen mit offensichtlicher Genugtuung kommentiert, da sich durch derartige Ereignisse der Erfolg des nationalsozialistischen *Kulturkampfes* zu bestätigen schien. "Der Name Hasenclever" wecke "Erinnerungen an die schlimmsten Zeiten des literarischen Nachkriegsexpressionismus", hieß es in einer jener Meldungen, in der besonders hervorgehoben wurde, dass "vor allem Hasenclever seinen Teil zu einer völligen Überfremdung des deutschen Theaters beigetragen" habe.

---

[2] Vgl. dazu Margot Taureck: Exil und Reisen im Geiste – Rudolf Leonhards *Traumbuch des Exils*. In: *Exiles Traveling*. Hg. von Johannes F. Evelein. Amsterdam-New York: Rodopi 2009. S. 329–345.

Dieser Vorwurf schloss sich nahtlos den öffentlichen Kontroversen an, die das Werk des Dichters bereits seit dem Erscheinen seines revolutionären Dramas *Der Sohn* im Jahre 1914 begleitet und 1931 einen vorläufigen Höhepunkt in einem Prozess wegen angeblicher Gotteslästerung durch seine Komödie *Ehen werden im Himmel geschlossen* gefunden hatten.[3]

Hasenclevers Drama *Der Sohn* gilt als erstes Stück des aktivistischen Expressionismus und stellte zum ersten Mal in einer "ekstatisch-pathetischen" Form den Kampf der Generationen, den erbitterten Vater-Sohn-Konflikt dar. Es markierte den frühen Erfolg einer Karriere, die kontinuierlich von Anfeindungen begleitet war. Sie umfasst die expressive Lyrik, das pazifistische Drama und die die moderne Gesellschaft persiflierende Komödie, journalistische Tätigkeiten und diverse Arbeiten für den Film (darunter ein Aufenthalt in Hollywood im Jahre 1930 als Drehbuchschreiber für Greta Garbo), bis hin zur autobiographischen Prosa. Schon frühzeitig öffnete sich der Autor auch anderen geistigen Einflüssen, neigte den Religionen Indiens zu und war für die philosophischen Gedanken des schwedischen Naturwissenschaftlers, Mystikers und Theosophen Emmanuel Swedenborg empfänglich.

Der Sohn ist auch das Stück, das Hasenclever in den letzten Tagen vor seinem Tod am intensivsten beschäftigte. Sowohl bei seiner Internierung 1939 in Antibes als auch 1940 im Lager *Les Milles* führte er ein Buchexemplar des Dramas mit sich.

Herkunft und Studienzeit

Walter Georg Alfred Hasenclever wurde am 8. Juli 1890 in einem großbürgerlichen protestantischen Haus in Aachen geboren.[4] Der Vater war Arzt und Sanitätsrat, die Familien beider Elternteile entstammten überwiegend Kaufmanns- und Fabrikantenkreisen. Kindheit und Jugend Hasenclevers im Aachener Elternhaus waren vom – generationstypischen – Konflikt mit den Eltern geprägt: Tyrannei des Vaters, Lieblosigkeit der Mutter. Nach Abschluss der Gymnasialzeit in Aachen 1908 erfolgte der Bruch mit dem Elternhaus. Einem auferlegten Jurastudium entzog sich Hasenclever und studierte stattdessen in Leipzig Literaturgeschichte und Philosophie. Sein Dissertationsvorhaben (über die naturalistische Zeitschrift *Die Gesellschaft*) scheiterte zwar an der Intoleranz des Doktorvaters Karl Lamprecht in sprachlichen und stilistischen Fragen, dennoch publizierte Hasenclever 1914 die Dokumentation *Dichter und Verleger, Briefe von Wilhelm Friedrich an Detlev von Liliencron*.

---
[3] Vgl. Hasenclever: *Ausgewählte Werke in fünf Bänden* (wie Anm. 1). Band 1. Gedichte. Vorwort von Bert Kasties. S. 5–7. Hier: S. 5. Auch im Folgenden.
[4] Vgl. im Folgenden: Breuer: *Walter Hasenclever* (wie Anm. 1). S. 8ff.

Finanziell gesehen besaß Hasenclever durch das großmütterliche Erbe ein ansehnliches Vermögen. Noch zu Beginn des Exils ging es ihm wirtschaftlich gut, so Bert Kasties, "da er seine nicht unbeträchtlichen Vermögenswerte relativ wohlbehalten über die Weltwirtschaftskrise retten konnte und bereits seit Jahren auf französischen und schweizerischen Banken verteilt hatte".[5] Bis zum Schluss verfügte er über ein zwar schwindendes, aber für einen Emigranten nicht unbeträchtliches Vermögen. Dennoch fühlte er sich ständig von materiellen Verlustängsten bedrängt.

In Leipzig schloss Hasenclever seine lebenslangen Freundschaften mit Kurt Pinthus, Franz Werfel, Kurt Wolff, Ernst Rowohlt und Kurt Hiller. Diese Leipziger Studienjahre waren in seinem bewegten Leben die prägenden, die Zeit der rauschhaft empfundenen Befreiung im Zeichen des Nietzscheschen Vitalismus, auch der Begegnung mit dem Bildhauer Max Klinger und der Zugehörigkeit zum Leipziger Kreis der jungen Expressionisten, die bewusst an den naturalistischen Aufbruch um 1890 anknüpften. Zugleich erfolgte im Zuge der Auseinandersetzung mit den philosophischen Schriften Henri Bergsons die Verankerung einer Grundüberzeugung, dass nämlich die kreative Kraft des Menschen, der *élan vital*, die Grundkraft des kosmischen Geschehens überhaupt darstelle und nicht auf das menschliche Individuum beschränkt sei. Dem Menschen sei es daher möglich, sich seiner selbst bewusst zu werden und Kenntnis von den Grundzügen des ganzen Seins zu erlangen, allerdings nur durch einen intuitiv ablaufenden Erkenntnisakt, der schließlich zur Wahrnehmung der eigentlichen, der metaphysischen Realität führe (*AW* 1/205). Hierauf gründeten sich die dem Wesen nach antipolitische, auf dem Irrationalen basierende Weltanschauung Hasenclevers und die seiner Meinung nach vollkommene Schicksalsbestimmtheit des Lebens, die er unter dem Einfluss des Buddhismus und der mystizistischen Lehre des schwedischen Theosophen Swedenborg bestätigt sah.

Erster Weltkrieg und Zwanziger Jahre

Bei Ausbruch des Ersten Weltkriegs 1914 Kriegsfreiwilliger, schon bald allerdings erbitterter Kriegsgegner, wurde er im Februar 1915 einberufen. Vom Urlaub anlässlich der Uraufführung seines Dramas *Der Sohn* in Dresden (30.9.1916) kehrte er nicht mehr an die Front zurück. Es gelang ihm, Ärzte und Behörden zu überzeugen, nervenkrank geworden zu sein, man wies ihn in das Dresdner Lazarett-Sanatorium ein und entließ ihn schließlich im Herbst 1917 als kriegsdienstuntauglich.

Fortan konnte er sich ganz seinen literarischen Arbeiten widmen und erhielt 1917 für sein pazifistisch ausgerichtetes Drama *Antigone* den Kleistpreis.

---

[5] Bert Kasties im Anhang in Hasenclever:*Ausgewählte Werke* (wie Anm. 1). Band 4. S. 184. Im Folgenden im Text als *AW* mit Band und Seitenzahl zitiert (= *AW* 4/184).

Freundschaftlich verbunden waren ihm Oskar Kokoschka, der ihn mehrfach porträtierte, der Arzt Fritz Neuberger und vor allem der Schauspieler Ernst Deutsch. Befreundet war er auch mit Ernst Toller, Rudolf Leonhard und seit 1913 mit René Schickele.

In den folgenden Jahren allerdings war er schon nicht mehr der "politische Dichter", als den Ernst Rowohlt ihn dem Publikum vorstellte. Die ersten Jahre der Republik bedeuteten für Hasenclever eine Phase der Depression, der Bestätigung seines pessimistischen Weltbildes, der erneuten, vertieften Hinwendung zum Buddhismus, mit dem er schon vor dem ersten Weltkrieg Bekanntschaft geschlossen hatte, zur Astrologie, zum Okkultismus und, angeregt durch Strindberg- und Balzac-Lektüren, zu den Jenseitsvisionen Emmanuel Swedenborgs. Dessen lateinische Hauptschriften gab er 1925 in Auszügen als deutsche Nachdichtung unter dem Titel *Himmel, Hölle, Geisterwelt* heraus. Er beabsichtigte damit, dem seit Kant vorherrschenden "System des Intellekts", später nannte er es auch die "Verheerung durch den Intellekt",[6] Intuition entgegenzusetzen und der Hölle des Fortschrittsglaubens zu entfliehen.

Die Weisheit des Ostens beherrschte von nun an in mancher Hinsicht sein Werk und der Schauspieler und Freund Paul Wegener, mit dem er 1924 selbst als Schauspieler auf Theatertournee ging, begleitete ihn fördernd und kommentierend bei dieser Auseinandersetzung mit dem Buddhismus und der Lehre Swedenborgs.

Von Oktober 1924 bis Dezember 1932 entstanden kulturpolitische Feuilletons, die er als Korrespondent des Berliner *8-Uhr-Abendblattes* in Paris und bei Aufenthalten in Marseille, Berlin, Nizza und Marokko verfasste. Er freundete sich mit dem Maler Jean Lurçat an, mit Jean Giraudoux und Walter Mehring. Friedrich Sieburg war bei der Uraufführung seiner Komödie *Ein besserer Herr* im September 1926 anwesend und eine besonders enge Verbindung bestand mit Kurt Tucholsky, dessen pazifistischer Einfluss auf Hasenclever nicht zu unterschätzen ist.

Gegen Ende der zwanziger Jahre hatte er mit seinen Komödien den Höhepunkt seiner Popularität erreicht, avancierte zu einem der meistgespielten Dramatiker des deutschen Sprachraums und war 1929 in Berlin ansässig. Seine Stücke wurden viele Jahre lang im Ausland gespielt, in Russland, Japan und Amerika. In England wurden noch 1935 und 1939 Komödien von ihm uraufgeführt, als er längst in Deutschland verboten war.[7]

---

[6] Emanuel Swedenborg: *Himmel, Hölle, Geisterwelt*. Eine Auswahl aus dem lateinischen Text in deutscher Nachdichtung von Walter Hasenclever. Berlin: Verlag die Schmiede 1925. S. 266.

[7] Walter Hasenclever: *Irrtum und Leidenschaft*. Berlin: Herbig 1969. Nachwort von Kurt Pinthus. S. 323–339. Hier: S. 325. Im Folgenden im Text als *IuL* mit Seitenzahl zitiert (= *IuL* 325).

In der Emigration

Gerade wegen seines in liberalen Kreisen begründeten Prestiges, das ihn zu einer der kulturellen Leitfiguren der Weimarer Republik werden ließ, zählte er 1933 zu den ersten Literaten, deren Werke in Deutschland verboten und verbrannt wurden.

"Es ist leicht vorstellbar", erinnerte Kurt Pinthus in seinem Nachwort zu Hasenclevers Roman *Irrtum und Leidenschaft*,

> wie dieser äußerst labile, äußerst bewegliche und lebhafte Mensch, seit seiner Schulzeit von einem nervösen Zucken der Schultern und Gesichtsmuskeln geplagt, raschem Stimmungswechsel zwischen Heiterkeit und Depression, Glücksrausch und aggressiver Gekränktheit unterworfen, durch Erfolge verwöhnt, sich seit 1933 durch das Schreib-, Publikations- und Aufführungsverbot, durch Ausbürgerung und Flucht gedemütigt und niedergeschmettert fühlen mußte. Vom gewohnten Kontakt mit Publikum und Theater völlig abgeschnitten, fürchtete er, daß er niemals wieder eins seiner Stücke auf einer deutschen Bühne sehen würde. (*IuL* 326)

Hasenclever erlebte den 30. Januar 1933 durch Zufall in Paris. Schon früh hatte er die Zeichen der Zeit erkannt und so verwandelte sich dieser Kurzbesuch in der französischen Hauptstadt in eine sieben Jahre andauernde Odyssee im europäischen Exil, zunächst in Südfrankreich, in Nizza und Cagnes-sur-Mer. Dort lernte er 1934 die gut zwanzig Jahre jüngere Edith Schäfer kennen, langjährige Gefährtin und spätere Ehefrau. Eine zu Beginn seines Exils noch betont optimistische Lebenseinschätzung veränderte sich in den folgenden Jahren grundlegend. Gezwungen, ein unruhiges, von zahlreichen Ortswechseln bestimmtes Emigrantenleben zu führen, hielt er sich zeitweise in Jugoslawien (1935), England (London 1935/36), Italien (Lastra a Signa, Toscana, wo er 1936 sogar ein Landgut erwarb und bis zu seiner kurzzeitigen Verhaftung anlässlich des Hitlerbesuchs in Italien lebte), und vor allem in Frankreich (Paris, Nizza, Beaulieu, ab Februar 1939 wieder in Cagnes-sur-Mer) auf. Bis Mai 1938 war ihm ein relativ luxuriöser Lebenswandel noch möglich.

Im Juni 1938 wurde er von Deutschland ausgebürgert. Einflussreiche britische Freunde halfen ihm beim Erwerb neuer englischer Papiere und einem gültigen Visum für Frankreich. Sein unüberlegtes Verhalten wie auch persönliche Ressentiments und die Unverträglichkeit des englischen Klimas ließen ihn jedoch den sicheren Exilort England aufgeben. Er kehrte in das von sozialpolitischen Unruhen erschütterte Frankreich zurück, dessen Bevölkerung bereits teilweise von faschistischen Ideen infiziert war. Hier verstärkten sich seine Lebensängste. Schicksalsgläubigkeit, persönliche Motive und eklatante politische Fehleinschätzungen trieben ihn dann in einen aussichtslosen Überlebenskonflikt, dem er mit einer Überdosis Veronal ein Ende setzte. Er starb am 21.6.1940 im Krankenhaus von Aix-en-Provence. Auf dem dortigen Friedhof befindet sich auch sein Grab.[8]

Münchhausen

In seinen Komödien der Zwanziger Jahre hatte sich Hasenclever allmählich von einem großen Teil der Illusionen über das Leben verabschiedet. Sein erstes im Exil entstandene Theaterstück *Münchhausen* zeigt ihn als grandiosen Dramatiker. Dieses Stück ist zeitlos, obwohl es im ausgehenden 18. Jahrhundert spielt, zahlreiche Überraschungseffekte enthält und spritzige Dialoge von erfrischender Frechheit mit philosophischer Tiefe und Weisheit vereinigt. Ehrlichkeit und Echtheit der menschlichen Gefühle legen Zeugnis ab von der Verwurzelung des Dichters in der humanistischen Weltordnung und deren Wertesystem. Das letzte und für sein Leben bedeutendste Abenteuer des verwitweten, kinderlosen und verschuldeten Barons von Münchhausen verherrlicht gleichzeitig die schöpferische Kraft der Liebe – "Es gibt keine Wahrheit. Es gibt nur den Rausch" – und der Phantasie – "Ich habe der Phantasie einen Tempel errichtet" (*AW* 3/101 u. 117). Befreit von Illusionen wird die nackte Realität des menschlichen Seins und Daseins in charmante Lügengeschichten und skurrile Situationen eingebettet. Die Wesensverwandtschaft von Dichter und Protagonisten tritt nicht nur im leidenschaftlichen Fabulierer und Genussmenschen Münchhausen zu Tage, der gutes Essen und erlesene Weine schätzt. Sie zeigt sich auch im zunehmenden Desinteresse am Schicksal der Gesellschaft, hier der Französischen Revolution – "in zehn Jahren spricht kein Mensch mehr davon"– und in der Ablehnung jedes politischen Engagements in der allgemeineren und drastischeren Form der Aufforderung: "Dann freßt und haltet die Schnauze. Kein Wort mehr von Politik" (*AW* 4/80). Die sichtbare Welt ist nicht die einzige Realität, daher zieht Münchhausen es vor, sich mit sich selber zu beschäftigen, als von andern gelangweilt zu werden. Er will seine Ruhe haben und hasst Neugierige, seine Erlebnisse sind seine Privatsache, zudem habe er so viel Dummheit gesehen, dass er an seiner eigenen genug hat. Allerdings lässt sich auch das Bewusstsein vom Ende einer Epoche verspüren, wenn das deutsche Volk, "das Volk der Märchen und Abenteuer" mit Münchhausen gleichgesetzt wird: "Was gewesen ist, ist vorbei". Resignierende Wehmut enthalten schließlich die Worte: "Dort unten schläft Deutschland im Schatten der Täler. Gott schütze es! Ich sehe seine Wälder und Ströme. Ich sehe sein wahres Antlitz. Möge es auferstehen im Geiste! – Frierst du, mein Herz?" (*AW* 4/85, 156 u. 127). Auf diese Weise lässt sich auch der Schmerz des verbannten Dichters über den Verlust seiner Heimat vernehmen.

---

[8] Vgl. Breuer: *Walter Hasenclever* (wie Anm. 1). S. 118.

Der Freund Kurt Tucholsky lobte dieses reifste und sublimste Bühnenwerk Hasenclevers "als allerbeste Maßarbeit. [...] Es lebt. [...] ist allerbester Hasenclever vom feinsten Jahrgang. [...] Das ist eine Meisterleistung. [...] es ist wirklich ein Schauspiel, keine Komödie". Vor allem schätzt er daran, dass die Wehmut echt sei und kein weinerliches "Gesabbel eines armen Emigranten".[9] Mit Tucholsky teilte Hasenclever die Abneigung, sich auf irgendeine Weise politisch zu betätigen.

Irrtum und Leidenschaft

Obwohl die erste Konzeption eines Romans bis in die Mitte der Zwanziger Jahre zurückgeht und auch die erste dichterische Arbeit Hasenclevers, *Selbstmörder* (1906/07), ein kleines Prosawerk war, empfand er den erst relativ spät eingeschlagenen Weg zur autobiographischen Romanprosa als ein Wagnis. In diesem Roman bestätigte der Autor seine Überzeugung vom boshaften und grausamen Charakter der menschlichen Natur, der weder durch Erziehung noch durch Religion oder gar ein politisches Ideal verbesserungsfähig sei. Andererseits offenbart sich in dem "Konglomerat von Künstler-Bohème und Alltagsleben, Traum und Dichtung, existentieller Urangst und vitalistischem Glücksgefühl" die Psychologie eines Doppellebens und die "Seelenspaltung eines komplizierten Charakters".[10]

Irrtum und Leidenschaft wurde am 23.7.1934 auf dem Mont Boron in Nizza begonnen und im März 1939 in Cagnes-sur-Mer vollendet. Kurt Pinthus veröffentlichte den Roman 1969 ohne Kürzungen oder Veränderungen.

Für Walter Hasenclever war es das Hauptwerk seines Lebens, an dem er fünf Jahre seiner Exilzeit mit vielen Unterbrechungen und an vielen Orten Europas gearbeitet hatte. "Es ist unter hemmenden Umständen und unablässigen Aufregungen entstanden", schreibt Pinthus im Nachwort "und erhebt keinen Anspruch auf Stil und Form". Vom Aufbau her ist dennoch eine relativ einheitliche Gliederung und Aufteilung der sechs Kapitel festzustellen, jeweils zwischen 40 und 57 Seiten umfassend mit Ausnahme des letzten, etwas längeren Kapitels. Hier zwingt die Furcht vor dem immanenten Kriegsausbruch Hasenclever zu einem gedrängten, schließlich abrupten Schluss, der ursprünglich heiter und versöhnlich ausfallen sollte. Dieses damals als jäh, fast hilflos empfundene Ende – heute würde man das wahrscheinlich anders beurteilen – provozierte Widerspruch oder Ablehnung des Romans bei amerikanischen und deutschen Verlegern. Der Roman ist in der Ich-Form geschrieben, wobei das *Ich* eine Welt von Verwüstungen, Irrtümern und Leidenschaften verkörpert,

---

[9] Kurt Tucholsky: *Politische Briefe*. Zusammengestellt von Fritz Raddatz. Hamburg: Rowohlt 1969. Brief vom 6.9.1934. S. 48ff.
[10] Reiter: *Walter Hasenclevers mystische Periode* (wie Anm. 1). S. 13.

ein "asoziales Wesen, ein zwielichtiger Mensch", und wurde als Autobiographie, bzw. Schlüsselroman vorgestellt, in dem viele Zeitgenossen "durchsichtig und erkennbar" dargestellt sind. Jedoch ist wie Kurt Pinthus versichert, dieses *Ich* nicht Hasenclever, höchstens trägt es Züge des "ge- und zerquälten" Hasenclever der letzten Jahre und besser bezeichne man das Genre dieses Romans als Bekenntnisroman (*IuL* 327–339).

Als 'Gerüst' für die einzelnen Kapitel dienen jeweils Episoden aus den verschiedenartigsten Mädchen- und Frauenleben, die das Ich geliebt, an denen er gelitten hat, auch Schicksale von Frauen, die eine entscheidende Rolle in seinem Leben gespielt haben und ihn letztlich zu der Erkenntnis führten, er habe falsch gelebt.

> Es ist die Zeit von 1900 bis 1930, größtenteils in Deutschland, ein Stück deutscher Privatgeschichte. Leitfaden: Das sind die Frauen. Das Entscheidende, die Bezauberung. Vom ersten süßen Geheimnis des Ahnenden bis zur letzten Erfüllung des Wissenden. [...] Ich werde sie so schildern, wie sie mir begegnet sind. Mit allen Fehlern, die ich begangen, und allen Niederlagen, die ich erlitten habe. Ich werde das, was aus mir geworden ist, von ihnen herleiten. Denn schließlich waren sie das größte Wunder für mich. (*IuL* 12)

Daher der Anspruch auf eine erzieherische Wirkung, eine Lehre, die er seinen Geschlechtsgenossen mit auf den Weg geben möchte. Rahmen der zahlreichen manchmal etwas in- und durcheinanderlaufenden Erlebnisse innerhalb einer Chronologie, die den Leser zeitweise verwirren kann, sind drei Briefe, die der Erzähler zu seinem 50. Geburtstag in Paris von den drei für sein Leben wichtigsten Frauen erhalten hat. Zwischen Öffnen und Lesen dieser Briefe entwickelt er seine Erlebnisse und Betrachtungen, die die Zeitspanne von 1900 bis 1930 umfassen, sich tatsächlich aber bis in die dreißiger Jahre, bis September 1938, hinein erstrecken.

In jedem der Kapitel treten literarische oder politische Freunde auf, darunter vor allem Ludwig (hinter dem sich Rudolf Leonhard verbirgt), der am häufigsten vorkommt, ab dem zweiten Kapitel Marcus Thorberg (Ernst Deutsch), etwas später Peter Wolke (Ernst Toller) und ganz am Schluss Sebastian (Friedrich Sieburg). Der Erzähler charakterisiert sie in drastischer Sprache, satirisch und bitter, klagt sie an, entlarvt sie und rechnet erbarmungslos mit ihnen ab.

Sehr hart beurteilt er Ludwig, dessen Freundschaft eines der wichtigsten Ereignisse in seinem Leben war. Hauptgrund war wohl folgender: "Ludwig bestürmte mich, an der Politik teilzunehmen. Ich lachte ihn aus. 'Glaubt ihr wirklich, man kann mit Lyrik Gesetze machen?' – 'Wer nicht mittut, der ist ein Verräter.' Darauf sahen wir uns nicht mehr" (*IuL* 81). Hasenclever hatte schon im Juni 1933 an seinen Bruder Paul geschrieben: "Ich habe es immer vermieden, mich mit Politik zu beschäftigen und möchte es heute weniger tun als je – und zwar, wie Toscanini so schön gesagt hat: um Deines wie um meines Friedens willen!"[11] Rudolf Leonhard hatte zeitweise in Hasenclevers Wohnung in Paris gelebt, aber dieser konnte Leonhard nicht ganz ernst nehmen. Dessen Fanatismus zog ihn zwar an, die "starrköpfige Dialektik" jedoch stieß ihn ab. "Ludwig, der Mitläufer des Proletariats, glaubte zwar, was er stammelte. Dafür war er auch dümmer" (*IuL* 317). In der Tat fand Hasenclever den Menschen Leonhard sympathisch, war von der Qualität seiner literarischen Werke aber nicht überzeugt. Für das politische und publizistische Engagement des erklärten Sozialisten Rudolf Leonhard in der französischen Emigration hatte er überhaupt kein Verständnis.

Noch in seinem letzten Werk *Die Rechtlosen* konnte der Autor nicht umhin, erneut den *Schutzverband Deutscher Schriftsteller im Ausland* zu erwähnen.

> Dieser Redeklub eines bedeutungslosen Grüppchens war mir immer ein Gräuel. Ich kenne den Vorsitzenden aus langjähriger Erfahrung. Was ihm in Berlin nicht gelang, hat er endlich in Paris erreicht. Drüben hat man ihn ausgelacht und hier darf er quatschen. Umhüllt von einer politischen Toga, spielt er sich auf seinem Pöstchen als Gesinnungsrichter der emigrierten Literatur auf. Daß er kein Talent hat, mag noch hingehen. Leider ist er auch ein Dummkopf. (*AW* 5/68)

Mit Sebastian rechnet er nur an zwei Stellen ab, dafür schonungslos und global:

> Mein lieber Sebastian, der du als feuriger Spartakist die Straße erlösen wolltest und durch die Karawanserei der Republik ins jüdische Zeitungsviertel aufstiegst: wird dir nicht selber übel vor deinem Verrat? [...] Solche Dreckseelen wie du, sind in jeden Staat unentbehrlich. Sonne dich im Ruhm der allgemeinen Verachtung! (*IuL* 279)

Dass diese Aussage im Roman auf die Begegnung des Erzählers mit ehemaligen Mitgliedern der Freikorps und jetzigen Fremdenlegionären folgt, dass sie direkt vor einem Wendepunkt, seiner Einlieferung ins Gefängnis, steht, verleiht ihr zusätzliche Schärfe.[12] Die zweite befindet sich am Ende des Buches, nach der Entlassung aus dem Gefängnis und der letzten Begegnung mit den früheren Freunden, Sebastian, Ludwig und Wolke. Hasenclever hat Sieburg wohl im April 1936 in Paris noch einmal getroffen.[13]

> Ja, dieser Sebastian! Ein Fall für sich. Ein glänzender Geist, schmiegsam, korrumpiert, ein lyrischer Judas mit militärischem Ehrgeiz, bereit, jeden Meineid zu schwören, wenn man einen Millimeter dabei avanciert. [...] Finster gehen wir auseinander. (*IuL* 315ff.)

---

[11] Hasenclever: *Briefe 1907–1940* (wie Anm. 1). Brief vom 16.6.1933. S. 63.
[12] Hasenclever wurde während des Hitler Besuchs im Mai 1938 vom 28.4.-8.5.1938 auf der Festung Castello di Massa eingesperrt.
[13] Vgl. Kasties: *Walter Hasenclever* (wie Anm. 1). S. 326.

Sieburg hatte keine Gelegenheit mehr, Hasenclevers "großen Roman", wie er ihn nannte, kennen zu lernen, verurteilte jedoch später, im Jahre 1963, ein Jahr vor seinem Tod, nicht nur dessen Komödien, "geistvoll und echte Komödien waren sie nie", sondern Hasenclever selbst. "Der Dichter kannte wohl die menschliche Seele, aber er kannte die Welt nicht. Er war [...] nicht der erste deutsche Dichter, der an der ersehnten Berührung mit dem französischen *esprit* Schaden nahm".[14] Politischer wie menschlicher Opportunismus hatten Sieburg, den talentvollen Journalisten, relativ unbeschadet durch die Stürme der Zeit getragen und inzwischen zu großem Ansehen in der Bundesrepublik Deutschland verholfen.

Wie weit der Erzähler mittlerweilen von den Freunden entfernt war und welche Bedeutung er ihnen noch zumaß, kann man daraus erahnen, dass sie eben am Ende des Romans noch einmal auftreten und dieses Kapitel seines Lebens resigniert und bitter ausklingen lassen.

> Sebastian, Ludwig und Wolke – ich habe euch geschildert, so wie ihr seid. Scharlatane einer Generation, die sich, anstatt geistige Werte zu schaffen, an demagogischen Schlagworten berauschte. Fahrt dahin! [...] Mitgeborene und Abgeschüttelte: wir sprechen dennoch die gleiche Sprache. Die Sprache Goethes. Und wir werden uns nie mehr verstehen. - - - (*IuL* 318)

Durchgehende Bestandteile in allen Kapiteln sind zahlreiche Betrachtungen über sich selbst – "eine private Weltgeschichte" – und teils sehr aggressive (und, wie man aus heutiger Sicht zugeben muss, zutreffende) Urteile über Zeitgeschehnisse und -strömungen, deren Menschen in der Rückschau als negativ, verkommen, korrupt und untergangsreif erscheinen.

Scharfe Kritik übt Hasenclever auch an den "demokratischen Staaten der Welt, die sich so viel auf ihre Grundsätze von Gerechtigkeit und Menschlichkeit zugute hielten" und nichts taten,

> um den menschenunwürdigen Zustand eines Millionenvolkes zu verbessern. Im Gegenteil. Sie verschlimmerten ihn. [...] Die Sabotage der deutschen Demokratie ging in erster Linie von denen aus, die alles Interesse daran hatten, sie zu unterstützen: von Frankreich und England. (*IuL* 191)

Die Straßenkämpfe in Kiel, deren Zeuge er im März 1920 geworden war, bestärkten seine politische Haltung. Im Rückblick beurteilt er diese Ereignisse folgendermaßen:

> Ich habe den Krieg und die Revolution erlebt. Und vielleicht werde ich noch manche Kriege und manche Revolutionen erleben. Aber nichts ist so grauenvoll wie

---

[14] Friedrich Sieburg: Der ewige Jüngling. In: ders.:*Zur Literatur 1957–1963*. Hg. von Fritz Raddatz. Stuttgart: Deutsche Verlags-Anstalt 1981. S. 321–325. Hier: S. 325.

das Gemetzel in einer wehrlosen Stadt mit Frauen und Kindern – nichts ist bestialischer. [...] Dieser Tag haftet noch aus einem andern Grund in meiner Erinnerung. Weil er mir die Erkenntnis vermittelte, daß die Masse in ihrer souveränen Gewalttätigkeit sich gleich bleibt, welches auch immer die Ideale sein mögen, um derentwillen sie losgelassen wird. [...] Dieser Tag wurde entscheidend für mich. Seitdem hatte ich keinen politischen Ehrgeiz mehr. Ich war vom Bazillus des Volksbeglückers geheilt. (*IuL* 163)

Im Anfangskapitel des Romans schon war zu lesen: "Für Buddha und Laotse sind keine Menschen geschlachtet worden" (*IuL* 16).

Obgleich Hasenclever den privaten Kontakt mit vielen Mitemigranten suchte, lehnte er es ab, an den Aktivitäten einer 'offiziellen' Exilliteratur, etwa in Zeitschriften, teilzunehmen oder sich in einem politischen Emigrantenzirkel zu engagieren. Die Abneigung gegen jede Form des politischen Engagements, ebenso grundsätzlich wie drastisch, bleibt des Dichters Überzeugung. Er zweifelte, hierin mit Kurt Tucholsky übereinstimmend, an der politischen Wirksamkeit des Schriftstellers und erkannte in der im Exil entstandenen Literatur einen Widerspruch zwischen ideologischem Engagement und völliger Ohnmacht im realen Leben.[15] Mit dieser apolitischen Haltung geht die tragische Erkenntnis einher, "daß der beste Wille nicht ausreicht, das Vorhandene umzugestalten – sie gilt nicht nur für den Ablauf einer Epoche, sondern auch für die Persönlichkeiten, die sie hervorbringt, denn die Fundamente des Menschen sind unverrückbar" (*IuL* 192). Die Gesetze, nach denen die Gegenwart verläuft, greifen laut Hasenclever auf eine vergangene Existenz zurück, in der das Individuum durch seine Taten sein zukünftiges Schicksal bestimmt. "Das Leben ist unser Zwangsvollstrecker" (*IuL* 61).

Irrtum und Leidenschaft ist wiederum auch ein Bekenntnisbuch in anderer, tieferer Bedeutung, nämlich zu dem Naturwissenschaftler und religiösen Visionär Swedenborg. Dabei enthüllt Hasenclever seine eigene Auffassung von Religion mit dem Hauptdogma des Einwirkens des Irrealen in unsere Welt, von der ewigen Wiedergeburt, von den bösen Taten in Gedanken als das größte Übel und von den Wegen zur Erleuchtung. *Ausgleichung, Wandlung, Wiederkehr*, diese drei buddhistischen Gesetze, nach denen Hasenclever versucht hat, sein eigenes Leben zu meistern, spielen in vielen seiner Werke eine nicht zu unterschätzende Rolle. Die vielen Geschehnisse, Menschen und Betrachtungen dieses Buches sind, wie Kurt Pinthus feststellt, "bei gründlicher Betrachtung verknüpft, verknotet und zusammengehalten durch Hasenclevers private Religion, eine Art mystisch übersteigerter Buddhismus" (*IuL* 335).

---

[15] Kurt Tucholsky schrieb in einem Brief an Hasenclever: "An einer etwa einsetzenden deutschen Emigrationsliteratur sollte man sich unter keinen Umständen beteiligen". Brief vom 4.3.1933. In: Tucholsky: *Politische Briefe* (wie Anm. 9). S. 11.

Sehr früh und vermutlich im Zuge seiner intensiven Lektüre von Nietzsches Werken erfolgte Hasenclevers Begegnung mit dem indischen Gedankengut. Mit ungefähr 30 Jahren vertiefte er sich erneut in die Ideen des Buddhismus, nachdem er sich fast drei Jahre lang mit dem schwedischen Mystiker Emanuel Swedenborg beschäftigt und dessen Buch *Vom Himmel und von der Hölle* übersetzt hatte.[16] Die Annahme der Swedenborgischen Mystik und des buddhistischen Karmas stellten für ihn zunehmend eine Antwort auf die alltägliche Frage nach dem Sinn des Lebens dar. Diese Daseinsauffassung verdrängte das ausschließlich auf den Intellekt beschränkte aufklärerische Denken als Erkenntnismittel. Der Instinkt der Intuition, die Eingebung und der Glaube an die Existenz einer nicht-materiellen Wirklichkeit wurden hingegen aufgewertet.

> Es gibt im Leben eine Reihe von Zwangshandlungen, die wir in Unkenntnis der metaphysischen Voraussetzungen als freie Willensakte betrachten. Wir sprechen von Vorsätzlichkeit, denn wir glauben an einen logischen Ablauf des seelischen Geschehens, selbst wenn es sich in anarchischen Formen offenbart. Unverbesserliche Rationalisten, die vor keinem Beweis zurückschrecken, fordern wir kategorisch, daß sich die irrationale Welt nach unserer Schulweisheit richte. Infolgedessen haben wir für alles eine Erklärung. Auch für das Unerklärliche. (*IuL* 275)

Vor allem interessierte Hasenclever der *nackte Mensch*, der unabhängig von der politischen Situation inneren Gesetzen folgt. Damit verband sich der Glaube an ein ewiges Gesetz, nach dem alles Dasein sich vollzieht, an ein unentrinnbares Schicksal, ein Gefangensein in einem ewigen Kreislauf von Wiedergeburten, der sich in den Bereich des Mystizismus und der Magie steigerte. "Denn ebensowenig, wie die Geschichte der Völker, verläuft das Leben des einzelnen nach logischen Voraussetzungen. Wir müssen, ob wir wollen oder nicht, das Irrationale als den wichtigsten Faktor des Geschehens einsetzen" (*IuL* 135).[17] Es gibt daher keinen Zufall in der Allgegenwart des Geschehens, und in der Liebe bringt nur das völlige Zerstörtwerden, der Tod, endgültige Erfüllung, das *Unerreichbare*.

Hasenclevers Roman enthält schließlich die Erkenntnis, dass das in den Faschismus taumelnde Zeitalter dem Individuum, das sich auf das klassische Geisteserbe beruft, keinen Raum, kein Lebensrecht mehr gibt.

> Ich sehe die Ideologie eines erbarmungslosen Zeitalters nahen, das den Ruin der zivilisierten Welt bedeutet, die Vernichtung aller jener geistigen Formen, denen ich unrettbar verfallen bin. Mag sein, daß die Umwandlung notwendig ist. Ich für meine Person lehne es ab, an diesem Kampf der Kräfte teilzunehmen, an diesem

---

[16] Vgl. Swedenborg: *Himmel, Hölle, Geisterwelt* (wie Anm. 6).
[17] Die Astrologie hatte einen wachsenden Einfluss auf Hasenclever und Horoskope wurden für ihn auch gerade während des Exils sehr wichtig.

absurden Fanatismus, der, welche Macht auch immer siegen wird, anstelle des verantwortlichen, schicksalsbedingten Menschen den Ameisenstaat als höchste Instanz proklamiert. (*IuL* 268)

Selbstmordgedanken, Andeutungen, Ankündigungen und erfolgte Selbstmorde sind in diesem Buch stets präsent. Keinem seiner Freunde war die Tatsache bewusst geworden, dass diese Problematik für Hasenclever schon sehr früh eine wesentliche Rolle spielte.[18] Sie war signifikant für sein *sonderbares Doppelleben* und wurde durch den Freitod des Freundes Kurt Tucholsky im Dezember 1935 neu entfacht.

> Es ist niederschmetternd. Ich wußte, daß es einmal so kommen würde, wir haben ja oft davon gesprochen, aber so unvermutet. [...] Ein mutiger Mann, ein liebenswerter Mensch ist vorausgegangen, in des Wortes wahrer Bedeutung....

Und in einem weiteren Brief:

> Nun hat er Frieden. [...] bitte schreiben Sie mir über die letzten Augenblicke. Wie und wo? Mit welchem Gift? Revolver? War er sofort tot? Wie fanden Sie ihn?
> Nicht aus Neugierde [...]. Ich will wissen, wie einer meiner nächsten Freunde, wie der Mensch, den ich am meisten geachtet habe, aus dem Leben gegangen ist.

Tucholsky war sicherlich unverlierbar im Gedächtnis und "in der Nähe" des Dichters geblieben, der sich in den folgenden Jahren, vor allem, wenn es ihm gesundheitlich eher schlecht ging, oft gedacht hatte: "das ist Tuchos Schatten ... ich war ihm recht nahe in der Unterwelt".[19]

Es sollte den Leser von *Irrtum und Leidenschaft* daher nicht überraschen, wenn der Erzähler ihm zu Beginn seines Romans mitteilt, als sei es etwas völlig Normales: "Ich habe fünf Röhrchen Veronal bei mir. Gutes, echtes Veronal. Für alle Fälle. Das wird sich so abspielen: [...]. Aber soweit sind wir noch nicht" (*IuL* 9). Zuerst will er Bilanz ziehen und sich fragen, was übrig bleibt, nachdem alle Brücken endgültig abgebrochen sind. "Was wäre wert, noch einmal gelebt zu werden?" (*IuL* 11).

Gegen Ende des Buches wird er fälschlicherweise des Mordes angeklagt. Er ist an einen Wendepunkt seines Daseins gekommen. Im Gefängnis gelangt er zu der Erkenntnis, dass Form und Inhalt seines Lebens nicht miteinander übereinstimmten.

---

[18] Bereits mit sechzehn Jahren hatte sich Hasenclever in seinen ersten dichterischen Versuchen mit dem Selbstmord auseinandergesetzt. Vgl. dazu auch Raggan: *Walter Hasenclever* (Anm. 1). S. 218.
[19] Vgl. Hasenclever: *Briefe 1907–1940* (wie Anm. 1). Band II. Brief vom 20.9.1936. S. 81. Die beiden vorherigen Zitate ebd. Brief vom 21.12.1935 und vom 28.12.1935. S. 58 und 60.

Ich ging von falschen Voraussetzungen aus. Alle Frauen, die ich geliebt, und alle Freunde, die ich besessen hatte, existierten im Schatte meiner Ichbezogenheit. [...] Mein Irrtum war, daß ich jeden Vorgang aus der Perspektive einer egozentrischen Totalität betrachtete, was notgedrungen zur Lebensvernichtung führen mußte. [...] Frauen waren für mich Mittelspersonen gewesen. Verkörperte Vorstellungen. Transsubstantiationen des Liebesstoffes. [...] Daher die Leidenschaft. Und daher der Irrtum. Die Leidenschaft des Selbstgenusses. Und der Irrtum, Gefühle zu überschätzen. (*IuL* 293)

Dieses Bekenntnis macht nach und nach der nüchternen, trostlosen Wahrheit Platz: "Alles, was wir sind, und alles, was wir vortäuschen, fällt eines Tages von uns ab. Wenn das Lebendige erlischt. Wenn es nichts mehr zu verbergen und nichts mehr zu hoffen gibt" (*IuL* 303).

Am Ende kehrt der Autor zu den eingangs erwähnten drei Geburtstagsbriefen zurück und schließt seinen Roman mit einem trotz aller Widrigkeiten vehementen Bekenntnis zum Leben und sei es ein Weiterleben in der Dichtung. Ein vielleicht abrupter, in Anbetracht der Situation allerdings folgerichtiger Schluss. Er hätte kein passenderes Zitat als den letzten Teil von Shakespeares Sonett 18 anführen können.

Die Rechtlosen

Hasenclevers zweiter autobiographisch intendierter Roman *Die Rechtlosen*, der zwischen Oktober 1939 und April 1940 entstanden ist, schildert die letzte bittere Konsequenz: Das Internierungslager, die Erniedrigung der Gefangenschaft als Ort existentieller Wahrheit.

Auch dieser Roman wurde erst 1963 von Kurt Pinthus aus dem Nachlass publiziert. Freund Sieburg kommentierte:

Ein später Roman 'Die Rechtlosen', der das Leben in einem französischen Internierungslager erzählt, ergreift uns durch den Stoff, beweist aber auch, daß es Hasenclever nicht verliehen war, seine unwiderstehliche dichterische Melodie in erzählender Prosa zur Gestaltung zu bringen. Das Buch ist farblos und ohne jede persönliche Kraft. Man hätte es schlafen lassen sollen, gewiß, aber wie wäre sonst das Bild auch nur einigermaßen vollständig geworden![20]

Hasenclever schilderte darin detailliert die Umstände seiner Internierungen im Jahre 1939, die ihn zweimal, vom 5. bis 8. September und vom 12. bis 26. Oktober 1939, in das Sammellager von Antibes *Fort Carré* führten, ein zweckentfremdetes Fußballstadion zu Füßen der alten Hafenfestung mit rund 800 Internierten. Dass er das Lager bereits drei Tage später wieder verlassen konnte, verdankte er vor allem dem Entgegenkommen des Lagerarztes, der

---

[20] Vgl. Sieburg: Der ewige Jüngling (wie Anm. 14). S. 324.

diese Entlassung mit dem Hinweis auf Hasenclevers chronisches Magenleiden befürwortete.

Zurück in Cagnes verfasste der Dichter am 12. September zwar einen Brief an Jean Giraudoux, in dem er um dessen Protektion bat, dachte aber keineswegs daran, Frankreich zu verlassen. Kurz darauf musste er wieder ins Lager zurückkehren. Er wäre nach der damaligen französischen Rechtslage von der Internierung befreit geblieben, wenn er von Anfang an entschieden auf seinen Status des von Deutschland Ausgebürgerten hingewiesen hätte. Um seine Freilassung zu erreichen, mobilisierte der Dichter nun aus dem Lager heraus seinen weitläufigen Bekanntenkreis. Diese Bemühungen zeigten schließlich Wirkung und Hasenclever konnte das Lager Ende Oktober erneut verlassen.

Wieder in Freiheit trug er sich ernsthaft mit dem Gedanken, in Nizza ein Geschäft zu eröffnen, um den Bestand seines schwindenden Vermögens zu sichern, begann aber dann noch im gleichen Monat mit der Niederschrift dieser jüngsten Erlebnisse. Da er mit seiner Arbeit die Hoffnung auf eine rasche Buchpublikation verband, bezeichnete er seine autobiografische Erzählung als Roman und belegte seine Freunde und Bekannten mit Pseudonymen wie bereits zuvor in *Irrtum und Leidenschaft*.

Wiederum schilderte er die Weggenossen auf freimütige, subjektive Art, allerdings setzte er sich in den *Rechtlosen* etwas weniger aggressiv und versöhnlicher als zuvor mit den Schwächen und Lastern seiner Mitmenschen auseinander. Erneut verwendete er die Ich-Form, legte den erzählerischen Schwerpunkt aber stärker auf eine zeitlose, von der Personendarstellung unabhängige philosophische Aussage. Könnte man von den Umständen abstrahieren, so rückte auch das unterschwellig beherrschende Gefühl der Ausweglosigkeit stärker in den Hintergrund und man dürfte sich ungestört dem Wortwitz, dem Genuss der plastischen, oft ironisch-sarkastischen, teilweise grotesken Beschreibungen hingeben. Hasenclever gestaltet zuweilen Dialektik auf kleinstem Raum, wenn er zum Beispiel Wohlgast, damit ist Walter Mehring gemeint, vorstellt als:

> Wohlgast saß in einem Sessel, zusammengeklappt wie ein Stehaufmännchen. [...] Eine geistreiche Natter, dieser kleine Mann. Mit einem übermäßig entwickelten Gehirn, dem nichts Gedrucktes, aber alles Menschliche fremd war. (*AW* 5/9)

Anders als zum Beispiel Lion Feuchtwangers dokumentarischer Bericht *Der Teufel in Frankreich* über das Lager *Les Milles*, der auf Tagebucheintragungen beruht, in dem sich der Blickwinkel hauptsächlich auf das eigene Erleben konzentriert und die detaillierte Schilderung wiederum aus einer wesentlich subjektiven Perspektive heraus erfolgt, tritt das *Ich* der *Rechtlosen* zugunsten des *Wir* eher in den Hintergrund. Hasenclever verleiht den Personen ihre eigene Individualität. Manche seiner Ansichten und Überzeugungen legt er den Freunden Golo und Dr. Ritter in den Mund. Mit wenigen Strichen, viel Ironie und Selbstironie entsteht hier ein Bild, wird dort eine Atmosphäre, eine Biographie geschaffen.

Bestechende Kürze und treffende Ausdrücke bestimmen auch die zahlreichen Dialoge. Im Grunde prägt die dialogische Darstellungsform den Roman, große Teile könnten als Theaterstück in Szene gesetzt werden – der Dramatiker und Theaterpraktiker Hasenclever lässt sich nicht verleugnen.

Gegliedert ist dieser Roman von gut 150 Seiten in dreizehn, relativ kurze Kapitel mit maximal dreizehn Seiten. Die vorgestellte Beschaulichkeit des Beginns, August 1939 im Hause des Erzählers in Cagnes, in das gerade ein Besucher mit dem einnehmenden Namen Justus Wohlgast getreten ist, erweist sich schnell als ebenso unecht wie die Assoziation des Namens mit Wohlbehagen oder Gemütlichkeit. Schon der zweite Satz kündigt an, der dritte stellt klar: "So oft Wohlgast auftauchte, lag Unglück in der Luft" (*AW* 5/7). Das erste Gesprächsthema der beiden ist, es überrascht nur wenig, der Selbstmord von Ernst.[21] Greller Kontrast besteht zwischen der noch heiteren, doch schon angespannten Atmosphäre, in die rasche, aber treffende Skizzen der anwesenden Frauen eingelassen sind, den nächtlichen, sehr anschaulich dargestellten Tanzvergnügungen in Jimmy's Bar, und dem wichtigsten Thema, dem bevorstehenden Krieg. Das Kapitel schließt mit dem Hinweis auf die ersten Plakate mit der Einberufungsorder. "Krieg? – Unmöglich. [...] Wir schreiben Anfang September" (*AW* 5/16).

Schon das nächste Kapitel, das den Besuch des Verfassers im Maleratelier von Golo[22] schildert, befasst sich mit der konkreten politischen Situation und den Möglichkeiten, ihr zu beggenen, darunter der Auftrag an den Dichter: "Vielleicht [...] bleibt einer von uns übrig, der alles niederschreibt. Das könntest Du sein". Denn es geht um "die Rettung der Welt vor Knechtschaft und Barbarei. Um den letzten Rest von Menschenwürde. Es geht um Frankreich" (*AW* 5/17). Eine Art Rechtfertigung dieser nach der zweiten Befreiung Hasenclevers aus dem Lager de facto entstandenen Niederschrift ist auf den letzten Seiten des Romans zu finden:

> Der Mensch ist geneigt, sein eigenes Schicksal zum Maßstab der Allgemeinheit zu machen. Deshalb erzähle ich diese Dinge. Vielen meiner Kameraden ist es später ähnlich ergangen. Ihre Hoffnung war erschöpft. Sie glaubten nicht mehr an die Rettung. (*AW* 5/151)

[21] Es handelt sich um Ernst Toller, den Freund Wolke aus *Irrtum und Leidenschaft*, der sich am 22.5.1939 in einem New Yorker Hotelzimmer erhängte. Dieser Tod bedeutete für Hasenclever zugleich eine Art Menetekel für sein eigenes Schicksal.
[22] Dahinter verbirgt sich Hermann Henry Gowa (1902–1990), Maler und Bühnenbildner, mit dem Hasenclever eng befreundet war.

Zunächst aber weckt der Schock der Internierung, die nicht hätte erfolgen müssen, im Verfasser Erinnerungen und das Gefühl der *Rechtlosigkeit*, des *Gehetztseins*, des *Fluchs der Entwurzelung*, des *Nicht-mehr-auf-den-Füßenstehens* dominiert.

> Konzentrationslager ... Vor anderthalb Jahren wurde ich in Marina di Massa am Strande verhaftet. Das war im wunderschönen Monat Mai, als Herr Hitler nach Italien kam. Man sperrte mich zehn Tage in ein mittelalterliches Kastell ein, wie einen Schwerverbrecher. Nachts wurden in meiner Zelle die Wände abgeklopft. Wird es wieder so sein? "Nein", sagte die Frau neben mir. "Wir sind schließlich in Frankreich." (*AW* 5/36f.)

Die unsichere und unklare Situation im Lager ruft widersprüchliche Gemütszustände hervor, ein Hin- und Hergerissensein des Erzählers zwischen Verzweiflung und der bisher ungekannten Erfahrung einer Gemeinschaft. "Der menschliche Zusammenschluß machte die Schwere des Schicksals erträglich. Das verlorene Privatleben wurde durch eine neue, noch tastende Kameradschaft ersetzt. [...] Jeder hatte zu essen." Dann wiederum beherrschen Ärger und Hoffnungslosigkeit das Denken.

> Gefangen [...]. Rechtlos. Keinem Lande zugehörig. Ohne Schutz und Hilfe. Ausgeliefert. In Frankreich. In der Heimat Voltaire's. [...] Wird man uns überall einsperren, als Feind behandeln, zur Untätigkeit oder Zwangsarbeit verurteilen? Wir glaubten Verbündete zu sein im Kampf gegen Rohheit und Barbarei. Wir wußten, daß die Straßenräuber den Krieg entfesseln würden. Wir durften es nicht sagen. Man wollte es nicht hören. Und jetzt sind wir Mitschuldige? (*AW* 5/39, 57 u. 44)

Trotz aller Geschehnisse, aller Verwirrung bei den französischen Behörden, bewahrt der Autor eine positive Einschätzung der Franzosen. Betont werden die Hilfsbereitschaft des französischen Volkes und ein unerschütterlicher Glaube an die französische Freiheit, die nicht auszurotten sei, auch "wenn ganz Europa die Hand zum faschistischen Gruß hebt". Frankreich ist das Land der Zivilcourage. Seine Zivilcourage wird die Rechtlosen retten, auch wenn ihre Liebe zu diesem Land auf eine harte Probe gestellt wird (*AW* 5/134 u. 142f.).

Vielleicht war dieses Bekenntnis auch im Hinblick auf eine Veröffentlichung nicht nur ein Zugeständnis an den Publikumsgeschmack. Das Verkennen der tatsächlichen Asylpolitik und Kollaborationsbereitschaft Frankreichs stellte allerdings einen gravierenden Fehler Hasenclevers dar.

Das Alltagsleben im Lager nimmt auch in diesem Werk einen breiten Raum ein. Schilderungen von teilweise grotesken Situationen und Bildern, zahlreiche *Latrinengerüchte* vermischen sich mit dem Wiederentdecken von Freunden und geben Anlass zur Darstellung ihrer ausführlicheren Biographie. So entsteht ein großes Mosaik der unterschiedlichsten Charaktere und Schicksale, verschiedenster Herkunft. Natürlich triumphierte auch hier die Macht des Geldes, wurden Geld und Bequemlichkeit eingeführt, auch Kunst, und der Handel im *Fort Carré* vor allem vom Juden Luchs betrieben. Trotz der Exponiertheit war die Angst nicht immer gleich stark anwesend, das Abenteuerliche der Situation oft erregender als die Gefahr (*AW* 5/56).

Nach dem Intermezzo der ersten Freilassung und kurzfristigen Rückkehr in ein fast "normales" Leben, kehrte Hasenclever im Oktober 1939 in ein inzwischen viel besser organisiertes Lager zurück, in dem er seine Kameraden wiederfand und neue Freundschaften schloss.

Diesmal fanden regelmäßige Gespräche und Diskussionen über politische und religiöse Fragen statt, in denen man vor allem versuchte, Antworten zu finden auf die Frage: Was soll man tun angesichts der bevorstehenden Vernichtung?

> Wir müssen eine Anstrengung machen. Trotz der Umwälzung, die uns droht. Wir müssen aus unserer Arbeit, jeder in seinem Beruf, das Höchste und Letzte herausholen, was uns vergönnt ist. Die persönliche Leistung vollzieht sich unabhängig von der Masse. Wir wollen nicht an die Zufälligkeit, sondern an die Notwendigkeit unseres Daseins glauben [...]. (*AW* 5/146)

Das verkündet der Verfasser in einem eher optimistisch anmutenden Vorschlag, der jedoch auf der Überzeugung ruht, dass man sich von jeder historischen Überlieferung befreien und auf eine neue Form des Lebens vorbereiten müsse. Grundlage, zugleich Ausgangspunkt und Ziel seiner Daseinsauffassung, bleibt dabei das Bekenntnis zum Buddhismus. Im dritten Kapitel der *Rechtlosen* verpflichtet sich Hasenclever während einer schlaflosen Nacht in seiner Bibliothek zum Kampf gegen die Selbstaufgabe. Er verweist erneut wie schon zuvor in *Irrtum und Leidenschaft* auf Tolstois Roman *Krieg und Frieden* und dessen Unterscheidung vom persönlichen Leben, das um so freier sei, je abstrakter die Interessen des Menschen sind, und einem elementaren Herdenleben, in dem der Mensch unweigerlich das gegebene kosmische Gesetz erfülle, das sich seiner bediene. Diese zwei Seiten im Leben jedes Menschen, die zur Entscheidungsschlacht angetreten sind, stehen stellvertretend für den "Endkampf des zwanzigsten Jahrhunderts, in dem ein neues Zeitalter zu Tage tritt". Das trostlos resignierte Fazit lautet jedoch: "Die Welt bleibt am Ende, was sie ist: ein unvollkommener Zustand mit dem wir uns abfinden müssen. Das Blutvergießen wird keinem erspart" (*AW* 5/25ff.). Die Prämisse des Anfangs, dass das Irrationale seinen Lauf nimmt (*AW* 5/19), wird dadurch nicht aufgehoben. Hasenclever hielt an seinem Glauben daran ebenso fest wie an der Lehre Buddhas, "der sublimsten Form des Atheismus", die zwar auch verfälscht und missverstanden wurde: "Aber sie hat kein Unheil angerichtet. [...] keine Gewalt entfesselt [...] verlangte nicht Betätigung, sondern Versenkung" (*AW* 5/147f.).

Der Roman endet mit der Entlassung Hasenclevers aus dem Lager *Fort Carré* Ende Oktober 1939. "Aber ich wurde meiner Freiheit nicht froh".

Schon während der ersten Entlassung war er sich wie ein Fahnenflüchtling vorgekommen, denn im Lager hatte er auch das Mitleid, die Triebfeder aller humanen Bestrebungen erfahren. Nun spürte er erneut: "Diese Wehmut des Abschieds, der die Menschen nur um so stärker bindet. Die Schicksalsverkettung schien unlösbar. Hier saßen die Rechtlosen, zu denen ich gehörte. Bei ihnen war mein Platz, und nicht in Cagnes" (*AW* 5/153). Nie war das Gefühl der Zusammengehörigkeit stärker gewesen, es hatte Hasenclever die Kraft verliehen, diese unmenschliche Situation zu bewältigen.

Seine nun folgenden Versuche, dem Überleben trotz Magenkrankheit und – eingebildeten oder realen – Geldsorgen eine neue Chance zu geben, wurden von nihilistischen Anfechtungen gehemmt, von wiederholten quälenden Auseinandersetzungen mit der Lehre Buddhas und seinem willenlosen Schicksalsglauben. So schrieb er zwar am 15. Januar 1940 an Kurt Pinthus in New York, er werde sich beim amerikanischen Konsulat in Nizza erkundigen, unter welchen Bedingungen er in die USA einreisen könne, und war auch Mitglied des PEN-Clubs geworden. Die Nachricht vom Tod des Freundes René Schickele am 31.1.1940 bedingte jedoch nach "monatelanger Prosakonzentration" ein erneutes Innehalten.

> Ich unterbreche meine Arbeit und schreibe, bis das Begräbnis vorüber ist, keine Zeile mehr. Das ist die einzige Trauer, die ich anlegen kann. [...] Wenn sie ihn begraben am Sonnabend, versinkt ein Stück unserer Generation mit ihm in die Erde. [...] Tucholsky, Toller, Horváth, Roth, Schickele – es könnte langsam genug sein. [...] Ich mache die zunehmende Erfahrung, daß jeder Wechsel von Uebel ist. Besonders in den Jahren der Emigration.[23]

Der negative Bescheid seines Theateragenten in New York, Robert Klein, bezüglich der Veröffentlichung des Romans *Irrtum und Leidenschaft* in den USA und dessen Bericht über die dortigen Lebensbedingungen beantwortete Hasenclever mit den Worten:

> Nach all dem, was Sie mir erzählen, habe ich nicht die Absicht, nach New-York zu kommen. [...] Hoffen wir also, daß die Nazis bald besiegt sind und Freiheit und Sicherheit wieder in Europa einkehren.[24]

Hasenclevers Herz ist "nie von Frankreich losgekommen".[25] Die erwogene Emigration in die USA wurde nicht realisiert. Es war ihm auch nicht möglich, seinem Leben als Reaktion auf die äußere Bedrohung nun eine kämpferische Komponente zu geben. Hasenclever verfiel in eine immer größere Passivität

---

[23] Vgl. Hasenclever: *Briefe 1907–1940* (wie Anm. 1). Band II. Brief vom 1.2.1940 an Kurt Wolff. S. 369.
[24] Ebd. Brief vom 16.4.1940. S. 460f.
[25] Ebd. Brief vom 25.11.1938. S. 243.

und vollzog eine noch engere Bindung an die Traditionen der Klassik. Gerade in seinen letzten Jahren hatte er sich intensiv mit dem Werk Goethes und der römischen Geschichte beschäftigt. Während andere Emigranten bei Ausbruch des Krieges noch nicht den Mut verloren hatten, gegen die von Deutschland ausgehende Bedrohung anzuschreiben, der frühere Freund Rudolf Leonhard sich im Lager wie nach seinem Fluchtversuch später im Gefängnis, aus dem er in letzter Minute ausbrechen konnte, sozusagen schreibend am Leben erhielt, manche wiederum nicht mehr zu schreiben vermochten, versuchte auch Hasenclever weiterzuschreiben, um zu überleben und mit Hilfe der Schriften Schopenhauers die Kraft zum Erdulden seiner Lebensumstände zu erlangen. Schon zu Anfang des Romans *Die Rechtlosen* kann man lesen:

> Wie wir da im Garten sitzen, vielleicht zum letztenmal, am ersten Kriegstage in dieser friedlichen Landschaft, muß ich plötzlich weinen. Fassungslos. Rettungslos. Wir Verbannten. Wir Heimatlosen. Wir Verfluchten. Was haben wir noch für ein Recht, zu leben? Und die andern müssen sterben!! (*AW* 5/24)

Schicksalsergeben zog er sich nun mit seiner Gefährtin in die Abgeschlossenheit des Privatlebens zurück.

> Der begierdelose Mensch, vom Weltdurst befreit, braucht keinen Gott mehr, zu dem er sich flüchtet. Er wird nicht durch Wunder, sondern durch Einsicht erlöst. Die Schöpfung erlischt, und damit der Gottesgedanke. Der wahrhaft Erleuchtete steht außerhalb des Vergänglichen. Er hat die Leidlosigkeit erreicht. (*AW* 5/147)

Les Milles

Parallel zu den politischen Ereignissen, am 16. Juni 1940 kapitulierte Frankreich, übertraf schließlich eine fundamentale Existenzangst seine Schicksalsergebenheit, wie Bert Kasties schreibt:

> Die von Friedrich Nietzsche formulierte und in Hasenclevers Werk oftmals kritisch hinterfragte Aufforderung des Sterbens zu rechter Zeit und aus eigenem Verlangen heraus drängt den Gedanken des illusionslos demütigen Weiterlebens buddhistischer Prägung endgültig zurück.[26]

Sein Wille zum Leben wie zum Schaffen war erschöpft, er war am Ende seiner psychischen Resistenz angelangt. Ein neuer Kampf schien nicht mehr der Mühe wert, Hasenclever hatte sich für den Frieden entschieden.[27] Otto Zoff

---

[26] Bert Kasties: 1933–1940. In der Emigration. In: Breuer: *Walter Hasenclever* (wie Anm. 1). S. 117–120. Hier: S. 119–120.
[27] Vgl. Franz Schoenberner: Mit Walter Hasenclever in Les Milles. In: Walter-Hasenclever-Gesellschaft. *Jahrbuch 2005/2006*. Aachen: Shaker Verlag 2007. S. 55–65. Hier: S. 64.

erinnerte sich an die letzte Begegnung mit dem Dichter, bei der dieser keinen Versuch machte,

seine gehetzte Angst und seine nicht mehr zu bezähmende Nervosität zu verbergen. In gehackten Sätzen, mit unordentlichen Gesten – aber immer noch mit viel sarkastischem Humor – schilderte er den kommenden Vormarsch der Nazis, so wie er ihn sich ausmalte, bis nach Madrid und Lissabon. Er war verzweifelt, weil er die Konzentration zur Arbeit nicht mehr aufbrachte.... "Ich bin nicht nur nicht imstande, etwas zu schreiben – ich bin auch nicht mehr imstande, etwas zu planen; sogar d i e s e Flucht ist total abgeschnitten."[28]

Am 21. Mai begab sich Hasenclever auf eigene Kosten in das Lager *Les Milles*, in dem sich inzwischen die meisten seiner aus Antibes bekannten Gefährten befanden. Wohl war die treibende Kraft hierfür der Wunsch, wieder einer Gemeinschaft anzugehören, deren Schicksal durch die erschwerten Lebensbedingungen bestimmt war. Zum engsten Vertrauten wurde hier der Psychoanalytiker Fritz Wengraf (Dr. Ritter in den *Rechtlosen*). Er begleitete die letzten Stunden des Dichters und hat in Briefen über die letzten Lebenswochen Hasenclevers Auskunft gegeben. Demzufolge habe der tief deprimierte Dichter unaufhörlich zu ihm über seine Selbstmordabsichten und fast ausschließlich von seinen Enttäuschungen, Irrungen, Versäumnissen, Schuldgefühlen gesprochen. Beide lasen und diskutierten sein Drama *Der Sohn*. Schließlich kam Wengraf zu dem Schluss, dass die Beweggründe, die Hasenclever letztlich zum Suizid ermutigt haben, nicht nur in der begründeten Angst vor einer Verhaftung durch die Gestapo gelegen hatten. Er sah sie auch in der Bewusstwerdung Hasenclevers während seiner letzten Lebenstage, dass der Selbstmord für ihn als zwangsläufige Konsequenz am Ende einer langen Entwicklungskette stehe (*AW* 5/173).[29]

Lion Feuchtwanger schilderte in seinem Erlebnisbericht über *Les Milles*, wo er offenbar nur "etwa zwanzig Strohbreiten" von Walter Hasenclever entfernt interniert war, seine – umstrittene – Version der letzten Stunden Hasenclevers.[30]

---

[28] Otto Zoff: Letzte Begegnung (mit Walter Hasenclever). In: *Blätter des Deutschen Theaters in Göttingen, Spielzeit 1957/58*. 8. Jahr. Heft 115. 36 S. Hier: S. 18. Zitiert nach Raggan: *Walter Hasenclever* (wie Anm. 1). S. 215f. und Hasenclever (*AW* 5/167f.).
[29] Siehe auch Kasties: *Walter Hasenclever* (wie Anm. 1). S. 390–395.
[30] Lion Feuchtwanger: *Der Teufel in Frankreich*. Frankfurt am Main: Fischer Verlag 1987. S. 34 und 109–11. Kasties verweist auf Fritz Wengraf, der Feuchtwangers Version entschieden widersprochen habe und ihm darüber hinaus vorwarf, "sie in ihrer dramatisierenden Form später lediglich aus Eitelkeit verbreitet zu haben. [...] Auf einen Umstand möchte ich Sie noch aufmerksam machen: wir alle haben nicht gerade die beste Meinung von Lion Feuchtwanger, der sich in dieser Zeit ausschließlich mit sich selbst beschäftigt hatte und kaum in irgendeiner Weise für die Schicksale der anderen Künstler interessiert war". Wengraf hielt der Stilisierung Feuchtwangers seine eigenen aufgezeichneten Beobachtungen entgegen. Kasties: *Walter Hasenclever* (wie Anm. 1). 393f.

Voller Angst und im Gefühl unabänderlicher Ohnmacht gegenüber dem eigenen Schicksal brach seine innere Widerstandskraft am 20. Juni 1940 zusammen, und die ihn seit der Jugend begleitenden Selbstmordphantasien holten ihn endgültig ein.

> Ich schätzte seinen schnellen Witz, seinen nervösen Charakter, seine reizenden Manieren, seine sprudelnden Einfälle, seinen unerwarteten Humor, seine weltmännischen Talente. Er schien mir häufig präokkupiert und immer liebenswürdig. [...] Er zeigte die unruhige Melancholie vieler Komödiendichter.[31]

So lautet Hermann Kestens Erinnerung an den Menschen Hasenclever. Kurt Pinthus wusste um das "merkwürdige Doppelleben und Doppelwesen" Hasenclevers, das den meisten verborgen geblieben sei:

> Sie ahnten nicht, wie furchtbar ernst, wie selbstquälerisch, selbstzerstörerisch ernst er sich nahm, auch wenn er, scheinbar immer heiter und vergnügt, zu Späßen und Gelächter geneigt, vor sie trat. Sie ließen sich täuschen durch sein liebenswürdiges Wesen. (*IuL* 337)

Zeitlebens habe er an seiner Existenz gelitten und sie als unentrinnbar vorherbestimmt gesehen. Er versuchte, sein Leid im Sinne Buddhas zu überwinden und gelangte im Verlauf der Exilsituation zu einer ständigen vertieften Auseinandersetzung mit seiner Weltanschauung. Dabei war der Konflikt zwischen Lebensbejahung und Lebensverweigerung für ihn wesentlich und ist in seinen Werken dokumentiert. Er verstand sich als ein geistiger Wegbereiter, der das humanitäre Ideal in der Dichtkunst verwirklichte und, ruhelos und entwurzelt, versuchte, schließlich dort eine gefestigte eigene Identität zu finden. Aber, wie er selbst formulierte: "Entscheidend ist, was ein Mensch im Unglück empfindet und wieviel Leid er ertragen kann" (*IuL* 289). Das entscheidende *Zuviel* war auch in seinem Fall der zerstörerischen Kraft des Exils zuzuschreiben.

---

[31] Hermann Kesten: *Meine Freunde, die Poeten*. München: Desch 1959. S. 234.

Dieter W. Adolphs

Die amerikanische Exilrhetorik Thomas Manns als Zeugnis einer weltanschaulichen Neuorientierung

This paper examines a number of Thomas Mann's American speeches, essays, letters, and diary entries from a rhetorical perspective in order to show that their author underwent a significant reorientation of his personal and political views during his fourteen-year long exile in the United States (1938–1952). Only at the time of Austria's annexation did Mann decide to settle in the New World and explicitly address his American audience. Although he became an American citizen, he had cultivated the image of the representative of a good Germany. Until 1952 he became involved in US politics such as publicly supporting Roosevelt's election campaigns. However, after leaving the United States and settling once again in Switzerland, he no longer identified with Post-World-War II America and the divided Germany, but rather presented himself as a European and cosmopolitan.

Der vorliegende Beitrag möchte aufweisen, welche Neuorientierungen Thomas Manns Weltbild und Selbstverständnis während seines amerikanischen Exils erfahren haben. Die These, es habe eine solche Entwicklung stattgefunden, muss mit dem Einwand rechnen, dieser Schriftsteller sei mit der deutschen Kultur so stark verbunden gewesen, dass er sich nicht ernsthaft auf den *American Way of Life* einlassen konnte.[1] Dieser Einschätzung hat Mann zudem noch mit eigenen Worten vorgearbeitet, als er etwa zum Anlass seiner endgültigen Rückkehr nach Europa im Jahr 1952 in einem Interview herausstellte: "Ich bin geistig niemals Amerikaner geworden".[2] Eine rhetorische Analyse seiner amerikanischen Reden und Essays macht jedoch deutlich, dass Manns Einstellung zur Politik und Kultur während dieser Zeit wesentliche Umwertungen erfahren hat, und dass sich dies zudem auch auf sein essayistisches und künstlerisches Schaffen ausgewirkt hat.

Mann präsentierte sich bis zum Beginn der Weimarer Republik als Künstler, der schon als Schüler vom zweckbestimmten Leben losgelöst war und sich mithin darüber zu wundern hatte, dass er für sein unpraktisches Tun Ruhm genießen durfte. Ein bezeichnendes Dokument dieses ironischen Selbstverständnisses

---

[1] Einen ausgewogenen Überblick gibt Hans Rudolf Vaget: Schlechtes Wetter, gutes Klima. Thomas Mann in Amerika. In: *Thomas Mann Handbuch*. Hg. von Helmut Koopmann. Stuttgart: Kröner 1990. S. 68–77.
[2] Dieses im *Bayerischen Rundfunk* gesendete Interview vom 8. August 1952 blieb ungedruckt und liegt lediglich als Tondokument vor, das auf der CD-ROM *Thomas Mann: "Rollende Sphären"* (München: Systema 1995) wiedergegeben wird. Bei den herangezogenen Passagen handelt es sich um meine eigene Transkription.

ist die im Jahr 1908 erschienene Kurzgeschichte "Das Eisenbahnunglück". Hier weiß der Ich-Erzähler zu berichten:

> Ich fuhr damals nach Dresden, eingeladen von Förderern der Literatur. Eine Kunst- und Virtuosenfahrt also, wie ich sie von Zeit zu Zeit nicht ungern unternehme. Man repräsentiert, man tritt auf, man zeigt sich der jauchzenden Menge; man ist nicht umsonst ein Untertan Wilhelms II.[3]

Als der Zug plötzlich entgleist, führt dies zu einer vorübergehenden Verunsicherung der "machtgeschützten Innerlichkeit"[4] des Künstlers – die gesellschaftliche Ordnung wird außer Kraft gesetzt, der Staat und seine Repräsentanten verlieren für einen Moment ihre Autorität, und die Fahrgäste aller drei Klassen werden in einen überfüllten Waggon zusammengepfercht. Doch schon bald stellt sich heraus, dass es sich nur um einen leichten Unfall mit geringem Sachschaden gehandelt hat. Selbst das verloren geglaubte Romankonvolut findet sich, "in braunes Packpapier geschlagen und mit starkem Spagat in den bayrischen Farben umwunden",[5] unversehrt wieder. Der von diesem Ereignis somit nicht weiter mitgenommene Dichter darf denn auch die letzte Station seiner Reise wieder in einem Abteil der ersten Klasse verbringen und zieht das folgende Fazit:

> Ja, das war das Eisenbahnunglück, das ich erlebte. Einmal mußte es ja wohl sein. Und obgleich die Logiker Einwände machen, glaube ich nun doch gute Chancen zu haben, daß mir sobald nicht wieder dergleichen begegnet.[6]

Bei solch einer harmlosen Entgleisung sollte es jedoch, metaphorisch gesprochen, keinesfalls bleiben. Eine Gegenüberstellung der ästhetisch vermittelten Selbstdarstellungen im Frühwerk des Autors bis hin zur Novelle *Tonio Kröger* (1903) mit dem selbstbewussten Auftreten des erfolgreichen Künstlers im "Eisenbahnunglück" wirft denn auch die Frage auf, was für eine Orientierungskrise ein junger Mann mit homoerotischen Neigungen durchlebt haben muss, der sich noch im Jahr 1902 von den Bequemlichkeiten, Freuden, und nicht zuletzt dem Glück des bürgerlichen Lebens ausgeschlossen gefühlt hatte.[7] In der autobiographischen Schrift "Im Spiegel" des Jahres 1907 heißt es dagegen:

---

[3] Thomas Mann: Das Eisenbahnunglück. In: Ders.:*Frühe Erzählungen 1893–1912*. Frankfurt a.M.: Fischer 2004 (Große kommentierte Frankfurter Ausgabe. Bd. 2.1). S. 470–481. Hier: S. 470.
[4] Thomas Mann: Leiden und Größe Richard Wagners. In: Ders.: *Essays*. 6 Bde. Hg. von Hermann Kurzke und Stephan Stachorski. Frankfurt a.M.: Fischer 1993–1997. Bd. 4. S. 11–72. Hier: S. 65.
[5] Mann: Das Eisenbahnunglück (wie Anm. 3). S. 470.
[6] Ebd. S. 481.
[7] Die Tagebücher dieser Jahre hat er nach ihrer Heranziehung für den Roman *Doktor Faustus* verbrannt.

> Und nun? Und heute? Ich hocke verglasten Blicks und einen wollenen Schal um den Hals mit anderen verlorenen Gesellen in einer Anarchistenkneipe? Ich liege in der Gosse, wie mir's gebührte?
> Nein. Glanz umgibt mich. Nichts gleicht meinem Glücke. Ich bin vermählt, ich habe eine außerordentlich schöne junge Frau, – eine Prinzessin von einer Frau, [...] sowie zwei blühende, zu den höchsten Hoffnungen berechtigende Kinder. [...] Was weiter? Ich unternehme Triumphreisen. Ich fahre in die Städte, eingeladen von schöngeistigen Gesellschaften, ich erscheine im Frack, und die Leute klatschen in die Hände, wenn ich nur auftrete.[8]

Als Künstler, der eine solche Metamorphose durchlebt hatte, konnte er sich bei aller Selbstironie keinesfalls sicher sein, dass ihm nach der Lebenskrise, die der Zugentgleisung des Jahres 1906 vorausgegangen war, nicht wieder dergleichen begegnen werde.

Im Alter von fünfundsiebzig Jahren vergleicht er sich mit Goethe, der gegen Ende seines Lebens herausgestellt habe, er sei "zu einer Zeit geboren" worden, "wo die größten Weltbegebenheiten an die Tagesordnung kamen".[9] Der sich mit dem Weimarer Klassiker identifizierende Thomas Mann meint, selbst in einer Epoche aufgewachsen zu sein, deren Untergang er miterlebt habe, und zählt weitere Umwälzungen auf, die er als Zeitzeuge verfolgt hatte:

> [...] die intellektuelle Unterminierung der bürgerlichen Lebensnormen überall in Europa; die Katastrophe von 1914 mit dem Eintritt Amerikas in die Weltpolitik und dem Fall des deutschen Kaiserreichs; die vollständige Veränderung der moralischen Atmosphäre durch die vier Blutjahre des ersten Weltkrieges; die Russische Revolution; das Heraufkommen des Fascismus [sic!] in Italien und des Nationalsozialismus in Deutschland, den Hitlerschrecken, das Bündnis von Ost und West gegen ihn, den gewonnenen Krieg und den abermals verlorenen Frieden [...].[10]

Statt jedoch einzuräumen, dass diese Krisen sein Weltbild verändert haben, sieht er in dem Umstand, in den ersten Jahren des deutschen Kaiserreichs das Licht der Welt erblickt zu haben, ein Privileg:

> [...] einen Vorteil [...], den der von 1875 geltend machen kann gegen den 1914er oder noch spätere: Es ist kein Kleines, dem letzten Viertel des Neunzehnten Jahrhunderts – eines großen Jahrhunderts –, der Spätzeit des bürgerlichen, des liberalen Zeitalters noch angehört, in dieser Welt noch gelebt, diese Luft noch geatmet zu haben; es ist, so möchte man in Altershochmut sagen, ein Bildungsvorzug vor denen, die gleich in die gegenwärtige Auflösung hineingeboren sind, – ein Fond und eine Mitgift von Bildung, deren die später Angekommenen entbehren, ohne sie natürlich zu vermissen.[11]

---

[8] Thomas Mann: Im Spiegel. In: Ders.: *Essays*. Bd. 1 (wie Anm. 4). S. 98–101. Hier: S. 100.
[9] Thomas Mann: Meine Zeit. In: Ders.: *Essays*. Bd. 6 (wie Anm. 4). S. 160–182. Hier: S. 161–162.
[10] Ebd. S. 162–163.
[11] Ebd. S. 163.

Er leistet also dem Klischee vom letzten Bürger Vorschub. Diesem Selbstbildnis zufolge blieb er sein Leben lang der unpolitische Deutsche, der nur aus Pflichtbewusstsein die Feder des Dichters aus der Hand gelegt habe, da ihm, entgegen seiner Neigung, die "Forderung des Tages"[12] den Gebrauch der politischen Rede abverlangt habe. Wie schon in der Schrift "Im Spiegel" aus dem Jahr 1907 besteht er darauf, sich selbst treu geblieben zu sein und keineswegs um die Gunst seiner Leser geworben zu haben:

> Überall zieht man die Brauen empor, wenn mein Name genannt wird, Leutnants und junge Damen bitten mich in den ehrerbietigsten Worten um mein Autogramm, und wenn ich morgen einen Orden erhalte, so werde ich keine Miene verziehen.
> Und wieso das alles? Wodurch? Wofür? Ich habe mich nicht geändert, nicht gebessert. Ich habe nur immer fortgefahren, zu treiben, was ich schon als Ultimus trieb, nämlich zu träumen, Dichterbücher zu lesen und selbst dergleichen herzustellen. Dafür sitze ich nun in der Herrlichkeit. Aber ist das der folgerichtige Lohn meines Wandels? Sähen die Wächter meiner Jugend mich in meiner Pracht, sie müßten irre werden an allem, woran sie geglaubt.[13]

Diesen auf Kontinuität pochenden Selbstdarstellungen begegnet die vorliegende Studie in zwei Schritten. Zunächst soll gezeigt werden, dass Mann sich angesichts der von ihm selbst aufgeführten weltgeschichtlichen und gesellschaftlichen Umwälzungen wiederholt Sorgen um seinen Status als Repräsentant des deutschen Bürgertums machen musste. Selbst wenn diese Krisen ohne weltanschauliche Umdispositionierungen überwunden werden konnten, mussten sie gleichwohl gemeistert werden – wobei ihm sein Bildungsfundus ohne Zweifel zur Hilfe kam. Diesem rhetorischen Aspekt gilt das eigentliche Interesse der folgenden Untersuchung. Doch dass solche intellektuellen und sprachlichen Anstrengungen auch zu einem veränderten Weltverständnis dieses Schriftstellers geführt haben, zeigt allein schon der Umstand, dass Mann sich erst durch die von ihm selbst hervorgehobenen historischen Ereignisse zum Gebrauch neuer Sprachmittel und Textsorten veranlasst gesehen hat.

Seinen Ruf als Prosaist verdankt er ohne Zweifel seinem künstlerischen Frühwerk. Als Autor der *Buddenbrooks* und des *Tonio Kröger* wurde er wie der Ich-Erzähler des "Eisenbahnunglücks" zu Kunst- und Virtuosenfahrten eingeladen. Um den Ruf des Repräsentanten Deutschlands zu erlangen, bedurfte es jedoch nicht allein des dichterischen Erfolgs, sondern auch der Kunst des Essays und der Rede. Dies war ihm durchaus bewusst, wie die Novelle *Der Tod in Venedig* zeigt, deren Protagonist eben nicht nur der Autor "der klaren und mächtigen Prosa-Epopöe vom Leben Friedrichs von Preußen" ist, dazu "Schöpfer jener starken Erzählung, die 'Ein Elender' überschrieben

---

[12] Vgl. Thomas Mann: *Die Forderung des Tages. Reden und Aufsätze aus den Jahren 1925–1929*. Berlin: Fischer 1930.
[13] Mann: Im Spiegel. In: Ders.: *Essays*. Bd. 1 (wie Anm. 4). S. 98–102. Hier: S. 100.

ist und einer ganzen dankbaren Jugend die Möglichkeit sittlicher Entschlossenheit jenseits der tiefsten Erkenntnis zeigte", sondern auch

> der Verfasser endlich (und damit sind die Werke seiner Reifezeit kurz bezeichnet) der leidenschaftlichen Abhandlung über 'Geist und Kunst', deren ordnende Kraft und antithetische Beredsamkeit ernste Beurteiler vermochte, sie unmittelbar neben Schillers Raisonnement über naive und sentimentalische Dichtung zu stellen.[14]

Zwar hatte Mann selbst versucht, eine solche Abhandlung zu verfassen, doch nach seinem eigenen Ermessen war es ihm erst nach 1914 gelungen, die Kunst des Essays zu beherrschen. Und zum politischen Redner ist er erst geworden, als er sich veranlasst sah, seine Landsleute vor dem heraufkommenden Nationalsozialismus zu warnen.

Diese Wirkungsabsicht wurde Anfang 1933 enttäuscht. So ist während der ersten Jahre seines Exils in Südfrankreich und in der Schweiz zunächst einmal eine Erschütterung seiner vormaligen persönlichen, künstlerischen und öffentlichen Existenz zu verzeichnen, was bis 1936 sogar zu einer weitgehenden Orientierungslosigkeit führte. Dass er nach fast drei Jahrzehnten nicht mehr in München wohnen und künstlerisch tätig sein konnte, blieb ihm lange Zeit unbegreiflich. So heißt es noch in der Dankesrede, die er anlässlich der Verleihung der Ehrendoktorwürde der Princeton University am 18. Mai 1939 gehalten hat:

> Ein eigentümlicher Ausfall in der geistigen Mitgift des deutschen Volkes, eine verhängnisvolle Lücke in seinem Kulturbegriff, sein Mangel an politischem Instinkt brachte es mit sich, daß es verworfenen Führern in die Hände fiel, die den Geist, das Recht, die Wahrheit und Freiheit tiefer demütigten und entehrten, als es vielleicht je in der Welt geschehen war, und deren unkritisierbare Gewaltherrschaft einem Menschen, dem es mit dem Wort und seiner Würde, mit dem freien Gedanken ernst war, das Atmen in diesem Lande unmöglich machte.[15]

Eine Übersiedlung nach Amerika – und damit das Verlassen des deutschen Sprachraums – war für Mann jedoch bis 1938 schlechthin dystopisch. In dem Reisebericht "Meerfahrt mit Don Quichote" bezeichnet er sich im Rückblick auf seine erste Überfahrt nach Amerika im Jahr 1934 (er war zu einer kurzen Vortragsreise nach Neuengland eingeladen worden) als einen Reisenden, der sich zu einem Besuch bei "den Gegenfüßlern"[16] aufgemacht habe. Ein Blick

---

[14] Thomas Mann: Der Tod in Venedig. In: Ders. *Frühe Erzählungen* (wie Anm. 3). S. 501–592. Hier: S. 507–508.
[15] Thomas Mann: Lob der Dankbarkeit. In: Ders.: *Gesammelte Werke in dreizehn Bänden*. Frankfurt a.M.: Fischer 1974. Bd. 13. S. 121–127. Hier: S. 123. Es handelt sich hier um die deutsche Redevorlage, denn die Dankesrede an sich wurde auf Englisch gehalten. Die englische Übersetzung ist nicht erhalten.
[16] Thomas Mann: Meerfahrt mit Don Quichote. In: Ders.: *Essays*. Bd. 4 (wie Anm. 4). S. 90–139. Hier: S. 90.

in die Tagebücher dieser Zeit zeigt jedoch, dass ihn dazu noch ganz andere Sorgen plagten. Bis auf einen belesenen jungen Mann kannte ihn niemand auf diesem Ozeandampfer. Wie mochte es dann erst in Amerika werden? Würde man ihm, dessen Pass die deutschen Behörden nicht mehr verlängert hatten, überhaupt Einlass gewähren, oder musste er wie nach dem Eisenbahnunglück vor drei Jahrzehnten die Sitzbank – diesmal auf Ellis Island – mit den Gästen der zweiten und dritten Klasse teilen? Kurz nach dem Anlegen des Schiffes in New York erwiesen sich diese Bedenken jedoch als völlig unbegründet. Sein erster Aufenthalt in den USA war – dem heutigen Sprachgebrauch entsprechend – ein Medienereignis. Nach gültigen Pässen wurde nicht gefragt, und schon vor seiner Abreise stand fest: ein Leben in der Anonymität mit Angewiesenheit auf Almosen, wie es sein Bruder Heinrich und zahllose Schicksalsgenossen im Exil haben führen müssen, drohte ihm nicht. So heißt es im Tagebuch am 12. Mai 1934, vier Tage nach der Abreise:

> Ich zähle auf wie in Begeisterung. Das ist lächerlich. Gut, es war dieses Abenteuer, diese Lebensleistung. Ein bitterer oder übel-fader Geschmack nach Reue und Peinlichkeit bleibt wie von allem Leben davon zurück. Es ist geleistet worden. Ich habe, so gut es ging, oft demütigend behindert von der fremden Sprache, meinen Mann gestanden, und Tatsache ist, daß Knopf eine ungeheuchelte Zufriedenheit über den Verlauf des Besuches an den Tag legte.[17]

Die Notwendigkeit, Europa auf Jahre hin zu verlassen, mochte sich ergeben. Mit Freude blickte er einem Exilantenleben in den USA trotz der Aussicht auf eine gesicherte Existenz für sich und seine Familie nicht entgegen. Der Entschluss hierzu kam denn auch wiederum spontan: die Nachrichten von der Annexion Österreichs trafen ihn während seines vierten Aufenthalts in den USA nicht nur persönlich, sondern auch als politischen Redner, unvorbereitet. In der am 25. Februar 1938 gehaltenen Dankesrede für die "Gründung einer Dokumentensammlung" der Yale University hatte es noch geheißen:

> Ich stehe am Anfang einer Vortragsreise durch die Vereinigten Staaten, auf der ich in zahlreichen Städten, in Universitäten und town-halls über Demokratie sprechen will: von ihrer zeitlos-menschlichen Jugendlichkeit will ich sprechen, will diese verteidigen gegen den falschen Jugendlichkeits- und Zukünftigkeits-Anspruch zeitgeborener Gegen-Tendenzen und meinen Glauben bekennen an den zukünftigen Sieg der Demokratie.[18]

---

[17] Thomas Mann: *Tagebücher 1933–1934*. Frankfurt a.M.: Fischer 1977. S. 437–438. Alfred A. Knopf war Manns amerikanischer Verleger.
[18] Thomas Mann: Zur Gründung einer Dokumentensammlung in Yale University. In: Ders.: *Gesammelte Werke*. Bd. 11 (wie Anm. 15). S. 458–467. Hier: S. 465. Es handelt sich hier um die "Thomas Mann Collection" der *Beinecke Rare Book and Manuscript Library*.

Mann charakterisiert *The Coming Victory of Democracy*[19] wie folgt:

> "Vom zukünftigen Sieg der Demokratie", noch in der Schweiz geschrieben und deutsch in Stockholm gedruckt, ist die erste durchaus für Amerika bestimmte Arbeit; sie bedeutet in meinem Leben den literarischen Übergang von der alten Welt, in der mir mehr und mehr der Boden unter den Füßen schwand, in die neue, mit der ich schon seit dem zweiten Jahre meiner Emigration durch wiederholte Besuche Kontakt genommen hatte, und in der ich 1938, dem Ruf der Universität Princeton folgend, endgültig Wohnung nahm. Ich bereiste mit dem Vortrag zahlreiche Städte des Ostens, des Mittel-Westens und Westens, und die Aufnahme, die er bei den gewaltigen Zuhörerschaften, mit denen dieses Land den Europäer überrascht, wie auch, als er gedruckt vorlag, bei der Presse fand, war so sympathisch, daß die Erinnerung daran mich ermutigt, ihn auch hier wieder vorzulegen.[20]

Nun hatte er auf seinen vorherigen USA-Reisen – abgesehen von kurzen Stellungnahmen und Dankesworten – lediglich englische Übersetzungen von Manuskripten vorgetragen, die zuvor schon für sein deutschsprachiges und europäisches Publikum abgefasst worden waren, so dass die am 1. März 1938 in Chicago erstmals auf Englisch gehaltene Rede in der Tat als literarisches Novum zu betrachten ist. Allein anhand von textimmanenten Kriterien lässt sich ausmachen, dass es sich bei den Schriften, die eigens für Amerikaner abgefasst wurden, um ein für Thomas Mann neues Genre handelt. Hermann Kurzke und Stephan Stachorski charakterisieren die Texte aus dieser Zeit wie folgt:

> Gewaltsam drängt sich die Politik in den Vordergrund in den Jahren von 1938 bis 1945. Oft mißmutig, aber seinem Pflichtgefühl gehorsam unterwirft sich Thomas Mann immer wieder der Forderung des Tages. Die überwältigende Mehrheit der Arbeiten dieses Bandes sind politischer Natur. Sie wirken gelegentlich etwas standardisiert, rhetorisch-floskelhaft, aus immer sich wiederholenden Versatzstücken montiert, und entbehren manchmal der künstlerischen Raffinesse früherer Essays zugunsten eines predigerhaften Pathos, jener hohlen Lautstärke, die zum Beispiel den Aufruf *An die gesittete Welt* charakterisiert.[21]

Als Mann das Redemanuskript "Vom zukünftigen Sieg der Demokratie" Ende 1937 im schweizer Exil erstellte, war er sich zwar bewusst, dass durch den Entzug der Leser in Deutschland der "Resonanzraum seines Schaffens [...] erheblich geschrumpft"[22] war. So ist es verständlich, dass er nun versuchte, sich in Amerika ein neues Publikum zu erschließen. Doch zu einer Übersiedlung in die Neue Welt hatte er sich damals noch keineswegs entschlossen. Im Tagebuch

---

[19] Vgl. Thomas Mann: *The Coming Victory of Democracy*. London: Secker & Warburg 1938.
[20] Thomas Mann: Vorwort [zum Essay-Band "Order of the Day"]. In: Ders. *Gesammelte Werke*. Bd. 13 (wie Anm. 15). S. 169–180. Hier: S. 177–178.
[21] Hermann Kurzke und Stephan Stachorski: Nachwort und Danksagung. In: Mann: *Essays*. Bd. 5 (wie Anm. 4). S. 460–464. Hier: S. 460.
[22] Ebd.

vermerkte er denn auch am 27. November 1937: "Vormittags an dem amerik. Vortrag. Demokratischer Idealismus. Glaube ich daran? Denke ich mich nicht nur hinein wie in eine Rolle? Es ist jedenfalls gut, diese Welt zu erinnern."[23] Sofern Kurzkes und Stachorskis Charakterisierung zustimmt, lässt der Gebrauch des Pathos auf eine Wirkungsabsicht schließen, die sich wesentlich von den Intentionen seiner vormaligen Essayistik unterscheidet. So möchte Thomas Mann denn auch seine Übereinstimmung mit den Wertvorstellungen der Amerikaner beteuern, um ihre Unterstützung seiner eigenen politischen Ziele – vor allem die Niederwerfung des Naziregimes – zu erwirken. Der hiermit erhobene Geltungsanspruch zielt mithin nicht vornehmlich auf Wahrhaftigkeit oder Wahrheit, sondern vielmehr auf normative Angemessenheit. So kann er sich durch den Gebrauch pathetischer Redemittel denn auch mit größerer Überzeugungskraft gegen die Appeasementpolitik der Westmächte aussprechen. Kurzke und Stachorski nehmen solche Redestrategien gegen den Vorwurf der Unaufrichtigkeit in Schutz:

> Aber daß er die demokratischen Pflichten auch *contre coeur* wahrnahm, sollte uns Heutigen eher Respekt als Verachtung einflößen. In den amerikanischen Jahren wird dieses Engagement noch weiter zunehmen. Von der Zahl und der Reichweite der antifaschistischen Stellungnahmen ist Thomas Mann mit Abstand der wirkmächtigste Schriftsteller des deutschen Exils.[24]

Viele dieser Schriften bestehen tatsächlich aus Versatzstücken, die immer wieder – der jeweiligen rhetorischen Situation entsprechend – ausgetauscht und mit großem Geschick umarrangiert wurden. Mann, der des Englischen kaum mächtig war, hat die Pläne und Entwürfe seiner an die Amerikaner gerichteten Äußerungen wie schon im Fall von *The Coming Victory of Democracy* zunächst auf Deutsch abgefasst. Er war dazu nicht nur bei der Übersetzung, sondern desöfteren auch bei der Erstellung und notwendig werdenden Revisionen der Vortragsmanuskripte auf fremde Hilfe angewiesen. So handelt es sich hier nicht um das Werk eines Einzelnen, sondern um Teamwork. Dies trifft auch, wenn auch im geringeren Maße, auf seine künstlerischen Exilschriften, und hier nicht zuletzt auf den Roman *Doktor Faustus* zu, der ohne die Assistenz Theodor W. Adornos und Erika Manns nicht hätte entstehen können, einer Zusammenarbeit, die sich – zwar nicht in künstlerischer Hinsicht, doch im Sinne von inhaltlicher und intellektueller Beratung – qualitativ von der fremden Hilfe, die Mann für seine vor 1938 abgeschlossenen Werke in Anspruch genommen hat, unterscheidet.

Zwar vereinfacht Mann in seinen amerikanischen Reden und Essays und lässt seine Zuhörer und Leser in dem Glauben, er sei sein Leben lang

---

[23] Thomas Mann: *Tagebücher 1937–1939*. Frankfurt a.M.: Fischer 1980. S. 135.
[24] Kurzke und Stachorski: Nachwort und Danksagung. (wie Anm. 21). S. 460.

demokratisch gesinnt gewesen. Hinter solchen Simplifizierungen steht jedoch keine Täuschungsabsicht, sondern er bedient sich der rhetorischen Redeformen des Pathos und Ethos, um sich selbst als legitime Instanz und Gegner des Nationalsozialismus auszuweisen. So kann er dann mit verstärktem Geltungsanspruch darauf drängen, dass Amerika Nazideutschland den Krieg erklärt und in die Knie zwingt. In der Dankesrede für die Verleihung der Ehrendoktorwürde in Princeton von 1939 heißt es etwa:

> Daß es verzichten hieß auf Heim und Habe, scheiden auf unberechenbare Zeit, vielleicht bis ans Lebensende, von den Landschaften der Heimat, auf die man ein angeborenes seelisches und physisches Recht hat, war das Wenigste, obgleich es absurd ist, daß hergelaufene Abenteurer einen sollten davon trennen und einem sogar den Namen eines Deutschen sollten nehmen dürfen. Aber der Schriftsteller ging seiner Leserschaft, des Kontaktes mit den gebildeten Massen seines Landes verlustig; er sah sich, so gut wie vollständig, von dem Publikum abgeschnitten, mit dem zusammen er sich höher gebildet hatte. Zwar reichte die deutsche Sprache nach allen Seiten über die Grenzen des politischen Reiches hinaus; aber eben damit soll es ja nach dem stupiden Willen von Machthabern, die von der wahren Natur und Bestimmung Deutschlands nicht das Geringste wissen, ein Ende haben. Sie wissen nicht, daß Deutschland von Natur ein Land schöpferischer Dankbarkeit ist, ein Land des Nehmens und Gebens, ein Land mit fließenden Grenzen, ein grenzenloses Land, nicht feindlich abgeschlossen gegen die Welt, sondern weltoffen und welt-empfangend [...].[25]

Um den Anspruch zu erheben, Repräsentant des *guten* Deutschland zu sein, bedient sich Mann der Redemittel des Pathos und Ethos. *Er* ist es, dem Glauben zu schenken ist über den wahren Charakter Deutschlands, dessen Trauer um die Verbannung aus seiner Heimat und Unmut über den Entzug seiner Leserschaft, deren Gunst er durch lebenslange Anstrengungen erworben hat, mit der Sympathie der Amerikaner rechnen darf. Was die gegenwärtigen Machthaber über Deutschland verkünden, ist nicht nur inhaltlich falsch, sondern von vorn herein zu verwerfen, da sie weder Sympathie noch Glaubwürdigkeit verdienen.

Dagegen unterstreicht Mann, dass die Sympathie, die er von den Amerikanern empfängt, auf Gegenseitigkeit beruht, und dass er dafür dankbar ist, sich an seine amerikanischen Zuhörer und Leser wenden zu können:

> Aber von Anfang an, seit dem deutschen Unglücksfall, hatten Fäden der Sympathie sich nach Amerika herübergesponnen. Das freundliche Interesse, das die englischen Übersetzungen meiner Bücher gerade hier gefunden, konnte mich fast über das absurde Faktum trösten, daß heute diese Bücher im deutschen Original, worin doch nur sie wahrhaft nur selbst, kaum existieren. Ehemals war die Teilnahme der Welt mir ein glücklich Hinzukommendes gewesen – jetzt war sie alles geworden. Hatte ich noch ein Publikum, so war es die Welt, und es war in erster Linie Amerika. [...] Freundschaft, eine moralische Freundschaft, die mit mir in dem

---

[25] Thomas Mann: Lob der Dankbarkeit (wie Anm. 15). S. 123–124.

entschiedensten Abscheu gegen das Widerwärtige übereinstimmte, das in Europa sein Wesen trieb, empfing und umgab mich überall. Großartig weiträumige Verhältnisse, eine Atmosphäre der Freiheit, das Leben einer mächtigen Nation, welche die Macht in den Dienst der Gesittung zu stellen gesonnen war, sprachen mich glücklich an; es winkte die Möglichkeit eines erneuerten Wirkens auf breiter Basis, mit dem kontinentweiten Hintergrund einer kulturell noch ganz unermüdeten, dem Geistigen ehrlichst zustrebenden Öffentlichkeit, – und der Entschluß, mein Leben an dieses Land zu binden, stand schon so gut wie fest, als die ehrende Einladung der Universität Princeton den letzten Ausschlag gab.[26]

Es ist ein geläufiger Einwand gegen die Rhetorik, ihr Bezug auf die vom Redeinhalt scheinbar unabhängigen Überzeugungsmittel sei formalistisch und diene womöglich dem unredlichen Manipulieren. Die Analyse der rhetorischen Redeformen in *The Coming Victory of Democracy* und der Dankesrede für die Verleihung der Ehrendoktorwürde in Princeton zeigt jedoch, dass eine solche Kritik zu kurz gegriffen ist. Unterscheidet man – wie bereits schon knapp umrissen wurde – zwischen den rhetorischen Wirkungsabsichten des Ethos, Logos und Pathos,[27] so handelt es sich bei dem Manuskript, das der Autor mit auf seine Schiffsreise nach New York nahm und das in dieser Form als Sonderheft der Zeitschrift *Maß und Wert* sowie auch ab September des Jahres 1938 auszugsweise in der Exilpresse erschien, um einen vornehmlich auf Pathos abzielenden Sprechakt. Es geht Mann darum, sich mit seinem neuen Publikum so zu verständigen, dass die Hörer mit ihm und den Werten, zu denen er sich bekennt, übereinstimmen. Dies bestätigt sich in Manns Brief an René Schickele vom 27. Januar 1938, wenn er schreibt: "Ich habe selbst das Gefühl, daß mein politischer Vortrag jetzt für die U.S.A. genau das Richtige und eine Unterstützung der Politik Roosevelts ist".[28] Indem er sich zu dem politischen Grundprinzip der amerikanischen Gesellschaft bekennt, kann Thomas Mann nicht nur mit der Zustimmung seiner Hörer rechnen, sondern auch die Politik Roosevelts als sozial ausgerichtete Reform preisen, derer es bedürfe, um den zukünftigen Sieg der Demokratie zu sichern. Der hiermit erhobene Geltungsanspruch zielt mithin nicht wie der des Logos auf die Wahrheit, sondern vielmehr auf die normative Angemessenheit der Sprechhandlung. Ferner spricht sich der Redner mit aller gebotenen Vorsicht gegen die Appeasementpolitik der Westmächte aus. Wenn man dieser Rede die künstlerische Raffinesse von Thomas Manns früheren Essays abspricht, wäre mithin zu bedenken, dass er ihrer angesichts der Wirkungsabsicht der Normkonformität gar nicht bedurfte, ja dass eine solche Sprachkunst diesem Redeziel sogar abträglich gewesen wäre.

---

[26] Ebd. S. 125
[27] Vgl. Karl-Heinz Göttert: *Einführung in die Rhetorik. Grundbegriffe – Geschichte – Rezeption.* München: Fink 1994. S. 22–24 und 84–91.
[28] Hans Wysling und Cornelia Bernini (Hg.): *Jahre des Unmuts. Thomas Manns Briefwechsel mit René Schickele.* Frankfurt a.M.: Klostermann 1992. S. 117.

Versteht man Logos, Ethos und Pathos, wie so eben ansatzweise ausgeführt wurde, als Grundelemente des kommunikativen Handelns, so erweist sich der Vorwurf der Unredlichkeit auch aus sprachanalytischer Sicht als unberechtigt. Hierbei kann man sich auf die linguistische Pragmatik und Sprechakttheorie berufen. Damit eine Äußerung überhaupt als sprachliches Handeln Geltung beanspruchen kann, müssen nämlich mehrere Bedingungen erfüllt sein. Im Rahmen der Pragmatik macht die Frage, ob ein Sprechakt sich auf einen außersprachlichen Inhalt bezieht, nur eine von vier Hauptbedingungen der Kommunikation aus.[29] Neben die Frage nach der Wahrheit einer Äußerung treten nämlich drei weitere Kriterien: normative Richtigkeit, Wahrhaftigkeit des Sprechers und Verständlichkeit. Diese Geltungsansprüche werden einzig dadurch eingelöst, dass die Gesprächspartner, Teilnehmer einer öffentlichen Veranstaltung, und eben auch die Leser eines Essays sie anerkennen.

Diese Kriterien können nun aber mit den traditionellen rhetorischen Redemitteln in Bezug gesetzt werden. Neben dem im aristotelischen Sinne unkünstlerischen Anspruch auf Verständlichkeit (der gerade für Exilanten von großem Belang ist, die sich an eine nicht-deutschsprachige Öffentlichkeit richten) treten nun drei weitere Ansprüche, die der Kunst der Rede zugewiesen werden: So ist es dem Redner darum gelegen, dass die Hörer sein Wissen teilen und die von ihm dargestellten Aussagen als objektiv wahr betrachten – er erhebt mithin Anspruch auf Logos. Ferner möchte er, dass die Hörer seine Handlungsvorschläge als normativ richtig betrachten, und unterstreicht seinen Anspruch auf Richtigkeit durch die Redemittel des Ethos; und letztlich ist er darum bemüht, dass die Hörer seine Kundgabe subjektiver Erlebnisse und von Gefühlen als aufrichtig betrachten, wozu er auf das Redemittel des Pathos zurückgreift.

Zurück zu Thomas Mann. Schon in seiner ersten Lebensphase fällt auf, dass seine autobiographischen Äußerungen regelmäßig auf Goethe Bezug nehmen. Im Sinne des soeben ausgebreiteten begrifflichen Instrumentariums kann dies aus vier verschiedenen Redeabsichten erfolgen, denen wiederum eigene Geltungsansprüche entsprechen. Zunächst kann er sich mit unkünstlerischer Absicht auf Goethe beziehen, um den eigenen Anspruch auf Verständlichkeit zu untermauern. Ist es Thomas Mann hingegen darum gelegen, dass seine Zuhörer seine politischen Ziele teilen, so kann er auf Goethe auch mit der Redeabsicht des Ethos Bezug nehmen und versuchen, sich durch den Vergleich mit dem Klassiker Respekt zu verschaffen. Mit dem Gebrauch des Logos als Redemittel erhebt er sodann Anspruch auf *Ratio*: er stellt seine eigene Haltung zusammen mit Goethes Anliegen als vernünftig hin und kann

---

[29] Vgl. Jürgen Habermas: *Theorie des kommunikativen Handelns. Band 1. Handlungsrationalität und gesellschaftliche Rationalisierung.* Frankfurt a.M.: Suhrkamp 1981. S. 148–151.

so seine Gegner mit gestärkter Autorität des Irrationalismus überführen. Die Bezugnahme auf Goethe kann letztlich aber auch der Redeabsicht des Pathos dienen, etwa um das Mitgefühl der Amerikaner für die Sache des *guten* Deutschland zu erregen.

Wenn Mann sich in seinen politischen Reden und Essays, die für die Amerikaner verfasst wurden, auf Goethe bezieht, ist seine Redeabsicht vornehmlich vernunftbezogen: der Nationalsozialismus wird als irrationale Wende gegen die humanistische deutsche Tradition angeprangert. Wenn es darum geht, die Zaghaftigkeit der internationalen Politik zu verurteilen, verbindet er die vernunftbezogene auch mit pathetischer Rede.

Als erste Nachrichten über Manns Absicht, nach Amerika überzusiedeln, erschienen, hieß man den zukünftigen Mitbürger mit überschwänglichen Worten willkommen. So heißt es in Edith Lovejoy Pierces "Sonnet for Thomas Mann", das am 21. März in *The Christian Century* erschien:

> WELCOME, brave exile! Do not, through the years,
> Regret the Fatherland you left behind.
> For you *are* Germany – you and your peers,
> Her heart, her soul, her conscience and her mind.
> What was another's loss becomes our gain:
> An exodus of peoples that arise
> From Jewry and from Germany and Spain
> Our culture crude will now cross-fertilize.
> Where twenty years ago arms had no chance,
> Your ringing words of beauty hold their ground,
> And penetrate where guns could not advance.
> Hail, spirit of the future, welcome! Found
> Your Fatherland upon this further shore –
> While Blood and Soil grow sterile at the core.[30]

Dieses Sonett bezeugt, dass der berühmte deutsche Schriftsteller seine Redeabsicht des Pathos erfüllt hatte. Wie bereits ausgeführt wurde, ist es Thomas Mann mit seiner Entscheidung, in Amerika zu verbleiben, keineswegs so leicht gefallen, wie Edith Lovejoy Pierce ihre Landsleute glauben lässt. Angesichts der täglich zu erwartenden Nachrichten aus Europa und Asien blieb für weltanschauliche Kontemplation kaum Zeit. Und gerade hieraus ergibt sich ein weiteres Merkmal seiner amerikanischen Reden und Essays: das der Unabgeschlossenheit und Fluidität. So haben Thomas Mann und seiner Helfer und Helferinnen nicht aus Bequemlichkeit auf Veratzstücke zurückgegriffen, sondern aus der Notlage heraus, zu den Nachrichten aus Europa, gerade wenn es sich um Hiobsbotschaften – wie die Kunde von der Annexion Österreichs – handelte, Stellung zu nehmen. Ein bezeichnendes Beispiel hierfür ist wiederum

---

[30] Edith Lovejoy Pierce: Sonnet for Thomas Mann. *The Christian Century* 16. März 1939. S. 336.

der Rede *The Coming Victory of Democracy*. Das im Zürcher Thomas-Mann-Archiv befindliche englische Redemanuskript folgt zunächst der deutschen Vorlage, in der der Vortragende seinem Publikum gleich zu Beginn erklärt, er wisse, dass Amerika von einem Deutschen und Europäer keiner Belehrungen über das Thema Demokratie bedürfe, ja dass man mit solch einem Versuch Eulen nach Athen trage – wobei die Übersetzerinnen diese deutsche Metapher dem amerikanischen Publikum folgendermaßen verständlich machen:

> Ladies and Gentlemen,
> There is in English an expression "to carry coals to Newcastle". The more classical, German form of the saying, "to carry owls to Athens", is probably peculiar to the German language. It denotes some perfectly superfluous effort, the transport of something to a place already full of it. For, since the owl was a bird sacred to Athene, Athens was full of owls, and anyone imagining it necessary to increase their number would simply have made a laughing-stock of himself.
> In taking it upon myself to speak of democracy in America, Ladies and Gentlemen, I feel rather like a man carrying a load of owls to Athens. It looks as if I did not know that I am here in the classic country of democracy, the land in which the manner of thought, the social order called by that name is literally at home, is everybody's rooted conviction – in short: is so taken for granted that Americans have nothing to learn on the subject, and least of all from a European.[31]

Dieser Version muss der Redner von 1. bis 9. März auf seiner Reise von Chicago nach Michigan und New York noch gefolgt sein. Am 14. März, also drei Tage nach dem Einmarsch deutscher Truppen in Österreich, befand er sich in Philadelphia. Hier wurde offenbar die Einleitung der ersten englischen Fassung fallen gelassen und durch einen neuen Text ersetzt, der sich auf der unbedruckten Rückseite des Briefpapiers des dortigen Hotels Bellevue-Stratford befindet. Hier heißt es nun mit dem Vermerk "New Opening":

> Ladies and Gentlemen, – it is not easy to speak on the "coming victory of Democracy" in a moment, in which the aggressive brutality of fascism seems to be so distressingly triumphant. The moment, indeed, does not seem to be well chosen, – and European democracy at least in its moral weakness, seems to forbid any optimistic prophecy. But it certainly is not forbidden,– in [sic] the contrary, it proofs [sic] to be more necessary than ever, to recognize, that democracy is no longer a secure possession, that it is being assailed, that it is gravely menaced from within and without,- that it has once more become a problem. Even America, the classic country of democracy, feels today, that the time has come for democracy to take stock of itself, to remember and discuss,– in a word the time for its self-renewal in thought and feeling.[32]

[31] Es handelt sich hier um meine eigene Transkription des Typoskripts "Mp IV ue braun" des Thomas Mann Archivs in Zürich.
[32] Ebd. Es handelt sich hier wiederum um meine eigene Transkription des Typoskripts, und zwar um den auf Briefpapier des Hotels Bellvue-Stratford (Philadelphia) hinzugefügten Neubeginn der Rede.

Schon in Chicago war die Rede mit Einschüben versehen worden, und während der gesamten Vortragsreise wurde der Text revidiert, um auf das Tagesgeschehen einzugehen und zu guter Letzt Thomas Manns Entschluss bekannt zu geben, sich in Amerika niederzulassen. So schließt die Rede nicht mehr mit der Übersetzung der noch in der Zeitschrift *Maß und Wert* wiedergegebenen Worte:

> Das Neue in der Welt ist das, was die politische Jugend Frankreichs den "ökonomischen Humanismus" nennt. [...]
> Das ist die Wahrheit. Es ist die Wahrheit, welche die aus den Reserven ihrer Zeitlosigkeit verjüngte Freiheit dem prahlerischen Jugendlichkeitsanspruch der Diktatur entgegensetzt. Die soziale Erneuerung der Demokratie ist Bedingung und Gewähr ihres Sieges. Sie wird die "Volksgemeinschaft" schaffen, welche sich dem Lügengebilde, das der Faschismus so nennt, im Frieden schon und, wenn es sein muß, auch im Kriege weit überlegen erweisen wird. In ihr ist die Gemeinschaft schon lebendig, die das Ziel aller Politik ist und sie endlich aufheben soll: die Gemeinschaft der Völker.[33]

Die englische Druckfassung der von Agnes Meyer übersetzten Rede bezieht solche Änderungen mit ein, für die es keine deutsche Fassung gibt. So heißt es am Ende dieses Textes:

> Four years ago I visited America for the first time, and since then I have come here each year. I was delighted with the atmosphere that I found here, because it was almost free of the poisons that fill the air of Europe – because here, in contrast to the cultural fatigue and inclination to barbarism prevalent in the Old World, there exists a joyful respect for culture, a youthful sensitivity to its values and its products. I feel that the hopes of all those who cherish democratic sentiments in the sense in which I have defined them, must be concentrated on this country. Here it will be possible – here it *must* be possible – to carry out those reforms of which I have spoken; to carry them out by peaceful labour, without crime and bloodshed. It is my own intention to make my home in your country, and I am convinced that if Europe continues for a while to pursue the same course as in the last two decades, many good Europeans will meet again on American soil. I believe, in fact, that for the duration of the present European dark age, the centre of Western culture will shift to America. America has received much from Europe, and that debt will be amply repaid if, by saving our traditional values from the present gloom, she can preserve them for a brighter future that will once again find Europe and America united in the great tasks of humanity.[34]

Um die Wirkung von Thomas Manns amerikanischer Essayistik zu erfassen, muss man neben den deutschen Vorlagen auch die englischen Redemanuskripte, und sofern erhalten, gerade auch die Radioaufnahmen seiner Vorträge, zu Rate ziehen. Seine eigentliche Leistung, das Mitreißen seiner Zuhörer, ist

---

[33] Thomas Mann: Vom zukünftigen Sieg der Demokratie. In: Ders.: *Essays*. Bd. 4 (wie Anm. 4). S. 214–244. Hier: S. 243–244.
[34] Mann: *The Coming Victory of Democracy* (wie Anm. 19). S. 81–83.

sonst kaum auszumachen. Auch aus diesem Grund greift die Charakterisierung seiner Reden als hohles Pathos zu kurz.

Aufgrund der Notwendigkeit, auf das Tagesgeschehen – und später auch auf den Kriegsverlauf – einzugehen, änderten sich Manns Redeabsichten häufig. Daher ist es angebracht, seine amerikanische Exilrhetorik in verschiedene Phasen einzuteilen. So wäre es nach dem japanischen Angriff auf Pearl Harbor müßig gewesen, weiter auf den Kriegseintritt der USA zu drängen. Mann wandte sich in den letzten Kriegsjahren denn auch einem neuen Genre zu: den Radioansprachen an die deutschen Hörer. Hier appelliert er an seine ehemaligen Landsleute, Hitler selbst zu stürzen. Aber auch als Künstler war er darauf angewiesen, den Kriegsverlauf zu verfolgen – Zeitbloms verzweifelte Worte im letzten Kapitel des *Doktor Faustus* setzten schließlich voraus, dass das Nazireich seinem Untergang entgegensieht.

Was im Sommer 1945 – produktionsästhetisch gesehen – den Abschluss des Romanprojekts ermöglichte, bedeutete jedoch ein "Aus" für die politische Essayistik. Mit dem Essay "Germany and the Germans" zieht Mann ein Fazit. Nach der Veröffentlichung des Romans ging es ihm mit der Schrift *Die Entstehung des Doktor Faustus* noch einmal um den Versuch einer Rezeptionslenkung. Zwar hatte er einen amerikanischen Pass erhalten und sich noch im Jahr 1944 für die Wiederwahl Roosevelts eingesetzt. Doch nach dem Ausbruch des kalten Krieges und dem Beginn der McCarthy-Ära war für ihn, der später bekannte, er sei geistig niemals Amerikaner geworden, nicht allein sein Leben in den USA, sondern doch auch die politische Essayistik an ihren Endpunkt gelangt.

Der Rückgriff auf die Redeform des Ethos ist zu jener Zeit Indiz einer zunehmenden Entfremdung des Exilanten von den USA. Die autobiographische Schrift "Meine Zeit" ist das wichtigste Dokument dieser Art. Hier lässt Thomas Mann sich, wie bereits gezeigt wurde, auf einen direkten Vergleich mit Goethe ein. Genau wie Goethe sei er in einer Epoche aufgewachsen, die zu seinen Lebzeiten untergegangen sei, sei Zeuge mehrerer Kriege und Revolutionen gewesen, habe den Aufstieg und Untergang eines europäischen Diktators miterlebt, und muss nun den Beginn eines weiteren Weltkriegs befürchten. Sodann zieht er das folgende Fazit:

> [...] wenn, sage ich, dies an äußerer Dramatik recht reichlich ist für ein Menschenleben und quantitativ den Erfahrungen Goethes wohl gleichkommt, so stehe ich doch nicht dafür, daß nicht die Wiegenkinder von heute, wenn eine amoklaufende Technik sie überhaupt noch zum Zuge kommen läßt, im Alter mit dem Erlebnis noch ganz anderer Umwälzungen und spektakulöser Weltveränderungen werden renommieren können, als einer, der jetzt fünfundsiebzig wird.
> Ich gönne es ihnen. [...] Es kommt kein Jahrgang zu kurz.[35]

---

[35] Thomas Mann: Meine Zeit. In: Ders.: *Essays*. Bd. 6 (wie Anm. 4). S. 160–182. Hier: S. 163.

Der Vorzug, den er als Kind des neunzehnten Jahrhunderts den kommenden Generationen jedoch voraus zu haben glaubt, ist gerade auch die Verwurzelung mit Goethes Bildungs- und Humanitätsideal. So zitiert er Goethes Ausspruch: "Wie hätte ich die Franzosen hassen sollen? Zu viel verdanke ich ihnen von meiner Bildung". Sogleich darauf stellt Mann heraus:

> Von meiner Bildung zu viel verdanke ich dem russischen Gedanken, der russischen Seele, als daß die Machtpolitik es fertig brächte, mich zum Haß auf Rußland zu bewegen [...]. Das Bild des heißen Krieges malt niemand sich aus. Dasjenige des chronischen kalten haben wir vor Augen und sehen, daß er zerstört, was er bewahren will: die Demokratie. Denn sie unterliegt der Versuchung, den Teufel mit Beelzebub auszutreiben und den Faschismus zum Waffengefährten zu nehmen, ihn zu stützen und wieder großzuziehen [...].
> Aus der Tiefe der Menschenbrust löst sich heute der Schrei: "Friede, um Gottes willen Friede!"[36]

Zwei Jahre danach hat sich sein Verhältnis zu den USA noch weiter abgekühlt. Von einem literarischen Übergang in die Neue Welt oder gar einem Bekenntnis zum *American Way of Life* will er nichts mehr wissen. Als Mann am 24. Juni 1952 Pacific Palisades verließ und fünf Tage darauf von New York nach Zürich flog, war eine Epoche seines Lebens zum Abschluss gelangt. Anfang 1933 hatte er sich entschlossen, nicht mehr nach Deutschland zurückzukehren. 1938 war er in die Vereinigten Staaten übergesiedelt. Nach dem Ausbruch des Krieges war er Europa acht Jahre lang ferngeblieben, und erst sechzehn Jahre nach dem Beginn seines Exils hat er wieder deutschen Boden betreten – zum Anlass der Goethe-Feiern des Jahres 1949. Drei Jahre darauf gab er jedoch seinen kalifornischen Wohnsitz auf und sollte Amerika nicht mehr wiedersehen. Auch wenn er sich erneut in der Nähe von Zürich – und nicht in Deutschland – niederließ, lag die Zeit des Exils nun also endgültig hinter ihm.

Am 7. August 1952 reiste er von Zürich nach München, seine ehemalige Wahlheimat. Am folgenden Tag gab er zwei Interviews. Bei dem zweiten Gespräch handelt es sich um das bereits herangezogene Interview für den *Bayerischen Rundfunk*, in dem Mann betont, geistig niemals Amerikaner geworden zu sein. Auf die anschließende Frage, "ob nicht irgendein Einfließen einer bestimmten Mentalität, einer bestimmten Luft Amerikas dazu bemerkbar wäre", antwortet er:

> Ja, diese gewisse Großartigkeit der Anlage, auch der Geist der Demokratie, den man in Amerika eben doch in einer viel intensiveren, weil stärkeren Weise noch kennengelernt als man in Europa je dazu Gelegenheit hatte, das alles hat entschiedenen Eindruck auf mich gemacht, und ein literarischer Niederschlag davon ist – sonderbarer Weise – in dem vierten Band der Joseph-Tetralogie. Da ist also Josephs Wirtschaftsführung in Ägypten deutlich beeinflusst vom *New Deal* und

---

[36] Ebd. S. 178–179.

von Roosevelt, wie überhaupt die Persönlichkeit Roosevelts ja damals das Ganze beherrschte und auch […] mich durchaus kaptivierte. Ich bin mehrmals mit ihm persönlich in Berührung gekommen, wir haben einige Tage im Weißen Hause verbracht und hatten einen sehr starken Eindruck von seiner Persönlichkeit […]. Amerika, das war damals für mich Roosevelt. Seit Roosevelts Tode ist Amerika nicht mehr ganz Amerika für mich. Es hat sich eben doch stark verändert.[37]

In den Interviews und weiteren Stellungnahmen aus dieser Zeit zieht Thomas Mann ein Fazit. Er zollt Amerika Dank dafür, dass ihm und seiner Familie dort Asyl gewährt wurde. Zwar lobt er weiterhin Amerikas demokratische Grundhaltung und weist auf kulturelle Gemeinsamkeiten der Alten und der Neuen Welt hin. Was ihn jedoch persönlich mit Amerika verbunden hatte, gehört schon seit sieben Jahren der Vergangenheit an: die Ära Roosevelt. Es ist bezeichnend, dass die Reformpolitik des *New Deal* als Motiv in den letzten Joseph-Roman eingehen konnte. Die Übertragung dieser zeitgenössischen, von sozialer Verantwortung geprägten Wirtschaftsführung auf den Statthalter eines Pharaos entspricht der Absicht des Autors, Mythos zu psychologisieren und das im "Brunnen der Vergangenheit"[38] Versunkene künstlerisch zu gestalten. Was somit jedoch literarischen Niederschlag findet, ist vor allem die Persönlichkeit und der individuelle Regierungsstil Roosevelts, nicht aber der für Europa und gerade auch Deutschland zukunftweisende Geist der Demokratie. Auch von der amerikanischen Gegenwartsliteratur zeigt er sich unberührt, denn die Werke Whitmans und Hemingways, die er weiterhin als wichtigsten Einfluss der amerikanischen Literatur auf seine literarische Entwicklung ausweist, hatte er schon vor seinem Exil gelesen. Während er sein eigenes Werk der literarischen Moderne zurechnet, würdigt er den sozialen Realismus seiner amerikanischen Kollegen vornehmlich als einen Stil, der ihrer kulturellen Mentalität angemessen sei. Er distanziert sich aber nicht nur von dieser literarischen Ausdrucksform, sondern besteht eben auch darauf, geistig niemals Amerikaner geworden zu sein. Mithin möchte Mann sich in den letzten Jahren seines Lebens kulturell als Europäer, politisch und künstlerisch jedoch als Weltbürger ausweisen. Schenkte man diesen Äußerungen Glauben, so hätte er den Vereinigten Staaten gar nicht den Rücken kehren müssen, denn sein künstlerisches und politisches Selbstverständnis wäre allenfalls von frühen Leseeindrücken und der Bekanntschaft mit Roosevelt – die er bereits während seiner zweiten USA-Reise im Jahr 1935 machte – berührt worden, nicht aber von den Erfahrungen des fünfzehnjährigen Exils in der Neuen Welt. Dass dem nicht so war, sollte die vorliegende Untersuchung gezeigt haben. Dagegen sind die Aussagen, mit denen sich Mann persönlich von den Vereinigten

---

[37] Mann: *Rollende Sphären* (wie Anm. 2).
[38] Thomas Mann: *Joseph und seine Brüder*. Bd. 1. In: Ders.: *Gesammelte Werke*. Bd. 4 (wie Anm. 15). S. 9.

Staaten distanziert, vornehmlich als Ausdruck einer Enttäuschung verstehen – der Enttäuschung darüber, dass die Amerikaner McCarthy nicht früh genug Einhalt geboten hatten und es nicht verstanden hatten, den kalten Krieg zu vermeiden.

In der Ansprache vor Hamburger Studenten, die er noch im Jahr 1953 gehalten hat, meint er mithin, es atme sich inzwischen wieder besser in Europa als in der Atmosphäre von McCarthys Kommunistenjagd:

> Fünfzehn Jahre [...] habe ich in Amerika verbracht, diesem Lande des Reichtums und der Großzügigkeit, dessen kurze, glückliche Geschichte einen Befreiungskampf einschließt, von dem Goethe als von einer "Erleichterung für die Menschheit" sprach. Ich schulde diesem Land großen Dank, da es den Flüchtling aus Hitler-Deutschland mit hochherziger Bereitwilligkeit aufnahm und seiner Arbeit freundlichste Ehren erwies. Dennoch ist es eine seelische Tatsache, daß ich mir, je länger ich dort lebte, desto mehr meines Europäertums bewusst wurde; und trotz bequemster Lebensbedingungen ließ mein schon weit fortgeschrittenes Lebensalter den fast ängstlichen Wunsch nach Heimkehr zur alten Erde, in der ich einmal ruhen möchte, immer dringlicher werden.
>
> Ich bin zurückgekehrt, habe mit achtundsiebzig noch einmal die Basis meines Lebens gewechselt [...]. Ist es nicht sogar so, daß es sich heute, wenigstens für einen Menschen wie mich, hier leichter atmet als dort? [...] Europas historische Schuld, die eigene tragische Schuld an seiner Gesunkenheit beraubt es für mein Gefühl nicht des Adels, seiner alten Würde [...]. Goethe sagte: "Mir ist nicht bange, daß Deutschland nicht eins werden wird." Lassen Sie uns sagen: Uns ist nicht bange, daß die wirkende Zeit nicht ein geeintes Europa bringen wird mit einem wiedervereinten Deutschland in seiner Mitte [...] *ein* Deutschland als selbstbewußt dienendes Glied eines in Selbstbewußtsein geeinten Europa, – nicht etwa als sein Herr und Meister.[39]

In den letzten Jahren seines Lebens identifizierte Thomas Mann sich mithin weder mit den Vereinigten Staaten als Großmacht des kalten Krieges noch mit dem geteilten Deutschland, sondern verstand sich als Europäer und Kosmopolit. Hiermit war der Prozeß einer weltanschaulichen Neuorientierung, der 1933 eingesetzt hatte, an seinen Endpunkt gelangt.

---

[39] Thomas Mann: Ansprache vor Hamburger Studenten. In: Ders.: *Gesammelte Werke*. Bd. 10 (wie Anm. 15). S. 399–404. Hier: S. 400–401.

Karl-H. Füssl

Fine-Tuning Utopia: American Social Sciences, European Émigrés, and U.S. Policy towards Germany, 1942–1945

This essay examines the discussions, suggestions, and policy guidelines of the Council for Intercultural Relations after World War II. Founded and led by Margaret Mead, this council – active since 1942 following the United States' entry into the war – deliberated recommendations regarding proposed postwar political developments. In addition to American social scientists, German-speaking refugees influenced the discourse on the future of Germany after Hitler. In corollary fashion, this essay addresses what effects flight and banishment had on advancements in scientific knowledge as well as the political convictions of those refugees.

Following the rise of European totalitarian movements in the twentieth century, several scholarly covenants originating in the US sought in varying intensity and breadth to explain these developments.[1] Central to the following inquiry are the discussions and contributions of the Council for Intercultural Relations (CIR). The CIR was closely affiliated with New York's Columbia University and from 1942 through 1945 regularly submitted suggestions developed by scholars for a cultural policy toward Germany. In particular, my research addresses the following issues: (1) the role social science-based knowledge played in political actions and perspectives; (2) the influence basic political convictions had on the course of theory processing; (3) whether the experience of flight, expulsion, and migration generated a genuine scholarly profile; (4) the practical consequences achieved through a policy legitimized by scholars, and (5) the mental and institutional processes that became reality or were brought to fruition.

---

[1] See Boris Schilmar: *Der Europadiskurs im deutschen Exil 1933–1945*. München: Oldenbourg 2004; *Was soll aus Deutschland werden? Der Council for a Democratic Germany in New York 1944–1945*. Ed. by Ursula Langkau-Alex and Thomas M. Ruprecht. Frankfurt-New York: Campus 1995; Claus-Dieter Krohn: *Wissenschaft im Exil. Deutsche Sozial- und Wirtschaftswissenschaftler in den USA und die New School for Social Research*. Frankfurt-New York: Campus 1987; Volkmar von Zühlsdorff: *Deutsche Akademie im Exil. Der Vergessene Widerstand*. Berlin: Ernst Martin Verlag 1999; Volkmar von Zühlsdorff: *Hitler's Exiles: The German Cultural Resistance in America and Europe*. Translated by Martin H. Bott with a foreword by Klaus-Dieter Lehmann. London-New York: Continuum 2004; Joachim Radkau: *Die deutsche Emigration in den USA. Ihr Einfluß auf die amerikanische Europa-Politik 1933–1945*. Düsseldorf: Schwann 1971.

I. Anthropology and Politics

In 1946, State Department Assistant Secretary William Benton, then in charge of the cultural policy of the American Military Government in Germany, wrote to anthropologist Margaret Mead: "Your part in the war-time information program in foreign countries created the foundations for a peace-time program".[2] The US entry into the Second World War assumed a significant place in Margaret Mead's biography. Apart from her full-time job as a curator of the American Museum of Natural History, she decided to offer her collected anthropological knowledge and experience to the good services of American warfare. In times of war, confessed Mead, social scientists have several options. They could remain in an ivory tower, do something patriotic, or use their accumulated knowledge and scientific methodology to the best of their ability to win the war:

> We must analyze the social organization of Prussia and Japan, especially, and attempt scientifically to strike out those elements which produce the convinced fascist [...] and with equal vigor we must set about developing within the culture of our enemies those tendencies which will enable them to use well the freedom which they have never had. If we fail in either job, if we let those fascist tendencies flourish at home we have disarmed abroad, we, of course, win nothing [...]. And if we fail to make every effort to cure all the curables in the other culture, then it is clear that what we glossed over as hospitalization was really after all only a prison designed to punish, not to cure.[3]

An important building block in Mead's way of thinking was based on anthropological similarities and regularities in societies which originate in connection with political racism. Mead took the view that each socialization theory is necessarily racist in itself when it is constituted on the basis of cultural characteristics and simultaneously maintains an early and constant determination of the future life cycle. Furthermore, Mead represented the point of view that human development only coincides with democratic ethics if postulated as a life-long learning process by encouraging changes in human behavior. She also refrained from theoretical approaches that claimed the exclusive relevance and irreversibility of cultural experiences in early childhood. Within the contemporary controversy between the protagonists supporting either

---

[2] William Benton, State Department, to Margaret Mead, February 26, 1946: Library of Congress, Washington D.C., Special Manuscript Division, *Papers of Margaret Mead:* C 15. Subsequent quotations from the *Papers of Margaret Mead* will be referenced with the abbreviation MM followed by a colon and a Letter (designating series) and an Arabic numeral (designating box number).

[3] Margaret Mead: *And Keep Your Powder Dry. An Anthropologist Looks at America.* New York: William Morrow & Co., Fifth Printing 1975. Pp. 245ff.

supremacy of predisposition (nature) or environmental development (nurture), Mead undoubtedly belonged to the latter. She conveyed the optimistic message that, among diverse ethnic groups, an improvement of human relations will be reached through transcultural and intergenerational understanding, thus symbolizing a key function for social progress.[4]

II. A Social Scientist's Anti-Hitler Alliance

In 1940, at a meeting of the American Association of Anthropology (AAA), Mead founded the CIR. In subsequent informal meetings she emphasized the value and virtue of the newly established social sciences for future research. "Its members realized that the older sciences of history, political science and economics needed to be supplemented by the newer disciplines of anthropology, sociology, psychology, and psychiatry".[5] Mead recognized scholarly meaningful results in the social sciences predominantly by their application in society. Through the collaboration in the newly founded CIR, Mead advanced an intensified exchange of experiences between American social scientists Clyde Kluckhohn, Rhoda Metraux, Philip Mosely, Gardner Murphy, Edward Y. Hartshorne, David Riesman, Talcott Parsons, Geoffrey Gorer, as well as Gregory Bateson and the Hitler refugees Erik H. Erikson, Kurt Lewin, Elsa Frenkel-Brunswik, Marie Jahoda, Erich Fromm, Erich Kahler, Martha Wolfenstein, and Richard Brickner. In their basic orientation, these discussions were heavily influenced by Sigmund Freud's psychoanalytical theories, because they promised to explain the irrationality associated with the rise of totalitarian movements. Mead's prominent status in American academia permitted direct access to Eleanor Roosevelt, who facilitated connections within influential political circles. In 1942, Mead, in conjunction with Bateson, Lewin, Erikson, Fromm, Brickner, Mosely, Kahler, and Hartshorne, presented a preliminary memorandum about German character structure, whereby Mead served as a mentor for the German studies and Ruth Benedict dissected Japanese cultural phenomena.[6]

The memorandum created ample space for a detailed analysis of the National Socialist film *Hitlerjunge Quex*, conveyed by British anthropologist Gregory

---

[4] See Margaret Mead: The Study of Culture at a Distance. Part I: Introduction. In: *The Study of Culture at a Distance*. Ed. by Margaret Mead and Rhoda Métraux with an introduction by William O. Beeman. New York-Oxford: Berghahn Books 2000. Pp. 331–350. Originally Chicago: University of Chicago Press 1953. Pp. 3–50.

[5] Margaret Mead: *Blackberry Winter: My Earlier Years*. New York: William Morrow 1972. P. 189.

[6] See Ruth Benedict: *The Chrysanthemum and the Sword.Patterns of Japanese Culture*. Boston: Houghton Mifflin 1946.

Bateson.[7] The propaganda movie described the political socialization and tragic death of a male adolescent in the quarrel between Communists and Nazis. With Hitler's personal blessings, the film had its première in 1933 in Berlin. Bateson's tentative efforts to apply anthropological techniques to the analysis of a propaganda film resulted in the categorization of time perspectives, political groups, interactions, sexuality, the family dream, and death. In his analysis Bateson realized that, in a kind of orgasmic rebellion, a permanent status change destroys the traditional family unit. This status change parallels a multiple symbolic extinguishing of lives, whereby the newly created persona finally finds its reincarnation and redemption in a realm lasting a thousand years. Quex walks from the living world to the kingdom of reincarnated heroes. The *rites de passage* proceed in same-age cohorts as initiation ceremonies that fatefully seal the loss of the old status and characterize National Socialism as a phantasmagorical, infinite, and restless parade. Bateson predicted an audience behavior pattern that identifies reality from the angle of adolescents and stimulates for observers a nostalgic desire for innocent childhood. In his conclusion, Bateson accused National Socialism of considering the individual person as a mechanical object who is exposed to the extreme dualism of authority and temptation. Since the film did not explicitly mention the analyzed categories, Bateson assumed an emotionalized reception dynamic that sets its action potential free as soon as attention is called for. Prospective Nazi converts learned in the media performance to organize their views on ideology, environment, and behavior in an entirely new way.

Additional inquiries into Nazi indoctrination focused on the age group of kindergarten children where the sharp contrast between the authoritarian father role within and the servile status outside the core family pointed to the perception of a threefold mother role: First, as an advocate for the child when the father is absent; second, within the parthenogenetically reproduced passage to new alliances when the mother sacrifices her child for the returning father; and finally, as the mother suffers under her opportunistic behavior when she carefully devotes herself to the child again. Erik Erikson developed his "suffering mothers" concept out of a psychoanalytical interpretation of Hitler's opus *Mein Kampf* and raised a further leading question about the meaning of adolescence in German culture.[8] According to Erikson,

---

[7] See MM: O 6. Gregory P. Bateson: An Analysis of the Nazi Film *Hitlerjunge Quex*. Museum of Modern Art Film Library, Spring 1943. Also in: *The Study of Culture at a Distance* (n. 4). Pp. 331–350. See also David Lipset: *Gregory Bateson: The Legacy of a Scientist*. Englewood Cliffs, N.J.: Prentice-Hall 1980.

[8] See Erik H. Erikson: Hitler's Imagery and German Youth. In: *Psychiatry. Journal of the Biology and Pathology of Interpersonal Relations* 5 (November 1942). Pp. 475–493. Reprinted in the ground-breaking monograph Erik H. Erikson: *Childhood and Society*. New York: W. W. Norton 1950. This book appeared in ten more printings between 1950 and 1963.

the difference between a paternal role and maternal child alliance results in a crisis during the adolescent life cycle and appears either in open rebellion, cynical contempt, flight from home or humiliation, or, finally, as backbreaking submissiveness. The undemocratic German tradition advances this basic cultural pattern because of the distorted authority of the father role, subsequently symbolized in rigidly practiced pedagogical methods that represented fears about the loss of social status and supply mentalities instead of ethics based on visions of liberty. Even the German Youth Movement at the turn of the century with its mystic-romantic overstatement of nature, culture, genius, nation, and race excluded parental welfare. The dichotomy between individual rebellion and surrender to societal reality leads to political immaturity and favors the takeover of nihilist attitudes. Once established, generational conflict rejects traditional authorities and recognizes paternal substitutes in a *Führer* culture.

Erikson unmasked the ideology of *Lebensraum* and revealed its true nature by constructing a strategic intersection of psychology and history. The German Reich, geographically positioned in the center of the European powers, suggested that its population remain tied to a conception of spatial encirclement. Under the circumstances of interior inner strife, alien influences reinforced the pathogenically over-determined inner conflict of ethnic plurality. Hitler promised the solution of the outer menace and interior conflicts in racist homogeneity and superior Aryan world rule. Hitler's imagery of unbroken adolescence symbolized the regaining of a lost imagined self through restless and unscrupulous activism. Erikson attributed the function of inner emancipation of the sons to adolescent rebellion. Their whole generation experienced the same rituals. For the young, there existed the myths of Hitler, who never sacrificed his will to his father and whose ascetic habitus embodied not only the antipode of the bad, insane, impure, and forever-sponging Jew, but also assumed the right to annihilate the enemy. The now synthetic national character presented the soldier as a hero who violates obsolete natural frontiers and substitutes for the old aristocratic caste thinking an allegedly responsible people's community (*Volksgemeinschaft*). Technological innovations bestow on the warrior those insignia which enable him to fight the *Blitzkrieg*. In his psychoanalytical interpretation, Erikson concluded that the acceptance of atavistic pathological adolescence reflected the imagery of an entire nation. The greatest danger lay in the influence on the younger generation that replaces adolescent conflict with hypnotic action and substitutes blind obedience for individual and independent thinking. As an antithesis to Hitler, Erikson suggested the strengthening of the institution of the family as well as the role of women and placed in the foreground the meaning of *Heimat*, of local and regional traditions as a grassroots policy. In his further considerations for a post-war order, Erikson recommended an elaborate program for education and leisure to counteract the indoctrinated youth and the construction of a political and economically unified Europe under a social order of culturally autonomous regions. Finally, Erikson recommended future research efforts of a sophisticated psychology: "It will be one of the functions of psychology to recognize in human motivation those archaic and infantile residues which in national crises become subject to misuse by demagogic adventurers".[9]

Taking a different point of departure, Kurt Lewin assigned the task of investigating distinctions among modern cultures to experimental cultural anthropology.[10] Within the transformation from a war to a peace culture, the change of values implied the emphasis of humane ideals to secure for members of the society an education for maturity, indicating the freeing, unfolding, and growing of what has been latent, potential, or suspended. Lewin wove together democratic objectives with all other cultural segments, particularly in their habitual customs of education, processes of public checks and balances, group status, and status differences. Democratic cultural change ranged under the premise of attacking every form of intolerance. The general granting of individual freedoms would result in chaos. To produce a value change of a whole nation means establishing a cultural atmosphere permeating every part of life. Regarding Germany, Lewin highlighted the central problem of the leader and fellow-traveler relationship that existed even prior to National Socialism and created a type of submissive behavior instead of principles of loyalty. Methodically, with an authoritarian, a *laissez-faire,* and a democratic leadership, Lewin accentuated three different social climate types. He assigned enormous relevance to a system of practical experiential learning through visual examination, conception, model, and idea. In his theory, Lewin advanced an unconditional avoidance of propaganda. As a substitute, individual persons should be addressed in their capacity as group members in society. He subdivided the German population into three age groups: those forty years old or older with experiences from the Weimar era, the indoctrinated ones in the twenty to thirty-year-old age group, and adolescents and children. In spite of indoctrination, Lewin still recognized in both groups above the age of twenty sufficient potential for the application of a democratic leadership model by addressing the individual in his or her social interactions. He assigned special importance to transforming

---

[9] Ibid. P. 493.
[10] See Kurt Lewin: Cultural Reconstruction (1943). In: Kurt Lewin: *Resolving Social Conflicts: Selected Papers on Group Dynamics.* New York: Harper & Brothers 194. Pp. 53–63; Kurt Lewin: The Special Case of Germany. In: *Public Opinion Quarterly* (Winter 1943). Pp. 555–566. Both essays are reprinted in: *Education for Democracy in West Germany: Achievements, Shortcomings, Prospects.* Ed. by Walter Stahl with an introduction by Norbert Muhlen. New York: Published for Atlantic-Bruecke by Frederick A. Präger 1961. Pp. 275–277 and 277–280.

the attitudes of Nazi sympathizers, a comprehensive distribution of power relations to every part of society, and a change in democratic leadership in all social segments. These new leadership styles and techniques, applied as training on the job, would produce enough modification without carrying the stigma of pedagogical instruction. "Such training on the job of leaders and trainers of leaders might well reach into every aspect of community leadership. It might help to set in action a process of self-re-education".[11]

Members of the CIR and its successor organization called the Institute on Intercultural Relations, established in 1944 at Columbia University, were substantially funded by the Office of Naval Research. They discussed numerous additional topics, like Richard Brickner's thesis about German paranoia.[12] The think-tank's scientific discourses received massive publicity through Brickner's *Is Germany Incurable?* (1943), a book strongly supported by Margaret Mead. One can confidently assume Mead's intention to use this book as a medium to generate a strong public interest for post-war policies toward Germany. She returned early drafts of Brickner's book with remarks for rewriting chapters for a wider readership. Moreover, Mead asked Yale University psychologist Geoffrey Gorer not only to integrate stylistic refinements but also to upgrade Brickner's manuscript for an interdisciplinary undertaking involving psychiatry and cultural anthropology.[13]

Brickner, a neurologist, subdivided his book into three parts. In an introductory chapter, the paranoid patient and the nature of contemporary modern psychiatry are presented. The second part analyzes the complex nature of the German problem with the instruments of psychiatry by comparing the German people's "character" to Brickner's ill and feeble-minded patients. The internalized passion for drill, discipline, and order, together with the neurotic fear of encirclement by enemies, establishes a paranoid culture. German paranoia is enriched by the experience of being exposed over generations to authoritarian thinking and military rituals. Part three of Brickner's study deals with the intention to find a solution through therapeutic treatment. He indicates that within the recovery process a completely different cultural atmosphere must be created in which rational thinking can unfold and the convalescent German is placed in an entirely new environment. Further details of therapeutic treatment,

---

[11] Kurt Lewin: The Special Case of Germany (n. 10). P. 566.
[12] See MM: M 29. Margaret Mead and Gregory Bateson: *Preliminary Memo on Problems of German Character Structure* (undated, 1942). In collaboration with Kurt Lewin, Erik Erikson, Erich Fromm, Richard Brickner, Philip Mosely, Erich Kahler, and Edward Y. Hartshorne.
[13] See MM: M 29. Correspondence of Margaret Mead and Geoffrey Gorer, Yale University, November 25, 1941; November 18, 1941; Correspondence of Margaret Mead and Richard M. Brickner, September 10, 1941, August 30, 1941.

organization, and administration remained the domain of participating experts.[14] Brickner also seized the opportunity to conduct several anamneses with German prisoners of war. They did not, however, construct additional knowledge about the patients' psychological conditions.[15]

III. US Policy towards Germany

The predictable German surrender in Europe paralleled and increased political plans for the shape of Germany's future. Several conferences acknowledged mounting awareness of the issue. The final conference in New York in April 1945 demonstrated that the social scientific analysis of National Socialist Germany had enough substance to present a valid argument. The conference was called together by the Joint Committee on Post-War Planning. Prior to the conference, five secret sessions took place in April, May, and June 1944, attended by members of the State Department and the Departments of Navy and War.[16] Alongside Mead, Parsons, Brickner, and Gardner Murphy, the twenty-eight-person circle of participants primarily consisted of psychiatrists, psychologists, psychoanalysts, and neurologists. The submitted proposal unmasked National Socialism as an expression of long-smoldering deformations, resulting in distorted ideals and value judgments under which the majority of Germans suffered. The proposal rated the deficient character qualities not as an inherited, but as a socialized product. The cultural basis of the German people's character was explained by authoritarian status thinking that exists in the dichotomized co-existence of superior and inferior position attributions. This role pattern is reproduced in the family where the mother sacrifices her care-taking devotion to the child for the returning father, who outside the family demonstrates submissive sentiments and an obedient outlook. On the basis of authoritarian traditions, the longing for superiority determines the ultimate power instinct that manifests itself in romantic and sentimental feelings as a reaction to existing

---

[14] See Richard M. Brickner: *Is Germany Incurable?* Philadelphia: J. B. Lippincott 1943. This book was unanimously criticized in reviews by Sigrid Undset, Horace M. Kallen, Gregory Zilboorg, Bertrand Russell and Erich Fromm. In: What Shall We Do With Germany? A Panel Discussion of *Is Germany Incurable?* In: *The Saturday Review of Literature*, 26/22 (May 29, 1943). Pp. 4–8.

[15] See Gregory P. Wegner and Karl-H. Füssl: Wissenschaft als säkularer Kreuzzug: Thomas V. Smith und die deutschen Kriegsgefangenen in den USA (1944–1946). In: *Mutual Influences on Education: Germany and the United States in the Twentieth Century*. Ed. by Jürgen Heideking, Marc Depaepe, and Jürgen Herbst. Gent: Paedaogica Historica 1997. Pp. 157–182.

[16] See MM: M 29. *A Summary of the First Three Conferences on Germany After the War*, April 29/30, May 6 and 20/21. Prepared for the Use of Members at the Final Conference on June 3 & 4, 1944. *Report of a Conference on Germany After the War.*

rigidly fixed hierarchies. The effects of this dualism are paranoid deficiencies of the personality that result from striving for national prestige and indulging in extreme militarism. German delusions culminate in racism and anti-Semitism and potentialize the deletion of images of the enemy. As a result, collaboration and actions of checks and balances are alien to the German character. The proposal suggested that all military, political, and economic post-war planning be directed toward the fundamental reorientation of German behavior.

At the beginning of the conference, the shape of Germany's economic future was held in equilibrium between reindustrialization and an agrarian state. In the end, the plain effect, use, and valuation of industrial production came to fruition due to the intervention of sociologist Talcott Parsons, an expert on German affairs. By the end of 1944, Treasury Secretary Henry J. Morgenthau vetoed the State Department's ongoing planning process and demanded the conversion of Germany to an agrarian state. In opposition to this policy, Parsons argued for his concept of controlled institutional change, which he linked to the argument of gradual internalization of cultural norm systems and concrete social objects as an underlying pattern of socialization theory.[17]

Parsons classified internalization as a structural component of the personality system. The parallel appearance in the social system proposes the processes of institutionalization which constitute special social relations through components of a normative culture. These components establish the respective structural parts of the social system. Moreover, either concept only preserves meaning if one imagines the primary subsystems of a general action system as mutually penetrating and interdependent. Thus, specific elements of the cultural system are components of certain social and personality processes at the same time. The entire central concept rests upon the formation of an abstract character of the part or subsystems. Society as a social system does not represent unity, but rather a means to arrange certain relations among action components that differ from each other according to the form of existing reality.[18]

---

[17] See MM: M 29. Talcott Parsons: Conference on Germany After the War. Statement on Topic I. Talcott Parsons: The Problem of Controlled Institutional Change (1945). In: Talcott Parsons: *Essays in Sociological Theory.* New York: The Free Press 1954. Pp. 238–274. Uta Gerhardt: The Medical Meaning of Re-education for Germany: Contemporary Interpretation of Cultural and Institutional Change. In: *Mutual Influences on Education* (n. 15). Pp. 135–155. *Talcott Parsons on National Socialism.* Ed. and with an introduction by Uta Gerhardt. Berlin-New York: de Gruyter 1993. Partially reflected in Jeffrey K. Olick: *In the House of the Hangman: The Agonies of German Defeat, 1943–1949.* Chicago: University of Chicago Press 2005.
[18] See Talcott Parsons: Die Entstehung der Theorie des sozialen Systems: Ein Bericht zur Person. In: Talcott Parsons, Edward Shils, and Paul F. Lazarsfeld: *Soziologie – autobiographisch: Drei kritische Berichte zur Entwicklung einer Wissenschaft.* Preface by Heinz Hartmann. Stuttgart: Ferdinand Enke 1975. Pp. 1–68.

Parsons presented in several memos the view that an agricultural transformation would do more harm than good to Germany and discussed the classification of regressive, permissive, and direct social control types. He characterized the German people's character as captured in the dualism between romantic, sentimental-idealistic elements and order-emphasizing, hierarchically structured materialistic components. If these elements could be separated and the second component newly composed, then the aggressive tendency could be eradicated. As far as the economic occupational system was concerned, status ascription by individualistic achievement stood out as permissive control against a regression on traditional patrimonial-agricultural principles. Consequently, industrialization – together with the option of full employment – was the maximum target to lead Germany again into the community of peaceful nations. The third category of direct control should reduce the political expression of sentimental escapism and anti-Semitism and outlaw former racist ideologies. Controlled institutional change included the punishment of war criminals, the loss of titled-landowner (*Junker*) privileges, and the abolition of the military caste, including National Socialism.

Even the social scientific analyses differentiated between short- and long-term strategies after the war. Subsequently, political planning demanded complete military defeat, unconditional surrender, and the entire military disarmament of Germany as the short-term goal.[19] These measures were meant to symbolize the end of the Third Reich and National Socialist government. National sovereignty could only be re-achieved after the recruitment of responsible personnel and the establishment of effective institutions. A consistent denazification program should not superficially distinguish between ethically accountable leaders, war criminals, and fellow travelers but rather mark out in vertical depth a collective punishment framework for part of the overall population. Obstinate members of the society who sought to obstruct the aims of a new beginning were to be interned, liable to forced labor, or quartered in re-education barracks. The anticipated reconstruction programs would be placed under the supervision of a military government but handed over to German authorities as soon as possible by emphasizing the grassroots task of the role of women, family, local traditions, and the organization of a modern youth education according the latest scientific knowledge. The length of this purging time period was not fixed. It was to depend on the readiness of German collaboration.

In a long-term perspective, the conference participants agreed on universal principles which were to advance the re-orientation process and produce cooperative and peaceful situations in Germany. These new fundamentals for institutional, social, and political transformations were assigned as genuine

---

[19] See MM: M 29. *A Summary of the First Three Conferences on Germany After the War* (n. 16).

German reconstruction goals, clearly separating democratic developments from ideological distortions. The conceptualized strategy appealed for an integration of personnel able to recognize, understand, and instill democratic values in the society. The executive administration would develop from a paramilitary education to a civil and democratically oriented police system. The denazified public service and education system were to be constructed along decentralized grassroots lines with newly fashioned hierarchies. Liberal education principles revealed the fostering of international understanding, independent thinking, and social learning. Teacher training should be advanced to the level of higher education and modified to increase female participation under allied authority. Schools should develop community centers, including greater parental involvement. They should promote extracurricular subjects as well as advanced education courses for adults. New family policies were to be strengthened in order to fight authoritarian structures. Blind obedience, along with subordinate and inferior attitudes, was to give way to state-granted civil rights and plebiscitary participation models. The government had the duty to guarantee the construction of independent mass media. Industrial production differentiated itself according to individual and functional achievements in order to break the monopoly of traditional functional elites. The creation of a balanced economy incorporated the use of industrial and agricultural resources in harmony with other European countries. Foreign experts involved in the reconstruction should be properly trained and educated. Altogether, the planning promised to unmask the ideology of a master race, replace the power-driven instincts with a consensual maxim, and eradicate the aggressive humane-hostile race concept of superior and inferior taxonomies through ethically motivated social relationships and interactions.

Since September 1943 preliminary discussions had existed in the American State Department to counter the German situation.[20] There was a widespread conviction to encourage democratic principles by fundamental changes in chauvinistic German attitudes. In April 1944, War Department officials addressed the Department of State for cultural policy directives. The actual

---

[20] See James F. Tent: *Mission on the Rhine. Reeducation and Denazification in American-Occupied Germany.* Chicago-London: University of Chicago Press 1982. Howard W. Johnston: United States Public Affairs Activities in Germany, 1945–1955. Dissertation, Columbia University, 1956. Hermann-Josef Rupieper: *Die Wurzeln der westdeutschen Nachkriegsdemokratie: Der amerikanische Beitrag 1945–1952.* Opladen: Westdeutscher Verlag 1993. *American Policy and the Reconstruction of West Germany, 1945–1955.* Ed. by Jeffry M. Diefendorf, Axel Frohn, and Hermann-Josef Rupieper. New York: Cambridge University Press 1993. Karl-H. Füssl: *Die Umerziehung der Deutschen. Jugend und Schule unter den Siegermächten des Zweiten Weltkriegs.* Paderborn: Schöningh 1994, 1995.

impulse came from Archibald MacLeish, the Pulitzer Prize-winning author and Assistant Secretary of State for Public Affairs and Cultural Relations. On his initiative, the US State Department decided in March 1945 to entrust the issue of German democratization to a special advisory council that began its work on May 12, 1945. Even at the Yalta conference, the allies had agreed, along with the division and unconditional surrender of the German Reich, on the elimination of National Socialism, the punishment of war criminals, the de-militarization and abolition of the armament industry, and the eventual reconstruction of political life on a democratic basis. Deliberations about the long-term democratization of Germany included the participation of Eduard C. Lindeman of New York's School of Social Work at Columbia University; Martin McGuire from the Catholic University of America in Washington, D.C.; Reinhold Niebuhr of Union Theological Seminary in New York; John Milton Potter, President of Hobart College; and official representatives from the State and War Departments as well as the Office of War Information. A session following the initial negotiations expanded the advisory council's membership to include Frank Graham, President of the University of North Carolina, and George N. Shuster, President of New York's Hunter College, and then validated the American directives for a cultural policy toward Germany. A short time later the policy guidelines were accepted by Deputy Secretary John J. McCloy and General Hilldring from the War Department.

In 1945 the State Department created a re-education policy in Germany that advanced democratic principles in order to fundamentally change chauvinistic attitudes.[21] Its impact for the short-term occupation period meant the elimination of National Socialism and militarism. According to this policy, Germans should inevitably recognize that they had lost the war and were responsible for crimes committed during the Nazi era. The aspired transformation of the social structure was justified by the necessity to allow a democratic change. A basic aim was self-determination and the participation in a pluralistically constituted, peace-securing democracy. The policy guidelines earmarked Germany for the reintegration of itself in the long run within the community of peace-loving, cooperative, international law-abiding nations. Universally effective human rights and the principles of dignity, justice and freedom, equality before the law, compliance with moral norms, freedom of thought and speech, tolerance, and responsibility toward the state all defined the nomenclature of future learning objectives. The task and responsibility for the realization of the policy guidelines were to be transferred to the

---

[21] See Karl-H. Füssl: Restauration und Neubeginn. Gesellschaftliche, kulturelle und reformpädagogische Ziele der amerikanischen "Re-education"-Politik nach 1945. In: *Aus Politik und Zeitgeschichte. Beilage zur Wochenzeitung Das Parlament* B 6/97(31. Januar 1997). Pp. 3–14.

Germans as soon as possible: New projects and programs should be advanced on a democratic basis by incorporating, encouraging, and supporting trustworthy Germans. Initiatives for reforms in education and society stood at the top of the agenda. In a second step, international cultural relations would be re-established. Already in November 1945 Secretary of State Byrnes approved the Long-Range Policy Statement for German Re-Education (SWNCC 296/5). The policy directive went into effect on August 21, 1946. Its full cultural impact became clear at the end of the occupation period when thousands of mostly younger exchangees traveled for sojourns of up to one year across the Atlantic Ocean.[22] In this new environment the visitors would not only experience American democracy and way of life but predominantly serve as "multipliers" who disseminate new knowledge in the professions and upon return would initiate reforms in society and instigate a change in political culture. The corpus of visitors consisted of social workers, teachers, educators, scientists, state officials and members of public services, students, journalists, and rank-and-file politicians.

IV. Hitler Refugees and the Challenge of Scholarship

Accountings of loss and gain take a static concept of science and culture for granted by suggesting that émigré scientists and scholars brought completed pieces of knowledge with them into exile and inserted them as contributions into existing cultures. Such an approach may be useful as a reminder of how destructive the Nazis were to German-speaking culture and scholarship, but it overlooks the central question of how such forced career disruptions might have led to new opportunities, and that significant innovations might not have happened otherwise. Established research on émigré scholars after 1933 revealed that they did not simply transfer already completed research from one place to another, but rather developed new approaches and frequently turned to new topics as they interacted with new colleagues and thereby changed socio-cultural and research environments.[23] These examples support a dynamic view of both the scholarly world and of cultures as fundamentally open systems. In terms of scholarly careers, the large university and research system of the United States remains relatively decentralized and therefore richer in possibilities for scholarly work, thus offering émigrés, especially those in the social sciences, chances that they might never have had in Europe. Examples of such will be illustrated in the following case studies of Kurt Lewin and Erik H. Erikson.

---

[22] See Karl-H. Füssl: *Deutsch-amerikanischer Kulturaustausch im 20. Jahrhundert: Bildung–Wissenschatft–Politik*. Frankfurt-New York: Campus 2004.
[23] See Henry Stuart Hughes: *The Sea Change. The Migration of Social Thought: 1930–1965*. New York: McGraw Hill 1977.

After a fellowship at Cornell, where he worked on children's eating habits, Kurt Lewin obtained a new grant in 1935 that sent him to the Child Welfare Research Station at the University of Iowa.[24] Soon he received a tenured appointment and rose from 1939 to 1944 to the rank of full professor. In Iowa, Lewin took up the problems of minorities and the topic of cultural differences in education. From these considerations came the famous studies of democratic and authoritarian leadership styles in children's play groups. Before 1933 the preferred social unit in Lewin's experiments had been dyad groups consisting of two interacting people. It was only in Iowa that he began to experiment with larger groups as units. In 1935, Lewin came to the conclusion that education in the US, despite the hierarchical social structure of the classroom situation, was democratic in the sense that it oriented toward adaptation to life in a racially and ethnically heterogeneous society grounded on liberal principles. From this optimistic conviction, he fostered an ambitious program in the late 1930s that he called "action research", to be conducted not in laboratories but in real life situations such as factories or communities.

As in the case of Lewin, the United States also played a key role for Erik H. Erikson. For him the American heritage was a different and more glorious one.[25] Erikson thought that America had made an exceptional effort not to be ideological. The United States as a nation represented for Erikson the most notable example of an attempt to forge a new, broader identity out of the fragments of European identities. His standard of value, which he believed to be evolving in history, is that of universalism. From 1934 to 1935 he was at the Harvard Medical School and for the subsequent three years at Yale. In the year of Freud's death and the outbreak of the Second World War, he moved once more, this time to the University of California at Berkeley where he spent the decisive decade of his life. Erikson's move to the San Francisco Bay area and not to the Los Angeles area, where so many German speaking émigrés were to congregate, gave him a feel for American life that he might never have acquired if he had stayed in the East.

---

[24] See Alfred J. Marrow: *The Practical Theorist. The Life and Work of Kurt Lewin.* New York: Basic Books 1969; German translation *Kurt Lewin. Leben und Werk.* Aus dem Amerikanischen von Hainer Kober. Weinheim/Basel: Beltz Verlag 2002. Mitchell Ash: Émigré Psychologists after 1933: The Cultural Coding of Scientific and Professional Practices. In: *Forced Migration and Scientific Change. Émigré German-Speaking Scientists and Scholars after 1933.* Ed. by Mitchell Ash and Alfons Söllner. New York: Cambridge University Press 1996. Pp. 117–138.
[25] See Robert Coles: *Erik H. Erikson: The Growth of His Work.* Boston: Little, Brown 1970. Paul Roazen: *Erik H. Erikson. The Power and Limits of a Vision.* New York: The Free Press 1976. Lawrence J. Friedman: *Identity's Architect: A Biography of Erik H. Erikson.* New York: Scribner 1999.

Erikson entered Freud's circle in 1927. In later years Erikson considered himself delinquent for not continuing to practice the new non-medical profession of child analysis for which he had been trained by Anna Freud. Sigmund Freud preferred to think of psychoanalysis as a theory and technique relatively independent of the practitioner. Erikson wrote of the application of the psychoanalytic instrument as a historical tool. Psychoanalysis is supposedly a system of thought that verifies observations. In his behavioristic turn, Erikson sought in Freud what can be empirically verified and of value today. His optimism may have been encouraged by his emigration to America and the heightened perspective it gave him on the role played by social variables in personality development. The impact of his own removal from European culture was further magnified by his willingness to expand his clinical awareness through anthropological field work and to study and compare various tribes of Native Americans. As a result of the exile experience, Erikson noted the influence of the political and social climate of New Deal America on his early work, in particular the anti-totalitarian and anti-racist impressions as seen through the eyes of a recent immigrant. People such as Erikson could not forget the menace of Hitler. He concentrated on describing the integrative relationship between the individual and his society. More importantly, in speculating on how American family life can be said to train its children for democracy, Erikson used his psychology for the sake of buttressing political ideology. Erikson consistently tried to examine, on a cross-cultural basis, the way societies provide what individuals need as youths. It was Erikson's conviction that societies must offer young people this kind of way station, a span of time after they have ceased being children but before their deeds and works count towards a future identity. He called this suspended period a psychosocial moratorium. Erikson's own career demonstrated that psychoanalysis cannot survive as a medical specialty, but needs the infusion of interdisciplinary contributions. Perhaps the most valuable lesson learned was the incorporation of past knowledge into an individual vision of human existence. It was a vision he shared with his American counterparts in the Council on Intercultural Relations. Moreover, and as pertains to this volume, the exile experience did not lead so much to new orientation of world views in the case of either Lewin or Erikson; however, the exile experience did offer both of them new possibilities for putting their world views into practice: the application of their visions to transform Nazi-Germany into a democratic society.

Susanne Wiedemann

Views from "the End of the World": Reorientations in the Shanghai Exile Community[1]

This essay examines how German Jewish refugees experienced cultural displacement and established new lives in Shanghai prior to World War II. It locates "new orientations" in exile in the realm of everyday experiences, where old, newly emerging, and changing cultural practices, national and ethnic self-definitions, and worldviews were forged – and often collided – in letters, emigrant newspapers, movie theaters, concert halls, the urban-built environment, and food cultures. By measuring the distance between known places, such as Berlin and New York, and what they perceived to be "the end of the world" in China, the refugees tried to reconcile the past in Germany, the unsettling present in China, and the projected future. While they increasingly identified as part of a Jewish Diaspora that spanned the globe, the refugees relied on familiar frames of reference steeped in German culture and history to interpret new realities and articulate reorientations.

> [D]er von der Problematik seiner eigenen Zukunft bedrängte und daher nach innen gekehrte Neuankömmling, den Stürme der Zeit wie einen entblössten Schiffbrüchigen hier an Land gespült haben, […] [s]oll nicht vergessen, dass nicht ein nickender Mandarin, wie wir ihn unter den Chinoiserien auf dem Ottomanensims unserer Grossmütter einst belächelten, das Symbol dieses Landes ist und nicht ein weitgewandiger Zauberer, dessen Stab endlose Schriftbänder durch die Luft wirbelt, nicht ein tückischer chinesischer Messerstecher jener Art, wie sie gruselige Detektivgeschichten minderer Güte früher glaubten nicht entbehren zu können, nicht ein reichgewordener Opiumhändler, der in stillvergnügter Musse seine Hände über dem angemästeten Ränzchen faltet, – soll nicht vergessen, dass auch nicht etwa der in der abgeklärten Ruhe seiner Studierstube inmitten von auserlesenen Kunstgegenständen in die Werke der altehrwürdigen Klassiker versunkene Feingeist als eine Verkörperung des chinesischen Volkes anzusehen ist […] .[2]

The introductory quote, which reveals the wide range of myths about the Chinese in the German cultural imaginary, appeared in May 1939 in the Shanghai-published, German-language publication *Gelbe Post: Ostasiatische Halbmonatsschrift*. Austrian emigrant Adolf Josef Storfer, the periodical's

---

[1] I would like to thank the Leo Baeck Institute New York for awarding me the 2003 Fritz Halbers Fellowship. The research I was able to conduct at the LBI archives contributed to this essay.
[2] Adolf Josef Storfer: "Hut ab vor dem Kuli!" In: *Gelbe Post: Ostasiatische Halbmonatsschrift* 1 May 1939. Reprint. Ed. by Adolf Josef Storfer. Wien: Turia + Kant 2000. P. 2. Storfer contends that the coolie worker at Shanghai's harbor represents the Chinese urban population best.

editor and author of the passage, exposed and challenged the racial stereotypes steeped in the repertoire of European images of the time. The presentation of commoditized exotic types – from the knick-knack figurine to the ruthless crook – introduces tropes that had been informed by centuries of cultural encounters between Germany and China. The porcelain Mandarin in the grandmother's old-fashioned apartment in Berlin, Frankfurt, or Munich, and the knife-wielding Chinese in dime novels and movies were staple images of 1930s German popular culture.

The preconceptions of the Chinese, illustrated in Storfer's brief passage, capture both the ambivalence and persistence associated with iconic images of China in 1930s Germany. These images wavered between the fascination with the "Oriental" and reverence for an ancient civilization on the one hand, and the fear of the foreign and the perceived threat of the "yellow peril" on the other. As a result of a lack of accurate information and of myths, a mix of frightening, confusing, and contradictory knowledge about Shanghai had circulated among prospective Jewish emigrants in Germany. Even though the Nazi regime restricted them to leaving Germany with few belongings, the refugees arrived in Shanghai with heavy cultural baggage: strong cultural ties to a home country that had denied them membership and the prevalent stereotypes about China that pervaded the German cultural sphere.

With his keen insights into the recent emigrants' devastated state of mind and their limited and distorted Western knowledge base about China, Storfer attempted a dual form of cultural reorientation: he used his wit and sharp tongue to provide the traumatized refugees with familiar frames of reference for interpreting an unknown and unsettling environment and to rid them of any sense of cultural and racial superiority towards the Chinese. In that way, his effort corresponds with the Oxford English Dictionary's (OED) definition of "orientation"; one that is grounded in historic architectural conventions and that is uncannily fitting for the study of Central European refugees in China: "[t]he placing or arranging of something so as to face the east". Furthermore, Storfer's quote exemplifies the multifaceted and intertwined processes of exile: the powerful and persistent workings of the collective imaginary, cultural encounters, and, as a consequence, identities and worldviews in flux.

Storfer was not the only publisher in Shanghai who reflected on the implications of emigration and exile on the emerging German Jewish community. In its special edition commemorating the first year in exile, written a year after the 1939 peak of Jewish emigration to Shanghai, the *Shanghai Jewish Chronicle* referred to the Central European Jewish refugees as *heimatlos*[3] – without a

---

[3] M. Speelman: Kosten der Emigranten Fuersorge 1.7 Millionen Dollar. In: *Shanghai Jewish Chronicle. Ein Jahr Aufbau* Mar. 1940. P. 5.

home. Former *Shanghailander* W. Michael Blumenthal further conveys the identity conflict, especially for older generations, that exile entailed: "They were no longer Germans, but what were they now?".[4] What American Studies scholar Amy Kaplan defines as "common-sense notions" – "near and far, inside and outside, here and there"[5] – underwent rigorous questioning and renegotiating in Shanghai, from where every place appeared far away, where German Jewish emigrants felt like outsiders, and where their sense of "here" lacked the deeply-anchored belonging that their former German *Heimat* had, albeit treacherously, granted them. Proximity and distance – both geographically and culturally – were measured and defined anew in Shanghai.

Instead of exploring philosophical, literary, and other artistic works by intellectuals and writers referred to as "cultural superstars",[6] this essay locates "reorientations" of worldviews in the realm of ordinary emigrants' experiences and cultural practices. It examines the cultural productions that express the myriad ways in which German Jewish emigrants in Shanghai understood, and dealt with, spatial and cultural dislocation, and explores how they gave meaning to the radically changing – and disorienting – world around them. Shifting worldviews in exile manifested themselves in the newspapers the emigrants read, the letters they wrote to relatives and friends, the movies they watched, the food they ate, the languages they spoke, and the material objects they modified in an attempt to create familiarity in an unfamiliar setting; in short, in the exile culture they produced and consumed. Newly emerging perspectives on their own subject position as German Jewish *Heimatlose* in Chinese exile, I argue, evolved not only in response to radically new circumstances and living conditions in Shanghai, but also to world events and modern communication and transportation technologies that affected life at what they perceived to be "the end of the world". While the crisis of emigration and exile led the German Jews to identify increasingly as part of a 1940s Jewish diaspora that spanned the entire globe, the spatial and cultural reorientations in Shanghai found expression in established, though modified, frames of reference firmly steeped in pre-emigration German life and history.

The OED further defines "orientation" as "[t]he action or process of ascertaining [the] one's position relative to the points of the compass, or other specified points; the faculty of doing this; awareness of one's bearings or relative position". The condition of exile, depriving an individual of the ability to

---

[4] W. Michael Blumenthal: *The Invisible Wall: Germans and Jews. A Personal Exploration*. Washington, D.C.: Counterpoint 1998. P. 376.
[5] Amy Kaplan: *The Anarchy of Empire in the Making of U.S. Culture*. Cambridge-London: Harvard University Press 2002. P. 4.
[6] Roger Daniels: *Guarding the Golden Door: American Immigration Policy and Immigrants Since 1882*. New York: Hill and Wang 2004. P. 84.

ascertain one's position, renders a compass useless as a locating device. This literal image of "orientation" serves as a recurrent motif in this essay about exile in Shanghai. It explores how, in the absence of a means of reassuring one's place in the world, spatial coordinates or compass points, were newly located and their relationship to each other, and to one's own relative position, established and tested.

Modern technologies that affected transportation and communication systems also redefined how German Jewish emigrants measured time and distance in exile, and thus how they assessed their own position in the world as displaced persons. A study of German-language periodicals published in Shanghai between 1939–1942 illustrates the multifaceted cultural exchanges that took place between the emigrants and the world outside of China before the end of World War II; that is, before information, products, and people – news from Germany, GIs, and U.S. consumer culture – reached the German emigrants in Shanghai more rapidly and frequently. The Jewish emigrant press published stories that had recently appeared in the New York-based *Aufbau*, suggesting a bidirectional information flow between two Jewish diasporic communities. In the *Juedisches Nachrichtenblatt*, for example, German Jews in Shanghai read *Aufbau* stories that initiated them into American ways of life, ranging in topics from "Negerjuden in Harlem" to Heinz Berggruen's "Brief aus Kalifornien".[7] In addition, the Shanghai emigrant newspapers adapted news from various international news agencies, including Reuter, Havas, Transocean, and United Press. Despite the geographical distance from the U.S. and European Jewish communities, the German emigrants were able to maintain multifaceted transnational networks. The outbreak of the war in the Pacific, however, limited this flow along established travel and transportation routes and, to borrow from anthropologist James Clifford, disrupted "structured travel circuits".[8]

This connectedness to the world eased the feeling of spatial isolation and cultural dislocation in East Asian exile and gave new currency to the cultural practice of letter writing and reading. Indeed, the author of a 1937 article in the *CV-Zeitung* even considers the Jewish dispersion as having revived the lost art of letter writing, comparing letters with a new form of non-material, psychological remittance.[9] Letters to and from Germany are instructive in tracing

---

[7] See Negerjuden in Harlem. In: *Juedisches Nachrichtenblatt* 3 (1940). Pp. 6–7, and Brief aus Kalifornien. In: *Juedisches Nachrichtenblatt* 5 (1940). P. 5.
[8] James Clifford: *Routes: Travel and Translation in the Late Twentieth Century*. London-Cambridge: Harvard University Press 1997. P. 253.
[9] A.H.: Brief aus dem Mittleren Westen. In: *CV-Zeitung* 9 Sept. 1937. Pp. 1–2. Here: P. 1.

personal narratives about changing worldviews and "the brittleness of everyday life" in exile. As refugees crossed continents, their "letters both retraced their paths and trailed after them",[10] defying conventions of historical time. A letter written by a Jewish refugee in Shanghai, printed in the *Aufbau* in 1939, explores the author's new geographical location in the world and asserts the consequent significance of mail from Germany for sustaining ties to the lost *Heimat*:

> Aus der Heimat hören wir wenig; wir sind am Ende der Welt; wenn Post kommt, ist alles längst überholt. Wenn wir Post bekommen, ist es ein Festtag; wir lernen die Briefe direkt auswendig. Als ich Deinen Brief bekam, habe ich geweint vor Freude, noch bevor ich ihn öffnete....[11]

Cultural historian Robert G. Lee reminds us of the delicate task that language itself demands of historical interpretation in light of the implied familiarity and emotional rapport and the subtexts and meanings of personal letters: "Reading letters as private communication demands a reorientation to the particular use of language".[12] Whereas the letter from abroad held importance as a trans-Atlantic medium between the overseas emigrant and family and friends left behind in Germany in the 1930s,[13] the letters received in Shanghai from Europe and the United States trace the opposite direction. Both cases illustrate the multidirectional circuits between three continents, and the emigrants' attempt to reconcile distance and separation.

The *Gelbe Post* and the *Shanghai Jewish Chronicle* regularly printed timetables for mail pickup and delivery, providing insights into the changing intervals and routes of exchanges between continents. Airmail leaving Shanghai on the *Empress of Japan* on June 28, 1939, for example, was expected to arrive in Berlin on July 8, and in Vienna one day later.[14] Pan Am was scheduled to deliver letters collected in Shanghai by June 24, 1939 on July 5 in San Francisco.[15] Airmail sent two years later on November 17, 1941, was expected to travel via

---

[10] I borrow these apt terms from historian Martha Hodes, who, in her study *The Sea Captain's Wife*, traces the life of Eunice Connolly from 19th century New England to the South and the Caribbean based on a box full of letters archived at Duke University. Hodes refers to the correspondence between increasingly mobile Americans in 19th century America. *The Sea Captain's Wife: A True Story of Love, Race, and War in the Nineteenth Century*. New York-London: W. W. Norton 2006.
[11] Verstreut im Winde ... Ein Brief aus Schanghai. In: *Aufbau* 1 Sept. 1939. P. 16.
[12] Mary Kimoto Tomita: *Dear Miye: Letters Home from Japan, 1939–1946*. Ed. and with an Introduction and Notes by Robert G. Lee. Stanford: Stanford University Press 1995. P. 5.
[13] A.H.: Brief aus dem Mittleren Westen (n. 9). P. 1.
[14] Europa. In: *Shanghai Jewish Chronicle* 22 June 1939. P. 5.
[15] Ibid.

Manila to the United States, Canada, and on to "Europa via USA".[16] In May 1940, mail traveled to Europe via Siberia, Suez, the Pacific, and via airmail.[17] What these schedules, the tracing of time and space, emphasize is that Berlin, Shanghai, and San Francisco were, despite the outbreak of the war, not disjunctive places in the world, but connected by modern transportation systems and personal contacts.

News items about the transcontinental mail traffic from and to Shanghai provide insights into the emigrants' shifting global reorientations, which corresponded to the mapping and remapping of the Diaspora's few remaining communication channels: international sea and air mailing routes. In order to accommodate the increased mail to and from Shanghai, the city's main post office, shipping line offices, emigrant newspapers, and Jewish aid committees provided new venues to distribute public information and more efficient logistics for mail storage and delivery. Exile created a new field of knowledge, and German emigrants in Shanghai became experts in tracing changing routes and tariffs in international postal and shipping traffic and at studying timetables and war-inflicted delays and detours in mail transportation. Because of its geographical location, Shanghai – with a pre-emigration reputation in Germany "so lurid that it was everyone's last choice"[18] – turned out to be a vital international communications hub in times of war. As Kurt Meyer, in an article in the *Shanghai Jewish Chronicle* in May 1941, explains: "Gluecklicherweise ist aber gerade Shanghai bis zum heutigen Tage einer jener Plaetze in der jetzt so unruhigen Welt geblieben, von dem aus die Faeden des internationalen Verkehrs ziemlich intakt geblieben sind, vor allem ueber den Pazifik und die USA".[19] Western European ideological constructs that neatly delineated center and periphery became less stable in wartime Shanghai, which had become one of many places of refuge for German Jews. With governments around the world quick to severely limit their immigration policies or to close their borders to Jews altogether, the world for German Jews seeking exile had become at once larger and smaller.

The emigrants' mapping of Pacific and Atlantic mail traffic illustrates the global scope of contacts determined by the geography of exile, which Kurt Meyer describes in his article "Gruss ueber Laender und Meere": "Wenn das Schiff aus Dairen mit Europapost oder gar der immer bang ersehnte Amerikadampfer eingelaufen ist, dann haeufen sich die Sendungen aller Art zu

---

[16] Heute wieder Postschluss nach USA und Europa. In: *Shanghai Jewish Chronicle* 17 Nov. 1941. P. 5.
[17] Postschluesse in Shanghai. In: *Gelbe Post* 5 May 1940 (n. 2). P. 5.
[18] Blumenthal: *The Invisible Wall* (n. 4). P. 373.
[19] Kurt Meyer: Gruss ueber Laender und Meere: Die Zeitung im Dienste des Postverkehrs. In: *Shanghai Jewish Chronicle*. Two Years *Shanghai Jewish Chronicle* Supplement 11 May 1941. P. xii.

hunderten in der Post Office Box".[20] Meyer's description shows that refugees maintained contacts with loved ones who had stayed behind "*zu Hause*" (he himself inserted the quotation marks, indicating that the *Heimat* in Germany no longer signified belonging) while eagerly awaiting affidavits sent by family members in America. Global reorientations in Shanghai exile, as this example demonstrates, were formed at the intersection of lives left behind in Germany and those not yet begun in the U.S., what historian Leo Spitzer describes as the precarious space between "an unreachable past and an uncertain future".[21]

While letters arriving in pre-emigration Germany from Jewish emigrants dispersed all over the world were interpreted as soundless "echoes" of the Diaspora,[22] the receding mail from Germany after 1941 – the year emigration from Germany was prohibited – would ultimately stand for a resounding absence of much greater, horrendous proportions. The decline in news, perceived by refugees in Shanghai in 1942, foreshadowed the tragedy that was underway in Europe. Kurt Meyer, in an article written on the eve of the high holidays, voiced concern about the "sparse news" that had stopped arriving in Shanghai altogether for months. Located in Shanghai, he maps the Jewish Diaspora in 1942 and the course of the "world travel of thoughts" that connects relatives, albeit only spiritually:

> Sie [die Gedanken] ziehen nach Berlin, nach Wien, nach Tel Aviv und Haifa, nach Stockholm, nach Zuerich, nach New York, nach Johannesburg und Kapstadt, nach Sydney und Melbourne, nach Montreal und Queebec [sic], nach Buenos Aires und Montevideo, nach Rio de Janeiro und Valparaiso, sie reisen nach den unbesetzten Gebieten in Frankreich, nach dem Baltikum, nach allen Ecken und Winkeln der weiten Welt, wo unsere Angehoerigen verblieben oder wohin sie der Strom der Emigration oder der Evakuierung verschlagen hat, um im Geiste heute bei ihnen zu sein.[23]

The global map that Meyer projects is one in which Shanghai figures as one of the many "corners of the wide world" of refuge rather than as the end of the world. These corners, or edges, constituted meaningful new coordinates for a diasporic community in the making at a moment in time when national borders determined refugees' fates. At the same time, as Meyer's piece suggests, borders had – in the diasporic imaginary – lost their circumscribing and

---

[20] Ibid.
[21] Leo Spitzer: Back Through the Future: Nostalgic Memory and Critical Memory in a Refuge from Nazism. In: *Acts of Memory: Cultural Recall in the Present*. Ed. by Mieke Bal, Jonathan Crewe and Leo Spitzer. Hanover-London: University Press of New England 1999. Pp. 87–104. Here: P. 95.
[22] A.H.: Brief aus dem Mittleren Westen (n. 9). P. 1.
[23] Kurt Meyer: Weltreisen der Gedanken… In: *Shanghai Jewish Chronicle* 11 Sept. 1942. P. 6.

policing power. "When borders gain a paradoxical centrality", as Clifford claims and spatial reorientations in Shanghai illustrate, "margins, edges, and lines of communication emerge as complex maps and histories".[24] It is the complex mapping of the world's margins and edges, and the entangled national and transnational histories that connect them, that shaped refugees' interpretations.

Even though Germany retained significance for the Jewish refugees because of relatives left behind, the webs of emigration had drastically expanded the exiles' views from Shanghai beyond the former *Heimat*. Four years earlier, the first lines of Hilde Marx's "Ballade um den Abschied", printed in the *CV-Zeitung*'s Women's Section on January 20, 1938, gave expression not only to the human tragedy of forced emigration, but marked the presence of Shanghai in the lives, and the imaginary, of German Jews. Marx's piece from 1938 puts into a timeframe the public awareness, or emergence, of Shanghai as one of many spatial coordinates on the global map of Jewish dispersion. She thus articulates the poetics of displacement:

Zwischen Schanghai, Paris und dem Kap:
Tausende Brüder verstreut.
Zwischen Schanghai, Paris und dem Kap:
Welten voll Einsamkeit.[25]

Hilde Marx's words capture both the geographical and psychological dimensions of the new "worlds" that forced emigration from Germany had created, including the diasporic German Jewish community in Shanghai.

While spatial ruptures prompted geographical reorientations in exile Shanghai, cultural dislocation forged, or rather recreated, a distinct German and Austrian cultural scene that drew on familiar repertoires. Despite their traumatic break with Germany, the refugees displayed a continued strong attachment to German culture and language. Event calendars in periodicals and programs of cultural events from the period bear witness to the centrality of German and Austrian culture in Shanghai's fledgling musical, artistic, and literary life. A 1941 benefit concert with Berlin-born concert pianist Miriam Magasi, for example, performed Austrian composer Hugo Wolf's *Lieder*, with texts by Eduard Mörike.[26] Schubert, Mozart, and Richard Strauss filled the Municipal Orchestra concert

---

[24] Clifford: *Routes* (n. 8). P. 7.
[25] Hilde Marx: Ballade um den Abschied. In: *CV-Zeitung*. 2. Beiblatt: *Das Blatt der Jüdischen Frau* 20 Jan. 1938. P. 5.
[26] The charity concert featured four Jewish musicians and was organized by the "Committee for the Assistance of European Jewish Refugees in Shanghai". It took place at the Lyceum on November 25, 1941. See the concert program for the lyrics to Hugo Wolf's Lieder "Gesang Weyla's" and "Der Tambour" on p. 47. United States Holocaust Memorial Museum, Acc. 1995.A.0288, Folder "Charity concert programme".

halls in October 1941. The cultural program organized for the winter season 1940/41 at the Pingliang refugee home offered cultural events ranging from "Die Liebeslyrik Goethes u. Heines, ein Vergleich" to "Der religioese Zionismus" to a reading of Heinrich von Kleist's literary classic *Michael Kohlhaas*.[27] As an article in the *Shanghai Jewish Chronicle* of May 11, 1941 indicates, German modernist notions of high culture served as a means for self-assertion in light of the "Gemisch von Mitleid und Geringschaetzung" conveyed by the "wohlhabende Bevoelkerung der Stadt Shanghai" towards the most recent, impoverished Central European refugees. Ladislaus Frank, in a rebuke of class-based resentments, pitched high culture as a counterweight against material status by drawing attention to the "tausende" among the refugees "deren Bildungsgrad nur mit dem der Spitzen der europaeischen Gesellschaft verglichen werden kann". Cultural sophistication was defined by authors such as Heinrich Heine, Friedrich Hölderlin, Eduard Möricke, Friedrich Hebbel, Gottfried Keller, and Gerhart Hauptmann, and by the refugees' bourgeois classical music standards: "Ihre musikalischen Ansprueche sind aber die hoechsten, da die deutsche Musik das Rueckgrat der gesamten modernen Musik bildet".[28] Interpreted as a repository for refinement and sophistication, culture provided a charged response to interethnic social conflict based on class and a vehicle for earning respectability in Shanghai's Jewish community, which was deeply divided along national, political, economic, religious, and ideological lines.[29]

Political worldviews steeped in the Central European past were also reinforced in Shanghai, and with them longstanding national rifts. A recurrent motif in the literature on the diasporic community is the strained relationship between German and Austrian emigrants, which often expressed itself in a Berlin-Vienna divide. On the one hand, Berlin and Vienna continued to maintain their roles as national reference points and high culture touchstones in the emigrant press in Shanghai. Ladislaus Frank, for example, objected in the *Shanghai Jewish Chronicle* to the theater critics' occasional harsh judgment, which compared the performances of the amateur Shanghai Jewish theatre with "die besten Vorstellungen" on the acclaimed German and Austrian landmark stages – the *Wiener Burg*, the Berliner *Staatstheater*, and the Berlin-based *Reinhardt-Ensemble*.[30] These references display a dual awareness: that the improvised Shanghai theater culture could not be measured against the

---

[27] Kulturarbeit im Pingliang-Heim. In: *8 Uhr Abendblatt* 3 Nov. 1940. P. 3.
[28] All quotes from Ladislaus Frank: Der Hunger nach Kultur: Rueckblick und Ausblick. In: *Shanghai Jewish Chronicle*. Two Years *Shanghai Jewish Chronicle* Supplement 11 May 1941. P. ix.
[29] See Marcia Reynders Ristaino: *Port of Last Resort: The Diaspora Communities of Shanghai*. Stanford: Stanford University Press 2001. Pp. 124–157.
[30] Frank: Der Hunger nach Kultur (n. 28). P. ix.

professional cultural life left behind in Germany and Austria, and that both emigrant productions and their critical assessment were deeply moored in German cultural standards and traditions.

On the other hand, the Berlin-Vienna relationship was mostly defined as an antagonistic intragroup rivalry that reflects 19th century European history and the contemporary world on the verge of war. Ladislaus Frank's article illustrates just how much modern European politics were ingrained in the refugees' self-identification and their nationalist affiliations, and to what extent they structured German-Austrian relations in exile Shanghai.

> Gestern nachmittag kam ich in mein Stammlokal, ich glaubte mich ins vorige Jahrhundert zurueckversetzt in das Parlament des deutschen Bundes. Wilder Streit war unter den Stammesbruedern entflammt: hie Wien, da Berlin, hie Frankfurt, da Prag. Dass es nicht zur Schlacht von Koeniggraetz kam, war nur Walter *Donath,* dem ungekroenten Koenig (der Fussballer) zu verdanken, der dort als Kellner amtiert. Seinen Schiedsspruechen wurde, oh Wunder, Folge geleistet und brauchte er niemanden "herauszustellen" oder nur "zu verwarnen", obwohl sich das Publikum auf die Seite der Wiener stellte.[31]

The humorously written episode refers to the decisive Battle (at Königgrätz) of the Austro-Prussian War of 1866. The outcome of the war, Prussia's victory, would soon thereafter lead to the formation of the German Empire and the Austro-Hungarian Monarchy. Even though removed from the European continent, the boundaries that had once created and structured nationalism and national territories maintained a powerful presence in Shanghai.

It was in the cultural realm that these manifestations of deterritorialized nationalism were negotiated. The publisher's introductory statement to the first edition of the *Gelbe Post* in May 1939 reflects the cautious state of mind of emigrants in an unstable and tense political climate on foreign ground, particularly in the context of addressing a diverse readership with different political, social, and cultural backgrounds and attachments that resonated in Shanghai. Storfer carefully emphasizes the neutral political stance of the paper – "rein informativ, ohne Stellungnahme und ohne Tendenz"[32] – and delineates the publication's title in an attempt to clear it of color-coded political connotations and potential misinterpretations that might stir resentments among the multinational audience. Exposing the fault lines among displaced Europeans along ethnic, national, and racial boundaries, Storfer insists on a depoliticized reading of the title:

> Er hat weder mit der "gelben Rasse", noch mit dem "gelben Fleck", noch dem Schwarz-Gelb der einstigen österreichisch-ungarischen Monarchie etwas zu

---

[31] Rodolto: Neues von der Avenue Joffre. In: *8 Uhr Abendblatt* 16 Nov. 1940. P. 3.
[32] Storfer: In eigener Sache. *Gelbe Post* 1 May 1939 (n. 2). P. 1.

schaffen. Auch kann wohl niemand Vernünftiger auf den Gedanken kommen, dass wir uns selbst in jene mit Recht verrufene Kategorie der ultrapatriotischen und skandallüsternen Presse einreihen wollen, die der Amerikaner als "yellow press" zu bezeichnen pflegt.[33]

Storfer's effort to deflate this wide range of ideologically charged, nation-bound and politicized notions reflects the spectrum of prior worldviews that continued to shape community life and public tenor in exile. At the same time they demonstrate Storfer's acute awareness of, and sensitivity to, individual and collective identity formation in Shanghai.

Yet besides echoing the conflicts between different nationalities in exile, the emigrant press also found appreciation for the newly emerging, distinct *Shanghailander* type who was thriving in the metropolis. Egon Varro, in his description of a European coffee house and its multinational clientele on Shanghai's Broadway, stresses "[…] die Internationalität, das Weltbürgertum des Shanghailanders, der in der Eintracht des Nebeneinanderlebens das praktische Beispiel eines lebensfähigen Völkerbundes gibt".[34] The statement, ironically published in an article on December 1, 1939, registers the explosive political situation in Europe as much as the multicultural fabric of Shanghai's flourishing community of displaced Europeans. It is both a tribute to the cosmopolitan culture of Shanghai and a bitter acknowledgment of the international community's failure to institutionalize a "concert of nations" and prevent another world war. All three examples – Rodolto and Storfer's references to Austro-German tensions and Varro's League of Nations metaphor on the eve of WWII – bear the early signs of the fragmentation that would culminate in Europe's collapse and suggest that the emigrants in Shanghai remained caught in the social, historical, and discursive structures originating in 19th century Europe. The early shock waves of Europe on the brink of disaster in 1939 reverberated in the exile community of Shanghai, where emigrants grappled with questions of cultural identity and continuity and articulated changing worldviews in coffeehouses, on streets, in concert halls, on theater stages, and in refugee camps.

Despite the wavering between past lives in Germany and hopes for a future beyond transitory exile in Shanghai, two locations remained stable orientation points, or geographical brackets, for the refugees: Berlin and New York. As known and imagined entities, both offered – as actual places, myths, and projection sites for memories and hopes – a lens through which to interpret the present in Shanghai and imagine the future. Similar to its role in pre-emigration German Jewish periodicals, New York continued to figure as the most prominent American cultural and geographical coordinate in Shanghai's emigrant

---

[33] Ibid.
[34] Egon Varro: Kleines Café am Broadway. In: *Gelbe Post* 1 Dec. 1939 (n. 2). P. 5.

press and as an urban counterpoint to Shanghai. Varro, for example, contrasted New York's Broadway with Shanghai's, and periodicals in general cautioned their readers against comparing the two cities or expecting the American dream to come true in Asia. "Shanghai ist nicht New York", one can read in 1942:

> Waehrend man in der amerikanischen Metropole heute Zeitungsausfahrer, morgen Tellerwaescher sein kann um uebermorgen wieder seinen urspruenglichen Beruf auszuueben, verbieten ungeschriebene Gesetze dem Weissen in Shanghai, Dienste zu leisten, die nur den Kulis vorbehalten sind.

Race and class relations in Shanghai, the article contends, determine that white men could not perform physical labor without the white race losing its face.[35] At the same time, this narrative constructs America against this system of social stratification: it enables the rags to riches myth void of racial oppression by erasing class and race from New York's labor market.

New York, never experienced first-hand by the refugees but vividly imagined, loomed large in the exile press and culture. The contrasting narratives that centered on the New York-Shanghai dichotomy fulfilled an important strategic role in the process of new orientations in exile: the refugees used their knowledge of New York to assess the distance between the unsettling present in China and the potential future in the United States. This distance was not measured in spatial terms – in kilometers or miles, in longitude or culture, and thus within the framework of cultural distance and proximity. The premise of the narratives was simple: New York was everything that Shanghai was not. Whereas China and the Chinese remained foreign and beyond comprehension to most German Jewish refugees, American culture and society seemed easier for them to grasp.

New York also provided a means to place Shanghai and its recent refugees within the historical continuum of the Jewish Diaspora and to establish a new genealogy at a time when the ties to a European Jewish past had been severed. Under the title "Eine neue Diaspora", an article in the special issue commemorating one year of exile in Shanghai draws an analogy between New York's history as a refuge for persecuted Eastern European Jews and the Jewish refugee community in Shanghai: "Wie einst in den Anfaengen der juedischen Immigration in New York, so ist das, was in Shanghai in einem Jahr Aufbau geleistet wurde, ein neues Kapitel der juedischen Diaspora". New York's Jewish history, from its initial stages of struggle to the world's largest

---

[35] Heinz Ganther (ed.): *Drei Jahre Immigration in Shanghai*. Shanghai: Modern Times Publishing House 1942. P. 147. Leo Baeck Institute New York, David Ludwig Bloch Collection, AR 7199, Box 1, Folder 6. The last quote is based on an incident recounted on the same page. Quoting the example of a Viennese lawyer who started to sell newspapers outside the Palace Hotel, the community of foreigners responded with disbelief: "Die Refugees brachten die weisse Rasse um ihr 'face'".

Jewish Diaspora, the article suggests, "[…] kann uns juedischen Einwanderern in Shanghai eine Lehre sein".[36] As a means of moral support and validation, and as a model and historical predecessor, Jewish New York figured as the American dream expanded to Shanghai, signifying upward mobility, accomplishment, and ethnic pride. History and collective memory were reinterpreted in the process of reassessing – and reorienting – Jewish identity in crisis.

In the realm of consumption, similar strategies for orientations and reorientations that drew on familiar frames of reference applied to Berlin. The city's landmark consumption temple *KaDeWe* (an abbreviation for *Kaufhaus des Westens*)[37] lent itself as a ready trope for familiarizing the refugees in Shanghai with distinct urban features, such as Chinese consumer culture. The title of the article, "Ka-de-O: Bummel durch ein chinesisches Warenhaus" by Julius R. Kaim, makes use of the universal recognition among the German Jewish readership of Germany's largest and most luxurious store yet disrupts its established connotations by replacing the letter W for *Westens* with an O for *Ostens*. Aimed at countering Western stereotypes about chaotic, loud Chinese stores selling goods such as "Konserven aus gedämpften Haifischflossen und gebakkener [sic] Hofhundskeule", the article sought, in a broader sense, to facilitate contact zones between Europe and China, between West and East. By aligning Shanghai department stores with Paris's *Printemps*, London's *Selfridge*, and Berlin's *KaDeWe*, Kaim integrated them into the cosmopolitan, elite imaginary of middle-class Central Europeans, and Shanghai itself into the rank of world cities.[38] Like geographical, political, and cultural reorientations in exile Shanghai, the adaptation to a new urban reality mobilized collective memory: the Berlin past was pulled into the present in Shanghai.

Similarly, in German-language newspapers' advertising sections, Berlin figured both as referent and reference for services and products offered by refugees in Shanghai. Many businesses that advertised in the emigrant periodicals indicated their previous places of ownership or employment: names and addresses that stood in the German memory for traditional value, reliable quality, and professional credentials. The entrepreneur's name was usually followed by a standard addendum that anchored the business spatially and socially in the pre-emigration past, such as "frueher Berlin, Kurfuerstendamm, Haus Rosenheim", or "frueher Berlin W., Lietzenburgerstr. 32".[39]

---

[36] Fritz Friedlaender: Eine neue Diaspora. In: *Shanghai Jewish Chronicle. Ein Jahr Aufbau Sondernummer* March 1940. P. 4.
[37] The legendary *Kaufhaus des Westens* opened in Berlin in 1907.
[38] Julius R. Kaim: Ka-de-O: Bummel durch ein chinesisches Warenhaus. In: *Gelbe Post* 1 Mai 1939 (n. 2). Pp. 18–19. Here: P. 18.
[39] See the ad for the newly opened Salons *Margo* and *Betty* in the *Shanghai Jewish Chronicle* 22 Oct. 1939. P. 8.

Kochmann's Restaurant, for example, celebrated its 50th anniversary not in its original location in Berlin but in Shanghai yet supplemented its name with its business locations of past and present: "frueher Berlin, jetzt Broadway 230".[40] *Sarolli* chocolate, as was emphasized in emigrant newspaper ads, was "nach europ. Rezept hergestellt, vo[m] langjaehrige[n] Meister der bekannten Schokoladenfabrik 'Sarotti' Berlin".[41] These stark reminders of displacement and explicit claims to past status and reputation positioned the emigrants in both Berlin's and Shanghai's economy. They illuminate the complex state of duality that exile constituted for the former Berliners: straddling the blurry line between accomplished professional identities in Germany and the present struggle for economic survival in Chinese exile.

Above all, the ads speak of the severe ruptures that enforced emigration imposed on the refugees, and of the disparate geographies of exile that led to these overlapping cultural formations and self-definitions in Shanghai. The *Shanghai Jewish Chronicle*, for example, acknowledged in its announcement of the opening of the Seward Road Café that its owner, Herr Camnitzer, had worked for more than twenty years as *Cafétier* in Berlin.[42] Similarly, an article about Shanghai's *Piccadilly Garden* restaurant traces its manager's career, and thus Jewish dispersion in the early 1940s. Joseph Hirsch, as author Gertrude Herzberg explains, was manager at Berlin's legendary *Adlon* hotel before holding the same position after his emigration from Germany at Jerusalem's *Hotel Eden* and at Shanghai's *Metropol Hotel*.[43] A similar labor flow is exemplified in Charly Pfützner's transnational career path. Pfützner, who celebrated his 20th anniversary as a bartender in Shanghai's *Oceana Garten*, was known to Berlin Jews from his previous workplaces: the *Union Palais*, the *Eden Hotel*, the *Jockey Bar*, and from what the newspaper article referred to as "seiner juedischen Bar", where he witnessed the *Kristallnacht* pogrom.[44] These newspaper ads and articles map the present German Jewish life and work in Shanghai as much as that of the past in Berlin, revealing fractured life stories along with perseverance. As members of the refugee community at large, Margot and Betty Cohn, the Kochmanns, Herr Camnitzer, Joseph Hirsch, and Charly Pfützner – all "frueher Berlin, jetzt Shanghai" – stand as representatives of what Marcia Ristaino describes as "a thriving, if severely challenged, society, characterized by endurance, ingenuity, and a sense of

---

[40] Ibid. P. 7.
[41] Ibid. P. 8 (advertisement).
[42] Eroeffnung des "Seward Road Café". In: *Shanghai Jewish Chronicle* 22 June 1939. P. 5.
[43] Gertrude Herzberg: Im wunderschoenen Monat Mai. In: *Three Years: Drei Jahre Shanghai Jewish Chronicle* 10 May 1942. P. 22.
[44] Guelana: 20 Jahre Barmixer. In: *8 Uhr Abendblatt* 11 Sept. 1940. P. 3

purpose".[45] At the same time, they remind us that the articulation of new orientations and identity formations in exile remain embedded within social structures, cultural conventions, and rhetorical strategies of the past.

While changing worldviews were formulated in letters, published in the emigrant press, cloaked in reinterpretations of Central European history, and emerged from spatial and symbolic distances to Berlin, New York, and Jewish diaspora communities around the world, they were also inscribed into Shanghai's built environment. These material manifestations of change share with the previously discussed examples the reworking of German frames of reference. By locating the material traces of new orientations in Shanghai, I draw on Michel Foucault's reflections on space in the 20th century: "We are in the epoch of simultaneity: we are in the epoch of juxtaposition, the epoch of the near and far, of the side-by-side, of the dispersed".[46] Simultaneity, juxtaposition, notions of the near and far and the side-by-side characterized the refugees' use of urban space and render legible cultural adaptation and modification. Berlin and Viennese urban cultures were recreated on war ruins in the Hongkew neighborhood, flourishing as the social, cultural, and commercial center of German Jewish exile: "Prunkhafte Namen prangen über den Läden und Cafes, stolze Tradition wird kopiert und mit den Namen, die eine Verpflichtung bedeuten, verbinden die Inhaber gleichzeitig die vorläufig noch vage Hoffnung auf den gleichen Erfolg, der den europäischen 'Stammhäusern' gegeben war".[47] Here, Viennese-style bakeries and coffee houses displayed scrumptious selections of classic German and Austrian specialties that deny translation: *Schnecken, Napfkuchen, Kranzkuchen, Rumkugeln, Moccatürme, Waffelrollen* and *Krokant*.[48] This emulation of material structures and food cultures affirms Edward Said's notion that there is not a "surgically clean separation" from one's native place,[49] and that emotional and cultural attachments – despite the traumatic break with Germany – were not completely severed and superseded.

Even though the study of the refugees' new orientations and changing worldviews in exile Shanghai underscores the fissures between different national groups, it also allows glimpses of the compromising potential of cultural practices blending in an urban setting. "Everyone", as Blumenthal remembers, "spoke German and the atmosphere resembled a Jewish quarter,

---

[45] Ristaino: *Port of Last Resort* (n. 29). P. 123.
[46] Michel Foucault: Of Other Spaces. In: *Diacritics: A Review of Contemporary Criticism* 16:1 (Spring 1986). Pp. 22–27. Here: p. 22. Originally published as Des Espaces Autres. In: *Architecture, Mouvement, Continuité* 5 (Oct. 1984). Pp. 46–49.
[47] Varro: Kleines Café am Broadway (n. 34). P. 5.
[48] Heinz Ganther (ed.): *Drei Jahre Immigration in Shanghai* (n. 35). P. 116.
[49] Edward Said: Intellectual Exile: Expatriates and Marginals. In: *The Edward Said Reader*. Ed. by Moustafa Bayoumi and Andrew Rubin. London: Granta 2000. Pp. 368–381. Here: P. 370.

part Vienna and part Berlin".[50] Even in regard to food culture, the national and cultural separation lines that had remained intact in Shanghai showed fractures. A 1942 publication, highlighting the accomplishments of the Jewish refugee community, points to the difference between Austrian and German bakers and confectioners, yet attests to their eventual fusion in China: "Aus den Erzeugnissen beider Gruppen bildete sich gleichsam eine neue Geschmacksrichtung heraus, die sehr bald auch die Angehoerigen anderer Nationen, vornehmlich auch die Japaner, erfasste".[51] Most likely, this constitutes one of the rare examples of group tension resolved by the blending of distinct national traditions into the cosmopolitan mold of the city. Nevertheless, while views steeped in the "old world" remained contentious among German and Austrian refugees, Shanghai's cosmopolitan fabric accommodated, mediated, and reconciled distinct German and Austrian lifestyles.

As German cultural practices in Shanghai changed meaning, so did objects from "back home". European clothes, furs, jewelry, silver, china, and paintings – the remnants of middle-class respectability and the last of the refugees' few precious belongings from Germany – now served as a means to secure survival and were sold at the thrift shop in the Cathay Hotel or at improvised street stands. "Many refugees", as former *Shanghailander* Ernest Heppner recalls, "spread a blanket on the sidewalks of Kungping Road to sell their belongings to the Chinese public, who had never before dreamed of being able to acquire such European 'treasures'". Heppner's own commodity exchanges suggest that the informal, small-scale economy that evolved out of this trade with European objects created new meanings. His Mont Blanc fountain pen, a traditional Bar Mitzvah present in Germany, became "a new status symbol for a Chinese businessman" when he sold it on the street in Shanghai. Similarly, Heppner's mother sold "her custom-tailored Persian lamb coat to the Far East manager of the Standard Oil Company".[52] Both examples highlight the function of material culture objects as signifiers of social position, and the implication of changed ownership on the meanings of these objects in different cultural environments.

Cultural anthropologist Igor Kopytoff's definition of an object as a "culturally constructed entity, endowed with culturally specific meanings, and classified and reclassified into culturally constituted categories"[53] takes into

---

[50] Blumenthal: *The Invisible Wall* (n. 4). P. 380.
[51] Heinz Ganther (ed.): *Drei Jahre Immigration in Shanghai* (n. 35). P. 116.
[52] All quotes from: Ernest G. Heppner: *Shanghai Refuge: A Memoir of the World War II Jewish Ghetto*. Lincoln-London: University of Nebraska Press 1995. P. 86.
[53] Igor Kopytoff: The Cultural Biography of Things: Commoditization as Process. In: *The Social Life of Things: Commodities in Cultural Perspective*. Ed. by Arjun Appadurai. Cambridge-London-New York: Cambridge University Press 1986. Pp. 64–91. Here: P. 68.

account these various layers of relations and economic transfers. The fountain pen, presented as a gift on the occasion of a religious ritual and life-cycle event in Jewish tradition, becomes the symbol of economic success in Shanghai's upper class, Westernized society, whereas the Persian lamb coat – connoted with luxury and femininity – further enhanced, or rather accessorized, the class status of U.S. corporate representatives in China. European objects newly appropriated in China disrupted the "constituted categories" and transformed into visual markers of Shanghai's social hierarchy. With their transnational circulation, the connotation of these objects – manufactured in Europe and embedded within a distinct social, cultural, and economic system under which modalities they were produced and exchanged – were substantially altered in Shanghai. Placed in new "spheres of exchange" and value systems, objects gained new significance and value detached from the original context.[54] In exile Shanghai, worldviews and identities shifted, but – not unlike refugees' ruptured biographies – "cultural biographies of things" did as well.

While the refugees forged new orientations geared towards America in Shanghai, Germany remained a significant yet contradictory interpretive framework for emigrants. In pre-emigration Germany, Shanghai as an emigration destination had emerged late and in stark opposition to America. While "America, Canada, and Australia were hardly attainable, but clearly the big prize", as Blumenthal states, Shanghai "was clearly at the bottom of the list".[55] Even though clearly perceived as culturally different from, and above all as culturally inferior to, Europe, America was thought of more as distant kin. Friends and family of many German Jews had emigrated to the U.S. in the 1930s, and *Amerika* had been known as a German immigration destination for centuries. Despite the common knowledge of new immigrants' hardships, America was revered as the land of opportunity and freedom. It was through the prism of German experiences and habits that the refugees formulated their views of the U.S. in exile Shanghai.

America gained an increasingly powerful presence in prewar Shanghai, and refugees solidified their outlooks on the nation to a large extent in the cultural realm. The German Jewish emigrant press provided significant coverage of events in the United States, introducing the potential future citizen to U.S. immigration policies and topics of interest ranging from politics to social etiquette. National rituals and staged military spectacles, such as the commemoration of Independence Day and Veterans Day (known as Armistice Day before World War II), initiated the refugees into American life. With increased political tension in Shanghai, Japanese occupation, and impending war on the horizon, a sharpened ideological rhetoric with patriotic overtones moved to

[54] Ibid. Pp. 64–91.
[55] Blumenthal: *The Invisible Wall* (n. 4). P. 360.

the foreground. In light of totalitarianism's threat, America was portrayed as safeguarding freedom against fascism in Europe: "Gegen diesen Glauben an Amerika sind alle Zauberkuenste der Propaganda vergebens. Amerikas Ruf als das Land des freien Mannes ist staerker[,] als die Stimme aller Diktatoren Europas".[56] America, as this example shows, was constructed as a political and moral counterforce to a Europe on the brink of destruction.

Popular culture framed U.S. history, and by doing so deployed powerful ideologies about the nation on the verge of war. In 1940, the refugees could watch Edward G. Robinson as FBI agent Ed Renard investigating a Nazi espionage ring in *Confessions of a Nazi Spy*, one of Hollywood's first anti-Nazi movies. They could learn about the life of one of America's most revered historical icons in *Abe Lincoln in Illinois*, or about Irish American World War I heroes in *The Fighting 69th*.[57] A review of the latter in the *8 Uhr Abendblatt* interprets the war movie in the vein of its propagandistic effort as a defense of freedom and "[…] ein Monument gegen Diktatur und Knechtschaft. Der Krieg wird nicht als Selbstzweck gepriesen, sondern als Notwendigkeit zur Erhaltung eben dieser Freiheiten aufgefasst".[58] Similarly, the fact that the *Shanghai Jewish Chronicle* devoted a front-page article to the New York City premiere of Charlie Chaplin's *The Great Dictator* in October 1940 ("Chaplin's Hitlerfilm – ein Sensationserfolg") speaks to the film's potent political resonance for German Jewish refugees who had fled Hitler's terror.[59] Hollywood's prewar movie production had fully realized the potential of the comedy as an effective genre in preparing the nation for war. An odd convergence of the past in Germany and the future in the U.S. took place in Shanghai: though the refugees found themselves thousands of miles removed from both, they formed changing world views in the crucible of this encounter.

Yet the persistence of German frames of reference and the refugees' adherence to social and cultural practices, which allowed them to imagine and articulate their changing word views in familiar terms, should not obscure that some refugees remade their German identities early on in Shanghai. Frau Neuhaus, for example, sold Marzipan in Shanghai under the Newhouse label, and Paul Adler, specializing in jams and fruit juices, established the Eagle Company.[60] The gradual shift from German to English in many spheres of life in exile, and the creation of a language that merged bilingual idioms and semantics, reflects a gradually evolving hybrid culture oscillating between German and Anglo-American cultural practices. Neuhaus and Adler's response to exile

---

[56] Dr. V. St.: Osteuropa und die U.S.A. In: *8 Uhr Abendblatt* 13 Apr. 1941. P. 4.
[57] All films were advertised in the *8 Uhr Abendblatt* in 1940.
[58] Shanghaier Notizbuch. In: *8 Uhr Abendblatt* 17 Sept. 1940. P. 4.
[59] Chaplins Hitlerfilm – ein Sensationserfolg. In: *8 Uhr Abendblatt* 16 Oct. 1940. P. 1.
[60] Heinz Ganther (ed.): *Drei Jahre Immigration in Shanghai* (n. 35). P. 117.

demonstrates resolve and agency in practically and symbolically remaking their professional and personal identities. Newhouse Marzipan – a rare German specialty in China, made by a stateless German Jew who renamed herself – signifies the complex simultaneity of tradition, modification, and invention in exile.

W. Michael Blumenthal describes the psychological strain of life in exile, particularly for older generations. He points to "their suspension in limbo between an engrained Germanness and the slow, reluctant discarding of it long after old habits had lost their relevance".[61] Worldviews were forged in precisely this liminal space between traditional cultural practices and reorientations geared towards new points of the compass. Exile's conflicting emotional toll – a tug of war between the comfort, sustenance, and stability of nostalgia and the anticipation of future lives elsewhere – confounds historical time.[62] Austrian Jewish refugees in Bolivia, as Leo Spitzer has demonstrated so eloquently, looked "back through the future".[63] German Jewish refugees in Shanghai, this study contends, looked forward through the past.

This essay has suggested that looking beyond literary, artistic, and philosophical works contributes to a better understanding of how exile produces new orientations of worldviews. Its goal was to recover everyday experiences and thus "the material ground of culture and community"[64] in order to demonstrate how refugees interpreted their drastically changing lives and worlds. The insights that this approach has yielded shed light on the complicated coexistence of cultural, historical, and psychological forces that forged new identities in exile: past and future, notions of East and West, the global and the local, loss and continuity, attachment and separation, history and memory, and proximity and distance. The refugees, as I have contended, negotiated these complex relationships by redefining their notions of space and belonging. The emotional investments in, to use OED's terms quoted earlier, "specified points" – familiar places of the past, imagined places of the future, and unknown places where relatives had found refuge – have illustrated what makes place – and community – meaningful. These views of the world – a world seen in new relational terms – informed and structured the refugees' worldviews.

---

[61] Blumenthal: *The Invisible Wall* (n. 4). P. 377.
[62] I borrow from Leo Spitzer, who, in his essay on the dual workings of nostalgic memory and critical memory in the Jewish refugee community in Bolivia, argues that the refugees "turned to the past as a way to gain some sustenance and stability in their present". Spitzer: Back Through the Future (n. 21). P. 95.
[63] This quote refers to the title of Spitzer's essay in ibid.
[64] Angelika Bammer: Introduction. In: *Displacements: Cultural Identities in Question*. Ed. by Angelika Bammer. Bloomington-Indianapolis: Indiana University Press 1994. Pp. xi–xx. Here: P. xiv.

In curious ways, New York and Berlin, the continental brackets and reference points that encompass this exile experience, brought Shanghai closer to the refugees by providing a larger, transnational urban trajectory for interpreting the city. While Berlin had served as a well-known entity against which to measure and assess unknown places prior to emigration, it now occupied the familiar compass point in distant Europe. As such, as this essay has argued, it continued to set the standards for life in exile: from theater productions to food cultures to professional credentials. Due to the lack of a ready interpretive framework through which to make sense of the foreign setting, nostalgic memory functioned, as Spitzer asserts, "to strengthen the refugees' sense of cultural and historical continuity".[65]

Shanghai, against its original perception as "the end of the world", became a nexus where local, regional, national, and global relationships and histories were negotiated, partially reinvented and revised, even restored or reinforced, as the fraught German-Austrian relations illustrates. The resulting cultural reorientations – at once pulling backward while pushing forward – produced the tension that Edward Said describes as the exile's contrapuntal awareness of at least two cultures: "For an exile, habits of life, expression, or activity in the new environment inevitably occur against the memory of these things in another environment. Thus both the new and the old environments are vivid, actual, occurring together contrapuntally".[66] This "double bind" reminds us that new orientations of worldviews in exile are always already relational. Furthermore, it challenges historians' epistemologies, as Robert G. Lee's important observation about reorientation to language in personal letters and Michel Foucault's notion of space and simultaneity have pointed out.

---

[65] Spitzer: Back Through the Future (n. 21). P. 94.
[66] Edward W. Said: Reflections on Exile. In: *Reflections On Exile and Other Essays*. Cambridge: Harvard University Press 2000. Pp. 173–186. Here: P. 186.

VI. Exil in St. Louis

Paula Hanssen

Exile and New Orientation in the Letters of Bertolt Brecht's Collaborator Elisabeth Hauptmann: St. Louis, New York and Los Angeles

This article explores the exile of Elisabeth Hauptmann, an author and collaborator of the playwright Bertolt Brecht. She spends her exile in the USA: in St. Louis, then in New York and in California, where she began a new collaboration with Brecht. In her letters to him and other exiles, we see how she dealt with her experiences, far from Germany, from her peers and her career as an author. For Hauptmann, these were years of searching for new beginnings as an author, and for a new appreciation of her work with colleagues in Germany, especially with Brecht.

In much of Europe during the rise of fascism in the 1930s, exile was the expedient choice for liberal intellectuals and artists. Well-documented examples include directors, composers, and writers, such as Fritz Lang, Kurt Weill and Bertolt Brecht. Brecht was a German Marxist playwright who had produced the greatest box office success in Berlin in 1928, *Die Dreigroschenoper,* with the composer Kurt Weill and a lesser-known collaborator, Elisabeth Hauptmann. Hauptmann, a writer and translator, was an active member of the German Communist Party, making her a prime candidate for arrest and imprisonment in the "Third Reich". Both Hauptmann and Brecht left to escape the National Socialist government in 1933, the start of a journey that would last over fourteen years and span the globe.

Their paths lead in opposite directions for the first years: Brecht was accompanied to France and then to Scandanavia by his family and Margarete Steffin, who helped with his writing in exile before she died of tuberculosis in Moscow in 1941. Hauptmann, however, remained in Berlin until the end of the year 1933 and left only after organizing safe passage for her and safekeeping for Brecht's manuscripts. While she was still in Berlin in 1933 she wrote to friends, like Walter Benjamin, and apparently responded to his invitation to come to the Ballearic island of Ibiza in the Mediterranean, where he had found temporary refuge for a few months in 1932 and 1933. Though she did not take him up on the offer, it was the beginning of her new orientation toward a larger world, and she wrote, "Wir werden also im reinsten und besten Sinne Bürger dieser Welt".[1] Hauptmann's letters document those years

---

[1] Elisabeth Hauptmann: Letter to Walter Benjamin. Jan. 5, 1935. Elisabeth-Hauptmann-Archiv, Literaturarchiv der Akademie der Künste, Berlin. Hereafter all references noted with 'EHA' and the file number.

of exile and personal growth when she maintained a lively correspondence with Brecht and other émigrés. The originals and copies are catalogued in several archives: the Houghton Archive at Harvard, the "Elisabeth-Hauptmann-Archiv" in the "Literaturarchiv der Akademie der Künste" in Berlin, as well as in the Berlin "Bertolt-Brecht-Archiv".

In these documents she chronicles her activities, her excitement and her loss of the intellectual exchange with Brecht and other colleagues. This loss manifested itself both physically and psychologically, bringing on depression and writer's block, as expressed in this letter from 1934: "ich bin so draus aus allem, dass ich eine direkte Übelkeit verspüre..." (EHA 480). Her correspondence provides an account of experiences in exile for women and the attending frustrations: negotiating a new context as outsider rather than published author, a new orientation to acquaintances and to an "American way of life", looking for emotional support, searching for employment, and health issues.[2]

Before I go into detail on Hauptmann's exile experience, here is some biographical background. Born on June 20, 1897 in the small town of Peckelsheim, Westphalia, to Josephina Diestelhorst, an Austrian-American pianist and distant cousin to her husband, Clemens Hauptmann, a "Hofrat" (privy to the court) and physician. Hauptmann and her siblings played piano, learned English and French and read voraciously. In a short autobiographical vignette, "Leseerlebnisse im Elternhaus", she wrote about her first books. "Ich kannte jede Seite, fast jeden Buchstaben", and about her favorite place to read, close to the maids' attic room on the stairs, looking out at the back garden.[3] With her love for literature but unable to afford study at the university, Hauptmann completed teacher training in 1918 and went to work as a private teacher in the eastern provinces of the Prussian empire. A poem about her experiences there, "Das Vergnügen", demonstrates her growing discomfort with the traditional values and role of the military in connection with a ball in February 1920: "O mach ein Ende dieser Qual! / [...] an einem Tisch gegenüber der Tür, / drei kleine Mädchen, zehn Offizier!"[4]

---

[2] Much has been written about Brecht and other widely published German authors who left Germany, but not until the 1990's have lesser-known women authors been the subject of research of the effects of exile on intellectual production and/or the lack thereof. Some publications which explore Hauptmann and Brecht as collaborators are: John Fuegi:*Brecht and Co.: Sex, Politics and the Making of the Modern Drama* (1995), my book on *Elisabeth Hauptmann: Brecht's Silent Collaborator* (1995), Sabine Kebir: *"Ich fragte nicht nach meinem Anteil": Elisabeth Hauptmanns Arbeit mit Bertolt Brecht* (1997), and Hiltrud Häntzschel: *Brechts Frauen* (2002).
[3] Elisabeth Hauptmann: *Julia ohne Romeo, Geschichten, Stücke, Aufsätze, Erinnerungen.* Ed. R. Eggert and R. Hill. Berlin/Weimar: Aufbau 1977. Herafter all references noted with 'JoR' and the page number.
[4] Elisabeth Hauptmann: Notes in the Bertolt-Brecht-Archiv, Berlin. 352/19. Hereafter references noted with 'BBA' and the file and page number (if available).

In 1922 Hauptmann moved to Berlin to work and write, and met Brecht in 1924. Suffering from laryngitis, she spoke very little and took notes about their conversation, particularly about Brecht's ideas about the theater.[5] Impressed by her interest, Brecht soon had his publisher hire her. However, she was not limited to writing and research for Brecht. Rather, Hauptmann maintained a supportive role in Brecht's works while also experimenting with her own writing. Her published and unpublished short stories, along with her essays and autobiographical vignettes from her letters, were collected in the anthology, *Julia ohne Romeo*, published in East Berlin in 1977, whose title is also the title of the first short story. Many of her texts were published in magazines or anthologies, such as her story about pre-World War II class-divisions, "Gastfeindschaft", in Wieland Herzfelde's 1932 anthology, *Dreißig neue Erzähler des neuen Deutschland*.

These texts are definitely Hauptmann's, but the boundary between her texts and Brecht's were often less distinct. One example from their early collaboration: she incorporated her own poems which became songs, "O Moon of Alabama" and the "Benares Song", into Brecht's 1925 poetry collection, *Hauspostille,* without asking for credit or recognition. These, then, became part of their opera in 1927, *Aufstieg und Fall der Stadt Mahagonny*. Besides contributing poems to a collection, other contributions to Brecht's works were translations she prepared for Brecht that became part of his publications: her German translation of an English version of a Japanese play was revised to become Brecht's *Der Jasager* in 1930 and the aforementioned box-office hit from 1928, *Die Dreigroschenoper,* was heavily based upon Hauptmann's German translation of John Gay's eighteenth-century British parody, *The Beggar's Opera*.

That close relationship came to an abrupt halt, albeit temporarily, after Brecht left Germany. Brecht moved around Europe looking for a residence, first in France, and finally settled in Denmark. Hauptmann remained in Berlin, at great personal risk, to save their manuscripts despite surveillance by the Gestapo. She finally moved into a hotel pension after several searches of her apartment; nevertheless she was able to arrange for the safekeeping of some of Brecht's materials in Berlin, and even to deliver some to him in his car, which she drove to Denmark. Despite her precautions, she was arrested by the Gestapo and kept briefly in solitary confinement. During the questioning Hauptmann insisted on typing the report herself. "Sie schreiben mir viel zu langsam, lassen Sie mich das selber tippen", she reports to have said to the

---

[5] Sabine Kebir: *Ich fragte nicht nach meinem Anteil: Elisabeth Hauptmanns Arbeit mit Bertolt Brecht.* Berlin: Aufbau 1997. P. 25.

clerk, who allowed her to type the report and her own release papers.[6] She left soon after for Paris – without having secured all the manuscripts.

Many of her colleagues and friends – such as Walter Benjamin, Arnold Zweig, Margarete Steffin and Brecht – were already there, on the assumption they would be safe in France. There they planned to wait there for the end of the National Socialist regime. Brecht and Steffin were busy, having founded an agency in Paris for the many German authors in exile, the "Deutsche Autoren Dienst". Hauptmann's stay in Paris was short, however, and frustrating; though she had tried to save their manuscripts, the fact that she had not saved them all earned her only Brecht's ire. She wrote to Walter Benjamin for solace in late 1933: "Br. behauptet, er habe, nun da die Papiere verloren seien, nichts mehr, worüber wir reden könnten und das Weitere wissen Sie ja" (WBA 57/14).[7] This disagreement with Brecht precipitated Hauptmann's attempt to break away from their relationship. In an undated letter to Brecht in late 1933 she ended their professional and close personal relationship, signaling a new orientation: a new start, independent from their collaboration. The letter is also a commemoration of their collaboration, emphasizing their work together and mutual values:

> Sie sind anscheinend glücklich. Auch ich, das glauben Sie mir, werde bei *gänzlicher* Trennung von Ihnen eine große selbstverständliche und sehr zärtliche Beziehung zu einem Menschen auch in der Arbeit, was ich mir wünsche, finden! Unsere Beziehung war etwas karg und unzärtlich und ungeschickt, aber es war die größte Arbeitsfreundschaft, die Sie je haben werden und die ich je haben werde. (BBA 480)

Hauptman arrived in St. Louis, Missouri in early 1934, where her sister and brother-in-law had offered her safe haven. St. Louis was a city of about 800,000,[8] many of German ancestry. Hauptman and Brecht had been fascinated by the USA as an example of the largest capitalist system and looked forward to researching it in situ, but the Midwestern city seemed provincial and dull to Hauptmann. In this new context her intellectual relationship to Brecht became even more important. Despite her resolve to break off her relationship in the letter to Brecht, Hauptmann wrote often to share her experiences. She analyzed cultural events and the economic situation, providing Brecht with firsthand observations that she thought would inform his worldview. Hauptmann

---

[6] Ibid. P. 164.
[7] Elisabeth Hauptmann: Letter to Walter Benjamin, now in Walter-Benjamin-Archiv, Frankfurt a.M. Cited from Kebir (n. 5), copy in EHA, Stiftung Akademie der Künste, Microfische 57 / 14 and 15 (see Kebir P. 239). Hereafter references noted with "WBA" and the file number.
[8] http://physics.bu.edu/~redner/projects/population/cities/stlouis.html.

explained the American capitalist system of support for the arts to Brecht in February 1934:

> die Industrie finanziert die Kunst und die Künstler – die großen Sonnabendnachmittagsaufführungen der Metropolitan-Oper (die ein wahnsinniges Geld kosten) z.B. werden von den "Lucky Strike"
> Zigarettenfabriken "gesponsort" – Es interessiert mal colossal und nie hat mich die große Nähe von Kunst und Geschäft so wenig gestört. (BBA 480/101–102)

However, Hauptmann's letters from St. Louis also detail her isolation and the search for direction and meaningful work. For example, the manuscripts she had sent to Brecht had included many of her own. She attempted to retrieve these by writing to Brecht in early 1934:

> Jetzt fange ich auch an zu verzweifeln, da ich so vieles vermisse. Hat sich bei Ihnen das "Polly-bild" und die "Ballade von der Billigung der Welt" eingefunden? Ich muß sagen, ich bin ganz verstört, als ich jetzt merke, daß ich so viel nicht bei mir habe... Wenn man Ihnen übrigens die Hausjacke so schickt, wie sie in dem Koffer lag (Pension) so sind Sachen von mir drinnen. Schicken Sie mir, was Sie von meinen Sachen bekommen... (BBA 480/104)

In a letter to Walter Benjamin from May 1934, she describes her search for a professional outlet as striving to break through a wall of hindrances:

> ...erneute Versuche, irgendein Loch (nicht im Zaun, sondern in den dicken Steinmauern) zu finden, durch das ich durchschluepfen kann. Die Mauern sind aber meistens so gut instand und verzementiert, dass gar kein Spaeltchen zu entdecken ist. Allenthalben raet man mir, mich irgendwo hinzusetzen und einen Roman zu schreiben, dass ich waehrend des Schreibens schliesslich auch wo schlafen und essen muss, das interessiert (sicher mit Recht) niemanden. (EHA 89)

Clearly, Hauptman felt thwarted not only by the lack of opportunities but also by the struggle to provide food and housing for herself. By March 1934 she was despondent about her lost identity as a writer who had subjected herself to Brecht. She wrote the following to Walter Benjamin:

> [...] mir tut es leid, dass ich keinerlei Auskünfte bekommen konnte, es bricht damit auch die letzte Chance für mich zusammen, etwas mit den Jahren unserer Zusammenarbeit insofern etwas anzufangen, als mein Name fast unter allem steht + und das als Ausweis dienen kann.[9]

A response must have come because on May 3, 1934 she wrote, apparently in response to his inquiry about her translations:

> Meinen Sie mit chin. Kriegslyrik die paar Sachen, die ich damals aus dem von Waley herausgegebenen Band uebersetzte? ... vielleicht kann ich den Band in der

---

[9] Hiltrud Häntzschel: *Brechts Frauen*. Reinbek: Rowohlt 2002. P. 177.

Public Library auftreiben, wenn es sich um diesen handelt und Ihnen dann gern die paar sozial. Gedichts daraus schicken. (BBA 480/83–84)

Brecht later published these poems in 1938 as German translations in *Das Wort,* a Moscow journal for German émigrés, unter the title of "Sechs chinesische Gedichte" with no mention of Hauptmann: "Die Freunde", "Die Decke", "Der Politiker", "Der Drache des schwarzen Pfuhls" and "Bei der Geburt seines Sohnes".[10]

By September 1934 she was again frustrated by the lack of materials from Brecht, but also by not having a quiet workspace of her own. She asked Benjamin to speak to Brecht during his visit to Denmark about getting some of her old materials:

> [...] davon ist soviel da, dass man selbst bei unguenstigen Konzentrationsverhaeltnissen leichter dran arbeiten kann wie an was Neuem ... ich muss aufhoeren, da ich ueber meinem Kopfe hoere – ich arbeite im Keller –, dass Besuch ankommt. (EHA 480)

Stressed by her efforts to conform to the family's social life, she relished reading letters from friends and colleagues and reestablishing that contact, like this response on 15 May 1934 to a letter from Benjamin:

> Ein Glanz aus einer anderen Welt traf damit hierher und hat mich etwas stark aus meiner sehr angestrengren Konzentration auf dieses Land herausgebracht... [Ich bin] ganz krank von der ewigen Anstrengung, mit gesicherten und hoch versicherten Kaufmännern ... und Hausfrauen und Bridgetanten zusammen zu sein. (Meine Schwester ist dagegen sehr nett ... sie versteht Brecht und schnüffelt in Ihrem Aufsatz herum...) (WBA 57/14)

Some of the most interesting letters recount her experiences in the U.S. in the 1930's. At least one story from a letter to Brecht became the story in her anthology mentioned above and deals with a trip in a segregated bus, "Im Greyhound Unterwegs" (JoR 208–215). Traveling on a Greyhound bus from New York to Washington D.C., she first describes life for blacks and whites in New York City, where race relations were less restrictive. Hauptmann was seated next to some black riders toward the back of the bus. Unwittingly appearing to conform to the unofficial segregation of busses, a norm she despises, she moves up from her seat next to an African American family to a forward seat, only because she was nauseous from the heat and the bumpy ride. Her white seat companion in the front then quietly congratulates her on getting away from the blacks. Hauptmann is stunned, as well as by the blacks' tacit acceptance of the segregated rest stop. She ends the story with a

---

[10] Jan Knopf: *Brecht Handbuch: Lyrik, Prosa, Schriften.* Stuttgart: Metzlerscher Verlagsbuchhandlung und Poeschel 1984. P. 103.

description of the quiet dignity of the black women who endure the separation without complaining.

Besides writing about her struggles as a writer in the new American context, her letters also document her past work with Brecht. While Hauptmann endured isolation in St. Louis, Margarete Steffin had moved from France to Denmark as a collaborator with Brecht, and one of their projects was a Brecht/Hauptmann project titled *Die Spitzköpfe und die Rundköpfe*. Brecht and Steffin revised the text, changed the name to *Die Rundköpfe und die Spitzköpfe* and sent the manuscript to Hauptmann for comments. Her response recounts her work on the piece, her ideas about their work, and then a plea for royalties similar to her royalties from the *Dreigroschenoper*. She had spent weeks writing the first draft in 1932 with an idea from Shakespeare's *Measure for Measure*, as well as meeting with the director for approval, and had provided an idea for a main conflict in the plot: the extortion by taking horses, similar to the plot idea in Heinrich von Kleist's *Michael Kohlhaas* (1810). The probability of producing the play in a non-German speaking country and earning royalties was next to none, but it had become clear to Hauptmann how important her work in the Brecht oeuvre was. She wrote in May 1934:

> Es ist so schwer, in einem Brief alles auch nur annaehernd praezise anzudeuten …
>   Wenn ich mich jetzt daran erinnere, waren es vier schreckliche Monate, in denen ich darum kaempfte, die Anfangskeime des Stueckes zu sichern, indem ich mit zu Berger rannte, aufschrieb, heulte, wieder davon anfing, wieder was aufschrieb… Kurz und gut, wenn ich dann auch im weiteren Verlauf unwichtig war bis auf einen Grundeinfall im Treatment, die Pferde, was aufzuschreiben ich mich wirklich schaeme, so moechte ich gern beteiligt sein mit dem Dreigroschensatz (1,25, spaeter 1%). Sie koennen es rubrizieren als Mitarbeiterbeteiligung oder als Vertriebsprovision. Ich waere mit der letzten Rubrizierung einverstanden, da ohne das nicht irgendwo hinten steht: "am Anfang mitgeholfen hat E.H".… Diese verschiedenen Fruehstadien haben mich immer viel leiden gemacht… (BBA 480/94–95)

The stresses of exile and lack of opportunity had only increased since her arrival in the U.S., and she wrote to Brecht at the end of 1934: "Vor genau einem Jahr kam ich an und es ist mir wie eine Ewigkeit" (BBA 480/22). The increasing length of her written correspondence suggests the need for connection to Brecht: her Christmas letter from 1934 was fourteen pages (BBA 480/5). In a letter to Benjamin of March 5, 1935, she describes "losing" her country, being separated from her colleagues, her work, and anyone who understood her work with Brecht:

> Ich weiss, dass, wenn nicht durch irgendwelche gluecklicheren Umstaende mein Schiff sich nicht bald wieder nach Europa wendet, ich dieses Land aus der Sicht verliere; schon jetzt geht mir das Gestruepp bis ueber die Augen und selbst manchmal, wenn ich gezwungen bin, […] den Namen Brecht zu erwaehnen, ist es mir, als waere es ein Schwindel, dass ich mal jahrelang bis Stunden taeglich mit ihm

zusammen war, und mir entsinken die Worte, weil ich die Leute nicht beschwindeln moechte. Man fragte mich nach der *Maßnahme*, und ploetzlich fiel mir in einer mir fremden Wohnung Augsburg ein, wo wir die japanische No-form transponierten, die ersten Szenen vollbefriedigt an Ihering nach Berlin schickten zum Abdruck.[11]

Hauptmann was finally able to earn a meager living as a teacher. The Roosevelt administration provided work for the unemployed through FERA, the Federal Emergency Relief Agency, especially for specialists, like teachers in schools and colleges. Her experience teaching in Germany and knowledge of English helped her land a job at Missouri College in St. Louis. The FERA job required knowledge of U.S. history and system of government, which Hauptmann had researched already while in Germany, as well as an understanding of the labor movement, knowledge of economics, of the subject taught (in her case German language and literature), communication skills, a willingness to learn from students, intellectual integrity, cultural experience, an interest in the students as individuals, empathy, and sense of humor.[12] The experts sought were expected to lead an exemplary life, here described in a letter of March 1, 1935 to Brecht:

> Ich verdiene, – da es eine sogenannte FERA-Stellung ist, im Rahmen der Arbeitslosenbekämpfung – $45 im Monat. Davon gehen todsicher $5 Fahrgeld ab. Dabei darf ich keine an den Beinen gestopften Strümpfe tragen und mein Haar muss gepflegt sein. Ich darf nicht müde aussehen und muss nett angezogen sein. Der Grammatikunterricht muss interessant gemacht werden, wie eine Theatervorstellung. (BBA 480/21)

Nonetheless, her teaching experience seems to have been a good one. She wrote about the camaraderie with her students in May 1935: "Fuer mich ist das Unterrichten am College noch immer hochinteressant. Ich habe einen ganzen Stab, der mit mir durch dick und duenn geht" (BBA 480/11).

However, even this brief span of independence was thwarted by circumstance: the college closed for renovation in fall 1935, which serendipitously corresponded with a telegram from Brecht, already on board a ship to New York City, asking her to come to New York. He and Hanns Eisler were on their way from Europe to attend a production of his play, *Die Mutter*, in English as *The Mother*, at the New York Theater Union. Hauptmann, with a hint of sarcasm, remembered in a much later interview in Berlin for the documentary about her, *Die Mit-Arbeiterin*[13], Brecht's unfaltering confidence in her avail-

---

[11] Quoted from Häntzschel: *Brechts Frauen* (n. 9). P. 179.
[12] Joyce Kornbluh: *New Deal Teacher Training Centers, 1934–1935*. Syracuse: Syracuse University (no year of publication given). Cf. http://www-distance.syr.edu/kornbluh.html
[13] Karlheinz Mund (Director): *Die Mit-Arbeiterin*. Berlin: DEFA Studio für Kurzfilme 1972. http://www.imdb.com/company/co0114408.

ability, assuming that she would quit her job and come to New York: "er dachte, 'wenn ich komme, dann kündigt die die Stelle am College.' Das war so lustig!"[14] In any case, she traveled to New York, but only for a short time and as a professional, hoping to make connections and to enjoy working again in the theater with Brecht. She also made living arrangements for both of them, translated for Brecht and Eisler and the American director. From the outset, there were problems with the production; the director and actors resented Brecht's and Eisler's criticisms, finally banning them from the theater. The play had a very short run; the Theater Union may never have recovered from the lack of box office revenue, because it closed two years later.[15] Hauptmann insisted that the poor reviews were due to the ideological differences between the text and the audience in the U.S.: "viele Kritiker fanden: es war zu deutlich, als wie für Kinder gemacht… Aber setzen Sie das mal Leuten vor, die kein anderes Theater kennen, außer dem kommerziellen New Yorker Theater!"[16] Hauptmann and Brecht also used their time for other projects in English, such as an essay about the history of the theater entitled "A Needed Inquiry Regarding the Struggle against Barbarism" (BBA 340/46), typed and edited by Hauptmann, but never published.

After a few weeks in New York, Brecht returned to Europe and Hauptmann to St. Louis. She managed to live independently by alternately renting a room or sharing an apartment with a friend. One connection to a larger cause was her membership in the Communist Party of Germany, and she made contact with the party in the U.S., hoping to go to Moscow. The artist George Grosz, who heard that she was interested in the Soviet Union and who had visited the USSR, sent a carefully worded warning about criticism of that system in March 1936: "[Ich empfehle,] sollten Sie jemals nach Rußland kommen, ja recht aufzupassen, loben Sie nur fleißig, und, wenn Sie hier und da erstaunt sein werden, halten Sie Ihre Zunge schön im Zaun, ansonsten trifft Sie noch womöglich dasselbe Schicksal".[17] He referred here to Hans Hermann Borchardt, a German Marxist in the Soviet Union who was expelled back to Germany. Her attempts to work with the Communist Party were half-hearted in any case, as she writes in early January 1935 to Walter Benjamin:

Da ich aber nichts ins Russ. übersetzen kann hat man mich jetzt an die entsprechende Verlagsvereinigung nach New York verwiesen. […] Vielleicht wird das was, obwohl ich nicht so verrückt darauf bin. Das ist ziemlicher Apparatbetrieb mit hundert Verpflichtungen ausserhalb der Arbeitszeit und Kontrolle usw. Ich war schon

---

[14] Quoted from Kebir: *Ich fragte nicht nach meinem Anteil* (n. 5). P. 181.
[15] Laura Bradley: *Brecht and Political Theater: The Mother on Stage*. Oxford: Oxford UP 2006. Pp. 152–154.
[16] Quoted from ibid. P. 183.
[17] Quoted from ibid. P. 181.

mal dort, um jemanden zu besuchen und mir blieb gleich etwas der Atem stecken […] man sieht soviele alte Fehler und wenn man was sagt ist man ein Defaitist.[18]

For the next few years, she settled into her life in St. Louis, and supported herself largely with teaching and some writing. Still committed to the antifascist cause, though independent of the American Communist Party, she was able to speak to groups about fascism and even write a radio broadcast in 1939, entitled "Labor Speaks Against Nazism".[19] She also published an article about Erika Mann, Thomas Mann's outspoken daughter, in a California magazine, *California Arts and Architecture,* from December 1940 and was able to go to Los Angeles for a summer course at the University of California in Los Angeles in 1941.[20]

Brecht decided to leave Europe with his family and current two collaborators, Margarete Steffin and Ruth Berlau. With visas for the US, they traveled in spring 1941 to Moscow, intending to take the train across Siberia and sail to California. Steffin, however, fell desperately ill with tuberculosis, and passed away in a clinic in Moscow just after Brecht and his entourage left for the eastern coast of the USSR. In June 1941, Brecht and family and Ruth Berlau arrived in the US and settled in Santa Monica, where they had some contacts with many other German and Austrian intellectuals who worked for Hollywood. Ruth Berlau would move to New York City to take a job at the Office of War Information.

Hauptmann, too, had decided to move to New York City, hoping for independence and a new start in publishing. There she found another partner for collaboration, the émigré Horst Bärensprung, a well-traveled former liberal police chief who was charged with preparing radio broadcasts to Germany for the Office of War Information. Besides their common political views, Bärensprung was also interested in China, where he had worked in several capacities: as a translator and counsel to the Chinese government in 1934, as an instructor for the police, and teacher at the Shanghai Law School.[21] Hauptmann took on the writing with Bärensprung in connection with several projects, including radio broadcasts to Germany, a Bärensprung biography, and a play about Bärensprung's ancestor, *Dahlmann*, who had been part of the "Göttinger Sieben", the seven University of Göttingen professors fired in 1848 for their support of a new democratic constitution. Hauptmann was much more direct than she had been in previous years in her letters to Brecht

---

[18] Ibid. P. 180.
[19] Cf. ibid. P. 180.
[20] Cf. Häntzschel: *Brechts Frauen* (n. 9). P. 181.
[21] Cf. Ernst Stiefel et al.: *Deutsche Juristen im amerikanischen Exil 1933–1950.* Tübingen: Mohr Siebeck Verlag 1991. Pp. 44–45.

about her part in collaborative efforts; she wrote to Bärensprung's daughter in 1953 after his death, claiming to have been the author of most of their work:

> Ich machte die Arbeit [an der Biographie] ohne Entgelt, auf eigenes Risiko, und auch aus Spass, obwohl es eine Riesenarbeit war, und weil sie ein Lieblingstraum Deines Vaters war. Die Memoiren sind also, was man so nennt, mein geistiges Eigentum [...] im Gegensatz zu wirklich selbstgeschriebenen Autobiographien [...] Was für die Memoiren gilt, gilt für die 'Radio-Reden'. (EHA 462)

During Hauptmann's time in New York, Brecht sometimes visited his companion Ruth Berlau, who worked for the Office of War Information, and had contacted Hauptmann about helping him during his visits to New York for a few hours a week. Berlau is quoted in *Brechts Lai-Tu*, saying that Hauptmann declined with her typical irony, "Wer für Brecht arbeitet, arbeitet nicht unter vierundzwanzig Stunden am Tag!"[22] Hauptmann's resolve to maintain some professional distance faltered, however, when she helped monitor Berlau at a clinic. She suffered from alcoholism and depression and endured electric shock treatment at a clinic. Hauptmann visited Berlau and even consulted with her doctor for Brecht. She wrote to Brecht in December 1945, suggesting that Brecht maintain some distance and help Berlau become more self-reliant: "[Berlau] will auf der einen Seite sich von Ihnen emanzipieren, aber auf der anderen Seite mit ungeheurer Wucht bei Ihnen bleiben" (BBA 211/23–24).

As it had become clear that the Allies would prevail, Hauptmann and other émigrés began organizing for a new orientation for Germany and any post-war government. She became secretary of the Council for a Democratic Germany in 1945 and 1946, a group, headed by the émigré theologian Paul Tillich from the Union Theological Seminary in New York City, and including Bärensprung, Brecht, and many other German émigrés, that planned for a peaceful and democratic post-war Germany. Hauptmann was, as usual, thorough and dedicated, taking on other members' work, and in a letter to Brecht on February 26, 1945 complained about the workload, asking for money for an assistant:

> Alle ordentlichen Councilmitglieder reden sich immer mit ihrer eigenen Arbeit aus und packen mir noch lustig ihre Ausschussarbeit auf. Ich will das gern machen, so lange es geht, aber einmal hat das ein Ende, und dann wird das Ende ploetzlich sein. Was ich meine ist: Besteht denn gar keine Moeglichkeit, dort etwas Geld zusammenzukriegen, damit ich wenigstens die Frau Fein bezahlen kann, damit in meiner Abwesenheit an den Tagen, wo ich einfach nicht da sein kann, das Buero funktioniert?[23]

---

[22] Quoted from Hans Bunge: *Brechts Lai-Tu: Erinnerungen und Notate von Ruth Berlau*. Berlin: Eulenspiegel Verlag 1989. P. 9.
[23] Bertolt-Brecht-Archiv, Cohen Sammlung, Berlin. Hauptmann to Brecht, 26 Feb. 1945 from NYC. Hereafter references noted with 'BBA/Cohen'.

After the war in 1946, Bärensprung returned to Germany and his family. Through her work at the Council, Hauptmann reestablished a working relationship with Brecht. He asked her to work with his translator Eric Bentley, coordinating and checking the accuracy of new English translations of his plays. In a letter to Brecht in late 1946, she suggests that she be able to sign off on the validity of the translations with the publisher as his representative:

> Dagegen habe ich dem Verlag erklärt, warum Sie mich eingeschaltet haben: nämlich um die Ausgabe möglichst herauszukriegen, dass sie Ihren Vorstellungen von einer so repräsentativen Veröffentlichung entspricht, und dass man also zu allen Teilen der Ausgabe. [...] Ihr O.K. braucht, das evtl. ich beschaffen [...] kann". (EHA 245)

As this letter suggests, Hauptmann was again working with Brecht, at the same time, however, striving for autonomy. The feeling of insecurity about her own work, and the idea that money was to be kept separate from creative efforts undermined her ability to be self-sufficient. She was conflicted about having her creative efforts be "for sale" even when she needed payment to support herself, which made a professional relationship with Brecht difficult and at the same time creative and dynamic. In her work with English translations of Brecht's works, Hauptmann was adamant about maintaining Brecht's message and spent hours with the manuscripts, even in the face of Bentley's dissatisfaction with her suggestions. She then refused credit for her work because donating her work was easier than discussing money matters (cf. EHA 201/11). Brecht insisted on May 28, 1946: "Ich bestehe auf einem Kredit für Sie; wenn Sie ihn nicht wollen, ich will ihn. Ihr Name ist (und wird sein) besser als seiner [Eric Bentley]".[24]

Soon after, she accepted Brecht's invitation to move to California and work with him there. Brecht wrote to a friend in July 1946, "Ich bin so froh, dass die Hauptmann, zum ersten Mal wieder, sich meiner Arbeiten widmet. Sie ist unersetzlich".[25] Her old friend, the actor Peter Lorre, invited her to stay with him and his wife at their ranch in Mandeville Canyon, not far from Brecht and his family in Santa Monica. Apparently inspired by the film industry in California, Hauptmann attempted a film script of her own, "Olga or No Wall Too Thick", with a distinctly autobiographical plot involving an extremely talented woman who often became an enthusiastic partner for others' projects (cf. EHA 31). Here again, this time in the title, we find the wall metaphor that she had used years before in the letter to Benjamin regarding the difficulties she faced as an émigré.

---

[24] Günther Glaeser: *Bertolt Brecht: Briefe*. Frankfurt a.M.: Suhrkamp 1981. Vol. 1. P. 520.
[25] Ibid. P. 524.

This renewed collaboration with Brecht was short-lived due to the political situation in the U.S. It was the time of Senator McCarthy and his House Un-American Activities Committee (HUAC). Brecht, his family, Ruth Berlau, other new collaborators such as the composer, Paul Dessau, and Hauptmann began planning their return to Germany. Brecht was summoned to speak about his activities, and immediately after his interview in October 1947 by the HUAC, Brecht left the U.S. for Europe. The rest of the group prepared for their move, especially financially. In a letter from November 1947, Hauptmann writes:

> Lieber Brecht
>   Es ist schwer etwas zu schreiben, wenn man in zwei so verschiedenen Welten sitzt. Ich z.B. habe nichts Hoeheres im Kopfe als meine Sachen hier zum Aufbruch zu organisiern…. 1000 Dollar sind ja nur mein Claim bis 1. April, auch sind sie schon voellig mit Arztrechnung, Steuer, Loan so beladen, dass ich keinen Cent fuer eine Reise davon uebrig behalte, geschweige denn fuer einen Wintermantel. Ich bin auch eigentlich muede jetzt. Sie wissen ja, wie anstrengend es in diesem Lande ist, das Geld fuer Miete und Essen und Trinken allein herbeizuschaffen. Fuer einen einzelnen Menschen ohne backing, und das bin ich, wird es fast unmoeglich. Ich werde auch zu nervoes, um mich noch hinsetzen zu koennen und was Vernuenftiges zu arbeiten. Es war wirklich ein Fehler, hier nach Cal. zu kommen. (BBA/Cohen)

In January 1948, Hauptmann moved in with a new partner in Santa Monica, Brecht's friend and composer Paul Dessau, and they married in 1948. Their partnership seems to have been more than just convenience; Dessau dedicated a section of his music to Brecht's "Die Reisen des Glücksgotts" to her (EHA 204). This, however, did not prevent Dessau from leaving for Berlin a few months later, though Hauptmann did not yet have the funds to plan her return to Europe, had injured her knee, and had a claim for back pay that she had submitted to the Board of Labor in California (BBA/Cohen, 14 Nov. 1947).

By the time she finally left the U.S. for Europe in October 1948 on board a boat to The Hague, Brecht and Weigel had produced his adaptation of Hölderlin's *Antigone* in Switzerland in February 1948 and had moved to work in a theater in Berlin, with passports from Austria. Hauptmann stayed in Braunschweig with Bärensprung's family for weeks recovering from her trip, and there were more delays because the Allies were in control of the four sectors in a divided Germany and required official permission to travel between the sectors. Hauptmann then had to wait for an official invitation to travel to the eastern sector of Berlin, as well as for transportation to Berlin at a time when trains were not running consistently. She finally arrived to be reunited with her colleagues and husband in February 1949. This proved, however, to be a new beginning and another search for connections. Hauptmann's husband Paul Dessau was preoccupied with another relationship, while Brecht and Weigel had in the mean time founded the Berliner Ensemble at the Deutsches Theater. Brecht had new collaborators, and there was a shortage of housing and workspace.

Hauptmann once again felt overwhelmed by the isolation and effort necessary to reestablish herself as a writer, and out of desperation attempted suicide. Brecht finally encouraged her with more collaboration, and she forged a new life in East Berlin. Although she attempted some projects of her own and wrote film scripts for DEFA, the East German film company, her primary work was still in connection with Brecht as a dramaturge for the Berliner Ensemble. Besides her work with young directors and actors at the Ensemble, Hauptmann became a confidante to the actors and young directors with the Ensemble as well as the chief editor for Brecht's collected works. It was Hauptmann who accompanied Brecht to Italy for a production of their box office hit, the *Threepenny Opera*, his last trip before his death in February 1956.

Soon after Brecht's death, she organized the Brecht Archives with Helene Weigel and Ruth Berlau. Hauptmann lived in East Berlin until she died on April 20, 1973, and is buried in the Dorotheenstädtischer Friedhof next to Brecht's last home, and where Brecht, Weigel and Berlau also lie.

In conclusion, Hauptmann's letters depict her struggle for independence while ultimately maintaining her relationship to Brecht on a personal and professional level. The woman who emerges from these letters was caught in contradictions of personality, with her enthusiasm for literature as well as depression and personal insecurity, when women were largely excluded from the cultural scene in Europe as well as in the U.S. The letters are a repository for her creative vision: her interest in Chinese poetry and her work on *Die Spitzköpfe und die Rundköpfe* are just two examples. Hauptmann also often had suggestions for Brecht, such as the translations of Chinese poems.

The ability to adapt to a new context certainly helped her navigate the difficulties of living in exile, while paradoxically making it more difficult to break from old patterns and develop a new identity. Hauptmann had long expressed anxiety about the changes and lack of opportunity for intellectual collaboration. Already in April 1933, as she was leaving Berlin, Hauptmann suspected that she would not be able to work as a writer and had written to Walter Benjamin: "Die Jugend vergeht schnell und langsam beginnt man über alles nachzudenken, man beginnt seine Enttäuschungen zu vergessen und richtet sich in der Einsamkeit des Alters so gut es geht ein und so wirtschaftlich wie möglich" (EHA 480). Though resigned, she was determined to contribute to society and to become independent, especially from Brecht. When she returned to Berlin, she became a trusted colleague at the Berliner Ensemble and the Brecht Archive as well as editor of his collected works. For her work in theater, theory and criticism, she won the literary prize of the GDR, the Lessing Prize, in 1961. The years in exile had not brought the independence and recognition Hauptmann longed for, but she experienced the world and was able to negotiate more adversity than she no doubt ever thought possible.

Sydney Norton and Lynette Roth

Manifestations of Exile in the Work of Max Beckmann

Focusing on selected works from the extensive collection of paintings and prints by Max Beckmann at the Saint Louis Art Museum, the following essay addresses moments of intersection between the artist's oeuvre and the experience of living and working in a foreign country due to political regime change and the aftereffects of war. Section one examines two paintings – The King and Self-Portrait in Blue Jacket – within the context of the series of revisions made to the canvases at various stages of the artist's exile. Section two investigates seven prints from the lithograph portfolio Day and Dream, completed in 1946 while Beckmann was living in Amsterdam. The multiple layers, both literal and metaphorical, that permeate these works offer viewers striking visual traces of the geographical disorientation, shifting historical circumstances, and social influences that informed Max Beckmann's life and self-perceptions over his thirteen years of self-imposed exile in Amsterdam, St. Louis, and New York. These works point toward a fatalistic internalization of historical circumstance, combined with an ongoing self-reflexive dialogue between the artist and his work.[1]

In 1937, twenty-eight paintings and a total of 590 artworks by Max Beckmann were systematically removed from German museums as part of the infamous Nazi "degenerate art" campaign. That same year, the painter and his second wife, Mathilde ("Quappi") Beckmann, left Germany for Holland never to return. Thanks to the assistance of an array of supporters, Beckmann was able to live and work in Amsterdam in relative safety. The artist saw Amsterdam as an "interim solution", however, and hoped to immigrate to Paris where he spent extended time in 1938/39.[2] Due to the outbreak of the Second World War, followed by the German occupation of Holland in 1940, Beckmann and his wife were forced to remain there until 1947.

The scholarship on Beckmann has paid considerable attention to the issue of exile. The most recent attention to the subject came in the form of a major exhibition on the artist's Amsterdam period hosted jointly by the Van Gogh Museum in Amsterdam and the *Pinakothek der Moderne* in Munich. In 1996, the Guggenheim Museum Soho held the exhibition *Max Beckmann in Exile*, which also included work made after Beckmann moved to the United States.

---

[1] Full-color images of artworks in the collection of the Saint Louis Art Museum referred to in this essay are available for viewing at www.slam.org. Search under the "Collections" heading for Max Beckmann.
[2] See Beckmann letter to Stephan Lackner, August 4, 1937. In: *Max Beckmann: 3 Bände. Bd. 3. 1938–1950*. Ed. by Klaus Gallwitz, Uwe M. Schneede, Stephan von Wiese. Munich: Piper 1996. P. 18.

Unlike the wave of refugees who fled Nazi Germany and Austria to the United States in the 1930s and early 1940s, Beckmann came to America in 1947. The artist was invited to fill a temporarily vacant position held by Philip Guston at the School of Fine Arts at Washington University in Saint Louis.[3] Many years earlier, even when the artist believed a move to Paris to be imminent, he wrote to his dealer Curt Valentin in New York: "Trotz Paris denke ich ja doch einmal als Amerikaner zu enden". Beckmann's 1939 premonition was fulfilled and he spent the last three years of his life in Saint Louis and New York.

An extraordinary amount of Beckmann's *oeuvre* now resides in collections in the United States. This is due to the "degenerate art" campaign and the sale of large quantities of European modern art outside of Germany. Several major German dealers and collectors of Beckmann's work, such as J.B. Neumann, Curt Valentin and Stephan Lackner, had also relocated to major American cities during the war. Largely a result of Beckmann's two-year sojourn in Saint Louis and avid collectors in the area, the Saint Louis Art Museum owns thirty-nine paintings, over four hundred works on paper, a textile, and a bronze sculpture by the artist. Drawing on works from this extensive collection, the following essay will address moments of intersection between the artist's *oeuvre* and the experience of living and working in a foreign country due to political regime change or the aftereffects of war. Section one examines two paintings by Beckmann and the series of revisions made to the canvases at various stages of exile. Section two addresses a select number of prints from the lithograph portfolio *Day and Dream* made in 1946 while the artist was living in Amsterdam.

I. The Self-Portraits

In the course of his career, Beckmann painted upwards of forty self-portraits.[4] The genre of self-portraiture lends itself to autobiographical readings of the artwork as reflective of an artist's state of mind, of his or her way of seeing experience and the self. In the case of Beckmann, the condition of exile heightens the demand for such interpretation. Art historical readings often hinge, however, on how commentators view the biographical context in question; as a result, individual accounts vary widely. Two self-portraits by the artist in the collection of the

---

[3] Although Beckmann had received prestigious offers for teaching positions in Germany, he turned these down, calling post-war Germany a "vacuum" because many of its artists and art dealers had long since left.
[4] Extensive literature exists on the issue of Beckmann and self-portraiture. See, for example, the introductory Peter Selz: *Max Beckmann: The Self-Portaits*. New York: Rizzoli 1992; Fritz Erpel: *Max Beckmann, Leben im Werk: Die Selbstbildnisse*. Munich: C.H. Beck 1985; *Max Beckmann: Selbstbildnisse*. Ed. by Uwe M. Schneede, Carla Schulz-Hoffmann et al. Stuttgart: Gerd Hatje 1993.

Saint Louis Art Museum, *Der König* (*The King*; 1933, 1937) and *Self-Portrait in Blue Jacket* (1950), suggest that conflicting accounts of the artist's relationship to exile are the result of Beckmann's own ambivalence about the experience of exile. This ambivalence manifests itself not only in the artist's personal and public statements, but also in the act of painterly revision. Beckmann frequently changed and revised his work over extended periods of time. Numerous instances exist in which the artist, after declaring a painting "finished" in his diary, would return to it years later, even after – as in the case of *The King* – the work had been photographed and exhibited. While the practice of revision is not limited to Beckmann's exile period, these formal and compositional changes correspond in compelling ways to the complex experience of exile. Beckmann's close friend and fellow émigré Stephan Lackner described *Self-Portrait in Blue Jacket*, the very last portrait of the artist, as a "nachdenkliche Bestandsaufnahme des Ichs".[5] In what follows, we shall examine both it and the heavily revised *The King* as a "stock-taking" under the exigencies of exile. Modes of revision, like the portrayal of the self, reveal much about Beckmann's experience as an exiled artist or émigré, as well as his relationship to Germany, Holland and the United States.

The King

Max Beckmann's *The King* is the product of several painting campaigns and exists in two documented states, dating to 1933 and 1937 respectively (fig. 1; fig. 2). The differences between the two canvases are striking and – in light of the defamation of the artist's work in Germany and the consequent move to Holland during this time period – significant as autobiographical experiences of exile. Beckmann began work on *The King* in Frankfurt and finished it in Berlin to where he moved in January 1933, the same month Adolf Hitler was appointed chancellor.[6] As the title suggests, *The King* shows a figure dressed in royal garb. Bearing features similar to those of the artist, the king sits with legs spread wide, flanked by two female figures. The body of the foremost figure, often described as Beckmann's second wife, Quappi Beckmann, blocks his own. The crowded constellation of the figures diagonally from the lower-left

---

[5] Stephan Lackner as cited in: *Max Beckmann. Retrospective*. Ed. by Carla Schulz-Hoffmann and Judith Weiss. Exh. cat. The Saint Louis Art Museum. Munich: Prestel Verlag 1984. P. 315.

[6] In addition to a diary chronicling both his progress on paintings and daily goings-on, the artist kept a list of his oil paintings, including the places and the dates he worked on them, as well as their current owners. For *The King*, which initially bore another, now illegible title, the list reads: "Feb. F. [Frankfurt - LR] beendet 24. Okt. Berlin überarbeitet in Amsterdam Morgenroth Lackner", indicating that the artist started the canvas in Frankfurt and that the first owner of the work was Stephan Lackner (born Morgenroth).

Fig. 1 Max Beckmann, *The King*, 1933–37, oil on canvas, 53 1/8 × 39 3/8 in. (135 × 100 cm), Saint Louis Art Museum, Bequest of Morton D. May, 850:1983.

Fig. 2 Max Beckmann, *The King*, first version, 1933. Image source: Max Beckmann – Retrospective, The Saint Louis Art Museum, Munich: Prestel Verlag, 1984: 264.

of the canvas to the upper right heightens the viewer's sense of imbalance, even uneasiness. Behind the artist is a shrouded figure, partially blocked by a stately column, her left hand raised in a gesture of warning. It has been argued that in the political climate of 1932/33, Beckmann sought the increased anonymity of the German capital in order to continue painting without interruption. While working on the canvas, the artist received notice that he would lose his teaching position at the Städel Art School in Frankfurt. The canvas can thus already be seen as a reflection on historical circumstance.

In the 1937 composition, completed in the first months of exile in Amsterdam, Beckmann removed the column to the right, replacing it with the extended bodies of the figures. The female figure to the left has been placed beside the monarch, leaving his body open to the viewer but for the sword on which his hand rests. He is less assured and more vulnerable than in the previous composition. Despite the size of the canvas, measuring 53 1/8 × 39 3/8 inches, the figures feel flat and squeezed within the space; the volume and the position of their bodies do not cohere. The brushy cacophony of hands at the painting's central axis is now part of a crowded, confused space.

The most forceful change, however, is an overall one: Beckmann went over the existing forms, darkening areas of monolithic colors in black paint. In fact, while all three figures addressed the viewer directly in the initial composition, they are now diminished in shadow or sketchy profile. The eyes and face of the male figure are darkened and the recognizable features of the artist have largely disappeared. The face of the female figure to the right has been painted over completely, replaced by a sketchy profile of white brushstrokes on a black ground. Although the eyes of the kneeling female figure remain open, the thick black impasto of her pupils – globs of paint on the surface of the canvas – nonetheless suggest blindness. The thickness of the paint application here is even more striking when one considers that black paint in other areas has been thinned, appearing almost like washes of India ink.[7] With these thinly applied black lines Beckmann also adds a scrim and a half-circle form to the left portion of the composition, further crowding the space. As many commentators have suggested, the black palette may correspond to a darkening of the psyche related to the experience of exile. And yet, although the portrait is often read as a symbol of the artist's gloomy days in Amsterdam, the same year he arrived there and re-painted *The King*, he was still able to travel and began to explore the idea of a move to the United States. While the canvas reflects perhaps the fear of the unknown or the artist's increased vulnerability once forced away from familiar surroundings and supporters, it may also reflect a retreat into

---

[7] Beckmann, although using commercial oil paints, often altered the consistency. Bruno Heimberg: Beckmann's Painting Technique. In: *Max Beckmann. Retrospective* (n. 5). Pp. 129–136. Here: P. 135.

oneself and into the realm of autonomous art-making that Beckmann had, in fact, consistently championed. In both states of the canvas, Beckmann remains at its center, the artist as king.

In 1938, the revised painting was shown in the exhibition *Twentieth Century German Painting* at the New Burlington Galleries in London. Although often described as a straightforward anti-fascist exhibition, the show, which took over a year to organize, floundered between its artistic and political aims. Co-organizer Lackner later admits as much, describing it "as a pictorial protest against the barbaric defamation of all modern art by the Nazi regime", but also, as the title of the show suggests, as an introduction for the British public to German art for the first time.[8] Lackner's role was largely as the liaison for Max Beckmann, who initially resisted participation on artistic grounds. Beckmann feared that the political aim of the show as an anti-fascist protest to the *Exhibition of "Degenerate" Art* could only mean that it would lack in artistic integrity. In the end, his work claimed an entire wall of the show with the triptych *Temptation* and the large-scale *The King* dominating the main gallery space. The artist's initial reluctance to participate attests to his ambivalence toward the political issues of the day. In fact, he makes this fact explicit in a well-known speech held at the show's opening, entitled "On My Painting". In it, Beckmann does not refer directly to political events and yet the historical situation appears never far from his mind. His correspondence and diary entries while in exile suggest constant concern about his ability to continue to produce and sell his work under current conditions.[9] In this, Beckmann does not band together with the exile community under a common cause. Instead he looks elsewhere, travelling in 1938/39 to Paris and planning for his departure to the United States, one that will not come until 1947.

Self-Portrait in Blue Jacket

For the first half of the twentieth century, the New York art world was oriented predominantly towards French art.[10] In the 1920s, although Beckmann was

---

[8] Stephan Lackner: Exile in Amsterdam and Paris, 1937–1947. In: *Max Beckmann. Retrospective* (n. 5). Pp. 145–157. Here: P. 147.
[9] See also Barbara Buenger: Antifascism or Autonomous Art? Max Beckmann in Paris, Amsterdam, and the United States In: *Exiles and Émigrés. The Flight of European Artists from Hitler*. Ed. by Stephanie Barron. Exh. cat. Los Angeles County Museum of Art, 1997. Pp. 57–67.
[10] This was due in no small part to anti-German sentiment after the First World War. Penny Joy Bealle: *Obstacles and advocates: factors influencing the introduction of modern art from Germany to New York City, 1912–33*. Ph. D. Diss. Cornell University 1990. In 1929, a New York reviewer refers to German artists such as Beckmann as lesser known "for no particular reason except that the public over here seems to be shy of contemporary foreign art outside of Paris". Lloyd Goodrich: A Round of Galleries. In: *The New York Times* April 28, 1929.

already extremely successful in Germany, his dealer J.B. Neumann worked hard in the United States to promote the artist's work.[11] Once Beckmann's painting gained the attention of American critics it was often described as having a "teutonic" quality; the artist was noted for his Germanness.[12] A review of the artist's 1927 exhibition at Neumann's New Art Circle gallery in New York singles out Beckmann's "unique approach to painting coupled with a philosophical turn of mind that we recognize as being definitely German".[13] American perception of German art continued to change as the Third Reich became more openly hostile to modern art.[14] By the late 1930s, Beckmann's growing popularity in the United States coincided with the increased public enforcement of National Socialist cultural policy in Germany. After 1937 and the infamous *Exhibition of "Degenerate" Art*, exhibitions of "banned art" or "free art" proliferated in the United States. For example, in the summer of 1940, the Museum of Modern Art hosted *New Acquisitions: Free German Art*, which included work by Max Beckmann. Beckmann's rising popularity in the United States was thus tied to the very understanding of his work as German, or, more aptly, of Beckmann as an artist opposed to National Socialist cultural policy. By 1940, one prominent New York critic, Henry McBride, called Beckmann an "ex-German"; in another instance, the artist's biography is reduced to his living in "self-exile in Holland".[15] Although major museums and institutions refrained from showing German art following American involvement in the Second World War, the art dealer Curt Valentin consistently showed Beckmann's work. By the time Beckmann arrived in the United States from Amsterdam in 1947 he was a known entity, with works in the collection of the Museum of Modern Art, the Saint Louis Art Museum and other major collections.

Beckmann's position *vis-à-vis* the United States continues to be a source of debate in the vast scholarship on the artist. There is little terminological

---

[11] See Dagmar Grimm: *Max Beckmann's Critical Reception in America 1927–1950*. Masters Thesis. University of California 1987; also Anabelle Kienle: *Max Beckmann in Amerika*. Petersberg: Michael Imhoff 2008.
[12] Kienle, *Max Beckmann in Amerika* (n. 11). Pp. 14–16/22–27.
[13] C. Adolph Glassgold: Max Beckmann. In: *The Arts* 11 (1927). Pp. 241–247.
[14] See Vivian Endicott Barnett: Banned German Art: Reception and Institutional Support of Modern German Art in the United States, 1933–45. In: *Exiles and Émigrés* (n. 9). Pp. 272–284.
[15] Henry McBride. In: *The New York Sun* January 6, 1940, as cited in Kienle: *Max Beckmann in Amerika* (n. 11). P. 36. Beckmann is described as living in "self-exile in Holland" in the catalogue of the 1945 exhibition entitled *Forbidden Art in the Third Reich*, held at the Karl Nierendorf Gallery in New York. See also Barbara Stehle-Akhtar: From Obscurity to Recognition. In: *Max Beckmann in Exile*. New York: The Solomon R. Guggenheim Museum 1996. Pp. 21–55.

consensus about whether the last three years of Beckmann's life, spent predominantly in the United States, constitute a continued period of exile or whether Beckmann, who came to America after the war and of his own volition, might better be described as an "emigré". Only more recently have scholars examined the final years of the artist's life as a significant and cohesive phase developing out of Beckmann's earlier work.[16] Even in this, there has been little agreement about how the artist viewed the period. As a corrective to overly positive accounts, recent scholarship has suggested that the artist was deeply unhappy in America – evidence of which was in part suppressed by Quappi Beckmann, who heavily edited her husband's late diaries before their publication in 1955.[17] The desire of various scholars to designate Beckmann's American experience as either positive or negative indicates another aspect of his ambivalence – here, not as regards political circumstance, but rather the artist's place in American culture. Beckmann's initial response to the United States or, more precisely, to his reception in the United States was, undoubtedly, a positive one. Although the artist had never set foot on American soil before 1947, in a letter to his first wife, Minna Beckmann-Tube, the artist writes: "man hat mich wie den verlorenen Sohn hier empfangen".[18] And, indeed, the American and exile community received the "prodigal son" in New York, Saint Louis, and elsewhere as a celebrity of European painting.[19] As a consequence of the artist's arrival in the United States symbolizing a "return" of sorts, the artist's national identity – so central to his reception before and during the Second World War – is elided. By coming to America, regardless of citizenship status, Beckmann's "ex-German" status is hailed not just by American critics, but here, rhetorically, by Beckmann himself.

Written in German and yet interspersed with Dutch and English words and phrases, Beckmann's diaries offer much insight into his foreign experience.

[16] One of the first art historical assessments was Peter Selz: The Years in America. In: *Max Beckmann. Retrospective* (n. 5). Pp. 159–171. Discussions of the American years were initially limited to accounts by Beckmann's contemporaries such as his student Walter Barker or Quappi Beckmann.
[17] See Christian Lenz: "Schön und schrecklich wie das Leben". Die Kunst Max Beckmanns 1937 bis 1947. In: *Exil in Amsterdam*. Exh. cat. Pinakothek der Moderne. Munich: Hatje Cantz 2007. Pp. 33–105. In her foreword to the first published edition of the diaries, Quappi Beckmann is candid about her editorial privilege. See *Max Beckmann: Tagebücher 1940–1950*. Ed. by Erhard Göpel. Munich: Piper 1955. P. 5. Further references to the *Tagebücher* will be cited in the text as "Tb" with page number and date.
[18] Max Beckmann in a letter to Minna Beckmann-Tube, October 13, 1947. *Max Beckmann seiner Liebsten*, Ed. by Cornelia Wieg. Exh. cat. Stiftung Moritzburg, Ostfildern-Ruit: Hatje Cantz 2005. P. 107.
[19] The local papers in Saint Louis hailed his arrival and the retrospective of his work at the City Art Museum in 1948 was viewed as a major boon for the arts community.

Beckmann's writings and correspondence reveal mixed emotions about life in the United States, not the least of which have to do with the artist's failing health. In late 1949 the artist is surprised on the street by his appearance in a mirror. Although he claims to feel good, at the age of sixty-five Beckmann finds himself "alt und schäbig" (Tb 345, Oct. 22, 1949). As we have seen in the case of *The King*, the experience of exile left its mark not only on the artist's face and in his diaries, but on his canvases as well. The American experience, however, represented new and different challenges, which the artist met with new techniques and modes of self-representation. In New York in January 1950, after living in the United States for over two years, Beckmann started work on what was to become his final self-portrait (fig. 3). Like *The King*, the artist considered this canvas finished several times before it was finally completed. The entire process spanned five months during which time the figure in the painting, always a self-portrait of the artist, underwent radical revision. In reference to the initial draft of the painting Beckmann writes in his diary "Nachmittag verzapfte ich Entwurf zu Selbstportait Akrobat" (Tb 359, Jan. 19, 1950). This description of his working process evokes notions of permanence with Beckmann's use of the verb "mortise" (*verzapfen*). But in colloquial language the German verb "verzapfen" also carries a contradictory connotation, whereby an ironic distance is created between the speaker and the story being told or the claim being made.[20] The diary entries repeatedly reveal a self-critical undertone in Beckmann's commentaries on the painting, one in keeping with the artist's tendency to revise his compositions (often drastically) in the act of painting. Just one week after marking out the initial design, he writes, "malte die erste blaue Jacke am neuen Selbstportrait, fürchte es werden noch viele kommen" (Tb 360, Jan. 26, 1950). The initial reference to the acrobat – a recurring figure in Beckmann's *oeuvre* – has disappeared, as has any certainty in the preliminary mortise. By February 21, Beckmann fears he may have overworked the canvas. According to the artist's list of pictures the painting was finished three days later, but in his diary Beckmann questions even this verdict: "Sofort nach dem Frühstückstee rotblaues Selbstportrait fertig gemacht. (Mal wieder!!?)" (Tb 364, Feb. 24, 1950). Here, the distanced self responds in parentheses to the artist's own hopeful notations. On March 4, he paints the "allerletzte Pfote an Selbstportrait 1950" only to return to it not two weeks later, wondering how long it will still take (Tb 365, Mar. 4, 1950). A diary entry from March 29 reads: "Mit allerletzte[r?] Gewaltsanstrengung nochmals

---

[20] Typically a term for woodworking, to mortise is to make a notch or a groove, which will in turn be fitted with a piece of the same dimensions. In other words, the artist associates his initial preparation with the building of a structure. The German saying "eine Geschichte verzapfen", however, also means to tell an unbelievable story.

Fig. 3 Max Beckmann, *Self-Portrait in Blue Jacket*, 1950, oil on canvas, 55 1/8 × 36 in. (140 × 91.4 cm), Saint Louis Art Museum, Bequest of Morton D. May, 866:1983.

das blaue Selbstportrait umgeändert und 'beendet' (lache nicht)". The final changes were made five weeks later (Tb 368 and 373, Mar. 29, 1950 and May 6, 1950).

In its final state, *Self-Portrait in Blue Jacket* is a portrait of the artist in his studio. Beckmann is poised near a reversed canvas, which extends to the top of his right shoulder; it was his habit to turn his canvases to face the wall. Beckmann's left arm is shown resting (or, more accurately, hovering above as if resting) on a green chair back. His right hand holds a cigarette to his lips and his gaze extends out of the canvas to an unspecified location. As we have seen, the diaries reveal not just the inherent difficulty of an artist taking himself as his subject, as in Lackner's "stock-taking of the self", but of reflecting on his own work and his working process. This is underscored by the artist's decision to abandon the initial conception of the acrobat, or any other guises as seen in *The King*.

Just as Beckmann's diary traces the painterly struggle to complete the work, visible alterations on the surface of the canvas reveal significant changes to *Self-Portrait in Blue Jacket* in its final form. Most noticeably, Beckmann changed the position of the figure's arm, which originally stretched across his torso and held in its fingertips an object referred to in the diary as a hat (Tb 363, Feb. 11, 1950).[21] In the final state of the canvas, the arm rests at the artist's side, his hand in his pocket. The ambiguity of the gesture – which can be understood as nervous, but also as casual – has invited various interpretations in the scholarship. Rather than blocking the artist's body, the arm now suggests a heightened vulnerability, hinting at a kind of retreat not unlike that of the revised *The King*. X-rays of the canvas show that Beckmann's shoulders were previously larger, thereby expanding and strengthening the appearance of his frame.[22] In the final state, his body has diminished to the point that it appears lost inside the clothing. The portrait suggests a frailty – one in keeping with Beckmann's failing health and what Lackner referred to as the melancholy of the artist's final years.[23] This is underscored by the ambitious scale of the portrait, which measures similarly to *The King*. The vulnerability and the incredible size of the figure feel almost irreconcilable.

Not all scholars read the figure of the artist here as "worn-out" or Beckmann's gaze as "forlorn", however. Some have interpreted the figure's expression as strong, confident, and filled with the "renewed self-assurance" that comes with

---

[21] "Selbstportrait mit Hut in der Hand wahrscheinlich fertig. Ziemlich müde [...]".
[22] We would like to thank Paul Haner at the Saint Louis Art Museum for his assistance in the technical examination of this painting.
[23] Stephan Lackner: Max Beckmann persönlich. In: *Max Beckmann: Selbstbildnisse* 1993 (n. 4). Pp. 41–44. Here: P. 41.

success.[24] Whereas Lackner once stressed that Beckmann "did not turn into a Dutch painter", scholars have been quick to consider Beckmann an American one. The bright colors of the figure's "sports clothes" – the garish orange of his shirt, the burgundy of the vest, and the blue of the jacket that lends the work its name – are considered American attributes and akin to the clothing of Beckmann's American contemporaries. In 1950, *Self-Portrait in Blue Jacket* was included in the exhibition *American Painting Today* at the Metropolitan Museum of Art. This was not the first time that Beckmann's work was shown in a strictly American context and his inclusion supports claims that Beckmann had, by this time, been subsumed into the American artistic landscape.[25] Under the consultation of the Arts Equity Association, which itself claimed no aesthetic program, the large, juried exhibition was designed in the spirit of the nineteenth-century Paris salon.[26] It sought to offer an alternative to the dealer system and the "carefully selected museum shows", both of which excluded the large majority of artists active in the United States. The exhibition *American Painting Today* has been remembered less for Beckmann's participation in it and more for the public criticism it received from eighteen New York painters and ten sculptors, Jackson Pollock among them. In May 1950, around the same time that Beckmann was revising his self-portrait one last time, the group wrote an open letter rejecting this "monster national exhibition". They refused to submit their work for consideration due to what they believed to be the biased curatorial policies of the Met and an institutional hostility toward "advanced art".[27] Indeed, the very comprehensive nature of the exhibition in the face of recent trends, the very fact that Beckmann's most recent work could be included in an American Painting exhibition, made the show a target for the New York avant-garde.

---

[24] James Burke: Self Portrait in Blue Jacket. In: *Max Beckmann. Retrospective* (n. 5). P. 315. It is worth noting that in the German and English versions of the 1984 catalogue, the entry on *Self-Portrait in Blue Jacket* has different authors. Whereas Burke, then director of the Saint Louis Art Museum, argues for the "strength of personality and stylistic verve" of the painting, the German author sees the figure as anonymous and is critical of the artist's "creative power" (*Gestaltungskraft*) when compared with earlier works.

[25] Precedents include two other shows that year and at the Carnegie the year before – an institution that had shown only American artists since the war. The title of the 1949 Carnegie Institute exhibition in which Beckmann's *Fisherwomen*, also in the collection of the Saint Louis Art Museum, earned first prize was *Painting in the United States*.

[26] The exhibition was also modeled on the *Artists for Victory* Exhibition organized by the Met in 1943. Regional juries were formed in the cities of Santa Barbara, Dallas, Richmond, Chicago and New York. *American Painting Today. A National Competitive Exhibition*. Exh. cat. Metropolitan Museum of Art. New York 1950.

[27] 18 Painters Boycott Metropolitan; Charge "Hostility to Advanced Art". In: *The New York Times* May 22, 1950.

According to the account of his wife, on December 27, 1950 Beckmann left their New York apartment in order to take a walk in nearby Central Park and perhaps to stop by the Metropolitan where his self-portrait was on view.[28] The artist collapsed not far from their home and died of heart failure. In January 1951, the same month that Beckmann was laid to rest, Pollock and his contemporaries appeared in a photo spread in *Life* Magazine.[29] Although Beckmann was a recognized artist in 1950 he was considered part of the more "conservative" contingent aligned with the tradition of the collection and exhibition typified by the Met. In the most recent account of *Self-Portrait in Blue Jacket*, David Ehrenpreis suggests that, although Beckmann's brightly colored clothes make him appear "more casual, more American than ever before", the informality of the representation remains "unconvincing".[30] In 1964, John Canaday, in a *New York Times* article entitled "Max Beckmann, German", shares his belief that Beckmann became a "stylist" after the Second World War and that the "dapper and jaunty" artist in *Self-Portrait in Blue Jacket* reveals "an unwelcome degree of artifice".[31] For these commentators neither Beckmann, nor his late work, could ever be wholly assimilated into American culture. As is well known, the work of the abstract expressionists would come to dominate the American art scene and the history of modernism in the second half of the twentieth century.

II. The Prints

It is common knowledge that Max Beckmann is considered one of the great modern painters of the twentieth century, but it is not as widely known that he was also a master printmaker who produced 372 prints over his lifetime in

---

[28] Kienle: *Max Beckmann in Amerika* (n. 11) erroneously claims [citing Stehle-Akhtar: From Obscurity to Recognition. In: *Max Beckmann in Exile* (n. 15) as a source] that *Self-Portrait with Blue Jacket* was shown at the annual "Contemporary American Painters" at the Whitney Museum of American Art. Quappi later wrote to her sister Hedda: "[. . .] Am Mittwoch vormittag ging Max aus um ein wenig im Central Park zu spazieren er sagte dass er eventuell auch in's Metropolitan Museum ginge, wusste aber noch nicht sicher ob er dies tun wollte". Letter Mathilde Quappi Beckmann to her sister Hedda Schoenebck as cited in Christian Lenz: *Max Beckmann Archiv. Erwerbungen 1985-2008*. Hefte des Max Beckmann Archivs 10, 2008. P. 23.
[29] Irascible 18. In: *Life* January 18, 1951.
[30] David Ehrenpreis: Between Heaven and Earth. Max Beckmann's Last Representations of the Artist. In: *Of "Truths too impossible to Put in Words". Max Beckmann Contextualized*. Ed. by Rose-Carol Washton-Long and Maria Makela. New York: Peter Lang 2008. Pp. 317–343.
[31] John Canaday: Max Beckmann, German. In: *The New York Times* December 20, 1964.

the form of etchings, lithographs, and woodcuts. Spanning thirty-nine years of Beckmann's artistic life, most of these prints were made in Frankfurt between 1915 and 1923, during one of Germany's most intense periods of political and social upheaval. This tumultuous time, informed by World War I and the political and economic unrest that followed, coincided with Beckmann's most intense and creative phase in printmaking.

Early prints from Beckmann's most prolific printmaking period depict war-related scenes inspired by the artist's experiences as a volunteer medical orderly for the Red Cross, while others comment on the social and political instability of post-war urban life in Germany. The artist's personal struggles and explorations of his intimate relationships with family and friends appear throughout. These earlier portfolios, exemplified by *Gesichter* (*Faces*), a series of nineteen drypoints made between 1914 and 1918, and *Die Hölle* (*Hell*), a portfolio of eleven large-format lithographs completed in 1919, fulfill the artist's moral purpose of representing the spiritual condition of his time in both public and private spheres. They also attest to the aesthetic radicality that permeated Beckmann's entire oeuvre, including the prints that he completed later in life while in exile.

Having worked comfortably in an impressionistic mode until 1914, Beckmann sought a new visual language that could capture the raw brutality of a modern world dominated by violence. Only after his war experiences did he reject perspective and classical proportion in favor of a taut and airless pictorial structure of space and planes (fig. 4). This inimitable spatial language, combined with the artist's ability to address public and domestic realms simultaneously, made Beckmann among the most original and penetrating social critics of his generation.

Day and Dream

By 1925 Beckmann had abandoned printmaking and devoted his energies entirely to painting. But he returned briefly to the medium in the late forties while still living in exile in Amsterdam. *Day and Dream* is the last large portfolio that the artist made and is the subject of our discussion here. The artist completed this series of fifteen lithographs in 1946, just a few months before he departed for the United States. Created twenty-seven years after *Faces* and *Hell* were published, the Amsterdam portfolio shares significant affinities with its predecessors. Each portfolio contains, for example, self-portraits that illuminate a specific stage of the artist's life. In each case, a different facet of the artist's personality is revealed, one that contributes to the multi-faceted public image of Beckmann. Additionally, all of the portfolios provide the viewer with insights into the artist's personal meditations on the social evils around him. While most of these are historically specific in terms of subject

Fig. 4 Max Beckmann, *The Way Home*, plate 2 of the portfolio "Hell," 1919, lithograph, image: 28 15/16 × 19 1/8 in. (73.5 × 48.5 cm), sheet: 33 3/16 × 22 5/16 in. (84.3 × 56.6 cm), Saint Louis Art Museum, Neumann/Frumkin Collection, 395:2002.

matter and place, others reflect, on a more universal level, the artist's ruminations about broader questions of morality and religion.

Despite the above-mentioned similarities, *Day and Dream* contrasts notably from early portfolios in that it deals specifically with themes that preoccupied the artist during exile. By 1946, Beckmann showed little interest in articulating monumental historic events or scathing social critique. The Amsterdam lithographs tend to be more emotionally based and personal, reflecting, for example, Beckmann's feelings of entrapment and disorientation in Holland; his perpetual fear about war's return; and his hope and optimism about career prospects in the United States. Also featured in this series are scenes that reveal the artist's encounters with Amsterdam friends and acquaintances as well as recapitulations of memorable shows by local circus and *Varieté* performers, spectacles that fascinated Beckmann throughout his entire life.

Beckmann made *Day and Dream* upon the request of Curt Valentin, the influential New York gallery owner who relocated to New York from Berlin in 1936, in order to bypass the restrictions that Nazis had begun placing on artists and their dealers. Valentin, who was largely responsible for introducing Beckmann's paintings to the American public, was convinced that producing multiples of a recent portfolio would further enhance the artist's reputation with American collectors.[32] Valentin had expressed his interest in commissioning a new portfolio in a letter to the artist dated March 8, 1946. Beckmann accepted the offer enthusiastically and wrote back to the dealer that same month: "Ideen liegen massenhaft vor. Man könnte ein[e] Mappe mit biblischen oder mythologischen Motiven eine Circus und Theater und Café mappe [sic] oder auch alles zusammen machen".[33]

The artist decided upon the latter eclectic approach. Just as the portfolio fuses a variety of facets and impressions of his circumstances in exile, so too does the drawing technique vary from plate to plate. In some cases the artist used a fine litho pen, as in *Sleeping Athlete* (fig. 9), creating clean, well-defined images that resemble ink sketches. In others, he worked exclusively with crayon, producing drawings that upon first glance appear child-like, but that upon closer examination prove rich in metaphorical content (fig. 8; fig. 12). In several cases, Beckmann applied large sections of ink on the stone, a practice that resulted in intense and aggressive blackened areas on the paper that dominate the composition (fig. 6; fig. 11). While the portfolio housed at

---

[32] The artist had 100 sets of lithographs printed in Amsterdam, and he signed 90 of them before sending them to New York. The original drawings for *Day and Dream* are located at the Library of Congress in Washington, D.C. See Thomas Döring and Christian Lenz: *Max Beckmann: Selbstbildnisse, Zeichnung und Druckgraphik.* Heidelberg: Edition Braus 2000. P. 298.

[33] *Max Beckmann. Briefe* (n. 2). P. 116.

the Saint Louis Art Museum contains no further embellishments, Beckmann applied pen, chalk, and brush to some. In four cases he made watercolor additions, which, according to his diary, he found "unterhaltsam", yet ultimately "unfruchtbar" (Tb 248, Apr. 13, 1948).

Day and Dream need not be presented chronologically. Nor does the portfolio require viewing in full or in a specific order. The series represents a timeless biographical and spiritual journey that is best viewed repeatedly and in a variety of combinations. The original title *Time-Motion* is mentioned initially in correspondence between the artist and Valentin, and again in Beckmann's diary entry of June 24, 1946 (Tb 155).[34] It alludes to the peculiar circumstances of impermanence that are specific to the exile experience. The destiny of the exile, who is unable to establish roots in his or her homeland, is such that a state of motion becomes the rule rather than the exception. A feeling of perpetual waiting or suspended time accompanies this rootlessness.[35] Ultimately, Beckmann and Valentin decided upon the more poetic title *Day and Dream*, which makes reference to the link between reality and the imagination, two realms that were virtually inseparable for the artist. Aware that his final destination would be the United States, Beckmann made choices for this portfolio that would appeal specifically to American collectors. The title appears in English, for example, and the cover image, published on linen (fig. 5), is a reproduction of *Globus und Muschel* (*Globe and Shell*), a 1927 drawing featuring a globe with North America as its focal point. The specific geographical location makes reference to Beckmann's future home and art market.[36]

As is often the case in Beckmann's print suites, the portfolio begins and ends with a self-portrait. The man featured in the opening plate of *Day and Dream* is, at age 62, mature and experienced compared with the 33 year-old from *Selbstbildnis mit Griffel* (*Self-portrait with Stylus*), the first plate from *Faces* (fig. 6; fig. 7). The 1917 drypoint shows a single-minded and ambitious artist with the tool of his printmaking trade in hand. His intense determination is tempered only by the shadow behind his head and the loose and open lines made by the drypoint needle. The opening self-portrait of *Day and Dream* reveals, in sharp contrast, lines of age and fatigue. The scribbles and crosshatching that depict the artist's weathered face give form to an unsmiling demeanor, and resignation and bitterness are decipherable in the wrinkles. Wearing a beret-like cap and holding a cigarette instead of a stylus in his right hand, Beckmann appears more composed than in his earlier years.

---

[34] See also *Max Beckmann. Briefe* (n. 2). P. 120.
[35] Jo-Anne Birnie Danzker and Amelie Ziersch: *Max Beckmann Welt-Theater: Das graphische Werk 1901 bis 1946*. Stuttgart: Hatje 1993. P. 162.
[36] See Döring and Lenz: *Max Beckmann* (n. 32). P. 298.

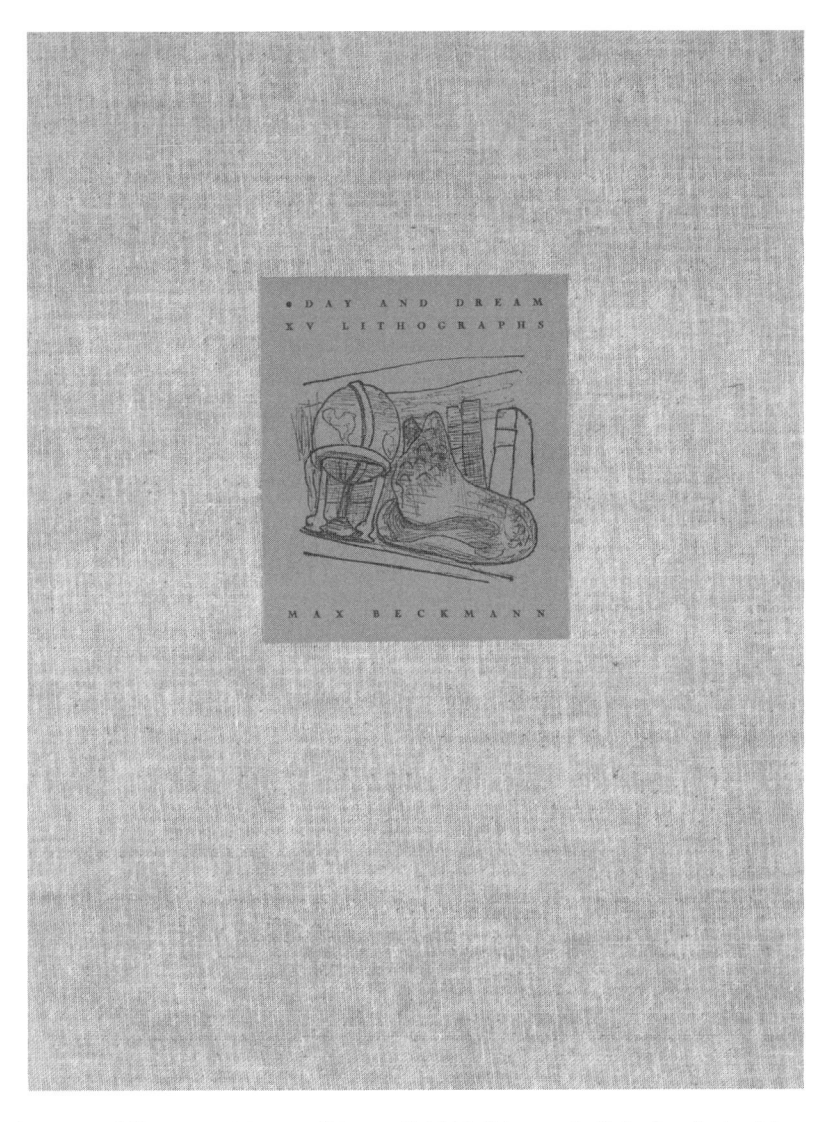

Fig. 5 Portfolio Cover, "Day and Dream," 1946, lithograph, Saint Louis Art Museum, Neumann/Frumkin Collection, 143:2002.

He still confronts the world head-on, yet his gaze is fixed on a point beyond the viewer. He is no longer the rebel and social commentator that he was during the 1910s and 1920s.

Plate 2 of *Day and Dream* features a weathervane, suggesting that the direction of the wind – possibly a metaphor for historical circumstance – determines

Fig. 6 Max Beckmann, *Self-Portrait*, plate 1 of the portfolio "Day and Dream," 1946, lithograph, image: 12 ½ × 10 3/8 in. (31.8 × 26.4 cm), sheet: 15 13/16 × 11 13/16 in. (40.2 × 30 cm), Saint Louis Art Museum, Neumann/Frumkin Collection, 143:2002.1.

Fig. 7 *Self-Portrait with Stylus*, plate 19 of the portfolio "Faces," 1917, drypoint, plate: 11 11/16 × 9 ¼ in. (29.7 × 23.5 cm), sheet: 18 ¾ × 12 7/8 in. (47.6 × 32.7 cm), Saint Louis Art Museum, Neumann/Frumkin Collection, 281:2002.

the fate of human kind (fig. 8). This was certainly the case for Beckmann and the countless expatriates who were forced to establish temporary residences in unforeseen places. Here, a bar on which two black ravens are perched is attached to the weathervane, that overlooks a large body of water. Photographs

Fig. 8 *Weather-Vane*, plate 2 of the portfolio "Day and Dream," 1946, lithograph, image: 14 5/8 × 10 ¾ in. (37.1 × 27.3 cm), sheet: 15 13/16 × 11 13/16 in. (40.2 × 30 cm), Saint Louis Art Museum, Neumann/Frumkin Collection, 143:2002.2.

taken from Beckmann's window reveal that the artist viewed such a rooftop weathervane from his Amsterdam studio.[37] In a diary entry dated March 28, 1946, Beckmann recorded the titles of two drawings he had just completed: "Frau mit Fischschwanz" and "Pfeil und Raben" (Tb 147). Judging from this plate's iconography, it appears that the artist fused elements of the two images into one.[38] His merging of the two disparate scenes – the combination of the weathervane and a shoreline with birds that Beckmann painted and sketched often while in exile – allowed for a multi-faceted portrayal of the artist's exile circumstances. The mermaid's arrow points seaward and a boat has disembarked on the shore, likely a reference to Beckmann's own much awaited journey to the United States. The black ravens embody the artist's fears about the future, while a seagull, suspended upside down with its wings spread out, is possibly a reference to the artist's feelings of arrested motion.

Beckmann's situation in Amsterdam was particularly difficult at this time. *Weathervane*, with its seemingly child-like crayon renderings of existing realities and future possibilities, encapsulates the artist's betwixt-and-between position. It is clear as early as November 1945 that the artist intended to relocate to the United States, and he looked forward to this new experience with both apprehension and excitement (Tb 130, Nov. 14, 1945). Yet because Beckmann was a German citizen, he was viewed by the Allied governments with suspicion, and was forbidden to leave Holland despite the fact that the war was over. As an exile, he was exempt from the standard de-nazification program required of all German citizens. Yet in order for him to receive an exit visa, he was expected to obtain a document referred to as a "Non-Enemy Declaration" from the Dutch government. Beckmann mentions the document repeatedly in his diary, and it is clear that he expects the document to arrive any day. He wrote on November 14, 1945: "Historischer Tag. War auf dem amerikanischen Konsulat und anstandslos ging Unterschrift aller Invoice Papiere vor sich, sind bereits auf dem Wege nach Amerika – war ein recht angenehmes Gefühl [...]". Three months later on January 4, he continued: "Non-Enemy fast sicher" (Tb 137). Yet still in May he expresses his dismay at not yet receiving the document: "Bekam heute das erste mal 300 Dollar [...]. Noch nicht 'non Enemy' Papier aber immerhin. – Erste Freiheits Gefühle??" (Tb 146, Mar. 23, 1946); and still on June 24, 1947 he writes: "Vergeblich auf

---

[37] See photograph in Mathilde Q. Beckmann: *Mein Leben mit Max Beckmann*. Munich: Piper 1983. P. 128–129.
[38] Martin Papenbrock: Max Beckmanns "Day and Dream": Exilerfahrung und Amerikasehnsucht. In: *Kunst und Sozialgeschichte* [*Festschrift für Jutta Held*]. Ed. by Martin Papenbrock. Pfaffenweiler: Centaurus-Verlagsgesellschaft 1995. Pp. 328–345. Here: P. 332.

American Consulat – Wütend [...]" (Tb 195). The artist finally received his visa from the American Consulate on July 29, 1947 (Tb 199). For nearly two years Beckmann lived in a virtual state of limbo, unable to move forward with his plans. It is this suspension of time, characterized both by deep frustration and high hopes, that informs *Day and Dream*.

By the time Beckmann began working on *Day and Dream*, he had experienced two world wars. As was the case for so many of his contemporaries, the fear always lingered that the ghost of war might easily return. This anxiety is revealed in the iconography of two lithographs. In *Sleeping Athlete*, the third plate in the series, the viewer witnesses a colossal, muscular man enclosed in a bubble (fig. 9). Delineated clearly with a clean, unbroken line of ink, the figure's arms are abnormally elongated and his feet and hands disproportionately large, reminiscent of sixteenth-century Mannerist figures by El Greco. Fully nude except for a skull cap, the athlete is depicted with the tools of his occupation, the barbell and gloves. Likely a reference to the athlete as ideal specimen – the warrior revered most highly by the National Socialists – this muscular youth is unconscious and inactive at this historical moment. Yet he could easily resurrect himself if cultivated in the right environment.[39] *Dream of War*, Plate 10 of the series, continues to convey the artist's preoccupation with war in a post-war world (fig. 10). Here we encounter a dead warrior dressed in armor and impaled by a spear. The corpse is laid out on a mobile casket with the words "I come back" inscribed on it. With oversized talons for hands and a coat of arms occupying his lower body, this defeated warrior functions as an apt metaphor for German nationalism. Multiple pen and ink scribbles below the casket give form to an underworld of sorts that is fraught with images one might come across in a Guernica-like nightmare: the bust of a praying man, the head of a horse emerging from the ground, and the face of a solitary, seemingly lost figure. Beckmann plays on the notion of the mythical, indestructible soldier, who will forever wage war when given the opportunity.

Within the context of Beckmann's experiences as a foreigner in Amsterdam, several lithographs from *Day and Dream* explore Beckmann's ruminations on

---

[39] Papenbrock suggests that *Sleeping Athlete* alludes to Beckmann's circumstances in exile, reading Beckmann himself in this enigmatic figure. Beckmann perceived his artistic life as being in a state of deep slumber, inactive in relation to its effect on the international public and art market. The artist regarded his move to the United States with great optimism. Metaphorically, the great athlete/artist would reawaken and reengage fully with the international art world. While this interpretation offers a compelling narrative of Beckmann's thoughts regarding his artistic future in North America, the young athlete's face and body are at odds with the easily recognizable self-portraits that appear in prints and paintings throughout the artist's career. See ibid. P. 333.

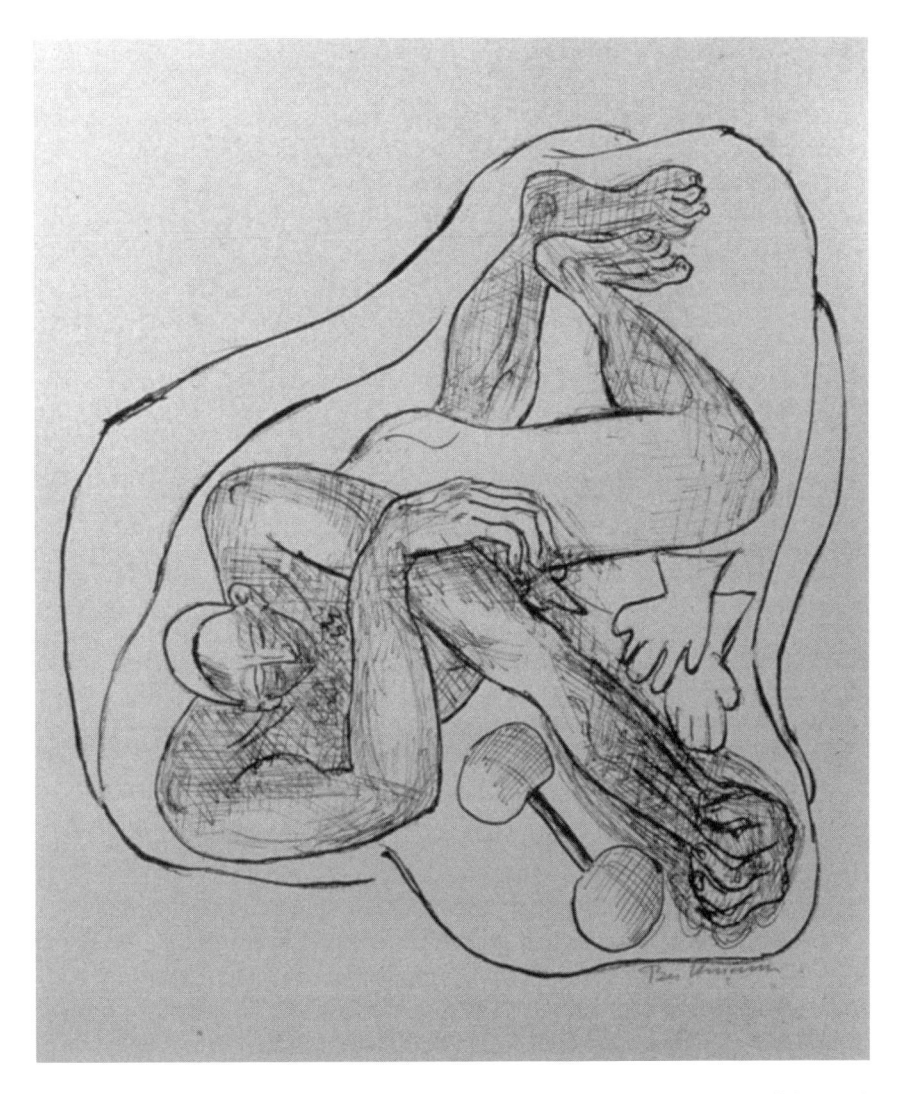

Fig. 9 *Sleeping Athlete*, plate 3 of the portfolio "Day and Dream," 1946, lithograph, image: 11 × 10 3/8 in. (27.9 × 26.4 cm), sheet: 15 13/16 × 11 7/8 in. (40.2 × 30.2 cm), Saint Louis Art Museum, Neumann/Frumkin Collection, 143:2002.3.

the interconnectedness between sexuality and psychological entrapment.[40] *Morning*, for example, is set in a sparse, cramped bedroom that houses nothing more than a large bed, head board, and heating pipe (fig. 11). At the center of the print is an image of a large, highly sexualized young woman. Seated in

[40] See also *Crawling Woman* (Plate 5) and *The Fall of Man* (Plate 14) in: James Hofmaier's *Max Beckmann: Catalogue Raisonné of His Prints*, vol. 2. Bern: Galerie Kornfeld 1990. Catalogue numbers 361 and 370.

Fig. 10 *Dream of War*, plate 10 of the portfolio "Day and Dream," 1946, lithograph, image: 10 9/16 × 14 5/8 in. (26.8 × 37.1 cm), sheet: 11 ¾ × 15 13/16 in. (29.8 × 40.2 cm), Saint Louis Art Museum, Neumann/Frumkin Collection, 143:2002.10.

an unseemly position on the bed with her legs parted in the direction of the viewer, she wears a shimmery negligee, which, due to its substantial size and massive concentration of black ink, dominates the picture. Despite the material's compositional centrality, it fails to conceal the woman's breasts. With a disproportionately diminutive head, the figure wears a Dutch cap and clogs, a clear reference to Beckmann's host country. Leaning casually against a pile of pillows she strokes a black cat, a recurring motif in Beckmann's *oeuvre* suggestive of female sexuality.[41] She has placed her right hand over her crotch in a modest gesture that contradicts her otherwise exhibitionist posture.

The enigmatic figure kneeling in the background introduces an element of uncertainty into the composition. Possessing both masculine and feminine characteristics – the hands are bulky and shoulders broad, yet the hair is pulled back into a bun – this person is advanced in years. Clad in a formless, long-sleeved robe or dress, the figure is poised to offer the young woman a glass of water or wine. The left hand clutches a bottle, the slender form of which runs parallel to the lines of the young woman's torso. Viewed within the context of the

---

[41] See ibid. Catalogue numbers 90, 96, and 174.

Fig. 11 *Morning*, plate 11 of the portfolio "Day and Dream," 1946, lithograph, image: 12 × 9 5/8 in. (30.5 × 24.4 cm), sheet: 15 13/16 × 11 ¾ in. (40.2 × 29.8 cm), Saint Louis Art Museum, Neumann/Frumkin Collection, 143:2002.11.

narrative, the object takes on a phallic connotation. Is this figure the woman's partner? If so, he/she is pushed to the picture's periphery by the sheer immensity and centrality of the Dutch woman's presence. The figure's spatial marginalization reflects aspects of the exile experience, in which dislocation, lack of agency, and cultural alienation, become an integral part of daily life.

Circus, plate 12 of *Day and Dream*, revisits subject matter from print portfolios and paintings made by Beckmann in Germany during the 1920s.[42] Like Pablo Picasso, Ernst Ludwig Kirchner, and numerous other twentieth-century modern artists, Beckmann was intrigued by bohemian circus performers, whose outsider status allowed them to function, albeit meagerly, within a realm removed from bourgeois conventions. In 1921, for example, the artist published *Jahrmarkt* (*Annual Fair*), a portfolio of ten drypoint etchings, focusing on circus performers – clowns, tall and strong men, acrobats, and tightrope walkers – both on stage and behind the scenes. Versions of these intriguing figures reappear in the 1946 lithograph *Circus*, yet they are reworked within a context of Beckmann's Amsterdam experiences, and an air of violence permeates the imagery (fig. 12).

In the right section of the print, a tall and skinny jester wearing a clown's hat crosses his arms over his chest. Exhibiting facial features of the artist, the man is seated with splayed legs on a drum or stool, a position identical to that of the king, also a self-portrait, in the painting discussed in the previous section. Before him on the ground lies a nude woman with arms tied behind her back and cloth fastened around her mouth, a recurring image in Beckmann's *oeuvre*. The muscular man crouching behind her, possibly her partner, wears only shorts and is also bound in handcuffs. Resting on the ground beneath them is a variety show program, the presence of which suggests that captivity and political torment function here in the form of a grotesque circus or variety show. Beckmann's juxtaposition of the two seemingly contradictory worlds of war and entertainment returns us to the portfolio's overarching theme: the interchangeability between day (reality) and dream (illusion).

Beckmann referred to *Circus* in a diary entry dated May 11, 1946 as "Der Sieger", or victor, and included *Zirkusszene* in parentheses (Tb 165). Although "Der Sieger" is not listed as the title in the portfolio's table of contents, the artist's mention of it in his diary sheds light on this puzzling work. The victory to which the artist refers, is, according to Martin Pappenbrock, connected with an actual event concerning the Gestapo's arrest of the Beckmanns' milkman.[43] Featured in the upper left section of *Circus* is a gentleman bicycle rider who appears to be delivering a large of container of "melk". The image refers to an actual milkman who was arrested by the Gestapo for engaging in underground activities against the Nazis. The man was later released due to Beckmann's direct appeal to the Gestapo. The jester (Beckmann) and the bicycle rider are the two figures in *Circus* whose hands are not bound. Signifying the lucky ones who were able to circumvent the brutality and murder perpetrated

---

[42] See *Jahrmarkt (Annual Fair)* in ibid. Catalogue numbers 191 to 200.
[43] See Mathilde Q. Beckmann: *Mein Leben mit Max Beckmann* (n. 37). Pp. 31–33, as cited in Papenbrock (n. 38). P. 341.

Fig. 12 *Circus*, plate 12 of the portfolio "Day and Dream," 1946, image: 15 9/16 × 11 9/16 in. (39.5 × 29.4 cm), sheet: 15 13/16 × 11 ¾ in. (40.2 × 29.8 cm), Saint Louis Art Museum, Neumann/Frumkin Collection, 143:2002.12.

by the Nazis, they stand in direct contrast to the couple with bound hands, who represent the millions of victims who were not.

III. Concluding Remarks

The multiple layers, both literal and metaphorical, that permeate *Day and Dream*, *The King* and *Self-Portrait in Blue Jacket*, offer viewers striking visual traces of the geographical disorientation, shifting historical circumstances, and social influences that informed Max Beckmann's life and self-perceptions over his thirteen years of self-imposed exile. A diary entry written a few years before his death attests to an evolved equanimity and resigned acceptance of personal destiny that the artist did not appear to possess as a young, ambitious artist in Frankfurt and Berlin. He wrote on June 17, 1946:

> Die Tage ziehen und eine gewisse lässige, nicht unfreudige Resignation über Gott und die Welt befächelt zur Zeit meine Seele. Mein Gott – 62 Jahre – noch immer da, mit Erfolgen in New York, einem überstandenen Weltuntergang und mit hilflosem Kraftüberschwang. Nur nicht zuviel denken mein Lieber, das ist immer deine grösste Gefahr. (Tb 154)

Unlike numerous less fortunate exiled artists who lacked the material means to continue practicing their occupations, or whose temperaments never fully allowed for the synthesis of novel impressions necessary for the continued creation of compelling works, Beckmann remained tremendously prolific during his combined thirteen years in Amsterdam, Saint Louis and New York. Documenting, as he always had, his surroundings, personal struggles, and social influences, the artist produced some of his best, most thought-provoking works. The reflections in the above diary entry suggest, however, a voluntary shift away from the sharp, dynamic social critique of earlier years. Demonstrating a parallel shift, the artworks Beckmann completed in exile point toward a fatalistic internalization of historical circumstance, combined with an ongoing self-reflexive dialogue between the artist and his work.

Credit line for all prints by Max Beckmann reproduced in this article and on volume cover:

Saint Louis Art Museum, Neumann/Frumkin Collection, purchased with funds provided by the bequest of Morton D. May, by exchange, the bequest of Florene M. Schoenborn in honor of her father, David May, by exchange, Emily Rauh Pulitzer, Museum Shop Fund, Mr. and Mrs. Lester A. Crancer Jr., Phoebe and Mark Weil, The Sidney S. and Sadie Cohen Print Purchase Fund, Mr. and Mrs. David C. Farrell, the Julian and Hope Edison Print Fund, gift of George Rickey, by exchange, bequest of Helen K. Baer, by exchange, Suzanne and Jerry Sincoff, Museum Shop Fund, by exchange, gift of the Buchholz Gallery, by exchange, Museum Purchase, by exchange, Jerome F. and Judith Weiss Levy, bequest of Horace M. Swope, by exchange, and funds given by Fielding Lewis Holmes through the 1988 Art Enrichment Fund, by exchange.

Guy Stern

Looking Back through Time: A Refugee Student's Return to Saint Louis University after 65 Years

The NASES conference provided me with the welcome opportunity to visit St. Louis, the first stop of my American asylum, and there the university which had accepted me right after my high school graduation in 1940. I write here above all about my first two years of studies at Saint Louis University and the new orientation I experienced there. I have also inserted observations about events in Germany at that time, developments leading to America's participation in the war – and the role I was to play as master sergeant in Naval Intelligence.

As I contemplated reentering the hallways, classrooms and auditoriums of Saint Louis University, I had to come to grips with a disconcerting autobiographical insight: I had timed my return to these very rooms after an absence of no less than 65 years. I cannot deny that this moment of my homecoming filled me with nostalgia and gratitude to those who walked here with me in those years past and with some regrets, for roads not taken, for opportunities afforded me here and not utilized. But perhaps re-evoking those years of long ago – this very act of sharing them with you – may be a modest recompense for what I owe this university, its faculty and my fellow students.

Let me quickly chronicle the journey of a 19-year-old youngster to Saint Louis University. By an incredible stroke of good luck, I escaped Nazi Germany with a visa from the American Consul in Hamburg, Malcolm C. Burke, and an affidavit provided by my uncle, an unemployed baker living at the West End of St. Louis, at 1116A Maple Place, to be precise. My uncle had managed to surround himself with the aura of affluence by borrowing money from friends, fellow unionists and relatives, getting a vastly inflated bank statement one week, and returning the borrowed funds one week later.

Five days after my arrival, I sat in the welcoming classrooms of Soldan High School, today Soldan Magnet School, and emerged two years later, in 1939, with a high school diploma that testified to an all-but-certified, college prep-type education from a wonderful public school. Having no money to speak of except for the small wages doled out to me as busboy at the Chase Hotel and Park Plaza Hotel, respectively, I applied for scholarships. And, a miracle in those dying years of the Great American Depression, I even wrangled one. It was from Westminster College in Fulton, Missouri, which was to have a fleeting moment of international fame when Winston Churchill, after the war, chose this rural institution for his momentous "Iron Curtain" speech. But, when I looked the gift horse in the mouth, I found out that my tuition and fees were indeed free, but that I would not have one penny for sustenance and lodging. The long and short of it: I never set foot on the bucolic campus of Westminster College.

For one year, I worked at scraping together enough money to sustain myself through at least the initial year at a university. I worked full-time at various St. Louis hotels, and with that threadbare security attained, an inspiration hit me. Wasn't there a hotel right next door to one of the two major universities of my new home town, St. Louis? Indeed there was. The Melbourne was a sort of three-star hotel. You will not find it anymore today; the enterprising leaders of Saint Louis University acquired it, and it now serves this institution as a residence for its Jesuit faculty. I went there, probably as one of hundreds of applicants, and found my way straight to the head waiter of the Melbourne's Piccadilly Room. I told him that I wanted to attend St. Louis U., had little money, and asked if I could work there. Two things probably got me the job: the head waiter was one of those generous, open-hearted Italian human beings who simply liked my story, and also saw me fitting into the European décor of the Piccadilly Room. I got a job as busboy, and even was allowed to plead for a split-shift: lunch and dinner.

The next step was for the inexperienced high school graduate to propel himself into the impressive Admission Office of Saint Louis University across the street. Two weeks later, having paid the first installment on my tuition and fees in cash, I found myself enrolled as a lower-division undergraduate at this very institution. My high school record and recommendations had helped, but here, too, the rather unusual story I told the admissions officer, a vigorous, otherwise down-to-business Jesuit priest, probably helped as well. I was suddenly enrolled in Professor Frank Sullivan's freshman English class, in Professor Priviterra's beginning Spanish and in Father Bannon's class in world history. A word about those a little later.

In the meantime, I did a bit of time engineering my days. The two or three buildings of Saint Louis University and the Melbourne Hotel were one or two blocks apart from each other, respectively. If I came before the start of my shift or between clearing out the dining room from lunch and setting up the tables for dinner, I could squeeze in every one of my courses. Naturally I could not throw out lingering lunch patrons, though I sometimes seethed at their dilatoriness. But I always made it to class, even if I had to disturb the decorousness of classes by arriving there out of breath and in my busboy uniform, often bearing traces of the day's lunch menu.

I do not use the term "decorousness" lightly. Today's somewhat motley outfits of my more recent former students would have gotten us promptly evicted from a classroom or seminar; those were times of no nonsense. Virtually all the male students wore ties, a sartorial appendage which I also fulfilled by the black bow tie of my busboy uniform. And then came that magic moment when the busboy transformed into a student, a dream I had harbored ever since my immigration to the United States as a 15-year-old in 1937.

There I sat at the feet of one of the most enthusiastic teachers I have ever encountered; Professor Frank Sullivan taught with a passion. If somebody gave a good answer during classroom discussion, he, a young, yet imposing figure of almost six feet, would nearly dance in the aisle and shout "Good!" in a voice that must have reverberated in at least three adjoining classrooms. But, if our performance disappointed him, his face would droop in chagrin as though the vaunted St. Louis U. football team had been clobbered by its arch-rival, Washington University, from the other end of town. There were about thirty students in his class, but from the retrospective view of someone who has been faced with an equal obstacle course of a relatively large class, I still cannot fathom how he would unfailingly return our excursions into essay writing, short story, compositions, and criticisms, on the very next day. And he turned his class into a session of collective criticism. "Ms. Bakewell", he exalted, "that is an absolutely exquisite metaphor you hit upon", "Sister Angela", he praised, "I find evidence that you were a dancer prior to entering orders [actually, Sister Angela had danced with the Ritz Brothers, a comedy team, before becoming a novice]", "Mr. Stern, where on earth did you get the word 'fishmonger?' Come see me after class", I revealed to him that I had become addicted to the works of Charles Dickens, which I read in the public library, then located right off the corner of Lindell and Grand Boulevard. "Excellent, excellent", he said, "but when you are in that library, you will find a magazine called *The New Yorker*. Go, alternate Dickens with one of its columns, called 'Talk of the Town'". I still do so today.

If nothing else, Frank Sullivan bestowed upon me self-assurance as a writer in English. An overweening pride enveloped me when he selected my vignette to be the one to be read to the class when he returned the papers dealing with that subgenre of literature. At the danger of sending you up the slopes of boredom, I will recall for you the vignette that received that distinction. The opening and closing sentence was: "She stands at the corner of Grant and Lindell, looking at a golden wristwatch". The rest of the happening may strike you as banal. In short, she is being stood up. But, the atmosphere is probably what entranced my professor. There was the observation that the rhythms of the Coronado Hotel's dance orchestra were wafting over her, but that she was not part of that rhythm. Or: she drew a coat over her shoulder, a coat meant to be a warming garment, yet still she shivered. In retrospect, isn't there a bit of male chauvinism mixed up in that vignette?

I need that thought as a transition to acquaint you with a fellow student in Father Bannon's history class. Father Bannon, incidentally, later served as a chaplain on the Western front of WWII. In his class, not too far from me, sat an utterly captivating young woman. Her name was Eileen Sheaffer and she came from a place I had never heard of before, Saskatoon, Saskatchewan. We started studying together and immersed ourselves in campus events in the evening: movies, club meetings and an occasional theater performance. Even the post-depression years and, of course, pre-war years could not dim the luster of these occasions to which I was so little accustomed. I cannot help but say that these events, so simple in comparison to campus happenings these days, were imbued with a glamour that I rarely find today when I am invited to student functions. The secret, of course, was that we had to work so persistently in instilling these outings with our high spirits. We were an integral part of all this, not desultory spectators. And of course, Eileen and I hit the books together. Father Bannon may have smiled and joked a lot during his lectures, but he would not put up with sloppy performances. Sad to say, Eileen and I drifted apart when I was overseas. She was a very involved and dedicated Catholic girl, and yet that never stood in our way. The last time we met, I brought back a present for her, a rosary from an ancient German cloister. In short, our relationship was ecumenical. She even took me along one time to Christmas Mass, and while that in no way impinged on my own faith, I began to appreciate the immutable ceremony and poetry of a traditional Catholic service.

My third instructor that freshman year – I knew so little of American colleges and even less of Spanish – was Professor Priviterra, who was not nearly as tall as Father Bannon, but was the prototype of an impish *perpetuum mobile*, racing down the aisles between the seats and reprimanding us with a droll expression on his face for not sufficiently rolling our Spanish r's, which he ceaselessly and gleefully corrected. When things became routine in the classroom, he would suddenly teach us another Spanish song, which we lustily spread through the holy halls of the main building. It does not surprise me that I ended my undergraduate training, of course after the war, with a major in Romance Languages.

The impact, direct or indirect, of a stupendous faculty became a force in my life. There was a distinguished theologian, Father Lord, and the incredibly learned philosopher, Father Wade, who slowed his one-sentence-per-nanosecond down by writing half of his lecture on the board – an early version of PowerPoint, if there ever was one. I also clearly remember the soft-spoken head librarian, Father MacNamee, who manned the reference desk all by himself, left no question from us undergraduates unanswered, with a bonus of putting down relevant books and materials next to the questioner within minutes. By no means did he limit himself to scholarly books; he knew what was choice and current in American literature. And so I became acquainted with the staccato style of Ernest Hemingway and the social criticism of John Steinbeck's novels.

Finally, in my sophomore English class, there was the inimitable Marshall McLuhan, who was unsparing in his criticism. He once started a class by saying, "Of course Shakespeare's sonnets are meant ironically." I raised my hand and said, "I don't see that." "Then I can't help you", he answered. This was, of course, long before McLuhan became the expert – and popularizer – of media theory and coined such slogans as "the media is the message" and "global village". But then McLuhan needs no further biographical note.

I became integrated – incompletely, of course – into the life of Saint Louis University. Perhaps I took to the rigor even a bit more naturally than my American-born fellow students, for rigor had been part of my *Gymnasium* training in Germany. So I demurred least when, as an example of this rigor, the following incident took place. On an icy, cold January morning of 1942, in short, in my sophomore year, about 35 of us logic students were huddled in an annex building of the university, prepared for the arrival of Father Reavey and his copies of our final examination. But, horror of horrors, the heating system in the annex had broken down. As soon as Father Reavey entered the classroom, Nancy Bakewell raised her hand. "Father Reavey", she managed to get out, her breath coalescing in the air, "it's ice-cold in this room. You'll have to postpone the final!" Father Reavey looked at her as if confronted by a curious aberration of bipeds. "Miss Bakewell", he replied – he knew all our names – "you didn't come to St. Louis U., did you now, to get out of the inclement weather?" It is the only time I ever wrote an exam with my writing hand handicapped by a thick wool glove.

If the above incident testifies to the adjustment of a short-time immigrant to the United States, some other happenings mirror ignorance and inexperience. I did not know how to type – most of my fellow students did – and I compensated for that, at least for half a year, by piling on yet another activity, namely typing lessons at a nearby business school. Neither did I know how to dance – my wife says I still don't – so I took desultory dancing lessons at a nearby studio. Many colloquialisms escaped me, so a fellow student by the name of Cassidy – we called him "Hopalong" – took me under his wing and introduced me to the beauties, and sometimes the bawdiness, of American speech.

Yes, and I did foolish things. The German Club and its two faculty advisors, Professors Tillmann and Moeller, invited me, along with cub reporters of the school newspaper present, to share with them my observations of Nazi Germany. I had shed, perhaps all too prematurely, my deadly fear of the dictatorship; I did not hold back, neither with condemnations nor with such observations of seeing an army maneuver of a German motorized unit as early as 1936. I had observed the process during an excursion of my high school class to the Harz Mountains. Later, during a bicycle trip to the Rhine, together with members of my Jewish organization, I had seen German warships near Cologne. That too, I told my audience, and I should have known better. My whole family remained in Germany, and retribution, while it did not set in, was a distinct possibility. My short address, if nothing else, made me a minor-league campus hero for a day. Of course, my adolescent observations would be greatly overshadowed in later years by a far more prominent individual who came to Saint Louis University. I am speaking, of course, of Kurt von Schuschnigg, the former Chancellor of the Austrian Republic, who became a professor of political science at the university, and was in a much better position to say something far more authoritative about Hitler's dictatorial rule since he had been both a central figure in Austro-fascism and later a victim of the Nazis.

World War II was, of course, in the making. There were signs of a growing awareness across campus. The campus radio station in particular carried reports from national radio networks, but also involved us students in their programming. Did we students feel that Hitler would be satisfied with his latest conquests? Would he ever try to invade the United States? Was war with the U.S. inevitable? Curiously enough, that last question also echoed though my sociology class. On the first day of classes, Professor Mihanovich had given out the Catholic premises for the study of sociology. And there it was: "Wars for humankind are inevitable", I do not know whether these postulates are still part of the Catholic approach to Sociology. But I do know that I gave an impassioned, patriotic speech over campus radio that all civilizations would have to stand together in a fight against the unbridled lust for conquest of Germany's rulers.

And then, the war came even closer to me, the exile from Nazi Germany. In the administration building, giant posters had appeared, enjoining students to volunteer to join the armed services. One of them particularly caught my attention. Students were being sought who were proficient in the language and cultural history of the enemy nations. Those having the qualifications were asked to come downtown to the Naval Recruiting Office and try out for a position in Naval Intelligence. I knew what I had to do. On one of my free days, as the now firmly established busboy of the Piccadilly Room of the Melbourne Hotel, I went down to the Naval Recruiting Station and verbally presented my credentials. The recruiting sergeant heard my accent: "Sorry fellow, you were born abroad, weren't you?" "Yes", I answered. "We can't take you; we can only enlist native-born Americans for Naval Intelligence", so I had to leave without being inducted into the Navy. But six months later, still wearing a St. Louis U. blazer, I found my way to Jefferson Barracks in St. Louis, preparatory to becoming a private in the US Army and ultimately a master sergeant in US Army Intelligence. I took leave of my fellow students and of those fiery and wonderful professors. Father Bannon, who of course knew that I was Jewish, nonetheless blessed me. I came out of the war only slightly scathed. His blessing may have stood me in good stead.

There is an epilogue to my connection to Saint Louis University, if only through the Army friendship with a fellow student, who helped extricate me from a silly, yet not altogether riskless situation. I had become a seasoned interrogator of German prisoners of war, but what happened at the end of 1944, shortly after we had suffered through and ultimately won the Battle of the Bulge on the German-Belgian border, was an altogether comedic prisoner of war report. At the behest of our commanding captain, we had concocted a cock-and-bull story about a German prisoner as a sort of comic relief after the battle of the Hürtgen Forest. My fellow non-com, Sergeant Hecht, and I, following orders, had espoused the utterly ridiculous story of a prisoner who had purportedly been Hitler's latrine orderly, and who had observed some of the Führer's physical debilities such as a shriveled scrotum. The report, attached to our legitimate daily report, caused chuckles up and down the line. Even General Courtney H. Hodges, the Commanding General of the First Army, was reported to have had a laugh. Sergeant Hecht and I felt great, but our triumph was short-lived. Around midnight, when I was on duty, I got a semi-private call from my ex-fellow student at St. Louis U., Corporal Billy Galanis, employed as a communications non-com at First Army headquarters. We two, against orders of course, had used the field telephone ever since the Normandy invasion, in order to keep abreast of developments at St. Louis U., communicated to us via letters from home. But that evening, something else was on Billy's mind. "Guy", he said ominously,

> the fat is in the fire. That fool, Captain W., our O.S.S. Liaison Officer, has just returned from a leave in Paris and swallowed your crazy report – hook, line and sinker. Well, that dumb rectum [not the precise term he used] has phoned his headquarters in Washington and suggested that a specialist on the Führer fly over and interrogate your non-existent prize catch of a prisoner. You know what will happen if some Colonel shows up at your prisoner-of-war enclosure and finds out the whole thing is a hoax?

Well, we took counter measures and that O.S.S. Colonel never boarded the fastest propeller plane available for a junket to Belgium. Billy Galanis, I never knew you on campus, but we became comrades-in-arms on the Western front. You saved my hide there in the fields of the German-Belgian border. Bless you, Billy Galanis, bless you, my true teachers of times long gone, together with my fellow students, who gave me not only an intellectual home, but also friendship and a sense of belonging – a new orientation in life.

Subjects Not-at-home: Forms of the Uncanny in the Contemporary French Novel

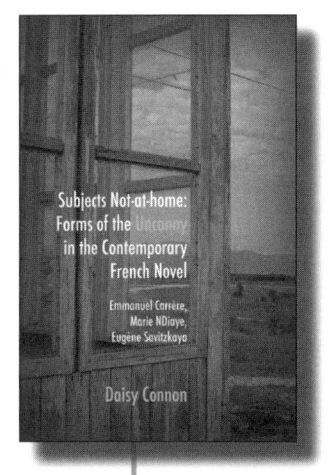

*Emmanuel Carrère,
Marie NDiaye,
Eugène Savitzkaya*

Daisy Connon

Subjects Not-at-home is the first book-length study of the concept of the uncanny (*Das Unheimliche*) in the context of French literature. It explores the ways in which certain contemporary French novelists are exploiting the themes, imagery and dynamics of the uncanny to generate a repertoire of narrative tactics for the portrayal of the *chez soi*. Through an analysis of nine novels by Marie NDiaye, Eugène Savitzkaya and Emmanuel Carrère, the author reveals a developing tendency within current writing to re-appropriate figures of the strange — the double, intellectual uncertainty, the fragmented body, the spectral, the haunted house — in order to represent the 'familiar' spaces of the home, the family, the self and the everyday. This problematic is situated with respect to tendencies in present-day French writing, with the uncanny being viewed as a particular approach to the contemporary novel's inclination to privilege the site of the *chez soi*. Readings of the literary texts are informed by philosophical, psychoanalytic and literary reinterpretations of the Freudian uncanny, with an emphasis on the historical and contextual evolution of the concept itself.

Amsterdam/New York, NY
2010. 295 pp.
(Faux Titre 347)
Paper €59,-/US$77,-
E-Book €59,-/US$77,-
ISBN: 978-90-420-3005-3
ISBN: 978-90-420-3006-0

USA/Canada:
248 East 44th Street, 2nd floor,
New York, NY 10017, USA.
Call Toll-free (US only): T: 1-800-225-3998
F: 1-800-853-3881

All other countries:
Tijnmuiden 7, 1046 AK Amsterdam, The Netherlands
Tel. +31-20-611 48 21 Fax +31-20-447 29 79
Please note that the exchange rate is subject to fluctuations

Orders@rodopi.nl — www.rodopi.nl

British Literature and the Balkans

Themes and Contexts

Andrew Hammond

The manner in which south-east Europe is viewed by western cultures has been an increasingly important area of study over the last twenty years. During the 1990s, the wars in the former Yugoslavia reactivated denigratory images of the region that many commentators perceived as a new, virulent strain of intra-European prejudice. *British Literature and the Balkans* is a wide-ranging and original analysis of balkanist discourse in British fiction and travel writing. Through a study of over 300 texts, the volume explores the discourse's emergence in the imperial nineteenth century and its extensive transformations during the twentieth and twenty-first centuries. There will be a particular focus on the ways in which the most significant currents in western thought — Romanticism, empiricism, imperialism, nationalism, communism — have helped to shape the British concept of the Balkans.

The volume will be of interest to those working in the area of European cross-cultural representation in the disciplines of Literary Studies, Cultural Studies, European Studies, Anthropology and History.

Amsterdam/New York, NY
2010. IV, 321 pp.
(Studia Imagologica 16)
Paper €65,-/US$85,-
E-Book €65,-/US$85,-
ISBN: 978-90-420-2987-3
ISBN: 978-90-420-2988-0

USA/Canada:
248 East 44th Street, 2nd floor,
New York, NY 10017, USA.
Call Toll-free (US only): T: 1-800-225-3998
F: 1-800-853-3881

All other countries:
Tijnmuiden 7, 1046 AK Amsterdam, The Netherlands
Tel. +31-20-611 48 21 Fax +31-20-447 29 79
Please note that the exchange rate is subject to fluctuations

Crossing Frontiers

Cultural Exchange and Conflict Papers in Honour of Malcolm Pender

Edited by Barbara Burns
and Joy Charnley

This volume brings together two very popular and active research fields: Swiss Studies and Intercultural Studies. It includes contributions on the movement of ideas, literatures, and individuals from one culture to another or one language to another, and the ways in which they have been either assimilated or questioned. All of the writers explore this general theme; some come from a literary angle, some look at linguistic inventiveness and translation, whilst others study the problems faced when crossing geographical and cultural borders or presenting ideas which do not 'travel' well. By emphasising the connections, borrowings and mutual influences between Switzerland and other countries such as Germany, Hungary, France, the UK, and the Americas, the articles reaffirm the importance for Switzerland of intellectual openness and cultural exchange.

Amsterdam/New York, NY
2010. 268 pp.
(Internationale Forschungen zur Allgemeinen und Vergleichenden Literaturwissenschaft 134)
Paper €54,-/US$70,-
E-Book €54,-/US$70,-
ISBN: 978-90-420-2997-2
ISBN: 978-90-420-2998-9

USA/Canada:
248 East 44th Street, 2nd floor,
New York, NY 10017, USA.
Call Toll-free (US only): T: 1-800-225-3998
F: 1-800-853-3881

All other countries:
Tijnmuiden 7, 1046 AK Amsterdam, The Netherlands
Tel. +31-20-611 48 21 Fax +31-20-447 29 79
Please note that the exchange rate is subject to fluctuations

Exile in and from Czechoslovakia during the 1930s and 1940s

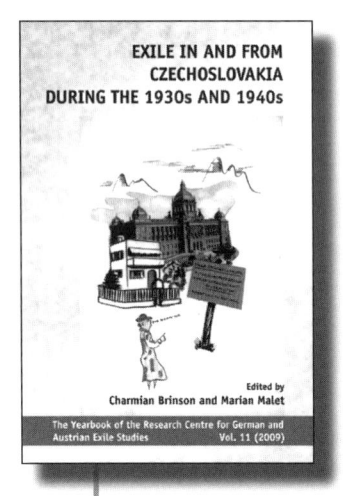

Edited by
Charmian Brinson
and Marian Malet

This volume focuses on a previously under-researched area, namely exile in and from Czechoslovakia in the years prior to the Second World War as well as during the wartime and post-war periods. The study considers, firstly, the refugees from Germany and Austria who fled to Czechoslovakia during the 1930s; secondly, the refugees from Czechoslovakia, both German and Czech-speaking, who arrived in Britain in or around 1938 as refugees from Fascism; and thirdly, those who fled from Communism in 1948. From a variety of perspectives, the book examines the refugees' activities and achievements in a range of fields, both on a collective and an individual basis. The volume will be of interest to scholars and students of twentieth century history, politics and cultural studies as well as those involved in Central European Studies and Exile Studies. It will also appeal to a general readership with an interest in Britain and Europe in the 1930s and 1940s.

Amsterdam/New York, NY
2009. VI, 303 pp. (The Yearbook of the Research Centre for German and Austrian Exile Studies 11)
Paper €62,-/US$87,-
E-Book €62,-/US$87,-
ISBN: 978-90-420-2959-0
ISBN: 978-90-420-2960-6

USA/Canada:
248 East 44th Street, 2nd floor,
New York, NY 10017, USA.
Call Toll-free (US only): T: 1-800-225-3998
F: 1-800-853-3881

All other countries:
Tijnmuiden 7, 1046 AK Amsterdam, The Netherlands
Tel. +31-20-611 48 21 Fax +31-20-447 29 79
Please note that the exchange rate is subject to fluctuations

Cultural Transfer through Translation

The Circulation of Enlightened Thought in Europe by Means of Translation

Edited by
Stefanie Stockhorst

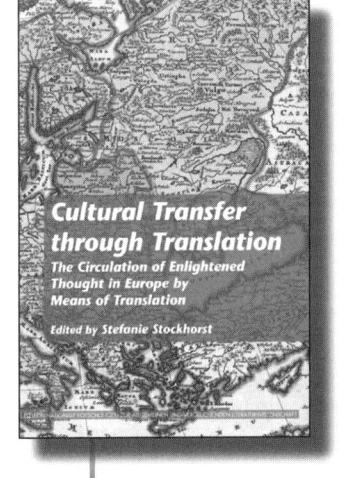

Given that the dissemination of enlightened thought in Europe was mostly effected through translations, the present collection of essays focuses on how its cultural adaptation took place in various national contexts. For the first time, the theoretical model of 'cultural transfer' (Espagne/Werner) is applied to the eighteenth century: The intercultural dynamics of the Enlightenment become manifest in the transformation process between the original and target cultures, be it by way of acculturation, creative enhancement, or misunderstanding. Resulting in shifts of meaning, translations offer a key not just to contemporary translation practice but to the discursive network of the European Enlightenment in general. The case studies united here explore both how translations contributed to the transnational standardisation of certain key concepts, values and texts, and how they reflect national specifications of enlightened discourses. Hence, the volume contributes to Enlightenment studies, at least as much as to historical translation studies.

Amsterdam/New York NY,
2010. 343 pp.
(Internationale Forschungen zur Allgemeinen und Vergleichenden Literaturwissenschaft 131)
Paper € 69,-/ US$ 97,-
E-Book € 69,-/ US$ 97,-
ISBN: 978-90-420-2950-7
ISBN: 978-90-420-2951-4

USA/Canada:
248 East 44th Street, 2nd floor,
New York, NY 10017, USA.
Call Toll-free (US only): T: 1-800-225-3998
F: 1-800-853-3881

All other countries:
Tijnmuiden 7, 1046 AK Amsterdam, The Netherlands
Tel. +31-20-611 48 21 Fax +31-20-447 29 79
Please note that the exchange rate is subject to fluctuations

Orders@rodopi.nl—www.rodopi.nl

Local Natures, Global Resposibilities

Ecocritical Perspectives on the New English Literatures

ASNEL Papers 15

Edited by Laurenz Volkmann, Nancy Grimm, Ines Detmers, and Katrin Thomson

In the New Literatures in English, nature has long been a paramount issue: the environmental devastation caused by colonialism has left its legacy, with particularly disastrous consequences for the most vulnerable parts of the world. At the same time, social and cultural transformations have altered representations of nature in postcolonial cultures and literatures.

It is this shift of emphasis towards the ecological that is addressed by this volume. A fast-expanding field, ecocriticism covers a wide range of theories and areas of interest, particularly the relationship between literature and other 'texts' and the environment. Rather than adopting a rigid agenda, the interpretations presented involve ecocritical perspectives that can be applied most fruitfully to literary and non-literary texts. Some are more general, 'holistic' approaches: literature and other cultural forms are a 'living organism', part of an intellectual ecosystem, implemented and sustained by the interactions between the natural world, both human and non-human, and its cultural representations. 'Nature' itself is a new interpretative category in line with other paradigms such as race, class, gender, and identity.

A wide range of genres are covered, from novels or films in which nature features as the main topic or 'protagonist' to those with an ecocritical agenda, as in dystopian literature. Other concerns are: nature as a cultural construct; 'gendered' natures; and the city/country dichotomy. The texts treated challenge traditional Western dualisms (human/animal, man/nature, woman/man). While such global phenomena as media ('old' or 'new'), tourism, and catastrophes permeate many of these texts, there is also a dual focus on nature as the inexplicable, elusive 'Other' and the need for human agency and global responsibility.

Amsterdam/New York, NY
2010. XVII, 370 pp.
(Cross/Cultures 121)
Bound € 78,-/ US$ 109,-
E-Book € 78,-/ US$ 109,-
ISBN: 978-90-420-2812-8
ISBN: 978-90-420-2813-5

USA/Canada:
248 East 44th Street, 2nd floor,
New York, NY 10017, USA.
Call Toll-free (US only): T: 1-800-225-3998
F: 1-800-853-3881

All other countries:
Tijnmuiden 7, 1046 AK Amsterdam, The Netherlands
Tel. +31-20-611 48 21 Fax +31-20-447 29 79
Please note that the exchange rate is subject to fluctuations

Where Never Before

Beckett's Poetics of Elsewhere:
La poétique de l'ailleurs

In Honor of Marius Buning

Edited by / Édité par Sjef Houppermans, Angela Moorjani, Danièle de Ruyter, Matthijs Engelberts, Dirk Van Hulle

Table of Contents / Table des matières
Introductions
Anthony Uhlmann: Negative Allegory: Buning on Allegory and the *Via Negativa*
James Knowlson: Beckett and Seventeenth-Century Dutch and Flemish Art
Mary Bryden: Beckett, Maritain, and Merton: The Negative Way
Chris Ackerley: The Ideal Real: A Frustrated Impulse in Samuel Beckett's Writing
John Pilling: The Uses of Enchantment: Beckett and the Fairy Tale
Bruno Clément: Rire du pire
Enoch Brater: Beckett's Shades of the Color Gray
Lois Oppenheim: Re-Visiting Stasis in the Work of Samuel Beckett
Stan E. Gontarski: A Sense of Unending: Samuel Beckett's Eschatological Turn
Paul Lawley: The Excluded Child: Brian Friel's *Faith Healer* and Beckett's *Endgame*
Minako Okamuro: Beckett, Yeats, and Noh: ...*but the clouds*... as Theatre of Evocation
Dirk Van Hulle: Beckett's Principle of Reversibility: Chiasmus and the "Shape of Ideas"
Onno Kosters: "I Tell You Nothing is Known!" *Watt* as Beckett's Parting with Joyce
Angela Moorjani: André Gide Among the Parisian Ghosts in the "Anglo-Irish" *Murphy*
Sjef Houppermans: Beckett et Proust: mimétisme et matérialisation des images
Matthijs Engelberts: Et *film* devint littérature: "Un des plus beaux cauchemars" du combat entre littérature et cinéma
Contributors / Auteurs

Amsterdam/New York, NY 2009. 256 pp.
(Samuel Beckett Today/ Aujourd'hui 21)
Bound €52,-/US$73,-
E-Book €52,-/US$73,-
ISBN: 978-90-420-2814-2
ISBN: 978-90-420-2815-9

USA/Canada:
248 East 44th Street, 2nd floor,
New York, NY 10017, USA.
Call Toll-free (US only): T: 1-800-225-3998
F: 1-800-853-3881
All other countries:
Tijnmuiden 7, 1046 AK Amsterdam, The Netherlands
Tel. +31-20-611 48 21 Fax +31-20-447 29 79
Please note that the exchange rate is subject to fluctuations

Strindberg and the Quest for Sacred Theatre

Theo Malekin

Strindberg and the Quest for Sacred Theatre brings a fresh perspective to the study of Sweden's great playwright. August Strindberg (1849–1912) anticipated most of the major developments in European theatre over the last century. As such he is well-placed to provide perspectives on the current burgeoning interest in sacred theatre. The religious crises of the 19th Century provoked in Strindberg both sharp scepticism about claims to religious authority and a visionary search for truth. Against the backdrop of a major change in European culture this book traces the emergence in some of Strindberg's late plays of a proto-sacred-theatre. It argues that Strindberg faced the alternatives of a contentless transcendent abyss, threatening the extinction of his ego, or a retreat into conservative theism, reducing him to slavish submission to the commandments and rule of an external father-God. Weaving together theatrical, aesthetic, and theological voices, this book investigates the relationship of the sacred to subjectivity and its implications for Strindberg's dramaturgy. In doing so it always keeps in view the sense both of loss and opportunity engendered by a turning point in the western experience of the sacred.

Amsterdam/New York, NY
2010. 195 pp.
(Consciousness, Literature and the Arts 26)
Paper € 39,-/ US$ 55,-
E-Book € 39,-/ US$ 55,-
ISBN: 978-90-420-2847-0
ISBN: 978-90-420-2848-7

USA/Canada:
248 East 44th Street, 2nd floor,
New York, NY 10017, USA.
Call Toll-free (US only): T: 1-800-225-3998
F: 1-800-853-3881

All other countries:
Tijnmuiden 7, 1046 AK Amsterdam, The Netherlands
Tel. +31-20-611 48 21 Fax +31-20-447 29 79
Please note that the exchange rate is subject to fluctuations

Hybrid Humour

Comedy in Transcultural Perspectives

Edited by
Graeme Dunphy and Rainer Emig

An interdisciplinary and transcultural study of comedy in a pan-European perspective that include East, West, and Southern European examples. These range from humour in Polish poetry via jokes about Italian migrants in English-speaking TV commercials to Turkish comedy, literature and cartoons in Germany, Turkish, Surinamese, Iranian and Moroccan literary humour in the Netherlands, Beur humour in many media in France, and Asian humour in literature, film, and TV series in Great Britain. The volume is prefaced and informed by contemporary postcolonial theories that show humour not as an essential quality of each particular culture or as a common denominator of humanity, but as a complex structure of dialogue, conflict, and sometimes resolution. The volume is of interest for students and scholars of Comparative Literature, Cultural Studies, and Media Studies as well as for students and experts in the cultures and literatures that are covered in the collection of essays. It is relevant for courses on globalisation, migration, and integration.

Amsterdam/New York NY, 2010. 192 pp.
(Internationale Forschungen zur Allgemeinen und Vergleichenden Literaturwissenschaft 130)
Paper € 38,-/ US$ 53,-
E-Book € 38,-/ US$ 53,-
ISBN: 978-90-420-2823-4
ISBN: 978-90-420-2824-1

USA/Canada:
248 East 44th Street, 2nd floor,
New York, NY 10017, USA.
Call Toll-free (US only): T: 1-800-225-3998
F: 1-800-853-3881

All other countries:
Tijnmuiden 7, 1046 AK Amsterdam, The Netherlands
Tel. +31-20-611 48 21 Fax +31-20-447 29 79
Please note that the exchange rate is subject to fluctuations

Innovation durch Wissenstransfer in der Frühen Neuzeit

Kultur- und geistesgeschichtliche Studien zu Austauschprozessen in Mitteleuropa

Herausgegeben von
Johann Anselm Steiger,
Sandra Richter und
Marc Föcking

Es ist üblich geworden, die Jahrhunderte von etwa 1300 bis 1800 als Beginn der Moderne zu preisen – als Beginn, der durch Begriffe wie 'Innovation' und 'Fortschritt' gekennzeichnet wird. Dieses Buch prüft diese Einschätzung, indem es einen doppelten Zugang vorschlägt: Es verbindet historiographische Fallstudien mit systematischen Debatten über die Frühe Neuzeit. Im Blick auf die Frage der Innovation präsentiert es einige der konfliktreichsten Beispiele aus unterschiedlichen Bereichen des Wissenstransfers: Theologie (Martin Luther), Astronomie (Die Rezeption des Aristoteles, Tycho Brahe), Buchhandel (Griechenland und Europa) und Literatur (Christian Weise). Im Ergebnis plädiert das Buch für einen vorsichtigen Gebrauch des Begriffs der Innovation – bis in das späte 18. Jahrhundert meinte Erneuerung häufig in erster Linie 'Renovatio'. Um ein Wort Hans Blumenbergs aufzugreifen: Die Legitimität der Frühen Neuzeit findet sich weder in ihrer mittelalterlichen Vorgeschichte noch in der Moderne, sondern nur in der Epoche selbst.

Amsterdam/New York, NY,
2010. 403 pp. (Chloe 41)
Bound €80,-/US$120,-
E-Book €80,-/US$120,-
ISBN: 978-90-420-2770-1
ISBN: 978-90-420-2771-8

USA/Canada:
248 East 44th Street, 2nd floor,
New York, NY 10017, USA.
Call Toll-free (US only): T: 1-800-225-3998
F: 1-800-853-3881
All other countries:
Tijnmuiden 7, 1046 AK Amsterdam, The Netherlands
Tel. +31-20-611 48 21 Fax +31-20-447 29 79
Please note that the exchange rate is subject to fluctuations